财政与金融

主 编 李鸿昌 杨贵仓
副主编 孟倩倩 李 慧

北京邮电大学出版社
www.buptpress.com

内 容 简 介

本教材是在国家大力发展职业教育,广泛吸收国内外财政和金融领域最新研究成果的基础上,组织长期从事财政和金融教学工作的老师编写而成的。全书采用项目化教程方式呈现,分为财政部分和金融部分,主要介绍两个领域的基本知识、基本理论、基本原理和基本应用。财政部分共分四个项目,即财政导论、财政收入、财政支出和政府预算。金融部分共分六个项目,即金融导论、金融主体、金融市场、金融工具、经济政策、国际金融。

本书可作为高职高专院校经济、管理类专业的教学用书,也可作为社会培训学员和自学读者的参考用书。

图书在版编目(CIP)数据

财政与金融 / 李鸿昌,杨贵仓主编. -- 北京:北京邮电大学出版社,2015.8(2020.9 重印)
ISBN 978-7-5635-4433-2

Ⅰ. ①财… Ⅱ. ①李…②杨… Ⅲ. ①财政金融-高等职业教育-教材 Ⅳ. ①F8

中国版本图书馆 CIP 数据核字(2015)第 168722 号

书　　　名:	财政与金融
著作责任者:	李鸿昌　杨贵仓　主编
责任编辑:	满志文
出版发行:	北京邮电大学出版社
社　　　址:	北京市海淀区西土城路10号(邮编:100876)
发　行　部:	电话:010-62282185　传真:010-62283578
E-mail:	publish@bupt.edu.cn
经　　　销:	各地新华书店
印　　　刷:	北京玺诚印务有限公司
开　　　本:	787 mm×1 092 mm　1/16
印　　　张:	19
字　　　数:	472 千字
版　　　次:	2015年8月第1版　2020年9月第9次印刷

ISBN 978-7-5635-4433-2　　　　　　　　　　　　　　　　定　价:42.00元

· 如有印装质量问题,请与北京邮电大学出版社发行部联系 ·

前　言

根据教育部 16 号文件精神，现代高职教育的培养目标是向社会各行业输送高素质技能型人才。高职财经类专业高素质技能型人才的能力主要有专业岗位能力和职业生涯发展所需要的能力两部分组成。《财政与金融》以培养从事财政、税收、金融的应用型专门人才为目标，遵循"实践为重、理论够用"的原则，实践内容与理论教学科学配套，形成完整体系。

本教材是在广泛吸取国内外财政和金融领域最新发展现状的基础上编写而成的，全书以项目导向，任务驱动为主线，包括财政和金融两部分，财政部分包括四个项目，分别就财政学的基本知识、财政收入、财政支出、财政预算等问题进行介绍。金融部分包括六个项目，分别就金融基础知识、金融主体、金融市场、金融工具、经济政策、国际金融等问题加以介绍。

本教材由长期从事现代财政、金融课程教学与研究的主讲教师编写。严格按照教育部关于"加强职业教育"教育教学改革精神和"突出实践技能和能力培养"的具体要求，依据高职高专的教学特点和培养目标，结合当前财政、金融体制改革的新思路、新举措和发展趋势，吸取我国有关财政、金融的研究成果和改革实践产物，并按照精简、实用、特色的总体要求选择设计教材内容。同时，本教材在编写过程中，体现如下特点：

一是以就业为导向。职业教育主要是培养应用型人才，本教材在理论知识够用的前提下，融入了与财政、金融等岗位相匹配的技能知识，培养学生适应职业岗位的综合能力，并尽可能考虑与职业技能相接轨，增强其就业竞争能力。

二是体现职业考核要求。推行双证书教育是职业教育的要求，本教材在编写过程中尽可能的加入与财政、金融相关的职业资格证书的相关内容，使学生在掌握专业基础知识和专业技能的基础上获取与本专业相关的职业资格证书。

三是以培养学生的应用能力为主线。采用一体化规范的格式设计，每一章都有学习目标、技能要求和导入案例；结尾设计了复习思考题，包括单选题、多选题、案例分析题和技能题等内容，并在复习思考题中设计了职业资格考题；文中穿插大量具有代表性的案例分析，以便于读者学习理解、掌握及提高实际应用的操作能力。

四是"双师型"教师承担教材编写。参与编写的教师既懂理论知识，又熟悉工作实践。

本教材共分两个部分，财政部分共分四个项目，金融部分共分六个项目，由郑州财经学院李鸿昌、杨贵仓担任主编，孟倩倩、李慧担任副主编，杨贵仓拟定编写大纲，确定编写具体要求，编委分工如下：财政部分项目一由张金环、钟舒（郑州财经学院）编写，项目二和项目三由孟倩倩（郑州财经学院）编写，项目四由刘清源（郑州财经学院）编写，金融部分项目一由李慧（郑州财经学院）编写，项目二和项目四任务一由杨贵仓编写（郑州财经学院），项目三、项目六由张丽（郑州财经学院）编写，项目四任务二、三、四、项目五由张燕（郑州财经学院）编写。

  本教材适合高职高专经济管理类专业的教学用书，也可以作为金融理论研究与金融实务工作者的参考书。在编写过程中，我们借鉴了国内外大量文献、论著和教材，在此表示感谢。由于时间仓促，教材不免存在疏漏和不足之处，希望在以后的再版中不断完善，敬请专家和读者批评指正。

作 者

目 录

财政部分

项目一 财政导论 3

  任务1 市场经济与市场失灵 4
    一、市场经济 4
    二、市场失灵 5
  任务2 财政概述 9
    一、财政概述 9
    二、财政的一般特征 10
  任务3 财政职能 12
    一、资源配置职能 12
    二、收入分配职能 13
    三、经济稳定职能 14

项目二 财政收入 20

  任务1 财政收入概述 21
    一、财政收入的概念及内容 21
    二、财政收入的规模 23
  任务2 税收收入 25
    一、税收概念及特征 26
    二、税收分类 27
    三、税收制度的构成要素 27
    四、税收负担与税负转嫁 29
    五、我国的主要税种 30
  任务3 国债收入 35

一、国债的产生与发展 ………………………………………………… 35
　　二、国债的功能 ………………………………………………………… 36
　　三、国债的特点 ………………………………………………………… 37
　　四、国债的种类 ………………………………………………………… 37
　　五、国债对经济的影响 ………………………………………………… 39
　　六、国债发行与国债利率 ……………………………………………… 40

项目三　财政支出 …………………………………………………………… 48

任务 1　财政支出的基础知识 …………………………………………… 49
　　一、财政支出的概述 …………………………………………………… 49
　　二、影响财政支出规模的因素及财政支出的管理原则 ……………… 52

任务 2　购买性支出 ……………………………………………………… 55
　　一、购买性支出的分类 ………………………………………………… 55
　　二、购买性支出的作用 ………………………………………………… 59
　　三、购买性支出的影响 ………………………………………………… 59

任务 3　转移性支出 ……………………………………………………… 61
　　一、转移性支出对经济的影响 ………………………………………… 61
　　二、社会保障支出 ……………………………………………………… 62
　　三、财政补贴支出 ……………………………………………………… 66
　　四、税式支出 …………………………………………………………… 66

任务 4　政府采购支出 …………………………………………………… 68
　　一、政府采购的特点 …………………………………………………… 69
　　二、政府采购的方式 …………………………………………………… 69
　　三、政府采购制度的作用 ……………………………………………… 70

项目四　财政预算 …………………………………………………………… 76

任务 1　国家预算 ………………………………………………………… 77
　　一、国家预算的含义 …………………………………………………… 77
　　二、国家预算的原则 …………………………………………………… 78
　　三、国家预算的分类 …………………………………………………… 79
　　四、国家预算体系 ……………………………………………………… 80
　　五、国家预算的程序 …………………………………………………… 82
　　六、预算外资金 ………………………………………………………… 84

任务 2　预算管理体制 …………………………………………………… 87
　　一、预算管理体制的概念 ……………………………………………… 88
　　二、预算管理体制的类型 ……………………………………………… 88
　　三、分税制 ……………………………………………………………… 89
　　四、完善分税制改革 …………………………………………………… 91

金融部分

项目一　金融导论 …… 99

任务1　货币与货币制度 …… 100
一、货币产生与发展 …… 100
二、货币的职能 …… 105
三、货币制度 …… 107

任务2　货币供求与均衡 …… 113
一、货币流通 …… 113
二、货币需求 …… 115
三、货币供给 …… 119
四、货币均衡和货币失衡 …… 125

任务3　金融概述 …… 136
一、如何理解金融 …… 136
二、直接融资和间接融资 …… 137
三、金融对经济发展的作用 …… 139

项目二　金融主体 …… 145

任务1　金融机构体系 …… 146
一、金融机构体系的概念 …… 146
二、金融机构的性质与职能 …… 147
三、现代金融体系的一般构成 …… 148
四、我国的金融机构体系 …… 149

任务2　中央银行 …… 154
一、中央银行的性质 …… 154
二、中央银行的职能 …… 155
三、中央银行的组织形式 …… 156
四、中央银行业务 …… 158

任务3　商业银行 …… 162
一、商业银行概述 …… 162
二、商业银行的业务 …… 166

任务4　非银行金融机构 …… 175
一、保险公司 …… 175
二、证券公司 …… 176
三、信托投资公司 …… 176
四、财务公司 …… 177

五、金融租赁公司 · 177
　　六、金融资产管理公司 · 178
　　七、基金管理公司 · 178
　　八、消费金融公司 · 179

项目三　金融市场 · 185

任务1　金融市场概述 · 186
　　一、金融市场的定义 · 186
　　二、金融市场的构成要素 · 186
　　三、金融市场的分类 · 188
　　四、金融市场的功能 · 190

任务2　货币市场 · 192
　　一、同业拆借市场 · 192
　　二、票据市场 · 195
　　三、回购市场 · 195
　　四、大额可转让定期存单市场 · 196
　　五、国库券市场 · 197

任务3　资本市场 · 198
　　一、股票市场 · 198
　　二、债券市场 · 204

任务4　其他市场 · 207
　　一、外汇市场 · 207
　　二、黄金市场 · 208
　　三、期货市场 · 210
　　四、现货市场 · 212

项目四　金融工具 · 217

任务1　信用 · 218
　　一、信用概述 · 218
　　二、信用的发展及地位、作用 · 219
　　三、现代信用的主要形式 · 221

任务2　利息与利息率 · 223
　　一、利息的起源 · 224
　　二、利息率及其种类 · 224
　　三、影响利息率的因素 · 225
　　四、利息的计算 · 226
　　五、我国利率市场化进程 · 226

任务3　金融原生工具 · 229
　　一、商业票据 · 229
　　二、银行票据 · 230

三、银行存单 · 231
　　四、信用证 · 231
　　五、股票 · 231
　　六、债券 · 232
　任务4　金融衍生工具 · 234
　　一、金融衍生工具概述 · 235
　　二、期权交易 · 235
　　三、期货交易 · 237
　　四、互换业务 · 238

项目五　经济政策 · 244

　任务1　财政政策 · 245
　　一、财政政策的含义 · 245
　　二、财政政策的类型 · 246
　　三、财政政策工具 · 247
　　四、财政政策目标 · 249
　任务2　货币政策 · 252
　　一、中央银行 · 252
　　二、货币政策目标 · 256
　　三、货币政策工具 · 259
　　四、货币政策的传导机制 · 261
　任务3　财政政策与货币政策的配合 · 263
　　一、财政政策与货币政策协调使用的必要性 · 264
　　二、财政政策与货币政策协调使用的类型 · 265

项目六　国际金融 · 270

　任务1　外汇与汇率 · 271
　　一、外汇 · 271
　　二、汇率 · 272
　　三、汇率制度 · 276
　任务2　国际收支 · 277
　　一、国际收支 · 277
　　二、国际收支失衡的原因 · 280
　任务3　国际金融机构 · 282
　　一、世界银行 · 282
　　二、国际货币基金组织 · 284
　　三、亚洲开发银行 · 287
　　四、其他国际金融机构 · 288

参考文献 · 293

财政部分

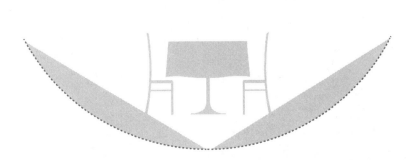

项目一
财政导论

知识目标
1. 了解市场失灵及成因和解决办法。
2. 掌握财政的概念及其特征。
3. 理解财政职能的作用。

能力目标
1. 能正确认识生活中存在的财政现象。
2. 能正确运用财政职能对社会中存在的现象进行分析。

导入案例

南水北调中线一期昨日正式通水 惠及约1亿中国人

2014年12日14时32分,全长1 432公里的南水北调中线一期工程正式通水。北京、天津、河北、河南4个省市沿线约6 000万人将直接喝上水质优良的汉江水,约1亿人间接受益。

这项重大工程将向北京、天津等华北20个大中城市及100多个县(市)提供生活、工业用水,兼顾生态和农业用水;整个项目年均调水量为95亿立方米,相当于1/6条黄河,其中河南省年均配额为37.7亿立方米,河北省34.7亿立方米,北京市12.4亿立方米,天津市10.2亿立方米。

创下多个世界之最的这项大型工程于2003年12月30日开工建设,去年12月全线贯通。今年9月完成全部设计单元工程通水验收,同月29日通过全线通水验收,满足调水要求。

(资料来源:楚荆网,http://www.cnhubei.com/,2014-12-15)

思考：南水北调体现了财政的什么职能？

任务1 市场经济与市场失灵
Misson one

任务描述

本任务主要讲述市场经济的基本内涵、市场失灵的概念、类型和表现形式以及形成市场失灵的原因。

任务知识

一、市场经济

（一）市场经济的基本内涵

市场经济是与商品经济密切联系在一起的经济范畴。市场经济以商品经济的充分发展为前提，是在产品、劳动力和物质生产要素逐步商品化的基础上形成、发展起来的。市场经济的形成，市场成为社会资源的主要手段，必须具备以下一系列条件：

1. 生产要素商品化

要使资源配置市场化，不仅要求一般消费品和生产资料商品化，而且要求各种生产要素如劳动力、资本、科技、信息等商品化，并在这个基础上形成统一完整的市场体系和反应灵敏的市场机制。

2. 经济关系市场化

一切经济活动，包括生产、交换、分配和消费都要以市场为中心，以市场为导向，听从市场这只"看不见的手"的指挥。

3. 产权关系独立化

市场主体是指那些从事市场经济活动的当事人，主要是企业和居民，必须拥有自己的产权，成为真正意义上的法人实体，有资格参与市场经济活动。

4. 生产经营自主化

生产经营者在国家法律、政策允许的范围内追求经济利益的最大化，自由选择投资地点、行业部门，确保经营范围和经营目标。

5. 经济行为规范化

市场主体追求经济利益，必须讲职业道德，遵守国家法律、履行契约合同，遵守市场规则和市场管理制度，自觉维护社会经济秩序。

（二）市场经济的特征

1. 自主性

市场经济是一种自主经济，商品生产者必须是独立的市场主体。

2. 平等性

市场经济是平等的经济，它只承认等价交换，不承认任何超市场的特权。

3. 竞争性

市场经济是竞争经济。为了各自的价值的实现，市场主体之间必然激烈竞争，优胜劣汰。因而在市场经济活动中，机会和风险是并存的。这一机制促使企业不断提高自身素质和经营规模，从而在竞争中立于不败之地。

4. 开放性

市场经济是开放性经济。企业为了获取利润，实现产品的价值，会不遗余力地开拓市场。

通过市场经济特征的分析，我们可以看出，市场经济是以市场机制为基础来配置社会资源的经济运行方式。市场机制由价格机制、供求机制和竞争机制所组成。在这三个机制的共同作用下，实现优胜劣汰，使社会资源流入经济效益高的部门，从而实现社会经济效益的最大化。但是市场的资源配置功能不是万能的，市场机制也有其自身固有的缺陷。

二、市场失灵

（一）市场失灵的概念

市场失灵是指市场无法有效率地分配商品和劳务的情况，通常被用于描述市场力量无法满足公共利益的状况。

（二）市场失灵的类型

从财政方面来看，可以将市场失灵分为两类。

（1）条件性市场失灵，是指现实的市场条件不符合纯粹的市场经济所必须的条件假定。例如市场机制发挥需要完全竞争和信息的对称性作为前提条件，但是在现实生活中这两者不可能实现。首先，完全竞争市场是一种理想状态，需要生产者提供的商品都是同质的，可是现实生活中同样商品的质量参差不齐，所以市场就不能对资源进行有效配置。其次，信息对称性在现实生活中也很难达到，经济活动的参与者不可能及时、无偿地获取自己所需要的一切信息，这种信息的不充分也会导致市场对资源的配置缺乏效率。

（2）源生性市场失灵，是指即使具备纯粹市场经济所需要的完整运行环境，市场经济的调节效果也有不尽如人意的地方。

（三）市场失灵的表现

市场机制配置资源缺乏效率主要表现在以下几个方面。

1. 不完全竞争和市场垄断的形成

竞争是市场经济中的动力机制，竞争是有条件的，一般来说，竞争是在同一市场中的同类产品或可替代产品之间展开的。一方面，由于分工的发展使产品之间的差异不断拉大，资本规模扩大和交易成本的增加，阻碍了资本的自由转移和自由竞争；另一方面，由于市场垄断的出现，减弱了竞争的程度，使竞争的作用下降。

2. 外部效应

外部效应是指私人成本与社会成本之间或私人收益与社会收益之间的非一致性，其关键是指某个人或经济组织的行为活动影响了他人或经济组织,却没有为之承担应有的成本或没有获得应有的收益。这些外部效应的存在,决定了带有外部效应的产品在市场上只能是过多或过少,从而导致社会资源配置的不合理。

小贴士

外部负效应是指某一主体在生产或消费活动的过程中,对其他主体造成的损害。外部负效应实际上是生产和消费过程中的成本外部化,但生产或消费单位为追求更多利润或利差,会放任外部负效应的产生与蔓延。例如,化工厂,它的内在动因是赚钱,为了赚钱对企业来讲最好是让工厂排出的废水不加处理而进入下水道、河流、江湖等,这样就可以减少治污成本,增加企业利润。这样就会对环境保护、其他企业的生产和居民的生活带来危害。社会若要治理,就会增加负担。

3. 收入与财富的分配不公

市场机制遵循资本与效率的原则。首先,由于马太效应的存在,即强者越强,弱者越弱,在市场中,资本拥有越多在竞争中就越有利,效率也会大大的提高,收入和财富就会向资本拥有多的和效率高的地方集中。其次,资本家对其雇员的剥削也会造成一部分人更加贫困,使收入和财富分配的差距进一步拉大,进而影响消费水平,迫使市场相对缩小,从而影响到生产,限制社会经济资源的充分利用,使社会资源无法实现效用最大化。

4. 区域经济不协调

市场失灵会扩大地区之间的不平衡现象。例如,经济条件优越、发展比较成熟的地区,劳动力素质和管理水平也会相对较高,随着这些地区的经济发展,可以支付给其所利用资源的价格也高,从而吸引各种优质的资源聚集,以发展当地经济。相反,那些落后地区也会因为其经济发展所必需的优质资源的流失而更加落后。区域经济差距就会越来越大。另外,区域经济发展中也会产生负外部效应,即不同地区使用自然资源过程中会产生相互损害的问题。比如,河流上游树木的过度砍伐会影响下游地区的自然环境和经济发展,从而造成经济区域化。

5. 公共产品供给不足

公共产品又称为非盈利产品,是指在消费过程中具有非竞争性和非排他性的产品。非竞争性是指消费者的增加或减少不会影响该产品的生产成本。而对正在消费的消费者来说,只要不是扎堆消费也不会影响自己的消费水平。非排他性是指生产者不能排除消费者不支付产品价格对该产品的消费。比如每个人都可以从天气预报中得到气象信息。所以,生产公共产品与市场机制的作用是矛盾的,生产者不会主动生产公共产品,但是公共产品又是所有人的必需品,这样一来,公共产品的供给不足和社会成员与经济发展需要之间的矛盾就异常突出。

6. 公共资源的过度使用

有些生产主要依赖于公共资源,如渔民捕鱼、牧民放牧等生产活动就是建立在公共资源之上的,这些生产活动是以江河湖泊及草原等公共资源作为主要对象,生产者受市场机制追求利润最大化的驱使,会对这些公共资源过度使用,不能给这些公共资源足够的时间休养生息。虽然生产者知道公共资源的合理使用可以长期获利,但是因为市场失灵,市场中没有相应的制度规范,又担心其他生产者的过度使用,就会出现对公共资源的盲目竞争。

7. 失业问题

失业是市场机制作用的主要后果,从微观上来看,在市场机制的作用下,生产者为提高生产效率，追求规模化经营时，必然产生劳动力机械化，这样会导致失业率的升高。从宏观看，市场经济运行的周期变化导致对劳动力的需求不稳定，在经济周期低迷期时就会导致失业率的增加。失业的存在不仅对社会与经济的稳定不利，也不符合资本所追求的日益扩展的市场消费需要。

（四）市场失灵的原因

导致市场失灵主要有垄断、外部影响、公共物品和信息不完全四个原因。

1. 垄断

对市场某种程度的（如寡头）和完全的垄断可能使得资源的配置缺乏效率。对这种情况的纠正需要依靠政府的力量。政府主要通过对市场结构和企业组织结构的干预来提高企业的经济效率。这方面的干预属于政府的产业结构政策。

2. 外部影响

市场经济活动是以互惠的交易为基础，因此市场中人们的利益关系实质上是与金钱有联系的利益关系。例如，甲为乙提供了物品或服务，甲就有权向乙索取补偿。当人们从事这种需要支付或获取金钱的经济活动时，还可能对其他人产生一些其他的影响，这些影响对于他人可以是有益的，也可以是有害的。然而，无论有益还是有害，都不属于交易关系。这些处于交易关系之外的对他人产生的影响被称为外部影响，也被称为经济活动的外在性。

3. 公共物品

经济社会生产的产品大致可以分为两类，一类是私人产品，另一类是公共物品。简单地讲，私人物品是只能供个人享用的物品，如食品、住宅、服装等。而公共物品是可供社会成员共同享用的物品，如国防、广播等。私人物品由市场遵循等价交换的原则提供，可以满足市场追求经济利益的目的，由于公共物品具有非营利性的特征，所以市场是不愿意提供公共物品的。

4. 信息不完全

由于经济活动的参与人具有的信息是不同的，一些人可以利用信息优势进行欺诈，这会损害正当的交易。当人们对欺诈的担心严重影响交易活动时，市场的正常作用就会丧失，市场配置资源的功能也就失灵了。此时市场一般不能完全自行解决问题，为了保证市场的正常运转，政府需要制定一些法规来约束和制止欺诈行为。

（五）市场失灵的解决办法

在市场经济条件下，社会资源配置的主体是市场，而不是政府。只有在"市场失灵"的领域，才有必要由政府介入。因此，在现代经济社会中，"市场失灵"是财政存在的前提，从而也决定了财政的职能范围。

政府要解决好市场失灵问题，既要使经济以市场机制为主体进行配置资源，又不能让它完全自发地运行，政府应该有所作为。在宏观调控时要把握两个原则：一是政府尽量不参与资源配置；二是一旦参与要以市场的手段来进行。

针对市场失灵的几种表现，作为经济主体的各级政府，发挥应有的经济职能解决市场失灵问题，可以采取如下对策。

（1）政府要做好提供公共物品的工作，搞好基础设施建设，以保证整个国民经济有良好的"硬件条件"。这样，既解决了市场不能提供公共物品的有效供给问题，保证了国民经济正常运行；同时，政府在投资过程中又可以解决相当一部分下岗工人的再就业问题，还可以带动其他相关产业的投资和生产，从而推动经济的繁荣。

（2）政府要建立良好的政治、经济、法律等制度和具体的运行体制，制定各级各类中长期的发展规划，降低交易成本，为经济的发展创造良好的"软件条件"。制度或体制是一个国家的经济正常运行的基本保障，如缺乏良好的激励制度，个人或企业的勤奋劳作未能获得应有的报酬，就会降低其工作积极主动性，小而言之是企业的损失，若社会的大气候如此，损失的就是国家了。

（3）政府还需要利用利率、国债、汇率、税收、预算等经济调控手段来"熨平"经济周期，使经济导入持续稳定的发展。1998年以来中国政府的积极财政政策和稳健的货币政策支撑中国顺利走过了亚洲金融危机的岁月，且5年来一直保持7%以上的GDP的增长率，成为世界经济的"一枝独秀"。制定财政政策与货币政策要以国家的宏观目标和总体要求为主要依据，发挥财政政策的功能，促进经济增长，优化结构，调节收入；发挥货币政策的作用，保持币值稳定、货币供求总量的平衡。

（4）政府要通过收入政策、税收政策和其他相关政策，努力缩小地区之间的差异、城乡之间的差距和居民收入水平的差距。要加强对区域发展的协调和指导，积极推进西部大开发，有效发挥中部地区综合优势，支持中西部地区加快改革发展，振兴东北老工业基地，鼓励东部有条件地区率先基本实现现代化。在收入分配方面，政府要进行效率与公平兼顾的导向，通过政策的倾斜，对不同地区和社会成员之间进行公平与否的评价和调整。通过转移支付、完善税收制度、建立健全社会保障制度以扶持弱势群体，调节公众的心理平衡，达到维护经济稳定发展的目的。

案例分析

据北京《新京报》报道，2014年8月19日上午，一名16岁北京男孩被一条家养的眼镜蛇咬伤，蛇的毒性导致男孩陷入昏迷，并出现眼镜蛇毒引发的呼吸衰竭等明显症状。事发后，男孩被送往304医院抢救，但医院没有对症的眼镜蛇血清。上海赛伦生物技术有限公司是全国范围内唯一有资质生产抗蛇毒血清的公司，该报记者也联系到了这家公司的一位技术员，得知这家公司已经至少4年没有生产过眼镜蛇血清了，以往的库存在2012年就已经用完了。最后经过多方寻找，8月20日凌晨在云南昆明一家医院联系到了血清。

思考问题：该市场失灵现象是由什么造成的？政府应该采取什么应对策略？

评析提示：是由公共物品的存在造成的，采取的措施是财政补贴。

知识拓展

中小企业创新中的市场失灵问题的对策

2012年9月，江苏省宿迁市包括该市的区县在我国首次实践了创新券。在此后的一年多时间里，上海市杨浦区、上海市研发公共服务平台、江苏省淮安市、河南省焦作市、广东省清远市、浙江省长兴县等一些市县和公共服务平台纷纷推广使用创新券。2014年，上海市拟在张江国家自主创新示范区的一区十八园推行创新券；广州市也把实行创新券作为"十二五"科技服务业规划的重要举措；北京市科委软科学计划专门立项，研究创新券的实施方案；江苏省科技厅也在研究全省实施创新券的方案。

创新券是政府免费向中小企业发放，专门用于购买知识机构创新服务的权益凭证。创新券的政策基础是普惠性发展，通过资助中小企业创新，解决市场失灵问题，促进公平竞争，扩大社会就业，增加财政收入和居民收入。

任务2 财政概述 Misson two

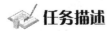
任务描述

本任务主要讲解财政的定义和特征。

任务知识

一、财政概述

（一）财政现象

在现实生活中，时时处处都存在着财政现象，从人们的衣食住行到国家的政治活动、经济建设、社会发展，财政渗透到每一个领域，人们总在主动或被动地参与着财政活动。人们参与财政活动，是财政"取之于民，用之于民"特征的具体体现。

1. 对于家庭和居民个人

义务教育、公费医疗、养老保险等，生老病死都和财政密切相关。

2. 对于工商企业

企业是国家的主要纳税人，有纳税义务。企业在合法纳税后，有享用政府提供的公共工程和公共服务、各种优惠政策的权利。

3. 对于政府

政府的生产建设，如电站、道路、桥梁、农业水利工程（如三峡大坝、南水北调）等建设工程，需要财政资金的支持。

（二）财政的含义

一般而言，财政是以国家或政府为主体，通过政府收支活动，集中一部分社会资源，用于行使政府职能和满足社会公共需要的经济活动。

小 贴 士

"财政"一词的渊源

从人类社会发展史来看，财政是一种历史悠久的经济现象，但中文词汇出现"财政"一词，却是一百多年前的事情，且属于"外来词"。

我国古代虽然没有"财政"这个词，却有属于财政范畴或接近于财政范畴的术语。文献中说"乘其财用之出入"，在这里"乘"是计算的意思，"财用"是指货物和货币，"出入"

实际上就是指财政收入与支出。

除此之外，诸如"国用"、"国计"、"邦计"、"理财"、"度支"、"计政"等也都不同程度地表达了财政的思想。诚然，与现代术语相比，上述各种用语都没有全面、恰当地概括财政的含义和当时的财政活动。

我国政府文献中首次使用"财政"一词，是在清朝光绪二十四年（公元1898年）。当时维新派为学习西洋文化从日本引进了财政概念，并在戊戌变法诏书中写进了"改革财政实行国家预算"的条文。

二、财政的一般特征

财政的特征一般表现在以下五个方面。

1. 财政分配的主体是国家或政府

财政是一种以政府为主体的分配活动。首先，财政是和国家相伴随产生的，财政分配以国家相关的政府部门为前提，没有政府就没有财政活动。其次，在财政分配中，政府是财政活动的组织者与决策者，财政分配的目的、方向、范围、数量、时间都由政府确定。最后，财政分配是政府凭借政治权力，通过相应的法律制度保证实现的。

2. 财政分配的对象主要是剩余产品价值部分

财政分配的对象是社会产品，主要是剩余产品中的一部分。按照我们对社会产品的分析，全部社会产品由补偿生产资料部分、劳动者个人收入部分以及剩余产品价值部分所组成。从财政实际运行的情况看，财政收入包含剩余产品价值，也包含劳动者个人收入。就全部收入而言，我国财政分配的对象主要是剩余产品价值部分，随着经济的发展，劳动者个人收入部分对财政分配的影响将增大。

3. 财政分配的目的是为了满足社会公共需要

在市场经济条件下，财政分配的目的直接表现为满足社会公共需要，即满足为社会提供安全环境、维持公共秩序、保护公民基本权利和创造经济发展的社会条件等方面的需要。社会公共需要具有整体性、集中性和强制性三个特征。

4. 财政分配是一种集中性、全社会范围内的分配

财政活动的主体是国家或政府。国家或政府作为整个社会代表的身份和它所履行的社会职能，决定了财政分配要在全社会范围内集中进行。同时，由于财政收入与支出涉及社会生产与生活的各个领域，因此，国家或政府在组织财政收入和安排支出时，也必须以社会总体发展为目标进行集中性的分配。

5. 财政分配是一种无偿性的分配

财政分配是为了满足政府行使其职能的需要而进行的，而任何社会形态下的政府都是非生产性的，这就需要财政分配无偿地进行。随着财政收支范围不断扩展，除无偿的基本形式之外，政府也运用信用方式来有偿分配资金，从而形成财政分配的调剂形式。

案例分析

据路透社网站11月15日报道，中国15日发布《中共中央关于全面深化改革若干重大问题的决定》指出，支持有条件的国有企业改组为国有资本投资公司，划转部门国有资本充实社会保障基金，完善国有资本经营预算制度，提高国有资本收益上缴公共财政比例，2020年提高到30%，更多用于保障和改善民生。

思考问题：提高国有资产收益上缴公共财政比例，体现了财政的什么特征？

评析提示：体现了财政分配的目的是为了满足社会公共需要。

知识拓展

财政收入的经济来源

一、剩余产品价值是财政收入的主要来源

剩余产品价值（M）包括税金、企业利润和用剩余产品价值支付的费用（如利息）。其中主要是税金和企业利润。在统收统支的计划型财政条件下，国营企业所创造的M绝大部分均由国家集中分配用于扩大再产和社会共同需要形成财政收入。另外，国家以税金形式取走非国有企业的一部分纯收入形成财政收入。在社会主义市场经济体制下，国家赋予国有企业经营自主权，具有相对独立的经济利益。根据事权与财权相一致的原则，国家不能取走国有企业的全部M，只能参与一部分企业纯收入的分配，即国家以行政管理者身份参与分配，向企业收取税金，同时以资产所有者身份参与企业利润分配。

二、劳动者个人收入是财政收入的补充

劳动者个人收入（V）是指以劳动报酬的形式付给劳动者个人的部分。从我国目前来看，V虽然构成财政收入的一部分，但它在全部财政收入中所占的比重很小。这是因为我国长期以来实行低工资制度，劳动者个人的收入普遍较低，国家不可能从V中筹集更多的资金。

就现实的经济运行来看，目前我国来自V的财政收入主要有以下几个方面：

第一，直接向个人征收的税。如个人所得税、企业所得税等。

第二，向个人收取的规费收入（如护照费、户口证书费等）和罚没收入等。

第三，居民购买的国库券。

第四，国家出售高税率消费品（如烟、酒、化妆品等）所获得的一部分收入，实质上是由V转移来的。

第五，服务行业和文化娱乐业等企事业单位上交的税收，其中一部分是通过对V的再分配转化来的。

今后，随着社会主义市场经济体制的逐步建立和发展，人民生活水平的不断提高，以及个人所得税制的改革和完善，财政收入来自V的比重将逐渐提高。西方资本主义国家，普遍实行高工资政策和个人所得税以及工薪税为主体税的财税制度，其财政收入有相当部分直接来自V。

三、补偿生产资料中的个别部分构成财政收入

补偿生产资料（C）中的基本折旧基金在计划经济体制下构成财政收入的一部分，在市场经济中一般已不适宜将折旧基金列为财政收入，但是，由于实行国民生产总值型的增值税，仍有一部分C通过增值税成为财政收入。

任务3 财政职能
Misson three

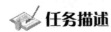 **任务描述**

本任务主要讲解财政职能。

 任务知识

所谓财政职能，是指在一定的社会经济条件下财政所固有的职责和功能。财政职能就是"财政能干什么"和"应该干什么"。

一、资源配置职能

(一) 资源配置职能的含义

财政的资源配置职能是通过财政收支引导资源的流向，弥补市场失灵，使资源可以合理地配置到国民经济和社会发展的各个部门，形成一定的资产结构、产业结构以及技术结构和地区结构，最终实现全社会资源配置的最优状态。

资源的基本特征是具有稀缺性，无法满足人们的全部需要。因此，在客观上就要求人们在利用资源的过程中进行合理安排。但是，在市场经济体制下，存在着市场失灵，市场自发形成的配置不可能实现最优状态，需要政府通过财政手段介入或干预。财政的资源配置职能就是通过财政本身的收支活动为政府供给公共产品提供财力支持，在一定程度上纠正外部性，引导资源的流向，弥补市场的失效，最终实现全社会资源配置的最优效率状态。

(二) 资源配置职能的范围

一般来说，财政资源配置的范围取决于政府职能范围和财政自身的能力。经济体制不同，财政参与资源配置的范围也不同。市场经济体制下，市场发挥基础性资源配置作用，政府对经济活动的直接参与范围相对小一些。财政资源配置的范围包括：一是市场配置失效而社会又需要的公共产品和服务方面，如外交、国防、治安、行政管理、教育、卫生、科技、环保、大型公共设施、基础设施及公共资源管理；二是对外部效应的干预，如控制并治理废水、废气、废料等环境污染，实施森林保护和城市绿化等；三是介入自然垄断行业，如城市供水、供电、供气和公共交通等；四是对短缺资源进行保护和配置。

(三) 资源配置职能的手段

1. 调节资源在政府部门和非政府部门之间的配置

保证资源配置在政府部门和非政府部门之间的最佳比例，是财政实现资源配置效率的首要要求。财政配置资源的比例应根据社会公共需要在整个社会需要中所占的比例来确定。这一比例过低，意味着公共部门掌握的资源过少，不能提供足够的公共服务满足社会公共需要，存在"缺位"现象；这一比例过高，意味着公共部门掌握的资源过多，税负偏重，存在"越位"现象。

2. 调节资源在不同地区之间的配置

地区间经济发展不平衡是一国在经济发展过程中可能面临的客观现实。在已有的经济布局中，经济发达地区的劳动生产率高，基础设施健全，投资利润和劳动报酬相对较高；相反，经济落后地区的社会经济发展水平和投资及就业吸引力就远不如发达地区。如果仅凭市场机制自发配置资源，就必然吸引各种经济资源更多地流向经济发达地区，使得其与经济落后地区的社会经济发展差距越来越大。财政资源职能的一个重要内容就是通过财政分配，即转移支付、财政补贴、税收等多种手段，实现资源在各个地区之间的合理配置。

3. 调节资源在不同产业部门之间的配置

产业结构的合理与优化是整个国民经济体系保持长期健康稳定发展的重要一环，但是当其出现不合理状况时，市场机制自身却难以调节。通过合理的财政措施可以在这方面发挥积极作用，主要表现在两个方面：一是调整购买性支出中的直接投资，如增加能源、交通和原材料的基础产业和基础设施方面的投资，减少加工部门的投资；二是利用税收、财政补贴和投资政策引导企业的投资方向，鼓励企业向亟待发展的瓶颈产业、高新技术产业投资。

二、收入分配职能

（一）收入分配职能的含义

财政收入分配职能，是指财政通过税收、转移支出等手段对参与分配的各主体利益关系进行调节，从而达到公平合理的分配目标。

在市场经济体制下，收入分配首先依靠市场进行。市场分配有助于实现规则公平和经济效益。但是由于个人禀赋的差异，经济主体拥有的资源不同，市场分配必然会导致收入差距悬殊的社会现象。因此，需要政府凭借政治权力对市场分配结果进行调整，使之符合公平的社会目标。

（二）收入分配职能的范围

财政执行收入分配职能，首先要界定市场分配与财政分配的界限，各司其职。

（1）凡属市场分配范围，如企业职工工资、企业利润、租金收入、红利收入、股息收入等，应由市场机制调节，财政不直接介入，更不应替代。

（2）凡属财政分配范畴，财政应尽力做到公平分配。就目前而言，一是要规范工资制度，对公务员及预算拨款事业单位职工，应根据经济发展状况，参照企业职工平均工资确定工资标准，并将所有工资性收入纳入工资总额，取消明贴暗补，提高收入透明度，实现个人消费货币化，取消变相实物工资；二是对医疗保健、社会福利等社会保证资金，财政应履行集中分配职责，通过各种转移支付形式使社会成员得以维持起码的生活水平和福利水平。

（三）实现收入分配职能的手段

1. 税收

税收是政府执行收入分配职能的主要工具之一。政府通过税收，一方面可以降低高收入者过高的收入水平,另一方面也为政府针对低收入者的财政支出提供了资金来源。具体而言,它一般可以通过以下方式进行:一是征收累进的个人所得税,缩小高收入者和低收入者的收入差距;二是针对某些高收入者消费较多的产品征收特别消费税;三是征收遗产税,缩小因上一代人财富差异带来的收入差距。

2. 转移性支出

转移性支出是指政府对企业和个人的单方面无偿的支出。政府社会救助性质的转移性支出主要针对那些处境不利的人们,通过向他们提供现金或实物救济来保障这些人能够获得起码的生活保障,维持起码的体面和尊严。政府社会保险性质的转移性支出涉及人群广泛,主要包括对退休养老、医疗保健和失业等的保险给付,它同样有助于提高低收入者的收入水平,缩小收入分配差距。

3. 购买性支出

购买性支出主要是指政府支出中用于购买商品和劳务的支出。例如,政府投资某一公共项目,可以提供更多的就业机会,从业者也可以获得更多的报酬。政府还可以通过教育支出提供高水平的义务教育,以提高低收入阶层获取收入的能力,从而影响收入分配格局。

三、经济稳定职能

(一)经济稳定职能的含义

财政的经济稳定职能,是指政府必须通过税收和公共支出等手段来实现充分就业、物价稳定、国际收支平衡等目标,以保证宏观经济稳定发展的职能和任务。

经济稳定包括了充分就业、物价稳定、国际收支平衡和经济增长多重含义。它们的具体内涵如下:

1. 充分就业

充分就业是指有工作能力并且愿意工作的劳动者都可以得到一份工作。正确理解充分就业的概念,应注意以下几点。

(1)就业的口径问题。这里的就业,是指一切用自己的劳动来维持自己生活的活动。因此,在我国的各种所有制企业中工作和从事个体经营活动都属于就业范畴。

(2)就业人口的口径问题。充分就业所指的对象是有工作能力的劳动者,对于那些因伤残、疾病和年龄等原因而不能正常工作的人,因为没有列入可就业人口中,所以他们没有工作不能算作失业。

(3)充分就业不是指可就业人口百分之百的就业,而是可就业人口的就业率达到某一社会公认的较高比例,如在95%左右。因为社会的经济结构是在不断地调整和变化的,与此相适应,就业结构也在不断变化。在调整产业结构的过程中,不可避免地会有一部分暂时脱离工作岗位,但经过一段时间训练之后,这部分人又会重新就业。经济结构不断调整,就业结构也不断变化,社会总会有一部分处于待业状态。

2. 物价稳定

物价稳定是指物价总水平的基本稳定。要注意的是,物价稳定并不意味着物价绝对静止不动。一般而言,只要物价总水平上升幅度是在经济和社会发展可接受的范围内,如3%~5%,即可视为物价水平稳定。

3. 国际收支平衡

国际收支平衡是指一国在进行国际经济交往时，其经常性项目和资本性项目保持收支平衡，不出现大的逆差或顺差。在开放经济条件下，一国的国民经济必然受到国际经济环境的影响，因此国际收支平衡也成为政府的一个政策目标。

4. 经济增长

经济增长是指一个国家的产品和劳务数量的增加，通常用国民生产总值（GNP）、国内生产总值（GDP）以及人均水平来衡量。所谓经济稳定，是一种动态的稳定，是经济适度增长中的稳定，而不是静态稳定。因此，经济稳定也含有经济增长之义。经济的增长与经济稳定相辅相成。经济的稳定与协调是经济增长的前提，而适度的经济增长又会促进经济稳定。只有实现经济增长，创造出更多的社会财富，才能更好地满足社会需求。

小 贴 士

GNP 和 GDP

GNP（Gross National Product）是指一个国家（或地区）所有国民在一定时期内新生产的产品和服务价值的总和。GDP（Gross Domestic Product）是指一个国家（或地区）在一定时期内所有常住单位生产经营活动的全部最终成果。

GDP 计算采用的是"国土原则"，即只要是在本国或本地区范围内生产或创造的价值，无论是外国人或是本国人创造的价值，均计入本国或本地区的 GDP。而 GNP 计算采用的是"国民原则"，即只要是本国或本地区居民，无论你在本国或本地区内，还是在外国或外地区所生产或创造的价值，均计入本国或本地区的 GNP。

GNP 与 GDP 的关系是：GNP 等于 GDP 加上本国投在国外的资本和劳务的收入再减去外国投在本国的资本和劳务的收入。

（二）实现经济稳定职能的手段

1. 发挥财政制度对宏观经济运行的自动稳定器作用

所谓自动稳定器，是指那些不需要政府主动采取行动就能随经济形势的变化自动缓解经济波动的财政制度。例如，累进的个人所得税制意味着个人收入的上升会导致适用税率升高。因此，在经济过热时期，个人收入的增加带来了平均税率的自动提高和税收收入的增加，从而有助于减少社会总需求，防止通货膨胀；反之，在经济萧条时期，个人收入的减少带来了平均税率的自动降低和税收收入的减少，从而有助于增加社会总需求，刺激经济复苏。

2. 通过相机抉择的财政政策，促进社会总供需的平衡

虽然自动稳定器能自动地发挥熨平经济波动的作用，但其调节作用毕竟是有限的。财政要实现稳定经济的职能，还需要采用相机抉择的财政政策，根据经济形势，通过调整财政收支来调节社会总需求。当经济过热时，社会总需求大于总供给，财政可以同时采用减少支出、增加税收或两种手段，通过紧缩性的财政政策减少社会总需求；当经济萧条时，社会总需求小于总供给，财政可以同时采用增加支出、减少税收或两种手段，通过扩张性的财政政策增加社会总需求。

案例分析

2014年，发改委协调推进深化收入分配制度改革相关实施细则的出台，努力增加城乡居民特别是低收入群体收入。

"提低、扩中、控高"被公认为是中国收入分配改革的基本思路。专家指出，要通过改革，消除初次分配领域的不公，对中低收入者减税，控制高收入，并消除社会保障上的待遇差异，最终形成"橄榄形"的收入分配格局。

值得注意的是，在收入分配改革中，饱受争议的养老金双规制有望在2014年破题。人社部部长尹蔚民在2013年12月26日召开的全国人力资源和社会保障工作会议上表示，2014年在社会保障方面将推进机关事业单位养老保险制度改革，着力解决"双轨制"、"待遇差"问题。

思考问题：材料中体现的我国财政实现收入分配职能的手段有哪些？

评析提示：实现财政收入分配职能的手段有税收、转移性支出和购买性支出，材料中主要是采用了税收的手段。

知识拓展

财政的职能作用有了新定位

2013年11月9日至12日在北京举行的十八届三中全会审议通过的《中共中央关于全面深化改革若干重大问题的决定》公报指出，财政是国家治理的基础和重要支柱，科学的财税体制是优化资源配置、维护市场统一、促进社会公平、实现国家长治久安的制度保障。必须完善立法、明确事权、改革税制、稳定税负、透明预算、提高效率，建立现代财政制度，发挥中央和地方两个积极性。要改进预算管理制度，完善税收制度，建立事权和支出责任相适应的制度。

这种提纲挈领的阐述，尚待未来出台具体的财税改革方案或细则。那么，该如何理解公报这方面内容的要义？财政部财政科学研究所副所长刘尚希认为这一表述还是有很多新意，还是有较多地方值得注意。

第一，公报起始就强调了财政是国家治理的基础和重要支柱。这么强调财政的重要性，是以前没有过的。这说明财政的作用是综合性的，过去我们对财政的理解就是经济手段，仅仅把财政放到经济领域去解读，但是这次公报的这句话说明，财政已经不仅仅是经济手段了，从国家治理的角度，把财政与经济、政治、社会各个方面都明确关联起来，财政的职能作用有了新的定位，是国家治理的重要基础。

第二，公报说财税体制是优化资源配置、维护市场统一、促进社会公平、实现国家长治久安的制度保障，实际上强调了财政在效率提高和公平提升中的重要作用，财政在效率与公平方面一身二任，这也是以前没有强调的。对未来的财政改革提出了明确的方向和要求。

第三，公报第一次提到了稳定税负，这是给老百姓吃了个定心丸，国家的钱袋子也不是越大越好，财政收入增长、税收收入的增长并不是越快越多越好。要稳定税负，财政收入的增长和经济的增长保持基本同步，基本相适应。这是个亮点。

第四，公报在财政部分强调了完善立法，把依法理财摆在了一个更加突出的位置上，重要性和紧迫性可见，以前也说依法理财，但是并不突出。

第五，公报讲到事权和支出责任匹配，现在讲支出责任就是谁负责拿这个钱办这个事，比以前的提法更进一步，在这个基础上调动中央和地方两个积极性。

刘尚希还特别提到，公报更加强调了资源配置中市场的作用，意味着政府要改革自身，简政放权，更好地让市场发挥作用，政府在资源配置方面应该"收手"了，要不然市场无法体现决定性作用。

（资料来源：邢昀．财新网，htpp：//opinion.caixin.com/，2013-11-12）

项目小结

任务	任务知识点	知识内容
市场与市场失灵	概念	是指完全竞争的条件得不到满足而导致市场无法有效率地分配商品和劳务的情况。
	类型	条件性市场失灵和源生性市场失灵。
	表现	竞争失败和市场垄断；外部效应问题；收入与财富的分配不公；区域经济不协调；公共产品供给不足；公共资源的过度使用；失业问题。
	原因	垄断；外部性效应；公共物品；信息不完全。
	对策	对于外部性效应导致的市场失灵，可以采取税收和补贴、政府直接调节以及明确产权和谈判三种手段；解决公共物品的供给是消除公共物品所引起市场失灵的关键；由于信息不完全而产生的市场失灵，政府可以通过制定相关的法律来规范市场行为，建立完善的市场规则，维护正常的市场秩序，从而使生产者和消费者的合法权益受到保护，对利用信息不完全的欺诈行为和发布虚假信息的人给予严厉的经济制裁。
财政概述	财政现象	对于家庭和居民个人；对于工商企业；对于政府。
	财政含义	以国家或政府为主体，通过政府收支活动，集中一部分社会资源，用于行使政府职能和满足社会公共需要的经济活动。
	财政一般特征	主体是国家或政府；对象主要是剩余产品价值部分；目的是为了满足社会公共需要；是一种集中性、全社会范围内的分配；是一种无偿性的分配。
财政职能	资源配置职能	含义：通过财政收支引导资源的流向，弥补市场失灵，使资源可以合理地配置到国民经济和社会发展的各个部门，形成一定的资产结构、产业结构以及技术结构和地区结构，最终实现全社会资源配置的最优状态。 范围：一是市场配置失效而社会又需要的公共产品和服务方面；二是对外部效应的干预；三是介入自然垄断行业。 手段：调节资源在政府部门和非政府部门之间的配置；调节资源在不同地区之间的配置；调节资源在不同产业部门之间的配置。
	收入分配职能	含义：是指财政通过税收、转移支出等手段对参与分配的各主体利益关系进行调节，从而达到公平合理的分配目标。 范围：凡属市场分配范围，应由市场机制调节，财政不直接介入，更不应替代；凡属财政分配范畴，财政应尽力做到公平分配。 手段：税收；转移支出；购买性支出。
	经济稳定职能	含义：是指政府必须通过税收和公共支出等手段来实现充分就业、物价稳定、国际收支平衡等目标，以保证宏观经济稳定发展的职能和任务。 手段：发挥财政制度对宏观经济运行的自动稳定器作用；通过相机抉择的财政政策，促进社会总供需的平衡。

职业能力训练

一、单选题（每题只有一个正确答案）

1. 在消费或使用上，公共物品的特点是（　　）。
   A. 竞争性和排他性 B. 非竞争性和排他性
   C. 非竞争性和非排他性 D. 竞争性和非排他性

2. 财政分配的主体是（　　）。
   A. 政党 B. 财政 C. 政府 D. 预算

3. 财政分配的目的是（　　）。
   A. 满足国家需要 B. 满足社会公共需要
   C. 满足经济建设需要 D. 国防需要

4. 财政的职能不包括（　　）。
   A. 资源配置职能 B. 解决公共产品缺失
   C. 收入分配职能 D. 经济稳定职能

5. 实现收入分配职能的手段不包括（　　）。
   A. 税收 B. 购买性支出 C. 购买国债 D. 转移性支出

二、多选题（每题至少有两个正确答案）

1. 在下述（　　）情况下，市场失灵情况存在。
   A. 垄断的出现 B. 公共物品的生产
   C. 外部经济的存在 D. 外部不经济的存在
   E. 私人物品的生产

2. 为了消除外部性对市场的影响，政府可以采取（　　）。
   A. 税收和补贴 B. 规定限价
   C. 合并相关企业 D. 公共管制
   E. 明晰产权

3. 社会公共需要具有（　　）特征。
   A. 整体性 B. 分散性
   C. 随意性 D. 集中性
   E. 强制性

4. 经济稳定包括（　　）。
   A. 充分就业 B. 物价稳定
   C. 国际收支平衡 D. 金融环境稳定
   E. 经济增长

5. 资源配置职能的手段包括（　　）。
   A. 调节资源在政府部门和非政府部门之间的配置
   B. 调节资源在不同企业之间的配置
   C. 调节资源在不同地区之间的配置
   D. 调节资源在居民、企业和政府之间的配置
   E. 调节资源在不同产业部门之间的配置

三、案例分析题（不定项选择题）

2015年3月26日，记者从新疆维吾尔自治区社会组织工作委员会获悉：为支持新疆社会组织积极开展社会服务，2015年中央财政为新疆社会组织提供600万元专项资金支持。据了解，为贯彻落实党的十八届三中、四中全会精神和《中共中央关于全面深化改革若干重大问题的决定》中关于激发社会组织活力的要求，2015年中央财政再次安排两亿元专项资金，用于支持西部地区社会组织开展社会服务工作，实施项目涉及社区服务、社会福利服务、专业社工服务、社会救助四项内容。

1. 中央财政为新疆社会组织提供的600万元专项资金，是为了满足新疆的（　　）。
   A. 政府需要　　　　B. 市场需要　　　　C. 公共需要　　　　D. 个人需要
2. 中央财政安排的资金性质属于（　　）。
   A. 有偿　　　　　　B. 无偿　　　　　　C. 部分有偿　　　　D. 部分无偿
3. 根据上述材料可知，公共财政的特征有（　　）。
   A. 主体是国家或政府　　　　　　　　B. 是盈利性的财政
   C. 是无偿性的　　　　　　　　　　　D. 是法治化的财政
4. 我国财政的职能可以体现在（　　）。
   A. 资源配置　　　　B. 收入分配　　　　C. 市场监管　　　　D. 经济稳定与发展

项目综合实训

财政现象及财政职能调查项目

1. 任务目标

通过实地调查，了解本地区存在的财政现象及其体现的财政职能。

2. 任务描述

深入本地区了解存在的财政现象并对财政现象进行分析，从而对存在的财政现象体现的财政职能进行深入的了解。

3. 任务成果

形成本地区的财政现象及财政职能调查报告。

项目二
财政收入

 知识目标

1. 了解财政收入的形式和财政收入规模变化趋势,了解衡量财政收入规模的指标和影响财政收入规模的因素。
2. 掌握国债的职能、国债的特点。
3. 理解国债和税收的区别。

 能力目标

1. 能够准确地掌握财政收入的分类。
2. 能够掌握税收的基本分类。
3. 能够简述国债的发行方式及偿还方式。

 导入案例

2014 我国财政收入

2014年,面对复杂多变的国际国内经济形势,各级财政部门积极采取有效措施,努力保证财政收入平稳增长,加强基本公共服务,切实保障和改善民生,全国财政收入和支出预算执行情况良好。

1~12月累计,全国一般公共财政收入140 350亿元,比上年增加11 140亿元,增长8.6%。其中,中央一般公共财政收入64 490亿元,比上年增加4 292亿元,增长7.1%;地方一般公共财政收入(本级)75 860亿元,比上年增加6 849亿元,增长9.9%。一般公共财政收入中的税收收入119 158亿元,同比增长7.8%。

2014年，全国一般公共财政收入增长8.6%，比2012年、2013年分别回落4.3个百分点和1.6个百分点。主要影响因素：一是工业生产、消费、投资、进出口、企业利润等指标增幅均不同程度回落，增值税、营业税、进口环节税收、企业所得税等主体税种增幅相应放缓。二是工业生产者出厂价格（PPI）持续下降，影响以现价计算的财政收入增长。三是房地产市场调整影响扩大，商品房销售额明显下滑，与之相关的房地产营业税、房地产企业所得税、契税、土地增值税等回落较多。四是扩大营改增试点范围等政策，在减轻企业负担的同时，对财政形成减收。分中央和地方看，中央一般公共财政收入增长7.1%，其中前三季度增长6%，第四季度受部分金融机构上缴国有资本经营收入增加等影响，中央收入增幅回升到11.2%。地方一般公共财政收入增长9.9%，自2003年以来首次回落至个位数增长，其中一季度、二季度、三季度增幅逐季回落，分别为11.8%、10.5%、7.6%，第四季度受房地产相关税收有所回升等影响，地方收入增幅回升到9.5%。

（资料来源：国库司，2015年1月30日）

思考：我国的财政收入主要来自哪里？

任务 1 财政收入概述

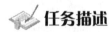

本任务主要讲述财政收入的基本概念、财政收入的主要来源。

一、财政收入的概念及内容

财政收入作为财政分配活动的一个重要阶段，首先应理解为一个过程，这一过程是财政分配活动的一个阶段或一个环节，并在其中形成特定的财政分配关系。其次，在现代商品经济条件下，财政收入也表示一定时期国家集中占有并支配使用的一定量的社会产品价值和货币资金，它在一定程度上反映了国家财力的规模。

财政收入是指政府为履行其职能、实施公共政策和提供公共物品与服务需要而筹集的一切资金的总和。财政收入表现为政府部门在一定时期内（一般为一个财政年度）所取得的货币收入，是衡量一国政府财力的重要指标。

财政收入所包括的内容主要包括税收、国有资产收益、公债收入等。

1. 税收

税收是国家取得财政收入的最主要的方式，也是最古老的财政范畴。早在奴隶社会，税收就已出现。直至当今，税收仍被世界各国广泛采用，它不仅是国家组织财政收入的最基本、最主要的形式，而且还是调节经济的重要杠杆。

2. 国有资产收益

国有资产收益是国家凭借国有资产所有权，以利润、租金、股息、红利、资产占用费等形式获得的财政收入。国有资产有三种：

一是经营性国有资产，包括规定应该上缴税后利润的国有企业、股份制企业、联营企业、外商投资企业中国有资产的经营收入。如铁道、邮电、通信行业的国有资产；冶金、化工、机械行业的国有资产经营收入。

二是非经营性国有资产。如国家机关、事业单位的国有资产。事业单位利用这些国有资产从事业务活动，也会不同程度地取得一些收入，称为事业收入。

三是资源性国有资产。如国有的土地、矿藏、森林、草场、水资源。

3. 国债

国债是指国家以债务人的身份，以有借有还的信用方式从国内外筹措资金的一种形式。公债既是一种特殊的财政范畴，也是一种特殊的信用范畴，兼有财政与信用两种属性。作为一种特殊的财政范畴，它不同于以强制、无偿为特征的财政一般范畴；作为一种特殊的信用范畴，它又不同于一般的信用。一般的信用以盈利为主要目的，其业务范围、种类较多，开展信用的目的是为了生产和消费。而公债的作用首先是为了弥补财政赤字，在当今还是政府调节经济的重要手段。

4. 其他形式

除上述几种形式外，国家还以其他形式筹集财政收入，如政府性基金收入、规费收入、罚没收入、国有资产管理收入、公产收入及其他杂项收入。

(1) 彩票公益金收入，是指从批准发行的彩票销售额中按规定比例提取的专项用于社会公益事业的资金，是社会公益金的重要组成部分，目前主要有体育彩票公益金和社会福利彩票公益金。

(2) 利息收入，是指税收和非税收入专户中，按照中国人民银行规定计息产生的利息收入，统一纳入政府非税收入管理范围。

(3) 捐赠收入，是指以各级政府、国家机关、实行公务员管理的事业单位、代行政府职能的社会团体以及其他组织名义接受的非定向捐赠货币收入，不包括定向捐赠货币收入，不包括代行政府职能的社会团体、企业、个人或者其他民间组织名义接受的捐赠收入。

(4) 外事服务收入，是指国家机关及其所属事业单位在提供对外服务过程中取得的各项收入，具体包括：派往国际组织及其专门机构临时任职人员的工资及劳务收入；国际组织驻京机构任职人员的工资及劳务收入；派往国外的出国教师及其他人员的工资及劳务收入；接待自费来华外宾、华侨、港澳台同胞所取得的各项收入；各部门代办护照签证收取的手续费收入；办理护照、签证的加急费收入；出国举办展览的收入和其他外事服务收入。

(5) 罚没收入，是指工商、税务、海关、司法等国家机关与经济管理部门依法处理的罚款和没收品收入，如对违反交通规则的罚款、违反治安管理条例的罚款，对经营假冒伪劣商品的罚款，对违反技术标准、违反商标管理的罚款，对违反污染排放规定的罚款等。

(6) 国家资源管理收入，是指各单位经国家批准开采国家矿产等资源，按规定向国家交纳的管理费，如矿山管理费、沙石管理费等。

(7) 国有土地出让金收入，是指国家以土地所有者的身份将土地使用权在一定年限内受让与土地使用者时，由土地使用者向国家支付的一种土地使用费。

> **小贴士**
>
> ### 规费收入
>
> 规费收入是指国家机关为居民或团体提供特殊服务或实施行政管理所收取的手续费和工本费，如工商企业登记费、商标注册费、公证费等。
>
> 清代各种较大税种多附加有常例或陋规，名目繁多，大部分为官吏中饱。民国时期的规费收入内容广泛，项目繁多，主要为各种名目的行政规费，如执照费、注册费、检验试验费、公文阅览费、抄录费和其他规费；各种名目的司法规费，如诉讼费、行政诉讼费、不动产登记费、法人登记费、公证费、诉讼事件申请费、律师费、缮状费、书状挂号费、法医检验费，还有其他规费如考试规费、各项事业规费等。
>
> 20世纪80年代，随着法制建设和行政监督的加强以及专业机关业务量的增加，北京市根据国家规定，陆续发布了有关经济合同、公证、计量标准、民法、商品检验等方面一系列法律和法规。各有关部门在执行和贯彻过程中，对规费收入的征管工作有所加强，征收的项目有所扩大。如公安规费中的车辆牌照费、登记费；司法规费中的诉讼费；工商规费中的国营、集体、大、中、小三种类型企业登记费等。

二、财政收入的规模

财政收入规模是衡量一个国家政府财力的重要指标，它表明该国政府在社会经济生活中职能范围的大小。保证财政收入的持续稳定增长是一个国家政府的主要财政目标之一。

评价财政收入规模，既不能简单地强调财政收入规模的最小化，也不能将财政收支适合状态下的财政收入规模视为"最优"，更不能将其界定为合乎财政收入制度约束规范的财政收入规模。必须从非制度约束出发，研究符合社会经济发展客观要求的财政收入分配总量的最优化。

（一）财政收入规模的分类

财政收入规模分为绝对规模和相对规模。财政收入的相对规模是指财政收入占国民经济总量的比重。常用的财政收入相对规模指标有财政收入占国内生产总值的比重，中央财政收入占全国财政收入的比重等。影响财政收入规模的因素主要是经济发展水平、收入分配政策和价格等因素。

改革开放后，我国财政收入占国内生产总值的比重经历了一个先降后升的过程。

（二）制约和影响财政收入规模的因素

从历史上看，保证财政收入持续稳定增长始终是世界各国的主要财政目标，而在财政赤字笼罩世界的现代社会，谋求财政收入增长更为各国政府所重视。但是，财政收入规模多大，财政收入增长速度多快，不是或不仅是以政府的意愿为转移的，它要受各种政治经济条件的制约和影响。这些条件包括经济发展水平、生产技术水平、价格及收入分配体制等，其中最主要的是经济发展水平和生产技术水平。

1. 经济发展水平和生产技术水平对财政收入规模的制约

经济发展水平对财政收入规模的影响

从理论上看,经济发展水平反映一个国家的社会产品的丰富程度和经济效益的高低。一般而言,则该国的财政收入总额较大,占国民生产总值的比重也较高。

当然,一个国家的财政收入规模还受其他各种主客观因素的影响。

① 从世界各国的现实状况考察,发达国家的财政收入规模大都高于发展中国家,而在发展中国家中,中等收入国家又大都高于低收入国家,绝对额是如此,相对数也是如此。经济决定财政,没有经济不发达而财源可以丰裕的国家。

② 从数学分析的角度看,经济发展水平对财政收入规模的制约关系可以运用回归分析方法做定量分析,回归分析是考察经济活动中两组或多组经济数据之间存在的相关关系的数学方法,其核心是找出数据之间相关关系的具体形式,得出历史数据,借以总结经验,预测未来。

2. 生产技术水平对财政收入规模的影响

生产技术水平也是影响财政收入规模的重要因素,但生产技术水平是内含于经济发展水平之中的,因为一定的经济发展水平总是与一定的生产技术水平相适应的,较高的经济发展水平往往是以较高的生产技术水平为支柱。因此,对生产技术水平制约财政收入规模的分析,事实上是对经济发展水平制约财政收入规模的研究的深化。

简单地说,生产技术水平是指生产中采用先进技术的程度,又可称之为技术进步。技术进步对财政收入规模的制约可从两个方面来分析。

① 技术进步往往以生产速度加快和生产质量提高为结果。技术进步速度快,GDP 的增长也较快,财政收入的增长就有了充分的财源。

② 技术进步必然带来物耗比例降低。经济效益提高,产品附加值所占的比例扩大。由于财政收入主要来自产品附加值,因此技术进步对财政收入的影响更为直接和明显。

所以,促进技术进步,提高经济效益,是增加财政收入的首要的有效途径。

3. 分配政策和分配制度对财政收入规模的制约

制约财政收入规模的另一个重要因素是政府的分配政策和分配体制。经济决定财政,财政收入规模的大小,归根结底受生产发展水平的制约。经济发展水平是分配的客观条件,而在客观条件既定的条件下,还存在通过分配进行调节的可能性。因此在不同的国家和一个国家的不同时期,财政收入规模也是不同的。

政府的分配政策和分配体制主要表现在以下两个方面。

(1) 国民收入分配政策决定剩余产品价值占整个社会产品价值的比例,进而决定财政分配对象的大小。

(2) 财政分配政策决定财政集中资金的比例,从而决定财政收入规模的大小。GDP 分配格局变化的原因是复杂的,是国民经济运行中各种因素综合作用的结果。首先是经济体制转轨的必然结果。分配体制和分配模式是由经济体制决定的,过去在计划经济体制下的统收统支体制,显然是和市场经济体制不相称的,经济体制转换带来分配体制的转换是必然的。实际上,我国经济体制改革是以分配体制改革为突破口的。实践证明,分配体制的改革促进了经济体制的改革,促进了经济的快速增长。

从以上分析可以看出,在经济体制改革中调整分配政策和分配体制是必要的,但必须有缜密的整体设计,并要考虑国家财政的承受能力。因此,在提高经济效益的基础上,整顿分配秩序,调整分配格局,适当提高财政收入占国民收入的比重是必要的。

4. 价格对财政收入规模的影响

财政收入是一定量的货币收入，它是在一定的价格体系下形成的，又是按一定时点的现价计算的。因此，由于价格变动引起的 GDP 分配的变化也是影响财政收入增减的一个不容忽视的因素。我国曾一度出现物价上涨幅度较大的情况，经济学界也在讨论财政收入的"虚增"或名义增长而实际负增长的问题，它实际上就是指由物价上涨导致的财政收入的"贬值"现象。

价格变动对财政收入的影响，首先表现在价格总水平升降的影响。在市场经济条件下，价格总水平一般呈上升趋势，一定范围内的上涨是正常现象，持续地、大幅度地上涨就是通货膨胀。随着价格总水平的上升而财政收入同比例地增长，则表现为财政收入的"虚增"，即名义增长而实际并无增长。在现实经济生活中，价格分配对财政收入的影响，可能出现各种不同的情况。

知识拓展

国有资产

国有资产是法律上确定为国家所有并能为国家提供经济效益和社会效益的各种经济资源的总和。就是属于国家所有的一切财产和财产权利的总称。国家属于历史范畴，因而国有资产也是随着国家的产生而形成和发展的。在现实经济生活中，"国有资产"概念有广义和狭义两种不同理解。

广义上国有资产即国有财产，指属于国家所有的各种财产、物资、债权和其他权益，包括：①依据国家法律取得的应属于国家所有的财产；②基于国家行政权力行使而取得的应属于国家所有的财产；③国家以各种方式投资形成的各项资产；④由于接受各种馈赠所形成的应属于国家的财产；⑤由于国家已有资产的收益所形成的应属于国家所有的财产。

狭义上的国有资产是指法律上确定为国家所有的并能为国家提供未来效益的各种经济资源的总和。经营性国有资产，是指国家作为出资者在企业中依法拥有的资本及其权益。经营性资产包括：企业国有资产；行政事业单位占有、使用的非经营性资产通过各种形式为获取利润转作经营的资产；国有资源中投入生产经营过程的部分。

任务2 税收收入 Misson two

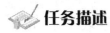 **任务描述**

本任务主要描述税收的特点和税收的分类。

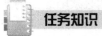 **任务知识**

税收是一个古老的财政范畴。税收伴随国家的产生而产生，并随着国家的发展而发展。由于各个国家具体历史条件不同，税收产生的实际历史过程也不完全相同。但整体来说，税收经历了一个从简单到复杂、从低级到高级的发展过程。在现代社会，税收是各国财政收入

的最主要形式，税收占财政收入的比重一般都在90％以上。

一、税收概念及特征

税收是政府为实现其职能的需要，凭借其政治权利并按照一定的标准，强制无偿地取得的财政收入。

（一）税收的概念

（1）税收是属于分配范畴。这是税收的基本属性。国家征税就是把部分私人部门占有的社会资源转移到政府手中，是国家参与并调节国民收入分配的一种手段。

（2）税收的征税主体是国家或政府。税收与国家的存在直接联系，是政府赖以存在并实现其职能的物质基础，只有中央政府和地方政府才能行使征税的权力。

（3）国家征税的依据是政治权力。任何分配的实现总要以一定的权力为依托，税收是国家以社会管理者身份，凭借政治权力，通过占有私人部门的资源而取得的一种收入。

（二）税收的特征

税收具有强制性、无偿性、固定性三个基本特征。这"三性"也是税收区别于其他财政收入的标志。

1. 税收的强制性

由于就每一个纳税人来说，税收是无偿的，按照个人理性，人们不会自愿交纳，所以必须凭借法律的强制性手段来完成，即税收的强制性。它是指国家以政治权力为依托，通过一定的法律形式，来保障征税的顺利进行。因此，纳税人不论主观上愿意与否，都必须履行纳税义务，依法照章纳税，否则就会受到法律的制裁。

2. 税收的无偿性

税收的无偿性是指国家征税以后，税款即为国家所有，既不需要偿还，也不需要对纳税人付出任何代价。国家与纳税人之间不存在任何等价交换或等价补偿的关系。这也是税收明显区别于公债、规费之处。

需要指出的是，税收的无偿性是相对的，是针对具体纳税人而言的，若就国家与全体纳税人的利益归属关系而言，它又具有返还性。因为国家征税的最终目的是为了提供公共产品和服务，满足社会公共需要，纳税人可在日常生活和生产经营中享受到政府提供的公共产品与服务。因此，税收实际上是社会成员为享受公共产品和服务所支付的代价。

3. 税收的固定性

税收的固定性是指征税前就以法律的形式规定了对什么征税、对谁征税、征多少税以及如何征税，并只能按预定的标准征税。征纳双方都必须遵守。税收的固定性是税收区别于罚款、一次性摊派的主要特点，同时它也保证了国家收入的稳定。当然，税收的固定性也不能绝对化，不等于税收法律法规一经制定就不得改变。从长远看，一国税收制度总是必须随经济的变化而不断调整完善，这一特性只是强调税收在一定时间内要保持相对稳定性，不能太频繁变动。并且，税收的固定性是由税收的强制性、无偿性所决定的，因为采用了强制性、无偿性征税方式，就一定要尽力避免因国家滥用权力而使纳税人利益受损，如果随意征收就会侵犯现存的财产关系，易造成经济活动混乱，不利于经济的发展，甚至会危及国家的稳定。

税收的以上三个特性是相互联系、缺一不可的，只有同时具备"三性"的才是税收，也就是说税收是"三性"的统一。

综上所述，我们认为，税收是国家为了实现其职能，凭借其政治权力，按照法律预先规定的标准，强制、无偿地取得财政收入的一种手段。

二、税收分类

税收从不同角度、依据不同的标准有多种分类。其中，较为重要的分类有以下几种：

（一）按征税对象分类

按征税对象为标准，可分为流转税、所得税、财产税、资源税、行为税，这是最基本、最重要的分类方法。西方一般将其分为商品课税、所得课税、财产课税三大类。

（二）按税种隶属关系分类

按税种隶属关系为标准，可分为中央税、地方税和中央与地方共享税。这种分类方法往往与国家实行分级分税管理体制相关。这里所说的税收隶属关系，不是针对税收立法权，而主要是就税收使用支配权而言的。中央税是由中央政府征收管理，收入属于中央固定收入的税种。地方税是指收入归地方政府所有的税种。中央与地方共享税是指税收收入由中央与地方按一定比例分成，两者共同享有的税种。一般来说，各国大多把税源充沛、税基较大、收入较高的主要税种作为中央税，而把税源零散、税基狭小、收入较低的税种划为地方税。

（三）按计税标准分类

按计税标准为标准，可分为从量税和从价税。从量税是按课税对象的数量、重量、容量或体积等计量单位为标准，规定固定税额征收的税种。从价税是以课税对象的价格为标准征收的税种。由于从量税的税收收入不能随价格高低而增减，适用范围较小，各国的大部分税种采用从价计征，只有少数税种如我国的资源税、车船使用税等采用从量计征。

（四）按税负能否转嫁分类

按税负能否转嫁标准，可分为直接税和间接税。凡是税负不能够转嫁给他人承担的税种就是直接税，纳税人与负税人是一致的，如所得税和财产税等。凡是税负能够转嫁给他人承担的税种就是间接税，缴税人与负税人不一致，如商品税。

（五）按税收与价格关系分类

按税收与价格关系为标准，可分为价内税和价外税。价内税与价外税的划分主要是针对商品课税而言的。凡商品价格中不包含税金，税金作为价格之外附加的，是价外税，比如我国的增值税；凡是税金包含在商品的价格中，税金构成价格组成部分的是价内税，比如我国的消费税、营业税等。

三、税收制度的构成要素

税收制度是一国各种税收法律法规和征收管理办法的总称。它确立了国家与纳税人之间的关系，既是国家征税的法律依据和工作规程，又是纳税人履行纳税义务的法律规范。税法是税收制度的核心。税收制度的基本要素是各个税种的基本法规所必须载明的、不可或缺的基本因素，它解决向谁征税、对什么征税、征多少税和如何征税等问题。

（一）纳税人

纳税人又称纳税义务人或纳税主体，是指税法规定的直接负有纳税义务的自然人和法人。自然人是指依法独立享有民事权利并承担民事义务的公民个人。法人是指依照法定程序成立，拥有能独立支配的财产并且能以其名义享有民事权利和承担民事义务的社会组织。

与纳税人有关的两个概念是扣缴义务人和负税人。扣缴义务人，即税法规定的负有代代缴税款义务的单位和个人，其设置目的是为了源泉控制和便于征管。扣缴义务人与纳税人之间不存在税负转嫁，只是税收征纳办法的改变。负税人是税款最终负担者，是经济上的纳税主体。负税人和纳税人两者是否一致，取决于税负能否转嫁。税负能够转嫁给他人，则纳税人和负税人往往是不一致的；税负不能转嫁，则纳税人本身就是负税人。

（二）课税对象

课税对象又称征税对象，是征税的客体，是指税法规定的征税标的物，即对什么征税。征税对象从总体上确定了一个税种的征税范围，体现了课税的广度。每一种税都必须明确它的征税对象，它是一种税区别于另一种税的主要标志。与征税对象有关的一个概念是税目。税目是税法规定的具体征税项目。它常以列举的方式来加以规定，并往往会针对不同的项目确定差别税率，以达到鼓励或限制的目的，体现国家政策。若设置较细，则税目之下还有子税目。

（三）税率

税率是指税额与征税对象数额之间的比率，它是计算纳税人应纳税额的尺度，反映着课税的深度。税率体现着政府的税收政策，税率的高低也决定了纳税人的税收负担轻重和直接关系到政府财政收入多少，因此，税率是税收制度要素中的核心。

税率的基本形式有比例税率、定额税率和累进税率三种。

（1）比例税率是指对同一征税对象，不论数额多少，都按同一比例课征的税率制度。比例税率的基本特点是税率不随征税对象数额的变动而变动，计算简便，便于征收。但不能较好地体现量能负担的原则。比例税率类型一般包括单一比例税率和差别比例税率。比例税率一般适用于流转税类，是最常用的一种税率形式。

（2）定额税率又称固定税额，是指按照征税对象的单位数量直接规定一定的税额，而不是规定征收比例。以定额税率计算的税额只与征税对象的数量紧密联系，与其价格无关，税额基本不受价格波动影响，能够保证财政收入水平稳定。定额税率也可以分为单一税率和差别定额税率两种。定额税率一般只适用于以量计征的税种，如车船税、资源税等，适用面较窄。

（3）累进税率是指按征税对象数额的大小划分若干等级，不同等级规定高低不同的税率，征税对象数额越大，税率越高；数额越小，税率就越低。累进税率体现出所得多者多征税，所得少者少征税，符合量能负担的公平原则，且累进税率还是"内在稳定器"，可以在一定程度上熨平经济波动，具有自动稳定经济的功能。累进税率一般适用于所得税率。按其累进依据和累进方式的不同，可以将累进税率分为全额累进税率、超额累进税率、全率累进税率和超率累进税率四种。如我国个人所得税中的工资、薪金所得采用了超额累进税率，土地增值税采用了超率累进税率。

（四）纳税环节

纳税环节是税法上规定的纳税人在征税对象流转过程中应当缴纳税款的环节，一般是针对流转税而言的。一个税种按其在商品流转的多个环节中选择纳税环节的多少形成一次课征制、两次课征制和多次课征制等不同的课征制度。例如我国消费税只在一个流转环节征税，属于一次课征制，而增值税则是道道征收，在各个流转环节都征税，属于多次课征制。

（五）纳税期限

纳税期限是指纳税人发生纳税义务后，应当向税务机关缴纳税款的具体时限，纳税人必须在规定期限内缴清税款，否则会受到相应制裁。一般来说，不同性质的税种和不同情况的纳税人，其纳税期限也不相同。

（六）税收优惠

税收优惠是对某些纳税人或征税对象的鼓励或照顾措施。税收优惠的主要目的是要减轻纳税人税收负担，体现出税收政策的导向，具有较强的政策目的性和针对性，同时也反映了征税活动的灵活性。

起征点与免征额是常见的税收优惠形式。起征点是指税法规定征税对象开始征税的数额。征税对象未达到起征点时不征税，而达到或超过起征点则须按照征税对象的全部数额征税。免征额是指税法规定的征税对象全部数额中免予征税的数额。在免征额内不征税，超过免征额的部分征税。可见，前者侧重照顾低收入者，后者则是对所有纳税人的照顾。

（七）违章处理

违章处理是国家对有违反税法行为的纳税人、扣缴义务人及其他当事人所采取的惩罚措施。它是维护税法严肃性的重要手段，体现了税收的强制性。违法行为主要包括违反税收征收管理法、欠税、偷税、骗税、抗税、虚开伪造和非法出售增值税专用发票等行为。对这些行为根据情节轻重采取不同的处罚方式，主要手段有补缴税款、加收滞纳金、罚款、行政制裁和刑事制裁。构成犯罪的严重违法行为要由司法机关追究刑事责任，进行刑事制裁。

四、税收负担与税负转嫁

（一）税收负担

税收负担简称税负，是指因政府征税使纳税人承担了一定量的税额，相应减少了纳税人的一部分收入或利润，并给纳税人造成经济利益损失。税负水平是税制的核心问题，如何合理界定一定时期的税收负担，是政府在税制建设以及制定和实施税收政策时所必须重点考虑的，因为只有税收负担合理、适度，才能既保证政府履行职能所需要的财力，又能更好地促进经济发展，有效发挥出税收筹集财政资金和调控经济运行的功能。

（二）税负转嫁与归宿

1. 税负转嫁的含义

由于税收负担是纳税人的利益损失，纳税人一般都会想方设法采取某些措施来减少经济损失，由此产生了与税收负担相关的两个概念：税负转嫁和税收归宿。税负转嫁是指在商品交换中，纳税人将其缴纳的税款通过各种途径转移给他人负担的过程。那么当税负无法再转嫁时，税负转嫁这一过程就到了终点，也就是税收归宿。可见，税收归宿是税收负担的最终落脚点或税负转嫁的最后结果。

2. 税负转嫁的形式

按照经济交易过程中实现税负转嫁的不同途径分类，税负转嫁主要有以下几种：

（1）前转。前转又称顺转，是指纳税人通过提高商品销售价格的办法，将税负向前转移给购买者的一种转嫁形式。前转是税负转嫁的最典型和最普遍的形式。

（2）后转。后转是指纳税人通过压低进货价格等方法将税负向后转嫁给商品销售者负担的一种转嫁形式。后转一般是在受市场供求条件的约束，税负难以向前转嫁给消费者时所选择的转嫁途径。因为它是将其所纳税款逆商品运动方向来转嫁的，所以也称为逆转。

（3）混转。混转又称散转，是指纳税人同时采用前转和后转的一种税负转嫁形式。

小 贴 士

税负转嫁

税负转嫁，是指在商品交换过程中，纳税人通过各种途径将其所交纳的税款全部或部分地转移给他人负担的经济过程和经济现象。在实际经济生活中，税负转嫁的程度，还要受多种因素的制约：（1）供给弹性与需求弹性对税负转嫁的影响。一般来说，供给弹性大、需求弹性小的商品的课税较易转嫁；而供给弹性小、需求弹性大的商品不易转嫁。（2）税种差别对税负转嫁的影响。一般而言，对商品的课税比较容易实现税负转嫁，而对所得的课税一般不能实现税负转嫁。（3）课税范围宽窄对税负转嫁的影响。课税范围宽的商品比较容易实现税负转嫁，而课税范围窄的商品则难以实现税负转嫁。（4）企业谋求的利润目标对税负转嫁的影响。

五、我国的主要税种

我国现行税制，是指从 1994 年 1 月 1 日以来实行的税制。目前的税收体系按照课税对象的性质划分，可分为五大类：流转额课税、所得额课税、资源课税、财产课税和行为课税。

（一）流转税

流转税是以商品流转额和非商品营业额为征税对象而征税的税制体系。流转税的计税依据是商品销售额或劳务收入，一般采用比例税率。流转税在纳税人取得后即可征税，不受纳税人成本、费用的影响，有利于财政收入及时、稳定地取得。目前我国的流转税有增值税、消费税、营业税、关税等。其中，增值税、消费税、关税属于商品交易税制，营业税属于服务交易税制。

1. 增值税

增值税是以法定增值额为课税对象征收的一种税。法定增值额是指各国政府根据各自的国情、政策要求，在增值税制度中人为地确定的增值额。增值税是一种一般性的、普遍性的商品贸易税，它的征收范围几乎可以涉及所有的货物交易。增值额从理论上讲是企业在生产经营过程中新创造的那部分价值：即货物或劳务价值中 V＋M 部分，相当于净产值或国民收入。从一个生产经营单位来看，增值额是指该单位销售货物或提供劳务的收入额扣除为生产经营这种货物（包括劳务）而外购的那部分货物价款后的余额；从一项货物来看，增值额是指该项货物的生产和流通的各个环节所创造的增值额之和，也就是该项货物的最终销售价值。

2. 消费税

消费税是以消费品和消费支出为征税对象而征收的一种税。消费税有直接消费税和间接消费税两种形式。直接消费税是指在消费者购买消费品时直接征收消费税，价外加税，由消费者直接承受税收负担。间接消费税是对生产和销售消费品的经营者征收，由消费者间接承受税收负担。我国目前实行的消费税为间接消费税。

3. 营业税

营业税是对在我国境内提供应税劳务、转让无形资产和销售不动产的单位与个人所取得的营业额征收的一种税。与其他商品劳务税相比，营业税具有全额计征、按行业设计税目税率、计算简便、税源广等特征，对保证财政收入的稳定增长具有十分重要的作用。

（二）所得税

所得税也称收益税，是指以纳税人的所得额或收益额为征税对象而征收的一类税。与流转税相比，所得税具有税负的不可转嫁性、税收的相对公平性及税收征管的复杂性等特征。在世界各国，所得税既是政府筹措资金的重要手段，也是促进社会公平分配和经济稳定的杠杆。所得税课征方法有源泉课征法和综合课税法。在西方国家主要包括企业所得税、个人所得税和社会保险税。我国现行所得税的税种包括企业所得税和个人所得税。

1. 个人所得税

我国现行个人所得税属于分类所得税制，中国现行的个人所得税法自 2011 年 9 月 1 日起施行，其中规定个人所得税纳税办法如下：

① 以个人每月工资收入额减去 3 500 元后的余额作为其每月应纳税所得额；

② 个人所得税纳税税率如表 1-2-1 所示。

表 1-2-1　个人所得税纳税税率

纳税级数	个人每月应纳税所得额	纳税税率
1	不超过 1 500 元的部分	3％
2	超过 1 500 元至 4 500 元的部分	10％
3	超过 4 500 元至 9 000 元的部分	20％
4	超过 9 000 元至 35 000 元的部分	25％
5	超过 35 000 元至 55 000 元的部分	30％
6	超过 55 000 元至 80 000 元的部分	35％
7	超过 80 000 元的部分	45％

小 贴 士

税收资本化

税收资本化又称资本还原，是指在某些资本品的交易中，商品的购买者将所购买商品的未来应纳税款，通过从购入价格中预先扣除（即压低商品的购买价格）的方法，转嫁给生产要素的出售者。这种情况多发生于土地买卖或其他收入来源较具永久性的财产（如有价证券）税负转嫁上。

2. 企业所得税

企业所得税是对我国内资企业和经营单位的生产经营所得与其他所得征收的一种税。纳税人范围比公司所得税大。企业所得税纳税人即所有实行独立经济核算的中华人民共和国境内的内资企业或其他组织，包括以下6类：（1）国有企业（2）集体企业（3）私营企业（4）联营企业（5）股份制企业（6）有生产经营所得和其他所得的其他组织。企业所得税的征税对象是纳税人取得的所得。包括销售货物所得、提供劳务所得、转让财产所得、股息红利所得、利息所得、租金所得、特许权使用费所得、接受捐赠所得和其他所得。

企业所得税是指对中华人民共和国境内的企业（居民企业及非居民企业）和其他取得收入的组织以其生产经营所得为课税对象所征收的一种所得税。作为企业所得税纳税人，应依照《中华人民共和国企业所得税法》缴纳企业所得税。但个人独资企业及合伙企业除外。

（三）其他税

1. 资源税

资源税是以各种自然资源为课税对象，为了调节资源级差收入并体现国有资源有偿使用而征收的一种税。目前我国开征的资源税，是对我国领域及管辖海域开采应税矿产品及生产盐的单位和个人。征税范围较窄，只将矿产品和盐列入征税范围，大多数仍然实行从量差额征收。

（1）资源税的纳税人与扣缴义务人

在中华人民共和国领域及管辖海域开采规定的矿产品或者生产盐（简称开采或者生产应税产品）的单位和个人，为资源税的纳税人。为了便于加强对资源税的征管和保证税款及时、安全入库，堵塞漏税。税法规定：以收购未税矿产品的单位作为资源税的扣缴义务人，包括独立矿山、联合企业及其他收购未税矿产品的单位。

（2）资源税的征税范围

资源税的征税范围是税法列举的矿产品资源，包括原油、天然气、煤炭、其他非金属矿原矿、黑色矿原矿、有色金属矿原矿和盐。

2. 房产税

房产税是以房屋为征税对象，按房屋的计税余值或租金收入为计税依据，向房屋的产权所有人征收的一种税，我国于1986年10月1日开征。现行房产税是在原计划经济体制和财产所有结构的框架内恢复征收的，一方面继承了过去房产税的传统做法，另一方面又考虑了我国新旧体制转换过程中的某些特殊情况。因此，具有自身的特点。

（1）房产税的纳税人

房产税的纳税人是产权所有人。产权所有人是指拥有房产的使用、收益、出卖、赠送等权利的单位和个人。

(2) 房产税的课税对象和征税范围

房产税的征税对象是房屋。征税范围为城市、县城、建制镇和工矿区。城市是指国务院批准设立的市。县城是指县人民政府所在地的地区。建制镇是指经省、自治区、直辖市人民政府批准设立的有政府机构的镇。工矿区是指工商业比较发达、人口比较集中、符合国务院规定的建制镇标准但尚未建立建制镇的大中型工矿企业所在地。开征房产税的工矿区须经省、自治区、直辖市人民政府批准。房产税的征税范围不包括农村。

3. 契税

契税是以所有权发生转移变动的不动产为征税对象，向产权承受人征收的一种财产税。契税是一个古老的税种，至今有1 600多年的历史。契税的纳税人是承受中国境内转移土地、房屋权属的单位和个人。所谓承受，是指以受让、购买、受赠、交换等方式取得土地、房屋权属的行为。契税的课税对象是在中国境内承受其权属的土地、房屋，具体包括国有土地使用权出让、土地使用权的转让、房屋买卖、房屋赠与、房屋交换。

4. 印花税

印花税是对经济活动和经济交往中书立、领受的应税经济凭证所征收的一种税。因纳税人主要是通过在应税凭证上粘贴印花税票来完成纳税义务，故名印花税。1988年8月，国务院颁布了《中华人民共和国印花税暂行条例》，于同年10月1日起恢复征收印花税。印花税不论在性质上，还是在征税方法上，都具有不同于其他税种的特点：第一，兼有凭证税和行为税的性质；第二，征收范围广泛；第三，税收负担比较轻；第四，由纳税人自行完成纳税义务。纳税人通过自行计算、购买并粘贴印花税票的方法完成纳税义务，并在印花税票和凭证的骑缝处自行盖戳注销或划销。

印花税的纳税人是书立、领受在中国境内具有法律效力、受中国法律保护的应税凭证单位和个人。根据书立、领受应税凭证的不同，印花税的纳税人可以分别确定为：立合同人、立据人、立账簿人、领受人、使用人。

5. 车辆购置税

车辆购置税是由车辆购置附加费转化而来。1985年，国务院做出开征车辆购置附加费的决策，规定对所有购置车辆的单位和个人，一律征收车辆购置附加费，由交通部负责安排作为用于公路建设的专项资金。车辆购置附加费作为在全国范围内普遍强制征收的专项政府基金，已经具有明显的税收特征。我国于2001年1月1日开征。

车辆购置税与车辆购置附加费相比，主要变化是：名称由费改为税，征收部门由交通系统改为由国家税务系统，征收的钱款由过去交通系统逐级解缴国库改为税务系统缴入中央国库。车辆购置税作为中央财政收入，由中央财政根据交通部提出的、国家计委审批下达的公路建设投资计划，按照"保证重点和向西部地区倾斜"的原则，统筹安排，用于国道、省道干线公路建设。

车辆购置税的纳税人是在中华人民共和国境内购置应税车辆的单位和个人。车辆购置税的课税对象是以购买、进口、自产、受赠、获奖或者以其他方式取得的车辆，征收范围包括汽车、摩托车、电车、挂车、农用运输车。车辆购置税实行一次征收制度。对纳税人购置的已征车辆购置税的车辆，不再征收车辆购置税。

案例分析

我国从 2014 年起开征房产税

2014 年 1 月 1 日起，对拥有 2 套住宅的家庭，人均建筑面积 80m² 以上部分，视为奢侈性住宅消费，每年征收 1‰~3‰ 的房产税，且没有减除额。家庭第 3 套住宅，每年征收 4‰~5‰ 的房产税，且没有减除额。家庭第 4 套及以上住宅，每年征收 10‰ 的房产税，且没有减除额。城镇化绝不等于房地产化，但城镇化也离不开房地产业的支持。要进一步深化经济体制改革，推动城镇化的长期稳定发展，必须立即着手变革现有的房地产制度。鉴于房地产在国民经济所处的实际地位，其与金融、消费以及数十个关联产业密不可分的关系，建议将房地产制度改革置于下一步深化经济体制改革的首要位置，其中，将房产税作为房地产制度改革的出发点和核心。

过去 20 年，我国货币超发，却没有造成恶性通胀，是因为大部分流动性被房地产市场吸纳，并表现为地价和房价近十年的高涨。这一幕未来 20 年绝不能再重复。只有将囤积在房地产市场的数以万亿计的资金挤压或解放出来，其他急需资金的产业和行业才能获得发展的资本，否则，调整经济结构、转变发展方式几乎不可能取得成功。能发挥这种功效的，唯有在房产保有环节征收累进税率的房产税。

专家解读：对房地产税推行时间表，财政部财政科学研究所原所长贾康（微博）表示，2015 年房地产税应进入立法程序，如果 2016 年能够完成立法，2017 年正式依法全面征收。

思考问题：根据征税对象的不同，我国主要有哪些税种？

评析提示：流转税、所得税、财产税、资源税等。

知识拓展

遗产税是一个国家或地区对死者留下的遗产征税，国外有时称为"死亡税"。征收遗产税的初衷，是为了通过对遗产和赠与财产的调节，防止贫富过分悬殊。

遗产税是以被继承人去世后所遗留的财产为征税对象，向遗产的继承人和受遗赠人征收的税。理论上讲，遗产税如果征收得当，对于调节社会成员的财富分配、增加政府和社会公益事业的财力有一定的意义。遗产税常和赠与税联系在一起设立和征收。但是，为了吸引投资和资金流入，也有一些国家和地区故意不设立遗产税或者废除遗产税。

遗产税最早产生于 4 000 多年前的古埃及，出于筹措军费的需要，埃及法老胡夫开征了遗产税。近代遗产税始征于 1598 年的荷兰，其后英国、法国、德国、日本、美国等国相继开征了遗产税。近代各国开征遗产税的主要目的也是为了筹措战争经费，战后即停征。

直到 20 世纪，遗产税才逐步成为一个固定的税种。主要目的也转变为调节社会成员之间的贫富差距，而取得财政收入的作用却大大削弱了。

任务3 国债收入
Misson three

任务描述

本任务主要阐述国债的概念、功能、作用,及发行、偿还方式。

任务知识

国债又称国家公债,是国家以其信用为基础,按照债券的一般原则,通过向社会筹集资金所形成的债权债务关系。国债是由国家发行的债券,是中央政府为筹集财政资金而发行的一种政府债券,是中央政府向投资者出具的、承诺在一定时期支付利息和到期偿还本金的债权债务凭证。它包括中央政府举借的公债和地方政府举借的地方债两种,与税收相比,国债具有有偿性、自愿性和灵活性三个特征。由于国债的发行主体是国家,因此它具有最高的信用度,被公认为是最安全的投资工具。

一、国债的产生与发展

国债的产生离不开商品经济和信用经济的发展,是以社会上有较为充裕的闲置资金为基础的。国债制度是在私债的基础上发展起来的,产生于奴隶社会。

如今,包括社会主义国家以及发展中国家在内的几乎所有国家,无不将国债作为政府筹集资金的重要形式和发展经济的重要杠杆。

小 贴 士

我国国债的历史演进

我国最早是从清朝末期开始发行国内公债并大量举借丧权辱国的外债。中国共产党领导的红色政权在新民主主义时期也曾多次发行公债,如1932年江西中央革命根据地曾分两期发行总额为180万元的"革命战争短期公债"。新中国成立后,我国国债发行可分为3个阶段。

第一阶段是新中国刚刚成立的1950年,当时为了保证仍在进行的革命战争的供给和恢复国民经济,发行了总价值约为302亿元的"人民胜利折实公债"。

第二阶段是1954—1958年,为了进行社会主义经济建设分5次发行了总额为3 546亿元的"国家经济建设公债"。

第三阶段是1979年以后,为了克服财政困难和筹集重点建设资金,我国从1981年起重新开始发行国债。截止到1995年,共发行7种国债:国库券、国家重点建设债券、财政债券、特种债券、定向债券、保值债券、转换债券等,累计额达3 300亿元。

二、国债的功能

(一) 弥补财政赤字

弥补财政赤字是国债产生的直接动因,也是国债最基本的功能。当一国财政出现赤字时,弥补财政赤字可供选择的途径有三种:一是增加税收。但增加税收一方面客观上受到经济发展状况的制约,不顾经济现实强行提高税率或增设税种的做法,必然会影响到经济的正常发展,不利于税源的培养,起到"竭泽而渔"的负面效果;另一方面税收的变更还要受到法律程序的制约,并且增税也容易招致纳税人的不满。二是向银行透支或借款。但这种方式往往会导致增发货币,容易诱发通货膨胀。三是举借国债。发行国债实质上只是部分社会资金使用权的暂时转移,一般不会增加社会上的货币流通量,不易引发通货膨胀。国债的发行遵循自愿和有偿的原则,政府获取的是社会上相对闲置的资金,一般不会侵蚀经济主体必要的生产、生活资金,对经济发展影响较小,也易为公众所接受。由于国债发行灵活,可以迅速筹得政府所需资金。相比较而言,三种方式中发行国债副作用较小,是弥补财政赤字的最佳途径。

但必须注意,不能把国债弥补赤字的功能绝对化。因为一国财政赤字过大,会使其弥补来源——国债随之同步增长,形成债台高筑,而国债还本付息的压力反过来又会引致财政赤字的进一步攀升,最终会导致财政收支的恶性循环。因此,必须重视国债的发行和管理,并将财政赤字控制在一定范围内。

(二) 筹集建设资金

国家还可通过国债将社会上分散的闲置资金集中起来,用于生产领域,促使社会储蓄向投资转化,有效地动员和重新配置社会资源。在发展中国家公债的这一功能表现得尤为突出。这是因为在发展中国家,各国政府一般都要承担艰巨的经济建设任务,比如基础设施及基础工业等基础产业都需要财政大规模的投入,在政府财力有限的情况下,其投资的资金来源一部分可以以举债方式来解决。

(三) 调节经济

国债是重要的财政政策工具,是调节经济活动的重要杠杆。国债对经济的调控包括对经济总量的调控和对经济结构的调控两方面。一方面,政府通过增加或减少国债的发行,以及调整国债的利率和贴现率,可以有效地影响社会总需求,起到调控经济总量的作用。另一方面,国债用于生产或消费,以及用于什么产业、部门,可以体现国家的产业政策,促进经济结构的调整。

此外,随着社会经济的发展以及政府对公债综合运用能力的增强,国债功能也在不断地扩展。

(四) 为财政政策和货币政策配合提供最佳结合点

中央银行为了实现其货币政策目标,采用存款准备金、再贴现、公开市场业务三大货币政策工具,其中最重要、最有效的货币政策工具是公开市场业务,而公开市场操作的最佳工具又是国债,特别是短期国债。中央银行通过在公开市场上买卖国债来吞吐调剂基础货币,调控市场上的货币供应量,进而实现货币政策目标。这就使得国债不仅是财政政策必不可少的组成部分,是财政政策的重要工具,同时又是货币政策调节经济的重要工具,成为财政与金融的交叉领域。国债是财政政策与货币政策的连接点和桥梁,衔接着两者,有利于两者的配合运用,增强对经济的有效调控功能。

三、国债的特点

国债具有三个特点,自愿性、有偿性和灵活性。

1. 自愿性

自愿性是指公债的发行或认购是建立在自愿承受基础上的。买与不买或购买多少,完全由认购者视其具体情况自主决定。这一特点使它与其他财政收入形式,如税收、利润有明显的区别。

国债是以国家的信誉为依托,政府发行国债就应以借贷双方自愿互利为基础,按一定条件与认购者结成债权、债务关系,国家不应该、也不可能强制单位或个人购买国债。否则,信用将大受影响。

2. 有偿性

有偿性是指通过国债筹集的财政资金,国家必须作为债务按期偿还,除此之外,还应按事先规定的条件偿付利息。国债的发行是国家作为债务人以偿还和付息为条件,向国债认购者借取资金的暂时使用权,因而国家与认购者之间必然具有直接的返还关系。

3. 灵活性

国债的发行与否及发行多少,一般完全由政府依据财政收支的状况灵活加以确定,并非通过法律形式预先规定。

这种灵活性是国债区别于其他财政范畴的一个突出特征。国债发行数额是由政府根据财政状况灵活加以确定的。在大多数国家,政府每年发行的国债数额常常要随财政状况而出现较大的起伏。也就是说,国债这一筹集资金的形式既不具有发行时间上的连续性,也不具有发行数额上的相对固定性。

国债的上述三个特征是密切联系相关的:国债的自愿性决定于国债的有偿性,因为如果是无偿的话就谈不上自愿认购。而国债的自愿性和有偿性,又决定和要求发行上的灵活性。否则,如果连年发行固定的国债,其结果或者一部分推销不出去而需要派购,或者筹措的资金处于闲置状态不能发挥效益。自愿性、有偿性和灵活性是统一的,只有同时具备这三个特性的财政范畴才能构成国债,缺一不可。

四、国债的种类

国债按照不同的标准可以划分为多种类别,对国债进行分类的主要意义在于使政府能据此来加强对国债的管理。

(一)按应债资金的来源分类

按应债资金的来源分类,可以分为内债和外债。

内债是一国政府向本国境内的个人或企业举借的国债，其发行和还本付息是以本国货币为计量单位。外债是一国政府向外国政府、国际金融机构、外国银行、外国企业和个人所发行的债券或借款，其发行和还本付息是以外币计量的。

（二）按国家举债的形式分类

按国家举债的形式分类，可以分为国家借款和发行债券。

国家借款是指通过向国内银行、公司等经济主体或外国政府、商业银行、国际金融组织等借用贷款来筹措资金的方式。以这种方式举债手续简便、成本较低，但应用面不广，现代国家通常在举借外债时采用。

发行债券是指国家通过向投资者出具政府承诺在一定时期支付利息并到期还本的债务凭证从而筹措资金的方式。这种举债方式应用面较广、效能较高，现代国家向社会公众与企业的借债主要采用这种方式，但要实现顺利发行必须具有完善的信用制度和发达的金融市场，且发行费用较高。

（三）按债券的流动性分类

按债券的流动性分类，可以分为可流通国债和不可流通国债。

可流通国债，又称为上市国债，是指可以在证券市场上自由买卖的国债。由于可流通国债具有流动性，有助于降低国债投资者的机会成本，对投资者吸引力较大，因此一般能顺利推销，其利率可定得相对低一些。不可流通国债，又称为非上市国债，是指不能在证券市场上自由买卖的国债。例如美国的"储蓄国债"和我国1984年以前发行的国库券。由于不可流通，国债不能上市转让交易，只能按规定时间兑付，一般只能通过较高利率或其他优惠来吸引投资者。

目前可流通国债是各国国债的主要形式，在发达国家中占到70%～85%，而不可流通国债所占比例较低，一般只针对特定购买者出售。

（四）按国债的债务凭证分类

按国债的债务凭证分类，可以分为凭证式国债和记账式国债。

凭证式国债，即有纸国债，是指向承购者付给其上印有面额、利率等内容的债务凭证的国债。这种国债要经历债券票面的印制、运输、保管等环节，发行成本较高，安全性较差。记账式国债，即无纸国债，又称为登录式国债，是指通过专门设立的国债账簿上记录债权人的姓名、金额等事项的方式而发行的国债。这种国债不必经过印制、运输、保管券面等环节，具有发行成本较低、效率较高的优势，所以已成为现代各国国债的主流品种。目前，各成员国的国债全部为记账式公债。在我国国债发行初期，基本采用凭证式国债，后来推出了记账式国债并不断增加其发行份额。

（五）按国债的偿还期限分类

按国债的偿还期限分类，可以分为短期国债、中期国债和长期国债。

短期国债还本期限在1年以下，中期国债还本期限在1年以上10年以下，长期国债还本期限在10年以上。

五、国债对经济的影响

国债是政府财政收入的一部分,它是政府对公众的债务,或者公众对政府的债权。它是政府运用信用形式等筹集资金的特殊形式,包括中央政府的债务。国债的发行,一方面能增加财政收入,影响财政收支,属于财政政策;另一方面又能对包括货币市场和资本市场在内的金融市场的扩张与紧缩起着重要作用。国债对经济的影响是多方面的,因为社会经济本身就是一个庞大的系统,其中有不同的经济主体、经济内容和经济现象,因而可以从不同的角度来分析。

(一)国债对财政收支的影响

政府行使其职能,必须有一定的财政支出。一般来说,政府的主要收入来自税收,当政府税收刚好等于或者大于其财政支出时,政府无赤字或有盈余;当税收小于支出时,政府赤字就产生。因此,为了追加收入,弥补财政缺口,政府便发行国债。筹集社会上的闲散资金,将其使用权转移到国家手中。根据乘数效应,在今后年度,必将引至国民经济的大幅度增长。

(二)国债对货币供给的影响

政府发行国债,当中央银行承购国债,会直接增加政府的存款。这部分存款用于政府各项支出,拨给社会上的部门、企业和个人时,其账户所在的商业银行的存款就会相应增加,其结果就是货币供给量大大地增加。

在现代银行制度下,这是中央银行创造货币的机制。而商业银行又具备扩张信用和创造派生存款的机制,它表明商业银行虽然不能创造货币,但能够在中央银行放出货币的基础上,进一步扩张信用规模。于是中央银行在承购国债时,扩大的货币供给不仅是国债本身,而可能是扩大的许多倍。按照存款准备金制度,当财政向社会有关方面进行拨款后,商业银行的社会存款将会增加。于是,其中一部分作为准备金缴存中央银行,另一部分可用来发放存款。存款的结果又使得社会存款增加,此乃派生存款。如此循环进行,使得信用扩张。当商业银行动用超额准备金购买债券,没有减少社会存款,货币供给没有减少,而银行购买债券,政府运用资金,会扩张货币供给。

国债的流通对货币供给也有一定的影响,当企业或者个人等非银行部门把国债转让给商业银行,非银行部门的存款就会增加,即商业银行的超额准备金投放出来,货币供给量增加。当商业银行将手中的国债转让给中央银行时,商业银行在中央的超额准备金将增加,这笔资金随时可以投放出去,扩大货币供给量。因此,中央银行买卖债券可以控制货币供给。

(三)国债对投资行为的影响

一方面,政府发行国债以后,如果将筹集的资金进行投资性支出,就直接扩大了政府的投资规模。实践中,很多国家的债务收入都是用来作为扩大政府投资的;另一方面,政府债券能影响资金市场的利率,而当利率升高时会引起投资支出的减少,因为投资的成本提高了。相反,当利率降低的时候,投资就会增加。国债同时还会对消费产生影响。政府举借国债增加了政府现实可用的资源,如果这些扩大的收入来源被用于各种消费开支,那么国债的直接效应就是增加政府消费。但从个人角度来看，国债使得个人的可支配收入减少，从而使家庭或个人的消费减少。

（四）国债对总供给的影响

不管是外债还是内债，如果能够有效运用，投入生产过程，就能促进生产发展，扩大未来的社会支出，从而扩大社会供给量。在举借外债的时候也可以增加国内市场的供给。政府通过外债的发行，拥有了以外汇形式的货币购买力，可以进口紧缺的商品物资，从而增加社会供给量。国债可以通过影响投资需求和消费需求来影响社会总需求。如果国债运行扩大了某经济主体的投资或者消费，又没有减少其他主体的投资和消费，那么社会总需求就会增加。

六、国债发行与国债利率

（一）发行方式

国债的发行主要有5种方式：固定收益出售方式、公募拍卖方式、连续经销方式、直接推销方式和综合方式。

1. 固定收益出售方式

这是一种在金融市场上按预先确定的发行条件发行国债的方式。其特点是认购期限较短，发行条件固定，发行机构不限，主要适用于可转让的中长期债券的发行。

在金融市场利率稳定的条件下，采用固定收益出售方式是比较有利的。政府既可据此预测市场容量，确定国债的收益条件和发行数量，也可灵活选择有利的推销时间。在金融市场利率易变或不稳定的条件下，采用这种方式就会遇到一定困难，主要是政府不易把握金融市场行情并据此确定国债的收益条件及发行数量；即使勉强确定，也会因金融市场行情在国债推销时间发生变动而与市场需求不相适应，难以保证预定国债发行任务的完成。

2. 公募拍卖方式

公募拍卖方式，也称竞价投标方式。这是一种在金融市场上通过公开招标发行国债的方式。其主要特点是发行条件通过投标决定，拍卖过程由财政部门或中央银行负责组织，即以它们为发行机构。其主要适用于中短期政府债券，特别是国库券的发行。具体的拍卖方法是多种多样的，包括价格拍卖、收益拍卖等。因此，在采用这种发行方式的同时，常常要附加某些限制性条件，其中主要是规定最低标价（出售价格）和最高标价（国债利率）。低于最低标价或高于最高标价的投标，发行机构不予接受。

3. 连续经销方式

连续经销方式，也称出卖发行法。发行机构（包括经纪人）受托在金融市场上设专门柜台经销，这是一种较为灵活的发行方式。其特点是经销期限不定，发行条件也不定，即不预先规定债券的出售价格，而由财政部或其代销机构根据推销中的市场行情相机确定，且可随时进行调整，主要通过金融机构和中央银行以及证券经纪人经销。

4. 直接推销方式

直接推销方式，也称承受发行法。它是一种由财政部门直接与认购人举行一对一谈判出售国债的发行方式。其主要特点是发行机构只限于政府财政部门，而不通过任何中介或代理机构；认购人主要限于机构投资者，其中主要是商业银行、储蓄银行、保险公司、各种养老基金和政府信托基金等；发行条件通过直接谈判确定。

这种方式主要适用于某些特殊类型的政府债券的推销，如比利时和瑞士的专门用于吸收商业银行资金的特殊可转让债券，以及有些国家对特定金融机构发行的专用债券等，就是通过这种方式发行的。此种方式的优点是可以充分挖掘各方面的社会资金。

5. 综合方式

这是一种综合上述各种方式的特点而加以结合使用的国债发行方式。在某些国家的国债发行过程中，有时可不单纯使用上述的任何一种方式，而是将这些方式的其中一些特点综合起来，取其所长，结合运用。

（二）国债发行价格

国债的发行价格是指政府债券的出售价格或购买价格，即政府债券的发行价格不一定就是票面值，可以低于票面值发行，少数情况下也可以高于票面值发行，因此就有一个发行的行市问题。按照国债发行价格与其票面值的关系，可以分为平价发行、折价发行和溢价发行三种发行价格。

1. 平价发行

平价发行就是政府债券按票面值出售，认购人按国债票面值支付购金，政府按票面值取得收入，到期也按票面值还本。

政府债券按照票面值出售，必须有两个前提条件。

（1）市场利率要与国债发行利率大体一致。如市场利率高于国债利率，按票面值出售便无法找到认购人或承购人；市场利率低于国债利率，按票面值出售，财政将遭受不应有的损失。

（2）政府的信用必须良好。唯有在政府信用良好的条件下，人们才会乐于按票面值认购，国债发行任务的完成才能有足够的保障。

2. 折价发行

折价发行就是政府债券以低于票面值的价格出售，即认购人按低于票面值的价格支付购金，政府按这一折价取得收入，到期仍按票面值还本。

债券的发行价格低于票面值，其原因是多种多样的：压低行市（压低发行价格）比提高国债的利息率，更能掩盖财政拮据的实际情况，不致引起市场利息率随之上升而影响经济的正常发展；在发行任务较重的情况下，为了鼓励投资者踊跃认购而用减价的方式给予额外利益，是更重要的原因。

3. 溢价发行

溢价发行就是政府债券以超过票面值的价格出售，即认购人按高于票面值的价格支付购金，政府按这一增价取得收入，到期则按票面值还本。

政府债券能按高于票面值的价格出售，只有在下述两种情况下才能办到：

（1）国债利息率高，高于市场利息率以致认购人有利可图。

（2）国债利率原与市场利率大体相当，但当债券出售时，市场利率出现下降，以致政府有可能提高债券出售价格。

（三）国债的还本付息方式

不论采取什么偿还方式，国债的还本总是会形成财政的一个负担；同时，还本是否能如约进行，既影响到期债券的行市，也影响其他一切债券的行市，对债券持有人和政府都是利害攸关的。这就要求国债的偿还必须有较为稳定且充足的资金来源。

国债发行之后，除短期者外（已通过折价发行预扣利息），在其存在的期间内必须付息；由于国债在发行时已经规定了利息率，每年应付的利息支出是固定的，政府在国债付息方面的主要任务，便是对付息方式，包括付息次数、时间及方法等做出相应的安排。

可选择使用的国债偿还方式主要有以下 5 种。

1．分期逐步偿还法

分期逐步偿还法，即对一种债券规定几个还本期，每期偿还一定比例，直至债券到期时，本金全部偿清。这种偿还方式还本越迟，利率越高，以鼓励债券持有人推迟还本期，但国债偿还的工作量和复杂程度将会因此而加大。

2．抽签轮次偿还法

抽签轮次偿还法，即在国债偿还期内，通过定期按债券号码抽签对号以确定偿还一定比例债券，直至偿还期结束，全部债券皆中签偿清为止。这种偿还方式的利弊与分期逐步偿还法大致类似。

3．到期一次偿还法

到期一次偿还法，即实行在债券到期日按票面额一次全部偿清。其优点是国债还本管理工作简单、易行，且不必为国债的还本而频繁地筹措资金；缺点则是集中一次偿还国债本金，有可能造成政府支出的急剧上升，给国库带来较大压力。

4．市场购销偿还法

市场购销偿还法，即在债券期限内，通过定期或不定期地从证券市场上赎回（或称买回）一定比例债券，赎回后不再卖出，使这种债券期满时，已全部或绝大部分被政府所持有。这种方式的长处是给投资者提供了中途兑现的可能性，并会对政府债券的价格起支持作用。其短处是政府需为市场购销进行大量繁杂的工作，对从事此项业务的工作人员也有较高的素质要求，因而不宜全面推行。

5．以新替旧偿还法

以新替旧偿还法，即通过发行新债券来兑换到期的旧债券，以达到偿还国债的目的。

（四）国债利率

国家借债或发行债券到期时，不仅要还本，还要付一定的利息，付息多少则取决于国债利率，国债利率的选择和确定也是国债制度建设的重要环节。国债利率的选择与国债的发行和偿还密切相关。一般来说，国债利率越高，发行也就越容易，但利率升高意味着财政需要支付的利息的增加。

因此，利率的选择要考虑发行的需要，也要兼顾偿还的可能，权衡财政的经济承受力和发行的收益与成本的对比。通常的情况是，国债利率高低以保证国债顺利发行为基准，而什么样的利率才能保证国债的顺利发行,则需根据市场利率、银行利率、政府信用和社会资金余缺的状况而定。

1. 市场利率

在市场经济国家,市场利率是制约国债利率的主要原因。市场利率一般是指证券市场上各种证券的平均利率水平。国债利率必须与市场利率保持大体相当的水平才能使国债具有吸引力,才能保证国债发行不遇到困难。当前我国经济中,由国家制定的银行利率起主导作用,市场利率是在银行利率基础上受资金供求状况而有所浮动。国家制定利率水平,考虑了利息负担占成本和利润的适当比重,体现国家经济政策的要求。

2. 银行利率

国债利率在很大程度上受制于市场利率或银行利率,但两者并非完全一致,一般不低于或略高于同期存款的利率水平。这是因为国债以国家信用为基础,信用等级较高,安全性好,投资者即使在收益上有所损失,也愿意认购国债,这是世界上一般国家国债利率都稍低于市场利率的主要原因。社会资金的供求状况是决定国债利率的基本因素。若社会资金比较充裕,闲置资金较多,国债利率可以适当降低;若社会资金十分短缺,国债利率必须相应提高。国债利率还受政府经济政策的影响,考虑政府经济政策的需要。国债利率的确定固然要考虑市场利率,但同时对市场利率产生影响。具体地讲,短期国债利率会影响货币市场,而长期国债利率则对资本市场利率发生影响。政府有时会利用国债利率来影响市场利率,实现调节经济运行的目标。

3. 政府信用

尽管国债利率在很大程度上受制于市场利率或银行利率,但两者并非是完全一致的,这是因为国债作为一种特殊的信用形式,还受政府本身信誉的影响。一般而言,国家信用的保证性强于私人信用,特别是政府的信誉越高,国债的吸引力就越大,国债就有可能在利率低于市场利率的条件下顺利推销出去;但如果国债利率低于市场利率的差距过大,政府的信誉再高,持币人也会避开国债而趋向私人借债。

4. 社会资金

若社会资金比较充裕,闲置资金较多,则国债利率可以适当降低;若社会资金十分短缺,国债利率则必须相应地提高。在正常的情况下,政府确定国债利率就是以上述几个方面的因素为依据的。但是,有时政府为了实现特定的经济政策,打破常规,选择较高或较低的国债利率,以诱导社会资金流向,刺激或抑制生产与消费,也是十分必要的。在现代社会中,利用国债利率升降调节证券市场运行和资金运转是政府实现宏观经济管理的重要手段之一。

5. 经济条件

我国发行国债的历史较短,同时受客观经济条件的限制,对国债利率的选择还处于探索阶段。国债的利率水平和结构不尽合理。在利率结构上,应对不同期限、不同用途的国债规定差别较大的结构性利率。长期国债利率高于中期国债利率,中期国债利率高于短期国债利率,建设性国债的利率高于国库券和其他债券的利率。

财政与金融

案例分析

第二期凭证式国债开始销售 1 年期利率仅 3.6%

4—5月份,原本是理财市场的传统淡季。2014年因为有互联网金融"搅浑水",理财市场呈现出了不同往日的局面。

5月10日,第二期凭证式国债上市销售,品种包括1年期、3年期和5年期,总额300亿元。其中,1年期国债发行总额为30亿元,票面年利率3.60%,3年期和5年期国债票面年利率分别为5.00%和5.41%。值得一提的是,本期国债增加的一年期产品,在此之前已经告别市场两年多。

记者从宁波多家银行网点了解到,10日开始发售的国债,大部分银行到昨天依然还有额度。"买国债的人不多,因为现在理财产品收益不错,大部分人还是比较喜欢理财产品。"一位国有银行的工作人员表示。

往日辉煌的国债风头不再,去年来风头正劲的互联网金融产品,最近似乎也不太给力。

"比较了一下,还是决定把钱转回银行,买理财产品更划算。"在宁波一家外贸企业上班的徐女士,是余额宝的第一批拥护者。从去年6月余额宝上线开始,她就把大部分银行存款搬进了支付宝账户。

不过,今年春节以后余额宝的一路狂跌,让徐女士有点坐不住了。"过年前还涨涨跌跌,从2月份开始,就一直在下跌,已经快跌破5%了。"实际上,在互联网金融阵营,目前整体的年化收益率已经跌破5%。

记者统计了一下,余额宝、理财通、百度百赚、苏宁零钱宝、京东小金库、网易理财等多款互联网金融产品对应的10余款基金中,近期7日年化收益率维持在5%以上的,已经不足三分之一。

收益下跌还不是互联网金融面临的唯一难题。早前,各家银行纷纷开始限制对互联网金融产品的快捷支付,使得资金来往多了不少障碍。而互联网金融产品自身对于赎回方式的大幅调整,也使得T+0的赎回优势打了折扣,大大降低了用户体验。

思考问题:影响国债利率的因素有哪些?

评析提示:市场利率、银行利率、社会资金、政府信用等。

知识拓展

国债的经济效应

1. 国债的资产效应。国债发行量的变化,不仅影响国民收入,而且影响居民所持有资产的变化。这就是国债的资产效应。

2. 国债的需求效应。国债融资,增加政府支出,并通过支出乘数效应增加总需求;或将储蓄转化为投资,并通过投资乘数效应,推动经济的增长。这就是国债的需求效应。

3. 国债的供给效应。发行国债作为一种扩张政策,当用于治理周期性衰退时,具有刺激需求,拉动经济增长的作用,但国债同时具有增加供给总量和改善供给结构的作用。国债用于投资,自然增加投资需求,但用于投资也必然提供供给,且用于投资领域的不同,也就同时改变供给结构。这也就是国债的供给效应。

项目小结

任务	任务知识点	知识内容
财政收入	财政收入的概念及内容	内容：税收、国有资产利润、国债及其他收入 形成原因：宏观经济政策、经济周期波动、金融资产价格的波动、市场竞争的加剧、金融机构的微观决策和管理失误、经济一体化和金融国际化、政治因素或自然因素
	财政收入的规模	财政收入规模的分类； 制约收入规模的因素
收税收入	税收的概念及特征	税收具有强制性、无偿性、固定性
	税收的种类	营业税、消费税、所得税、契税、印花税、房产税等
国债	国债的特征	自愿性、有偿性、灵活性
	国债的发行方式	固定收益出售方式、公募拍卖方式、连续经销方式、直接推销方式、综合方式
	国债的发行价格	平价发行、折价发行、溢价发行

职业能力训练

一、单选题（每题只有一个正确答案）

1. 在我国现行税制中，属于直接税的是（ ）。
   A. 增值税　　　　B. 车船税　　　　C. 消费税　　　　D. 营业税

2. 关于税负转嫁的说法，正确的是（ ）。
   A. 商品需求弹性大小与税负向后转嫁的程度成反比
   B. 商品供给弹性越小，税负前转的程度越大
   C. 竞争性商品的转嫁能力较强
   D. 征税范围广的税种较易转嫁

3. 下列税种中，属于中央固定收入的是（ ）。
   A. 个人所得税　　B. 耕地占用税　　C. 消费税　　　　D. 资源税

4. 关于国债的说法错误的是（ ）。
   A. 国债是国家以债务人身份筹集的资金
   B. 国债是有偿的财政资金
   C. 国债是公债的组成部分
   D. 国债是在国内发行的国家公债

5. 对经济产生不良影响较小的财政赤字弥补方式是（ ）。
   A. 向中央银行借款　　　　　　B. 增加税收
   C. 发行国债　　　　　　　　　D. 增加收费

二、多选题（每题至少有两个正确答案）

1. 根据税负能否转嫁，税收可以分为（　　）。
   A. 价内税　　　B. 价外税　　　C. 直接税　　　D. 间接税
   E. 中央税

2. 按照我国现行税收管理权限和税收使用权限划分，中央和地方共享税税种包括（　　）。
   A. 增值税　　　B. 个人所得税　　　C. 消费税　　　D. 企业所得税
   E. 证券交易印花税

3. 我国流转税包括（　　）。
   A. 土地增值税　　B. 增值税　　　C. 消费税　　　D. 房产税
   E. 关税

4. 下列税种中，属于直接税的有（　　）。
   A. 消费税　　　B. 个人所得税　　　C. 财产税　　　D. 企业所得税
   E. 关税

5. 国债的功能包括（　　）。
   A. 财政赤字　　　　　　　　　B. 筹集消费资金
   C. 调节货币供应量和利率　　　D. 调控宏观经济
   E. 调控微观经济

三、案例分析题（不定项选择题）

据财政部网站消息，从4月10日起，我国将面向个人投资者发行总额高达400亿元的2015年第一期和第二期电子式国债。

公告规定，2015年第一期和第二期电子式国债最大发行总额400亿元，其中第一期期限为3年，票面年利率为4.92%，最大发行额为240亿元；第二期期限为5年，票面年利率为5.32%，最大发行额为160亿元。两期国债发行期为2015年4月10日至4月19日，2015年4月10日起息，按年付息，每年4月10日支付利息。第一期和第二期分别于2018年4月10日和2020年4月10日偿还本金并支付最后一次利息。

公告明确：购买本次发行的国债可提前兑取。投资者提前兑取两期国债时，从2015年4月10日开始计算，持有两期国债不满6个月提前兑取不计付利息，满6个月不满24个月按票面利率计息并扣除180天利息，满24个月不满36个月按票面利率计息并扣除90天利息；持有第二期满36个月不满60个月按票面利率计息并扣除60天利息。

依据以上资料分析：

1. 国债的特点有哪些？（　　）。
   1. 自愿性　　B. 强制性　　C. 无偿性　　D. 有偿性　　E. 灵活性

2. 国债的发行方式有哪些？（　　）。
   A. 固定收益出售方式　　　　B. 公募拍卖方式
   C. 连续经销方式　　　　　　D. 直接推销方式
   E. 综合方式

3. 国债的还本付息方式有（　　）。
   A. 分期逐步偿还法　　　　　B. 抽签轮次偿还法
   C. 到期一次偿还法　　　　　D. 市场购销偿还法

E. 以新替旧偿还法

4. 国债的发行价格（　　）。

A. 平价发行　　　B. 高价发行　　　C. 折价发行　　　D. 溢价发行　　　E. 低价发行

项目综合实训

税收收入调查项目

1. 任务目标

通过实地调查，了解本地区税收收入现状。

2. 任务描述

深入本地区国税及地税部门了解本地区财政收入的现状。

3. 任务成果

形成本地区的财政收入现状调查报告。

项目三
财政支出

知识目标

1. 了解财政支出的规模和结构。
2. 掌握购买性支出的主要内容、特征。
3. 掌握转移性支出的主要内容、特征。

能力目标

1. 能够很好地理解财政支出的基础知识。
2. 能够掌握财政支出的分类。
3. 能够简述财政支出的方式和管理原则。

导入案例

153 037 亿元 财政"大蛋糕"如何切分？

每个家庭都有一本记录开支的"家庭账本"，每个国家也都有一本关乎国计民生的"国家账本"。

根据政府预算草案报告，2014 年全国公共财政支出预计达到 153 037 亿元。代表委员建议，要分好越做越大的"财政蛋糕"，既要公开透明，也要公平合理，还要花出效果，确保每一笔财政资金都用在"刀刃"上。

从社会保障和就业支出看，2014 年达 7 152.96 亿元，增长 9.8%。事实上，每年民生支出的最大一块儿就是社会保障和就业，其中职工基本养老保险补助资金所占比重最大，这也是我国职工养老金实现"十连增"的保障。另外一个投入重点是城乡低保，每年都按照月人均 15 元、10 元的标准提高。

项目三 财政支出

财政大蛋糕　　　　新华社发 朱慧卿 作

再看教育支出，2014年为4 133.55亿元，增长9.1%。翻阅近些年的"民生账本"，可以明显看出教育的着力方向主要围绕农村义务教育，并不断拓展到解决进城务工人员子女平等接受义务教育、农村义务教育学生营养改善等领域，这些都是教育公平的重要体现。

从医疗卫生与计划生育支出看，2014年为3 038.05亿元，增长15.1%。近些年，医疗卫生的重点在新医改的实施，不断健全新型农村合作医疗制度、城镇居民基本医疗保险制度，财政补助标准逐年提高，从2009年的80元提高到2014年的320元。

（资料来源：重庆日报，2014年3月7日）

思考：国家财政大蛋糕每年的支出体现了国家怎样的职能？

任务1 财政支出的基础知识
Misson one

任务描述

本任务主要讲述财政支出的概述、财政支出的分类和财政支出的影响因素。

任务知识

国家在一定时期为提供公共产品和服务、满足公共需要必须按一定的方式和渠道进行一定量资金的安排，这一定量的资金及其安排过程就是财政支出。财政支出也称公共财政支出，是指在市场经济条件下，政府为提供公共产品和服务，满足社会共同需要而进行的财政资金的支付。

一、财政支出的概述

（一）财政支出的含义

财政支出是国家将集中起来的社会产品或国民收入按照一定的方式和渠道，有计划地进行分配的过程。财政支出是各级政府在财政年度的支出总和（不包括政府间的转移支出，以避免重复计算）。财政支出的内容是由法律法规决定的。

在构建公共财政体系的过程中，财政支出范围应包括下列内容：公共安全，即国防、公检法司、武装警察等；公共机构，即国家行政机关、外交等；公共服务，即教育、卫生、文化、科学、社会保障、社区服务等；公共工程，即环境保护、国土整治、公共设施等；公益事业，即水暖电气、公共交通、城市卫生、城市绿化等。

政府作为公共组织，其主要职能就是提供公共产品，政府公共职能的发展演变是由人类生活的社会化推动的。在自然经济条件下，人们的生活方式高度分散，对公共产品需求很少。而在市场经济条件下，人们以城市为中心集中进行生产生活，基础设施的建设、公共事业和社会保障作为公共产品，由政府无差别地向全社会提供，具有最大的社会价值，从而很自然地演变成为政府重要职能之一。

实际生活中，财政收入与财政支出完全相等几乎是不可能的，要么财政收入大于财政支出，出现财政盈余；要么财政支出大于财政收入，出现财政赤字。

小贴士

财政赤字

财政赤字是财政支出大于财政收入而形成的差额，由于会计核算中用红字处理，所以称为财政赤字。它反映着一国政府的收支状况。财政赤字是财政收支未能实现平衡的一种表现，是一种世界性的财政现象。财政赤字即预算赤字，指一国政府在每一财政年度开始之初，在编制预算时在收支安排上就有的赤字。若实际执行结果收入大于支出，为财政盈余。

财政支出的内容服从于财政职能的范围，从具体项目上看，公共财政支出的内容应包括以下几个方面：

（1）提供公共秩序产品，主要包括行政司法和国防外交等内容。行政司法维护国内政治秩序，国防外交维护对外关系稳定。这一支出体现的是政府的传统政治职能。

（2）提供公共基础设施，主要包括交通、能源、水利、环保等内容。

（3）提供社会公共服务，主要包括教育、医疗、文化、气象等社会事业，这一支出体现的是政府的社会公共服务职能。

（4）提供社会保障，主要包括社会保险、社会福利、社会救济、社会优抚等内容，这一支出体现的是政府的社会保障职能。

（二）财政年度

我国财政年度采用的是自然年度，即从当年的1月1日起至12月31日止。有些国家的财政年度与自然年度不一致，采用跨年制，如美国联邦政府的财政年度是从当年的10月1日起至次年的9月30日止。

（三）财政支出的分类

将财政分支出的内容进行合理的归纳，以便准确反映和科学分析支出活动的性质、结构、规模以及支出的效益。分类方法有下列四种：

1. 按经济性质分类

按经济性质，将财政支出分为生产性支出和非生产性支出。生产性支出是指与社会物质生产直接相关的支出，如支持农村生产支出、农业部门基金支出、企业挖潜改造支出等；非生产性支出是指与社会物质生产无直接关系的支出，如国防支出、武装警察部队支出、文教卫生事业支出、扶恤和社会福利救济支出等。按财政支出的经济性质，即按照财政支出是否能直接得到等价的补偿进行分类，可以把财政支出分为购买性支出和转移性支出。其中购买性支出又称消耗性支出，是指政府购买商品和劳务，包括购买进行日常政务活动所需要的或者进行政府投资所需要的各种物品和劳务的支出，即由社会消费性支出和财政投资支出组成。转移性支出是指政府按照一定方式，将一部分财政资金无偿地、单方面地转移给居民和其他受益者，主要由社会保障支出和财政补贴组成。

2. 按最终用途分类

按最终用途，将财政支出分为积累性支出和消费性支出。积累性支出是指最终用于社会扩大再生产和增加社会储备的支出，如基本建设支出、工业交通部门基金支出、企业挖潜发行支出等，这部分支出是社会扩大再生产的保证；消费支出是指用于社会福利救济费等，这部分支出对提高整个社会的物质文化生活水平起着重大的作用。

3. 按财政支出与国家职能关系分类

按财政支出与国家职能的关系，可将财政支出分为：（1）经济建设费支出，包括基本建设支出、流动资金支出、地质勘探支出、国家物资储备支出、工业交通部门基金支出、商贸部门基金支出等；（2）社会文教费支出，包括科学事业费和卫生事业费支出等；（3）行政管理费支出，包括公检法支出、武警部队支出等；（4）其他支出，包括国防支出、债务支出、政策性补贴支出等。

4. 按国家预算收支科目分类

按国家预算收支科目，将财政支出分为一般预算支出、基金预算支出、专用基金支出、资金调拨支出和财政周转金支出。财政总预算会计对财政支出的核算按国家预算支出科目分类。

国家财政将筹集起来的资金进行分配使用，以满足经济建设和各项事业的需要，主要包括：

（1）基本建设支出：是指按国家有关规定，属于基本建设范围内的基本建设有偿使用、拨款、资本金支出以及经国家批准对专项和政策性基建投资贷款，在部门的基建投资额中统筹支付的贴息支出。

（2）企业挖潜改造资金：是指国家预算内拨给的用于企业挖潜、革新和改造方面的资金。包括各部门企业挖潜改造资金和企业挖潜改造贷款资金。

（3）地质勘探费用：是指国家预算用于地质勘探单位的勘探工作费用，包括地质勘探管理机构及其事业单位经费、地质勘探经费。

（4）科技三项费用：是指国家预算用于科技支出的费用，包括新产品试制费、中间试验费、重要科学研究补助费。

（5）支援农村生产支出：是指国家财政支援农村集体（户）各项生产的支出。包括对农村举办的小型农田水利和打井、喷灌等的补助费，对农村水土保持措施的补助费，对农村举办的小水电站的补助费，特大抗旱的补助费，农村开荒补助费，扶持乡镇企业资金，支援农村合作生产组织资金、农村农技推广和植保补助费，农村草场和畜禽保护补助费，农村造林和林木保护补助费，农村水产补助费，发展粮食生产专项资金。

（6）农林水利气象等部门的事业费用：是指国家财政用于农垦、农场、农业、畜牧、农机、林业、森林、水利、水产、气象、乡镇企业的技术推广、良种推广（示范）、动植物（畜禽、森林）保护、水质监测、勘探设计、资源调查、干部训练等项费用，园艺特产场补助费，中等专业学校经费，飞播牧草试验补助费，营林机构、气象机构经费，渔政费以及农业管理事业费等。

（7）工业交通商业等部门的事业费：是指国家预算支付给工交商各部门用于事业发展的人员和公用经费支出，包括勘探设计费、中等专业学校经费、技术学校经费、干部训练费。

（8）文教科学卫生事业费：是指国家预算用于文化、出版、文物、教育、卫生、中医、公费医疗、体育、档案、地震、海洋、通信、电影电视、计划生育、党政群干部训练、自然科学、社会科学、科协等项事业的人员和公用经费支出以及高技术研究专项经费。主要包括工资、补助工资、福利费、离退休费、助学金、公务费、设备购置费、修缮费、业务费、差额补助费。

（9）抚恤和社会福利救济费：是指国家预算用于抚恤和社会福利救济事业的经费。包括由民政部门开支的烈士家属和牺牲病残人员家属的一次性、定期抚恤金，革命伤残人员的抚恤金，各种伤残补助费，烈军属、复员退伍军人生活补助费，退伍军人安置费，优抚事业单位经费，烈士纪念建筑物管理、维修费，自然灾害救济事业费和特大自然灾害灾后重建补助费等。

（10）行政事业单位离退休支出：是指实行归口管理的行政事业单位离退休经费。

（11）社会保障补助支出：是指国家预算用于社会保障的补助支出，包括对社会保险基金的补助、促进就业补助、国有企业下岗职工补助、补充全国社会保障基金等。

（12）国防支出：是指国家预算用于国防建设和保卫国家安全的支出，包括国防费、国防科研事业费、民兵建设以及专项工程支出等。

（13）行政管理费：包括行政管理支出、党派团体补助支出、外交支出、公安安全支出、司法支出、法院支出、检察院支出和公检法办案费用补助。

（14）政策性补贴支出：是指经国家批准，由国家财政拨给用于粮、棉、油等产品的价格补贴支出。主要包括粮、棉、油差价补贴，平抑物价和储备糖补贴，农业生产资料价差补贴，粮食风险基金，副食品风险基金，地方煤炭风险基金等。

（15）债务利息支出：是指国家预算中用于偿还国内外债务利息的支出。

二、影响财政支出规模的因素及财政支出的管理原则

（一）财政支出的影响因素

影响财政支出的因素是多方面的，结合当前各国的现实情况，大致可以归纳为以下几类：

1. 经济因素

经济因素主要是指一国的经济发展水平、经济体制的选择和政府的经济干预政策等。根据经济发展阶段理论，在经济发展的早期阶段，政府投资在社会总投资中占有较高的比重，政府要为经济发展提供道路、交通等基础设施以及水利工程、法律与秩序、健康与教育的投资。这些投资，必将导致财政支出规模的扩大。在经济发展的中期阶段，政府投资仍在进

行,但这时政府投资只是对私人投资的补充。由于这一时期市场失灵和市场缺陷问题日益突出,成为了阻碍经济发展的一个关键因素。因此财政支出更多地转向弥补市场失灵和克服市场缺陷、加强政府干预方面。

2. 政治因素

政治因素对财政支出规模的影响主要体现在两个方面:一是政局是否稳定;二是政体结构的行政效率。当一国社会出现动荡和发生战争时,为了平定动荡和战争,需要增加军需开支,财政支出规模因此而增大;相反,一个稳定、安宁的社会,其财政支出规模相对较小。而当一国的行政机构臃肿、人浮于事、效率低下时,财政供养的人口增加,其经费开支也必然会增大。

3. 社会性因素

人口状况、文化背景,在一定程度上也影响了财政规模。在发展中国家,人口基数大,增长快,相应的教育、医疗、保健、交通、住房、治安及救济贫困人口等方面的需求就会增加,财政支出压力加大;而人口老龄化导致社会保障支出和其他社会福利性支出增加,这是中、高等收入国家特别是高收入国家财政支出规模不断膨胀的主要原因。

(二) 财政支出效益分析

效益是指投入与产出、"所费"与"所得"之比。财政支出效益是指以尽可能少的财政资金的支出,实现尽可能多的政府职能,以在宏观和微观两个方面实现社会效益和经济效益的最大化。对于微观主体来说,计算经济效益,有着十分明确且易于把握的标准。因为微观主体提供的是私人产品,要生产什么、生产多少、总共需要投入多少资金、能否收回成本并获得利润等,这些都是可以事先测算的。而财政支出效益则不同,由于政府处于宏观调控主体的地位,提供的主要是公共产品,政府不仅要分析直接的和有形的所费与所得,而且要分析长期的、间接的和无形的所费与所得;不仅要考虑该项目的资源配置效率,还要考虑项目的社会成本(如对自然环境的影响等)和社会效益。因此,在提高财政支出使用效益的过程中,政府需要采用多种财政支出效益分析方法。

1. "成本—效益"分析法

"成本—效益"分析法,就是针对国家确定的建设目标,提出若干实现建设目标的方案,测算各种方案的全部预期成本和预期收益,通过分析比较,选择出最优的国家投资项目,以使财政支出效益最大化。这种方法具有展望性,有助于决策者进行决策,适用于经济建设项目,如水利、运输等。

2. 最低费用选择法

最低费用选择法,是针对财政支出项目,设计出若干种达到目的的方案,在对备选方案逐个进行全面经济分析的基础上,选出以最低费用能达到目的的方案,以此达到提高财政支出效益的目的。这种方法的特点是,不用货币单位来计量备选财政支出项目的社会效益,只计算每项备选项目的有形成本,并以成本最低为择优的标准。这种方法适用于军事、文化、卫生、基础科研等方面。

3. 公共定价法

在市场经济中,价格机制成为实现资源最优配置的主要机制。由于政府也提供大量的满足社会公共需要的公共物品和劳务,这些物品和劳务也涉及与其他商品和服务一样的问题,即价格的确定,这就是公共定价。

免费或低价提供公共物品或劳务，可以促进公众最大限度地使用公共物品或劳务，使其社会效益最大化。这种定价政策，适用于那些从国家利益出发，在全国范围内普遍使用的公共劳务，如义务教育、卫生防疫等。但是免费或低价的定价政策，会导致公众对该项公共劳务的浪费使用。特别是在我国人口过多、经济还不很发达的情况下，如果完全采用免费提供，就会导致拥挤现象。例如，如果低价提供旅行和运输便利，将使火车和汽车等拥挤不堪，并且得不到必要的维修。因此，我国目前条件下不宜过多采用这种定价方式。

平价提供公共物品或劳务，可以使提供公共物品或劳务所耗费的人力和物力得到相应的补偿，一方面促使社会公众节约使用公共物品或劳务，另一方面使公共物品或劳务得以进一步发展。这一定价政策，一般适用于从国家利益出发，不需要鼓励使用，也不需要特别加以限制使用的公共劳务，如医疗、邮电、交通以及正常的生产、生活用电、用水、用气等。大部分的公共物品或劳务可以采用此方法。

高价提供公共劳务，一方面可以限制人们对该项公共劳务的使用，从而节约财政支出；另一方面因其价格高于价值，可使财政得到额外的收入。这一定价政策，一般适用于从国家利益出发，必须限制使用的公共物品或劳务。例如，在干旱的季节或地区，对生产、生活用水、用电采取定量供应，并按平价收取费用以保证生活和生产的成本的稳定；对超过定量的用水、用电制定较高的水价和电价，以提示人们节约用水、用电。

上述三种方法是评价财政支出决策效率的方法。有了科学的决策，在财政支出过程中还要有良好的制度作保证，才能节约每笔财政资金的使用，更好地提高财政支出的总体效益。否则，同样会造成资源的巨大浪费。

案例分析

财政部：财政部网站2014年1月23日发布《2013年财政收支情况》显示，2013年1~12月累计，全国公共财政支出139 744亿元，比上年增加13 791亿元，其中，中央本级支出20 472亿元，比上年增加1 707亿元.地方财政支出119 272亿元，比上年增加12 084亿元。

在财政收支矛盾十分突出的情况下，优化财政支出结构，盘活财政存量，用好财政增量，促进各项社会事业发展，着力改善民生，落实中央厉行节约的要求，从严控制"三公"经费等一般性支出。1~12月累计，教育支出21 877亿元，科学技术支出5 063亿元，文化体育与传媒支出2 520亿元，医疗卫生支出8 209亿元，社会保障和就业支出14 417亿元；住房保障支出4 433亿元主要是按计划保障性安居工程建设，工作量比上年有所减少；农林水事务支出13 228亿元；城乡社区事务支出11 067亿元；节能环保支出3 383亿元；交通运输支出9 272亿元。

根据财政部前11月公共财政数据，1~11月累计，全国公共财政支出114 697亿元。而1~12月累计支出139 744亿元，可知12月单月财政支出高达25 047亿元。对比来看，2012年12月份全国公共财政支出20 816亿元。2013年12月财政支出同比大幅增加4 231亿元，年底"突击花钱"弊病仍然突出。

（案例来源：搜狐财经，2014-01-23）

思考问题：2013年全国公共财政支出都分布在哪些方面？

评析提示：提供公共秩序产品、提供公共基础设施、提供社会公共服务、提供社会保障等。

知识拓展

恩格尔系数

恩格尔系数是食品支出总额占个人消费支出总额的比重。

恩格尔系数＝食品支出总额/个人消费支出总额×100％

19世纪德国统计学家恩格尔根据统计资料，对消费结构的变化得出一个规律：一个家庭收入越少，家庭收入中（或总支出中）用来购买食物的支出所占的比例就越大，随着家庭收入的增加，家庭收入中（或总支出中）用来购买食物的支出比例则会下降。推而广之，一个国家越穷，每个国民的平均收入中（或平均支出中）用于购买食物的支出所占比例就越大，随着国家的富裕，这个比例呈下降趋势。

基尼系数

基尼系数或译坚尼系数，是20世纪初意大利经济学家基尼，根据劳伦茨曲线所定义的判断收入分配公平程度的指标。基尼系数是比例数值，在0和1之间，是国际上用来综合考察居民内部收入分配差异状况的一个重要分析指标。通常把0.4作为贫富差距的警戒线，大于这一数值容易出现社会动荡，然而中国家庭2010年的基尼系数为0.61，2012年为0.474，都远高于警戒线，这应该引起高度警惕，否则将会引发一系列社会问题，进而造成社会动荡。

任务2 购买性支出 Misson two

任务描述

本任务主要描述购买性支出的分类、购买性支出的作用。

任务知识

如前所述，购买性支出是指政府购买进行日常政务活动所需的和用于国家投资所需的商品和劳务的支出。该类支出有商品或劳务作为补偿。在现实中主要有行政管理支出、国防支出、文教科卫事业支出和政府投资性支出。

一、购买性支出的分类

（一）行政管理支出

行政管理支出是财政用于国家各级权力机关、行政管理机关和外事行使其职能所需的费用支出。行政管理支出的规模由多种因素形成，且具有历史延续性。财政行政管理支出的内容取决于国家行政管理机关的结构及其职能。我国财政的行政管理支出划分为行政管理费支出、公检法支出和武装警察支出等几类。

1. 行政管理费支出

（1）行政经费。此项支出包括各级人大机关经费、各级人大常委会和各级人大会议费、人民代表视察费、选举费等，以及政府机关经费。

（2）党派成本补助。此项支出是指各党派补助费、政协经费、人民团体补助费等。

（3）各级政府机关经费。

2. 公检法支出

（1）公安支出。此项支出包括各级公安机关经费、公安业务费、警察学校和公安干部训练经费及其他公安经费等。

（2）国家安全支出。此项支出包括国家安全机关经费、安全业务费等。

（3）司法检查支出。此项支出包括司法检察机关经费、司法检查业务费、司法学校与司法检查干部训练经费及其他司法检查费等。

3. 公武装警察支出

包括对内警卫部队的经费支出、边防部队和消防部队的经费支出。

4. 外交外事支出

此项支出包括驻外机构经费、出国费、外宾招待费和国际组织会费等。

小贴士

"三公"经费支出

为认真贯彻落实中央八项规定，本着厉行节约、反对浪费的原则，界首市财政局从严格控制2014年行政事业单位"三公"经费的预算编制与支出，加大"三公"经费减支力度。要求各预算单位以2013年压减支出后的规模为基础，对2014年一般性支出按照5%的比例进行压减，从紧编制预算，推动行政事业单位带头过紧日子，推行"三公"经费信息公开，自觉接受社会各界的监督。在编制2014年部门预算时，要单独编制"三公"经费预算，"三公"经费预算执行控制数下达后，原则上不得调整，也不得随意追加预算。如有特殊情况确需追加的，要严格按规定程序审批。推进"三公"经费管理的规范化和制度化，形成"三公"经费管理的长效机制，切实把有限的资金用在发展经济、改善民生上，密切党群关系，提高政府公信度。

（二）国防支出

1. 国防支出的主要内容

财政的国防支出，是指财政用于国防建设、军队正规化建设以及民兵建设等方面的费用支出。国防开支是任何一个主权国家维护其安全、独立所必不可少的开支。其性质属于消费性支出。2014年我国国防支出为8 082亿元，较上年上涨12.2%，2013年中国军费预算为7 202亿元。

由于国防支出服务于不同国家和不同时期的防务需要，因此各自的具体内容经常发生变化。我国的国防支出，其内容包括国防费、国防科研事业费、民兵建设费、动员预编费、招飞事业费、专项工程以及其他支出等。

2. 国防支出水平的一般决定因素

（1）经济发展水平的高低。国防支出规模从根本上说是由经济实力决定的，经济实力越强，能用于国防方面的支出就大，经济实力越弱，国防开支就会受到很大的限制。

（2）国家管辖控制的范围大小。一个国家领土越大，人口越多，用于保卫国土、保护国民安全的防护性开支就会越大。

（3）国际政治形势的变化情况。在爆发军事战争或处于军事对峙时期，国防开支会大幅上升，而在和平时期，国家周边外交政策比较成功，与邻近国家和睦相处时，则国防开支会相应减少。

行政管理支出和国防支出属于纯粹的公共产品，因此只能由政府来提供，其经费来源于税收。

小贴士

2014年中国国防支出升至8 082亿元

财政部向十二届全国人大二次会议提交了《关于2013年中央和地方预算执行情况与2014年中央和地方预算草案的报告》，2014年中国军费预算约8 082亿元，较上年上涨12.2%，2013年中国军费预算为7 202亿元。军工行业未来几年的高增长确定性较强，继续看好空军、海军装备开始的弥补性增长。

未来几年的高增长确定性较强，因为中国目前的经济实力能够支撑更大规模的装备投入。中国军费投入占GDP的比重（2012年）仅为1.99%；同年美国为4.35%，远低于世界其他各国。而随着中国国防政策从和平政策转为积极防御，对军备的支出需求将持续增加。

未来主要支出方向包括：海军和空军投入的增加。因为中国的海军和空军一直是短板，在前十年，中国几乎没有新的重量型舰艇入队；中国能战斗的飞机不超过3 000架，且集中在三代机以下。另外的支出方向是信息化，中国目前整体军队的信息化不超过20%；而美国三军的信息化率超过75%；而为了战争的主力主要是一体化的海陆空联合作战。增加信息化装备，会起到小投入、高产出的作用。信息化的方向是卫星通信、卫星导航和数据链。

（三）文教科卫事业支出

文教科卫事业支出（即社会文教支出）是国家财政用于发展文化、教育、科学、卫生等事业方面的人员经费、业务经费、专项经费、培训经费支出。支出范围主要包括文化、出版、文物、教育、科研、卫生、公费医疗、体育、通信、广播电影电视、档案、地震、海洋、计划生育等。

1. 文化支出

从文化支出的性质来看，既有消费活动的特点，又有人们精神文化生活需要的满足，从而对社会生产力的发展起到一定的作用。作为文化产品，它不仅是意识形态的载体，而且也是一种消费品，它所承载的意识形态或思想观念，只有通过人们对文化产品的消费才得以发挥作用。文化产品的生产和消费，是社会生产与消费的有机组成部分。因此，一定的社会生产力水平和社会经济体制，既决定着文化产品生产和消费的总量和结构，又决定着其生产和消费的方式。

文化产品的消费既有私人性的一面，又有社会性的一面，即文化产品的收益具有外在性，这就要求政府介入文化事业，提供相应的文化产品。

2．卫生支出

卫生支出按其支出所获得的利益能否私人化分为以下两大部分。

（1）医疗服务支出：医疗服务支出的利益体现是个人化的，即可以通过市场提供，如到医院看病，得到利益的是病人本身。对于这种服务，政府出于社会福利方面的考虑，也可提供该类服务，但如果从经济原则或效率原则的角度分析，政府提供该种服务往往会造成门诊和床位的拥挤、医疗费用超支等现象，效率较低。我国对国有企事业单位的职工实行公费医疗制度，所体现出来的低效率正说明了这一点。我国目前进行的医疗体制改革正是主要针对这一弊端提出的。

（2）公共卫生服务：公共卫生服务和医疗服务不同，公共卫生服务的利益主要是社会化的，很难区分受益人来进行费用补偿，具有较强的公共属性，如防疫、传染病的防护等。这类卫生支出很难通过市场由私人或企业提供，只能由政府来提供这类服务。

3．教育支出

在现代市场经济社会里，几乎所有国家的政府在为社会提供教育服务中都起着主导作用。政府开办教育事业，为教育事业提供基本的经费来源。但与国家安全相比较，教育并不是一种纯粹的公共物品。

（1）教育是一种混合产品，具有较大的正外部效应。有相当大的一部分教育利益通过受教育者外溢给了社会，从而提高了整个社会的劳动生产效率，提高了民族文化和道德素养，保证了国家的民主制度得以在更为良好的环境中运行，促进了社会文化和经济的发展。然而教育产品的这种外溢性使市场对这种产品的配置往往不足，政府应该参与对教育的投入。

（2）贫困导致了人力资本市场上的不公平竞争。教育作为一种人力资本，要受到每个家庭预算的限制。通常的情况总是贫困家庭缺少这种投资来源，以致他们的子女不能接受较高的教育水平，从而在人力资本市场上不能公平地与较高收入家庭的子女进行竞争。教育机会的不均等会使原有的收入分配差距继续下去，甚至进一步扩大原有的收入分配差距，显然这与公平的要求是相违背的。不仅如此，教育机会的不均等同样也是有悖于效率要求的，贫困家庭的子女可能因为没有接受基本的教育而无法充分发挥他们的聪明才智，从而造成人力资源的浪费。如果政府从再分配的角度提供教育，参与人力资本投资，会有助于国家的政治稳定，有助于公平与效率目标的实现，有助于推动社会经济的可持续发展。

（3）人力资本市场是一个不完善的资本市场。如果是一个完善的资本市场，其资金就可以通过市场解决，而事实上非政府机构一般不愿意向学生发放贷款，因为贷款难以收回。因此，必须由政府出面解决学生的学费问题，使他们能够顺利完成学业。

我国的教育事业支出主要是指各级教育部门的事业费，包括教育部门举办的各类中小学及幼儿教育经费、国家批准设立的各类全日制普通高等院校（本、专科、中专）教育经费、教育部门举办的成人高等教育以及广播电视教育经费。

由于我国经济和社会发展一致存在着显著的地区差异，教育的发展在很大程度上受经济发展的制约。改革开放以来，随着经济的快速增长，这种差距不仅未减少，反而从绝对值到相对值都日益扩大。

4．科学研究支出

科学研究支出是指各级科委、科协和社会科学院及其归口管理部门的事业费，包括各类科研管理机构经费、科研经费、科普活动经费、国际学术交流经费。

二、购买性支出的作用

购买性支出基本上反映了社会资源和要素中由政府直接配置与消耗的份额，因而是公共财政履行效率、公平和稳定的三大职能的直接体现。

（1）购买性支出直接形成社会资源和要素的配置，因而规模和结构等大致体现了政府直接介入资源配置的范围与力度，是公共财政对于效率职能的直接履行。这样，购买性支出能否符合市场效率准则的根本要求，是公共财政活动是否具有效率性的直接标志。

（2）购买性支出中的投资性支出，将对社会福利分布状态产生直接影响，因而是公共财政履行公平职能的一个重要内容。

（3）购买性支出直接引起市场供需对比状态的变化，直接影响经济周期的运行状况，因而是政府财政政策的相机抉择运作的基本手段之一，是公共财政履行稳定职能的直接表现。为此，必须正确把握财政的购买性支出对市场均衡状态的影响，以确保政府正确实施财政政策。

三、购买性支出的影响

在一般情况下，政府购买的价格由市场供求关系决定，由于各种经济活动受政府购买性支出变动影响的程度不尽相同，在政府人为地提高购买价格时，政府定价高于市场价格的部分，在性质上等于政府在购买过程中向销售企业提供补贴。从而在国民收入首次分配中，购买性支出体现了资产阶级政府作为社会产品的需求者的经济活动。

按照一般的需求理论，当购买性支出增加时，政府对社会产品的需求增长，从而导致市场价格水平上升和企业利润提高；企业因利润提高而扩大生产规模，所需生产材料和劳动力也随之增多。所需生产材料增多，可能刺激生产这类生产资料的企业扩大生产规模；所需劳动力增多，会扩张对消费资料的社会需求，进而导致生产消费资料的企业扩大生产规模。在广泛存在社会分工条件下，由政府购买性支出增加所引起的上述过程，将会在全社会范围内产生一系列互相刺激和互相推动的作用，从而导致社会总需求的连锁性膨胀。这既有可能形成经济繁荣局面，又有可能形成供给过度情况。

相反，如果政府减少购买性支出，随着政府需求的减少，全社会的投资和就业就会减少，从而导致连锁性的社会需求萎缩。这既可能形成需求不足，又可能对过度的总需求起到一定的抑制使用。西方学者认为，这种由政府购买性支出变化引起社会投资、就业和生产规模的变化，往往数倍于政府支出变化的规模，故被称为政府支出的乘数作用。

案例分析

"三公"经费

近日，广州市政府正式印发了《广州市全面深化财政体制改革总体方案》。提出将会增加基层公务员的工资，公车改革根据职务职级发放交通补贴。

在众多改革当中，公务员薪酬制度的改革备受关注。《方案》提出，要逐步规范机关事业单位收入分配秩序，推进落实机关事业单位养老保险制度改革，建立与城镇职工统一的养老保险制度，调整优化公务员工资薪酬结构，适当提高基层公务员工资水平，逐步缩小收入分配差距。研究建立公务员和企业相当人员工资水平调查比较制度，完善科学合理的职务与职级并行制度。

同时，结合分类推进事业单位改革，建立健全符合机关事业单位特点、体现岗位绩效和分级分类管理的工资分配制度。

对于公务用车改革，《方案》提出，将按照单位工作性质和车辆用途，重新核定一般公务用车、执法执勤用车以及特种技术业务用车。取消一般公务用车，保留执法执勤用车以及特种技术业务用车，执法执勤用车以及特种技术业务用车的缺口部分，从现有的公车存量中调剂解决。一般公务用车仍有剩余的，按照市公务用车改革方案，依法依规进行处置。取消单位一般公务用车后，根据车改单位在职公务人员的现任职务职级适度发放交通补贴，公务交通补贴纳入部门预算。

据媒体报道，广州公车改革有望在今年基本完成。市财政也将为此提供资金保障，但总体原则是与原来的车辆运行维护费支出相比，改革后的车补等费用支出不会增加。去年市本级车辆运行维护费预算支出约为5亿元。

思考问题：我国行政管理支出包括哪些方面？

评析提示：行政管理支出、国防支出、文教科卫支出等。

知识拓展

公款消费收紧　奢侈品"遇冷"

随着中央八项规定、反对铺张浪费等措施的贯彻落实，一直以来"牛气冲天"的奢侈品行情明显下挫，一些品牌也暂时放缓在中国的拓展计划。

1. 品牌高速增长受阻

2012年年底，改进工作作风、密切联系群众的八项规定出台，社会舆论对公务人员的监督也随之加强。

贝恩公司数据表明，2012年中国奢侈品消费增速为7%，与前两年30%以上的增速已有一定落差。

"去年绝大多数品牌销售业绩没有达到年初目标，最多的少了30%以上，近年罕见。"一位不愿透露姓名的全球知名奢侈品集团在华负责人表示，这与奢侈品海内外价差大、经济整体环境遇冷等有关，也与公款消费受限有一定关系。

另一家奢侈品店员表示，由于税务局查得严，以办公用品为名目的发票暂时开不出来，顶多只能将珠宝、手表以"皮具"名义出售，销量下滑两成左右。

世界奢侈品协会最新报告显示，2013年1月20日至2月20日，中国内地奢侈品消费总额为8.3亿美元，比2012年春节期间销售下跌近53%。

2. 为公款消费开后门

记者调查发现，在上海一家普拉达（PRADA）专卖店，销售人员介绍，买动辄上万元的奢侈皮具，开发票可以是"礼品"，也可以是"工作服"，显然为了报销方便。

一位奢侈品品牌销售顾问甚至表示，不管购买的是什么商品，都可以开具"办公用品"发票，且不会出现商品明细，方便入账。

这位销售顾问说，不少客户购买奢侈品"不问价格"，"因为付钱的都不是他们自己"。一些不带钻石、不镶金的手表比较适合送给政府官员，"这样比较低调，看不出来价格，现在风声紧,买爱马仕太高调了。"一位资深业内专家说,今年以来,一些奢侈品牌的高层都担心这样"变相"协助"公款消费"可能带来法律风险,已经采取了行动。据透露,不少国际奢侈品品牌从去年开始陆续内部发通知,要求不准乱开发票,而今年具体规定更加详细。

3. 送礼涉嫌变相行贿

奢侈品牌的服装皮具、生活用品、钟表首饰,总给人一种优雅、时尚的感觉。然而,如果牵涉到权钱交易、公款浪费、变相行贿受贿,就成了一种披着"优雅"外衣的腐败,不仅败坏社会风气,也让奢侈品的美好形象彻底变味。

温州商人朱先生告诉记者,他一年买的奢侈品牌皮包可能就有几十个,根本不是自用,几乎都是送礼,大多送官员。"这些东西价值高,对方接受了也感觉是个礼品,不烫手,几乎就是送钱,听说现在还有专门回收兑现的渠道。"

专家建议,应加强财政资金管理,切断公款送礼的资金源头;对预算外资金加强管理,遏制这部分资金的体外循环;同时加大对权钱交易的打击力度。

(资料来源:中国新闻,2013-5-3)

任务3 转移性支出 Misson three

任务描述

本任务主要描述转移性支出对经济的影响,社会保障的内容及筹集模式,财政补贴支出及税式支出。

任务知识

转移性支出,购买性支出的对称。是指政府无偿地向居民和企业、事业以及其他单位供给财政资金。是指政府按照一定方式,把一部分财政资金无偿地、单方面转移给居民和其他收益者的支出。

转移性支出主要由社会保障支出和财政补贴构成。支出分补助支出、捐赠支出和债务利息支出三类,它体现的是政府的非市场型再分配活动。在财政支出总额中,转移性支出所占的比重越大,财政活动对收入分配的直接影响就越大。这是一种收入再分配的方式。

转移性支出体现了公共财政的效率、公平和稳定三大职能。

一、转移性支出对经济的影响

(一) 直接影响国民收入,间接影响社会生产和就业

购买性支出是政府直接以商品和劳务的购买者身份出现在市场上,因而对于社会的生产和就业有直接的影响,但对国民收入分配的影响是间接的。转移性支出则是通过支出过程使政府拥有的部分资金转移到受益者手中,它不仅是资金使用权的让渡,而且涉及所有权的转移,故对国民收入分配会产生直接影响;而资金受益者是否用这笔资金购买商品和劳务以及

购买何种商品和劳务,这已脱离了政府的控制,因此它对生产和就业的影响是间接的。由于购买性支出与转移性支出对生产和就业以及对国民收入分配的影响不同,因此,各自在财政总支出的比重的大小决定了财政职能的实现程度。以购买性支出占较大比重的支出结构的财政活动,执行优化资源配置的职能较强,以转移性支出占较大比重的支出比重的支出结构的财政活动则执行调节收入分配的职能较强。

(二)对政府及微观经济组织具有软约束

购买性支出和转移性支出对政府及微观经济组织的约束作用是不一样的。购买性支出对政府与微观经济组织所产生的是硬性的约束作用。在政府用财政资金在商品、劳务市场上购买商品或劳务时,无论是政府还是向政府提供商品或劳务的经济组织,都必须遵循等价交换的原则。对于政府而言,政府购买性支出使用效果的高低与政府在市场上所购商品、劳务的数量及质量密切相关,所购商品、劳务数量越多,质量越高,则财政支出的使用效果越好;对于微观经济组织而言,其经济效益的高低唯一地取决于自身的生产经营水平和成本开支水平的高低,与政府的购买行为无关。而转移支出对政府及微观经济组织所产生的约束作用却是软性的。对于政府而言,转移支出资金的使用效益如何,并不直接取决于拨付转移支出的政府,而取决于获得转移支出的单位如何使用这笔资金,社会无法直接考核政府该项支出的使用效果。对于获得转移支出的微观经济组织而言,其获得转移支出数额的大小,并不唯一地取决于自身经营管理水平的高低,也不直接取决于其成本开支水平的高低(例如政府在向国有企业提供亏损补贴时,就很难准确地将政策性亏损与经营性亏损区分开)。无论对政府还是对微观经济组织,转移性支出所产生的约束作用都是软性的。这就提醒社会必须格外重视政府转移支出的使用效果问题,从不同侧面加强对政府转移支出的监督和控制,以提高转移支出的使用效果。

二、社会保障支出

1. 社会保障的含义

社会保障是指国家依据一定的法律和法规,在劳动者和全体社会成员因年老、疾病、伤残丧失劳动能力和丧失就业机会以及遇到其他事故而面临生活困难时,向其提供必不可少的基本生活保障和社会服务。社会保障作为一种经济保障形式,具有以下几个基本特征:

(1)覆盖面的社会广泛性;
(2)参与上的强制性;
(3)制度上的立法性;
(4)受益程度的约束性。

2. 社会保障支出的内容

(1)社会保险支出

社会保险是指以保险筹资的方式,帮助劳动者及其亲属在遭遇年老、失业、伤病等风险时,为防止收入中断与丧失而使基本生活发生困难所给予的经济保障。与商业保险和其他局部保障相比,社会保险的特征是:社会保障的主体是政府;对象是需要经济帮助的特殊社会成员;社会保障的目标是满足社会成员的基本生活需要;社会保障是国家通过立法或行政措施来保证实施的。而社会保险支出是一种将风险集中而转移给政府服务机构的制度措施,它是社会保障支出的核心内容。它具有强制性、互济性、社会性、福利性等特点。根据国际劳工局的规定，一个国家的社会保险支出应包括以下内容。

① 养老保险支出。所谓养老保险（或养老保险制度），是国家和社会根据一定的法律法规，为解决劳动者在达到国家规定的解除劳动义务的劳动年龄界限，或因年老丧失劳动能力退出劳动岗位后的基本生活而建立的一种社会保险制度。我国的养老保险覆盖范围为城镇各类企业和职工、各类从业人员、企业化管理事业单位及其职工（不含机关、全额拨款事业单位），采取现收现付的形式筹集资金。从 2009 年开始，在部分农村地区试点建立新型农村社会养老保险制度。

② 失业保险支出。失业保险支出是指对被保险人因失业而失去生活来源所付的津贴，以保障其生活。领取失业津贴只限于非自愿失业工人，且失业工人在领取津贴前必须去政府就业管理部门登记。我国的失业保险覆盖范围为城镇各类企业、事业单位的全体职工，职工失业后，可享受 12～24 个月的失业救济。

③ 医疗保险支出。医疗保险支出是为补偿疾病所带来的医疗费用的一种保险，是职工因疾病、负伤时，由社会或企业提供必要的医疗服务或物质帮助的社会保险。我国的医疗保险覆盖范围为企业、机关、事业、社会团体、民办非企业单位及其职工，采取社会统筹＋个人账户的形式筹集资金。在农村，新型农村合作医疗制度从 2003 年起在全国部分县（市）试点，到 2010 年已逐步实现基本覆盖全国农村居民。

④ 工伤保险支出。工伤保险支出是指对被保险人在工作时间内或执行职务时所受伤害给予的补偿。伤害包括工业伤害和职业病伤害两种。我国的工伤保险覆盖范围为城镇各类企业单位的全体职工，采取现收现付，行业工伤事故及职业病风险程度的高低实行差别费率，由企业工资总额的 1‰ 筹集资金。

⑤ 生育保险支出。生育保险支出是指国家对被保险的女职工，因生育不能工作所带来的经济上的损失予以补偿，以保障其生活。我国的生育保险覆盖范围为城镇各类企业单位的全部职工，采取现收现付，包括孕产期医疗费用（检查费、接生费、手术费、住院费、药费以及合并症、并发症费用）和产假期间的生活津贴（按上年度平均工资 100％ 发放）。

(2) 社会福利救济支出

社会福利救济支出，也是社会保障支出的重要内容。它与社会保险支出之间既相互交叉，又有各不相同的内涵和范围。大部分社会保险支出在很大程度上带有再分配的性质，包含着保险与提供某种程度的福利的共同特征；同样，在某种意义上，社会福利救济支出也可以看作是针对可能突发的偶然事件而实行的保险。政府的社会福利救济政策，是通过在不同收入水平的个人之间进行资金转移而得以实现的。例如，在实行扶持最低收入阶层的政策下，就要由政府给某种低收入者以资金或实物的支付，这些支付来源于对其他收入阶层的征税，即政府的一般性税收，而不同于社会保险主要来源于被保险人的社会保险税。我国分别建立了城市居民和农村居民的最低生活保障。

① 我国的城市居民最低生活保障。根据 1997 年《城市居民最低生活保障条例》，城市居民最低生活保障的对象主要包括三类人员：一是无生活来源、无劳动能力、无法定赡养人或抚养人的居民；二是领取失业救济金期间救济期满仍未能重新就业，家庭人均收入低于最低生活保障标准的居民；三是在职人员和下岗人员在领取工资或最低工资、基本生活费后，

以及离退休人员领取退休金后，其家庭人均收入仍低于生活标准的居民。《城市居民最低生活保障条例》规定："城市居民最低生活保障标准，按照当地维持城市居民基本生活所必需的衣食住费用，并适当考虑水电燃煤（煤气）费用以及未成年人的义务教育费用确定。"由此可见，制定城市居民最低生活保障标准，首先要依据城市居民的基本生活需求，即为维持最起码的生活水平所需物品的费用，国际上通常称之为"贫困线"。

② 我国的农村最低社会保障。从 2007 年开始，我国在全国范围内逐渐建立农村完整的最低生活保障制度，由地方政府为家庭人均纯收入低于当地最低生活保障标准的农村贫困群众，按最低生活保障标准，提供维持其基本生活的物质帮助。该制度是在农村特困群众定期定量生活救济制度的基础上逐步发展和完善的一项规范化的社会救助制度。

（3）住房保障支出

住房保障是一个包含范围很广的概念。广义地说，"宅基地"、"福利分房"都是住房保障制度的一种具体形式。它们是低生产力水平下保障"人人有房住"的制度。依靠市场配置住房资源，并不等于说人人都只能依靠自己的收入买房子住，也不等于说人人都只能靠市场化竞争、自主分散决策来获取住房。在市场经济条件下，为了保障每个人都有房子住，政府要实施一些特殊的政策措施，帮助单纯依靠市场解决住房有困难的群体。这个政策体系的总称，就称为住房保障制度。住房保障制度和失业保障、养老保障、医疗保障等都是社会保障体系的组成部分。

住房保障制度，简单地说，就是在社会发展中，买不起房子的人也得保障他们有房子住。这是一个文明社会起码的目标。因为住房是人生存的必要条件，这是市场经济下政府必须提供的一个公共产品。在我国社会主义市场经济条件下，有多种住房保障形式。村民在集体划分的宅基地上自行建房。市民则分类解决：高收入者面向市场购买商品住房；中低收入者购买经济适用住房，或者购买"两限房"；最低收入者租住政府提供的廉租住房等。为了进一步解决"夹心层"群体的住房问题，国家开始发展公共租赁住房，扩大住房保障的覆盖面。部分地方也开始探索农村住房保障制度。从现实情况看，我国住房保障制度有以下内容：

① 住房公积金。它是指在职职工按比例缴存、所在单位等额补贴、均归个人所有的长期住房储金。对公积金免征个人所得税。职工在购买自住住房时可提取使用其个人账户内的公积金，还可申请公积金个人贷款，公积金贷款实行政策性优惠利率等。

② 住房货币补贴。这是国家停止住房实物分配后，为解决无房职工住房问题而实行的住房货币化分配政策，即给无房职工和住房未达标职工的未达标部分发放一定的住房补贴，由这些职工根据自己的经济情况自由选购合适的住房。老职工一次性发放，新职工随工资在 20 年内发放完毕。

③ 经济适用住房。经济适用住房是政府针对低收入群体的住房困难，通过行政划拨土地、减免相关税费等政策扶持的方式，组织统一建设，或者规定在房地产开发建设项目中按比例配套建设的较小面积的政策性商品住房。

④ 廉租住房。经济适用房毕竟还是让低收入家庭去"买"。对于连经济适用房也买不起的最低收入家庭，由政府实施廉租房保障。保障形式主要有两种：对已经租住住房的，由政府发给其一定数量的租金补贴；对无住房的，由政府建设并提供能够满足其基本居住需要的，面积适当、租金较低的廉租房。

⑤ "两限房"。"两限房"即限制价格、限定面积的普通商品房。"两限房"是国家在商品房价格奇高、面积过大，工薪阶层对此望洋兴叹的情况下出台的宏观调控政策，是国家专门为解决既买不起商品房，又不符合购买经济适用房条件的中收入者尤其是工薪族，即所谓的"夹心层"的住房问题，而强制推行建设的中小套型、中低价位的普通商品房。

⑥ 公共租赁住房。这是指政府投资并提供政策支持，限定套型面积和按优惠租金标准向符合条件的家庭供应的保障性住房。

我国的住房保障制度处于发展的初期阶段，无论是保障的对象，还是保障的方式，都处于探索之中，比如，在大量农村剩余劳动力向城镇转移的过程中，如何解决他们的住房问题；旧城改造和房地产开发中，大量房屋拆迁造成一部分低收入拆迁户无力回购新建商品房的问题；老工业基地等社会失业率较高、住房改善速度明显滞后地区的住房问题等。这些问题迫切需要深入研究并尽快解决。

（4）社会优抚支出

社会优抚支出主要是指政府对残废军人、复员退伍军人以及烈属、军属等给予的优待、抚恤、安置和照顾等方面的帮助。1988年，国务院颁发了《军人抚恤优待条例》，优抚对象包括现役军人、革命伤残军人、复员退伍军人、革命烈士家属、因公牺牲军人家属、病故军人家属、现役军人家属。军人抚恤优待实行国家、社会、群众三结合的制度，保障军人的抚恤优待与国民经济的发展相适应，使抚恤优待标准与人民的生活水平同步提高。

（5）自然灾害救济支出

自然灾害救济支出则是指政府对灾民提供吃、穿、住、医等救济以及扶持生产方面的帮助。自然灾害救助的公共性、公益性特点以及中国现阶段自然灾害严重的现状，使财政公共支出的基础性地位显得更加迫切。在自然灾害救助方面，特别是突发性特大灾害发生后，只有国家才能组织调动大量的人力、物力、财力，有组织、有计划地实施救助。2008年发生了四川汶川特大地震灾害和南方特大雪灾，2010年青海发生了玉树特大地震灾害，这种类型的特大自然灾害发生后，救灾和灾后重建需要大量的资金，除了国际、国内的捐赠外，需要各级政府多方面筹集资金。

小贴士

遗属保险支出

遗属保险支出是指政府对因家庭主要成员死亡而失去经济收入来源的其他家庭成员给予的抚恤金或救济金。1953年出台的劳动保险制度从一开始就规定，只要被认定为死亡职工（包括退休职工）的受赡养的亲属，都可以享受相应的遗属抚恤。但因工（公）死亡和非因工（公）死亡（包括因病死亡）的待遇有所不同：前者可以享受定期抚恤，按死亡职工工资的一定比例给付；有特殊困难的，还可以由发给抚恤费的单位酌情给予补助。后者只能享受一次性救济，相当于死亡职工生前6~12个月的工资。一次性补贴往往不能解决遗属的长期生活困难，因而在实施中逐渐变为定期或不定期的遗属补助。但是，按当前的生活标准看，遗属抚恤和遗属补助的标准往往偏低，甚至达不到当地的最低生活保障标准。

3. 社会保障基金的来源及筹集模式

世界上大多数国家对社会保障基金的来源都实行由国家、企业和个人三方负担的办法。社会保障基金的筹集模式主要有以下几种。

（1）现收现付式

现收现付式是一种以近期横向收付平衡原则为指导的基金筹集模式。这种模式要求先做出一年（最多几年）内某项社会保障措施所需要的费用的测算，然后按一定比例分摊到参加该保障措施的所有单位和个人，当年的基金收入仅用于涉足当年支出的需要。

（2）完全基金式

完全基金式是一种以远期纵向收付平衡原则为指导的筹集模式。这种模式要求在对未来较长时间的宏观预测的基础上，预计保障对象在保证期内所需享受保障待遇的总量，据此按照一定的比例将其分摊到保障对象的整个投保期间。

（3）部分基金式

部分基金式是一种把近期横向收付平衡原则与远期纵向收付平衡原则相结合作为指导的筹集模式。即在满足现时一定支出需要的前提下，留出一定的储备以适应未来的支出需求。

三、财政补贴支出

1. 财政补贴的性质

财政补贴是一种影响相对价格结构，从而可以改变资源配置结构、供给结构和需求结构的政府无偿支出。其性质属于转移性支出。

2. 财政补贴的分类

（1）价格补贴。这是国家为安定城乡人民的生活，由财政向企业或居民支付的与人民生活必需品和农业生产资料的市场价格政策有关的补贴。

（2）企业亏损补贴。是指国家为使国有企业能够按照国家计划生产、经营一些社会需要但由于客观原因生产经营中出现亏损的产品，而向这些企业拨付的财政补贴。

（3）财政贴息。是指国家财政对使用某些规定用途的银行贷款的企业，就其支付的贷款利息提供的补贴。它实质上等于财政替企业向银行支付利息。

3. 财政补贴作用

（1）纠正不合理的价格结构，有助于价值规律发挥作用。

（2）纠正市场缺陷，借以实现国家的社会福利目标。

四、税式支出

1. 税式支出的概念

税式支出是各国政府为了实现政治经济及社会发展目标，通过采取与现行税法的基本结构相背离的税收制度来鼓励特定经济活动（如投资、扩大内需、购房、市政债券发行和慈善捐赠等），减少纳税人的特定负担而发生的政府支出。它属于一种特殊的政府支出。税式支出的手段主要有：税额减免、起征点、税收扣除、优惠税率、优惠退税、盈亏相抵、税收还贷、税收递延、税收抵免、加速折旧等。

作为税式支出必须具有两个必要条件：一是税式支出必须以一个具体税法中的规定性条款为基准，再考虑税法中偏离规范化的特殊条款——优惠减免规定，形成支出的依据；二是税式支出必须有明确的社会、经济政策目的。

2. 税式支出的特点

（1）时效性：税式支出是国家在特定时期内为实现某种特定目标而制定的，故具有时效性。由于它与受益人的相关程度很高，因此，应充分考虑长期实施可能带来的无效率和不公平。

（2）广泛性：税收是面向全社会的纳税人征收的，只要是纳税人，就有可能得到各种税收优惠。因此，有税收收入存在，就有税式支出的客观性；税收收入的广泛性决定了税式支出的广泛性。

（3）灵活性：这是指税收优惠在时间、范围等方面可以做到具体问题具体分析，可以因事、因地、因纳税人制宜，因此具有明显的灵活性特征。

（4）间接性：一般的财政支出体现为直接支出，而税式支出是通过减少纳税人上交的税收的数量来体现的，因此具有间接性。

3. 税式支出的原则

（1）适度原则：由于税收收入与税式支出互为消长，过多的税式支出不仅会影响财政收入，而且不利于企业加强经营管理和经济核算，故税式支出不宜过多，应保持适度水平。

（2）配合原则：税式支出要注意与财政、税收、信贷等调节手段相互配合，才能促进国民经济持续、快速、健康发展。

（3）倾斜原则：税式支出要能做到鼓励先进、鞭策落后，有利于调动企业各方面的积极性，促使企业通过主观努力改变落后状况。

（4）效益原则：税式支出应保证宏观效益与微观效益、经济效益与社会效益的统一。

案例分析

据人社部统计，2013年全年城镇职工基本养老保险基金总支出18 470亿元，比上年增长18.7%。全年基金总收入22 680亿元，比上年增长13.4%，其中征缴收入18 634亿元，各级财政补贴基本养老保险基金3 019亿元。

据了解，财政补贴一直是养老保险基金收入的重要来源，其比例在过去十几年基本维持在基金总收入的13%～14%。2012年，全年各级财政补贴基本养老保险基金的金额为2 648亿元，2011年为2 272亿元。也就是说，财政补贴在去年和前年分别增加了371亿元和376亿元。

与基金总收入和财政补贴增加同步的是，退休职工养老保险待遇10年来一直以10%比例上调。企业退休人员的月平均养老金从2005年的714元，已经提高到了2014年的2 000元左右。

不过，养老金持续上调未必会带来保障水平的相应提高。数据显示，我国城镇职工养老保险替代率由2002年的72.9%下降到2005年的57.7%，此后一直下降，2011年为50.3%。而根据世界银行的建议，要维持退休前的生活水平不下降，养老金替代率需不低于70%，国际劳工组织建议养老金替代率最低标准为55%。

有专家认为，近年来，我国企业在岗职工货币工资平均年增长在15%左右，但养老金基本维持在10%的增长水平。两者之间每年相差5个百分点的涨幅，逐年累积后数值相差越来越悬殊，导致替代率持续下降。

（资料来源：经济参考报，2014-6-23）

思考问题：养老保险的资金筹集模式有哪几种？
评析提示：现收现付式、完全基金式、部分基金式。

知识拓展

财政部：农机购置补贴11年累计投入约1 200亿元

2014年是我国实施农机购置补贴政策的第11个年头。财政部最新数据显示，过去11年，我国农机购置补贴资金从2004年的7 000万元增长到2014年的236.5亿元，累计投入资金约1 200亿元，补贴购置各类农机具超过3 500万台（套）。

统计显示，我国农机数量持续增长，2014年全国农机总动力预计达到10.5亿千瓦，比2004年增加4.1亿千瓦，增长64%；装备结构加快向大马力、多功能、高性能方向发展，大中型拖拉机、联合收获机、水稻插秧机保有量分别超过558万台、152万台和66万台，分别是2004年的5倍、3.7倍和9.8倍。

记者从财政部了解到，随着《2015—2017年农业机械购置补贴实施指导意见》的公布，今后三年我国农机补贴政策在补贴对象、范围和流程等方面作了一些调整与创新。

一方面，补贴对象将扩大到所有从事农业生产的个人和组织，补贴品类向粮、棉、油、糖等主要农作物集中；另一方面，中央财政资金补贴机具范围由2014年175个品目压缩到137个品目，同时在保证资金安全的前提下，进一步简化手续以减少农民申领奔波的次数。

任务4 政府采购支出
Misson four

任务描述

本任务主要描述政府采购的特点，政府采购的方式，政府采购制度的作用。

任务知识

政府采购在西方国家又称公共采购，是指各级政府为提供公共产品或服务，以及日常性政务需要，在财政监督下，以法定方式、方法和程序，从国内外市场购买所需商品或劳务的行为。它既是政府支出及提高支出使用效益的一种形式,又是政府实施管理与宏观调控的手段。

一、政府采购的特点

(1) 有明确的政府采购目标。政府采购的目标:一是加强财政支出管理,提高财政资金使用效率。一般政府采购可节省财政资金10%左右;二是强化宏观调控手段。政府通过调整采购总规模,影响社会有效需求,从而调节国民经济的运行状况。通过调整采购结构,达到调整产业结构的目的;三是保护民族产业。各国都通过立法,强制性地要求政府在一般情况下购买本国产品,以实现保护民族产业的目的。

(2) 鲜明的政府采购原则。一是公开、公平、公正原则。政府采购要求采购过程必须向社会公开,有高度的透明度;不得对供应商采取歧视政策和搞地区封锁;采购主体与供应商在采购过程中处于平等地位;必须依照法律程序进行采购。二是经济原则或效率原则。政府采购鼓励充分竞争,通过竞争使财政性资金的使用效益最大化。

(3) 政府采购的规模大。随着国民经济结构的调整,政府采购规模的内部结构不断发生变化。2013年,货物类、工程类和服务类政府采购分别实现4 921.1亿元、9 925.6亿元和1 534.4亿元,较上年同期分别增长12.1%、18.5%和26.4%。2013年工程类、服务类采购继续保持快速增长态势,占采购总规模的比重也逐渐增加。

(4) 政府采购活动的非营利性。政府采购商品的用途是为了满足政府的日常开支及消费,多为非营利性的采购,不为卖而买,只买不卖,只是通过购买行为为政府部门提供消费品或向社会提供公共物品。

(5) 政府采购的政策性。国家在制定政府采购法规时,都规定了体现国家经济利益或产业政策的要求,包括最大限度地节约支出、购买本国产品等。

(6) 政府采购对象的广泛性。政府采购涉及范围很广,为了便于管理和统计,国际上通行的做法是将采购对象分为三大类:货物、工程和服务。

(7) 政府采购的法制化。各国为了保证采购的"三公"和经济原则,都建立或力求建立一套完善的采购法律体系。从采购的基本法到实施细则,都力争使政府每项采购活动做到规范化、秩序化和制度化,充分体现公开、竞争的原则,接受社会监督防止出现贪污腐败等有损政府形象的行为。

二、政府采购的方式

政府采购的方式按公开程度,可分为公开招标采购、邀请招标采购、竞争性谈判采购、询价采购和单一来源采购五种方式。

(1) 公开招标采购是指采购方以招标公告的方式邀请不确定的供应商投标的采购方式。适用于大额采购。如美国规定一次金额超过2.5万美元的采购必须采取招标采购方式。我国以一次500万元以上为大额采购。

(2) 邀请招标采购是指采购方以投标邀请书的方式邀请三个以上特定的供应商参加投标的采购方式。这种方式也适用于大额采购。

(3) 竞争性谈判采购是指采购部门直接邀请三家以上合格供应商就采购事宜进行谈判的

采购方式。适用于公开招标后没有供应商投标或没有合格标的,或属不可预见的急需采购,而无法按公开招标的方式得到,或投标文件的准备和制作需要较长时间才能完成或需高额费用的采购。

(4) 询价采购是指三个以上供应商发出报价,对其报价进行比较以确定合格供应商的一种采购方式。询价采购适用于对合同价值较低且价格弹性不大的标准化货物或服务的采购。

(5) 单一来源采购是指政府在适当的条件下向单一供应商征求建议或报价进行的采购,是一种没有竞争的采购方式,适用条件比较严格。

小 贴 士

政府采购制度源于欧美等发达国家。从18世纪末开始,英美等国先后开始实行政府采购,制定相应的法律法规并建立管理机构。完整意义上的政府采购制度是现代市场经济发展的产物,作为宏观调控的重要手段,政府采购得到了广泛应用。我国的政府采购制度改革试点始于地方,特别是2003年1月1日法律的正式施行,推动了全国各地政府采购制度改革突飞猛进的发展。2004年全国政府采购规模达到2 135.7亿元,2005年达到2 500亿元,6年来采购规模平均增长率达到88.8%。其中2004年地方采购规模为1 842.3亿元,6年平均增长率达到124%。相对于地方,中央单位的政府采购规模由2001年的154.6亿元、2002年的221.6亿元到2003年262.8亿元、2004年的293亿元,也一直处于上升趋势。伴随规模的扩大,各项工作也取得了明显的成效。2004年9月1日起施行的《中央单位政府采购管理实施办法》、2003年11月17日出台的《政府采购评审专家管理办法》以及于2004年12月1日正式启用的"中央单位政府采购评审专家库",都为中央单位政府采购工作的再上台阶奠定了基础。

三、政府采购制度的作用

(1) 有利于市场经济体制的完善。

市场经济体制的最大特点是按制度化、法制化的轨道运行。政府采购作为一种制度化的财政支出手段,可促使政府的采购行为遵循价值规律的要求,以市场化的方式实现政府的某种目标,避免政府的过多行政干预。且政府的采购行为在不违反市场规律的前提下,可以弥补市场失灵。因此,有助于市场经济体制的发展和完善。

(2) 节约财政资金,提高资金使用效率,缓解财政收支矛盾。

财政收支矛盾是各国政府常常面临的难题之一。而政府采购的特点之一就是通过招标投标机制来节省财政资金,调控宏观经济。政府可通过增加或减少购买来影响需求数量和需求结构,进而影响生产、就业和国民经济总量及结构,达到调节经济的目的。

(3) 保护国内市场。政府采购鼓励优先购买本国产品,以促进本国民族工业的发展。如日本在振兴汽车工业时期,政府和公共团体的采购资金均投入了本国汽车工业;在振兴电子工业时期,政府办公自动化建设和通信设备的采购,为日本刚刚起步的电子工业提供了一个不小的市场,帮助日本企业顶住美国跨国公司电子产品的冲击。

(4) 强化政府市场意识,促进观念转变。政府采购有助于树立政府与纳税人之间契约关系的新型观念。

(5) 提高透明度，防止滋生腐败。政府采购制度使政府行为置于财政、审计、舆论等部门和社会公众的监督之下，有效地遏制了以往采购活动中暗箱操作、拿"回扣"等贪污受贿现象，有利于维护政府官员的形象。

案例分析

《中华人民共和国政府采购法实施条例》（以下简称《条例》）近日在中国政府网公布。《条例》自2015年3月1日起施行。

政府采购法自2003年1月1日实施以来，对规范政府采购行为、提高政府采购资金的使用效益、促进廉政建设发挥了重要作用。十多年来，政府采购改革深入推进，政府采购总规模从2002年的1 009亿元上升到2013年的16 381亿元。但是，政府采购活动中也暴露出质量不高、效率低下等问题。为此，有必要制定条例，完善政府采购制度，进一步促进政府采购的规范化、法制化，构建规范透明、公平竞争、监督到位、严格问责的政府采购工作机制。

为回应社会关切，保障采购质量，《条例》强化了政府采购的源头管理和结果管理。规定采购人应当厉行节约，科学合理地确定采购需求，必要时应当就确定采购需求征求相关供应商、专家的意见。采购标准应当依据经费预算标准、资产配置标准和技术、服务标准确定。采购合同履约验收应当严格把关。

为防止暗箱操作，遏制寻租腐败，保证政府采购公开、公平、公正，《条例》着力提高政府采购透明度，强化社会监督，将公开透明原则贯穿于采购活动全过程，对发布政府采购项目信息，公开采购项目预算金额，公告中标成交结果、采购合同、投诉处理结果等各个关键环节，均作了具体规定。

为推进和规范政府向社会力量购买服务工作，《条例》明确政府采购服务包括政府自身需要的服务和政府向社会公众提供的公共服务，政府应当就公共服务项目采购需求征求社会公众意见，验收时应当邀请服务对象参与并出具意见，验收结果向社会公告。

为强化政府采购的政策功能，增强政府采购的调控作用，《条例》规定要通过制定采购需求标准、预留采购份额、价格评审优惠、优先采购等具体措施落实政府采购政策，实现国家的经济和社会发展政策目标。

为从制度规则设计上保证评审专家公平、公正评审，《条例》对政府采购评审专家的入库、抽取、评审、处罚、退出等环节作了全面规定。对评审专家实施动态管理，保证评审专家随机产生，防止评审专家终身固定。针对评审专家不同违法行为的性质，区别设定相应的法律责任，既使其从业受到限制，又使其经济上付出代价。强化评审专家的失信惩戒，对评审专家不良行为进行记录，并纳入统一的信用信息平台。

为使政府采购活动有人负责、责任追究有法可依，《条例》进一步细化了采购人、采购代理机构、供应商等主体的违法情形及法律责任，明确规定给予限期改正、警告、罚款等行政处罚，同时对直接负责的主管人员和其他直接责任人员也要追究法律责任。

思考问题：以上资料体现了政府采购过程中的什么特点？

评析提示：政府采购的规模大、政府采购活动的非营利性、政府采购的政策性、政府采购对象的广泛性、政府采购的法制化等。

知识拓展

政府采购基本工作流程

1. 采购人根据政府采购预算编制采购计划报财政部门。
2. 采购人自主委托采购代理机构。
3. 采购代理机构按照采购人委托的权限开展采购工作。
4. 采购代理机构根据采购人的采购计划制订初步采购方案报财政部门。
5. 财政部门审核采购代理机构报送的采购方案。
6. 采购代理机构按照批准的采购方案会同采购人编制采购文件报财政部门。
7. 财政部门对采购代理机构报送的采购文件进行合规性检查，3个工作日内给予备案或不备案答复。
8. 采购文件备案后在指定媒体公开发布。未通过备案的由采购代理机构重新制作采购文件。
9. 采购代理机构组织开标、评标事宜。
10. 采购人根据评审结果确定中标、成交供应商。
11. 采购代理机构在指定媒体上发布中标、成交公告，并向中标、成交供应商发出中标、成交通知书。
12. 采购人与中标、成交供应商签订政府采购合同。政府采购合同签订之日起7个工作日内，采购人或采购代理机构应将采购合同副本报财政部门备案。
13. 采购人对供应商履约组织验收。验收方成员应当在验收书上签字，并承担相应的法律责任。
14. 验收合格后，采购人可向市国库支付中心申请付款。
15. 市国库支付中心接受采购人申请，直接向中标、成交供应商支付货款

项目小结

任务	任务知识点	知识内容
财政支出的基础知识	财政支出的概述；财政支出的影响因素；财政支出的效益分析	影响因素：经济因素、政治因素、社会因素 效益分析法：成本—效益法；最低费用选择法；公共定价法
购买性支出	购买性支出的分类	行政管理支出； 国防支出； 文教科卫支出
	购买性支出的作用	1. 购买性支出直接形成社会资源和要素的配置； 2. 购买性支出中的投资性支出，将对社会福利分布状态产生直接影响； 3. 购买性支出直接引起市场供需对比状态的变化

续表

任务	任务知识点	知识内容
转移性支出	对经济的影响	直接影响国民收入，间接影响社会生产和就业；对政府及微观经济组织具有软约束
	社会保障的内容及筹集模式	内容：社会保险、社会福利、社会优抚、社会救济 筹集模式：现收现付式、完全基金式、部分基金式
	财政补贴支出及税式支出	财政补贴支出：(1) 价格补贴；(2) 企业亏损补贴；(3) 财政贴息。 税式支出的特点：(1) 时效性；(2) 广泛性；(3) 灵活性；(4) 间接性。 税式支出的原则：(1) 适度原则；(2) 配合原则；(3) 倾斜原则；(4) 效益原则
政府采购	政府采购的特点	(1) 有明确的政府采购目标；(2) 鲜明的政府采购原则；(3) 政府采购的规模大；(4) 政府采购活动的非营利性；(5) 政府采购的政策性；(6) 政府采购对象的广泛性；(7) 政府采购的法制化
	政府采购的方式	公开招标采购、邀请招标采购、竞争性谈判采购、询价采购和单一来源采购
	政府采购制度的作用	(1) 有利于市场经济体制的完善； (2) 节约财政资金，提高资金使用效率，缓解财政收支矛盾 (3) 保护国内市场 (4) 强化政府市场意识，促进观念转变； (5) 提高透明度

职业能力训练

一、单选题（每题只有一个正确答案）

1. 下列财政支出项目中，属于积累性支出的是（　　）。
   A. 国家物资储备支出　　　　　　B. 国防支出
   C. 社会福利救济支出　　　　　　D. 行政管理支出
2. 关于购买性支出与转移性支出对经济影响的说法，错误的是（　　）。
   A. 转移性支出间接影响就业　　　B. 购买性支出直接影响生产
   C. 转移性支出对政府的效益约束较强　　D. 购买性支出侧重执行资源配置职能
3. 根据"经济发展阶段论"，在经济进入成熟阶段后，财政支出的重点是（　　）。
   A. 法律和秩序　　B. 交通设施　　C. 社会福利　　D. 环境卫生
4. 关于政府间转移支付制度理论依据的说法，错误的是（　　）。
   A. 纠正政府间的纵向财政失衡　　B. 纠正政府间的横向财政失衡
   C. 赋予地方政府更大的自主权　　D. 纠正某些公共产品与服务的外部性
5. 财政政府的主体是（　　）。
   A. 中国人民银行　　　　　　　　B. 行政事业单位
   C. 中国进出口银行　　　　　　　D. 各级人民政府

二、多选题（每题至少有两个正确答案）

1. 关于社会保障制度的说法，正确的有（　　）。

A. 社会保险是现代社会保障制度的核心内容
B. 社会福利的资金来源大部分是国家预算拨款
C. 社会优抚是对革命军人及其家属提供的社会保障
D. 对"五保户"的生活保障属于社会救助的内容
E. 失业救济金的发放属于社会优抚的内容

2. 关于社会保障的说法，正确的有（　　）。
A. 社会保障制度是由法律规定的
B. 现代社会保障制度由德国首创
C. 社会保障支出是社会公共需要的组成部分
D. 我国社会保障筹资模式基本上属于完全基金制
E. 社会保障制度的实施主体是国家

3. 我国《政府采购法》确立的政府采购的基本原则包括（　　）。
A. 公开透明原则　　　　　　　　B. 公平竞争原则
C. 保密原则　　　　　　　　　　D. 公正原则
E. 诚实信用原则

4. 财政"内在稳定器"的政策工具有（　　）。
A. 规范的增值税　　　　　　　　B. 累进的所得税
C. 社会保险支出　　　　　　　　D. 财政补贴支出
E. 社会福利支出

5. 在财政支出效益分析中，适用"最低费用选择法"的财政支出项目有（　　）。
A. 军事　　　B. 电力　　　C. 行政　　　D. 文化
E. 铁路

三、案例分析题（不定项选择题）

新华社北京3月6日电，2014年政府预算草案报告正在提请审查，"国家账本"中最关注的是"民生账本"。有财有政，财随政走。万亿元的民生支出中，可以清晰梳理出政府民生工作重点有哪些，民生思路是什么。

近些年，我国财政收入总体规模在增大，一系列与百姓密切相关的民生项目支出也呈"刚性"增长，增幅均超过总体的支出增幅。

从社会保障和就业支出看，2014年达7 152.96亿元，增长9.8%。事实上，每年民生支出的最大一块儿就是社会保障和就业，其中职工基本养老保险补助资金所占比重最大，这也是我国职工养老金实现十连增的保障。另外一个投入重点是城乡低保，每年都按照月人均15元、10元的标准提高。

再看教育支出，2014年为4 133.55亿元，增长9.1%。翻阅近些年的"民生账本"，可以明显看出教育的着力方向主要围绕农村义务教育，并不断拓展到解决进城务工人员子女平等接受义务教育、农村义务教育学生营养改善等领域，这些都是教育公平的重要体现。

从医疗卫生与计划生育支出看，2014年为3 038.05亿元，增长15.1%。近些年，医疗卫生的重点在新医改的实施，不断健全新型农村合作医疗制度、城镇居民基本医疗保险制度，财政补助标准逐年提高，从2009年的80元提高到2014年的320元。

可以说，近些年，民生支出越来越具连续性和有序性，但也会根据具体情况，进行结构性上的调整。例如针对入园难，2011年首次安排支出支持中西部地区和民族地区发展学前教育；针对住房难，2012年保障性安居工程支出增长超过30%。

1. 社会保障包括哪些内容？（   ）。

   A. 社会保险　　　B. 社会福利　　　C. 社会救助　　　D. 社会优抚

   E. 社会赞助

2. 购买性支出的内容包括（   ）。

   A 社会保险支出　B. 行政管理支出　C. 教育支出　　　D. 卫生支出

   E. 政府采购支出

3. 社会保障支出的特征包括（   ）。

   A. 覆盖面的社会广泛性　　　　　　B. 参与上的强制性

   C. 制度上的立法性　　　　　　　　D. 受益程度的约束性

   E. 所获保障和资金支出的对等性

4. 按最终用途将财政支出分为（   ）。

   A. 积累性支出　　　　　　　　　　B. 行政管理支出

   C. 消费性支出　　　　　　　　　　D. 文教卫支出

   E. 国防支出

项目综合实训

"三公"经费调查项目

1. 任务目标

通过实地调查，了解本地区"三公"经费支出现状。

2. 任务描述

深入本地区行政事业单位、大型国有企业等政府部门了解本地区"三公"经费开支现状。

3. 任务成果

形成本地区的"三公"经费使用的现状调查报告。

项目四

财政预算

 知识目标

1. 了解国家预算管理的内容和类型、预算外资金的构成及其管理原则。
2. 掌握复式预算的概念和基本内容、现行分税制中存在的问题及解决措施。
3. 理解国家预算的概念、特征、组成及分类。

 能力目标

1. 能够掌握财政预算的分类与内容。
2. 能够认识国家预算体系的编制程序。

 导入案例

2013年公共财政预算

2013年上半年我国经济下行压力较大，财政收入增速下滑，低于年初预算预计的增幅；下半年经济平稳回升，财政收入特别是税收收入增速回升，加上一些一次性增收因素，全年财政收入比年初预算略有超收。全国财政收入12 9142.9亿元，比2012年（下同）增长10.1%。加上从中央预算稳定调节基金调入1 000亿元，地方财政调入资金149.74亿元，使用的收入总量为130 292.64亿元。全国财政支出139 744.26亿元，增长10.9%。加上补充中央预算稳定调节基金1 164.38亿元，以及地方政府债券还本支出1 384亿元，支出总量为142 292.64亿元。全国财政收支总量相抵，差额12 000亿元。

中央财政收入60 173.77亿元,为预算的100.2%,增长7.1%。加上从中央预算稳定调节基金调入1 000亿元,使用的收入总量为61 173.77亿元。中央财政支出68 509.39亿元,完成预算的98.5%,增长6.8%(其中,中央本级支出20 471.75亿元,增长9.1%,完成预算的101.3%,主要是执行中压减补助地方的零散项目,将部分原列中央对地方转移支付的基建投资、用车辆购置税安排的支出,调整用于增加铁路投资等,相应增列中央本级支出)。加上补充中央预算稳定调节基金1 164.38亿元,支出总量为69 673.77亿元。收支总量相抵,中央财政赤字8 500亿元,与预算持平。2013年年末中央财政国债余额86 750.46亿元,控制在年度预算限额91 208.35亿元以内。中央预算稳定调节基金余额为1 483.08亿元。(资料来源:新华社,2014-3-15)

思考:材料反映了国家预算的什么特点?国家预算的性质是什么?中央和地方财政预算的区别和联系是什么?

任务1 国家预算
Misson one

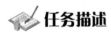

任务描述

通过本任务的学习,掌握政府预算的含义、原则、政府预算的类型,政府预算体系构成以及预算外资金的有关内容。

一、国家预算的含义

国家预算也称政府预算,是政府的基本财政收支计划,是国家的重要立法文件。是政府组织分配资金的重要工具。在市场经济体制下,政府预算的含义可以从以下方面理解。

(一)政府预算是具有法律效力的基本财政收支计划

政府预算首先是以财政计划的形式而存在的,是财政计划最基本的部分。其基本形式是按一定的标准将财政收支分门别类地列入特定的计划表格内,通过财政收支一览表来使人们清楚地了解政府财政活动,成为反映政府活动的一面镜子。

(二)政府预算是重要的立法文件

政府预算级次的设立、收支范围、预算职权划分和预算编制等,都是国家通过宪法或预算法形式加以规定的,由于政府预算要经过国家权力机关的审批才能生效,生效后的政府预算非经法定程序,任何人都无权改变预算规定的各项指标,因而政府预算是国家的一个重要的法律文件,体现了国家权力机关和全体公民对政府的监督和制约。

(三) 政府预算是政府的财政政策工具

因为存在"市场失灵",政府进行宏观调控是市场经济中所必需的,政府预算作为政府宏观调控的杠杆,通过安排收支对国民经济中的各种比例关系和经济结构进行调节。

二、国家预算的原则

国家预算原则是指国家选择预算形式和体系以及编制国家预算应遵循的指导思想和方针。任何国家的政府预算都应该坚持以下五个原则:公开性、可靠性、完整性、统一性和年度性。

(一) 公开性

国家预算反映政府的活动范围、方向和政策,与全体公民的切身利益息息相关,因此国家预算及其执行情况必须采取一定形式公开,为人民所了解并置于人民的监督之下。

(二) 可靠性

每一收支项目的数字指标必须运用科学的方法,依据充分确实的资料,并总结出规律性,进行计算,不得假定估算,更不能任意编造。

(三) 完整性

该列入国家预算的一切财政收支都要列在预算中,不得打埋伏、造假账、预算外另列预算。国家允许的预算外收支,也应在预算中有所反映。

(四) 统一性

虽然一级政府设立一级预算,但所有地方预算连同中央预算一起共同组成统一的国家预算。因此要求设立统一的预算科目,每个科目都应按统一的口径、程序计算和填列。

(五) 年度性

政府必须按照法定预算年度编制国家预算,这一预算要反映全年的财政收支活动,同时不允许将不属于本年度财政收支的内容列入本年度的国家预算之中。这里的年度是指预算年度,又称财政年度,是国家预算收支起讫的有效期限,通常为一年(365天),按起讫的时间不同,分为历年制和跨年制两种,历年制是指公历每年1月1日至12月31日止,我国实行的是历年制预算年度。跨年制是指预算年度跨越两个公历年,如美国的预算年度是从每年的10月1日开始,到次年的9月30日止。各个国家采用何种预算年度,主要由传统习惯、历史原因、议会会期以及税收和生产的旺季等因素决定。

上述原则不是绝对的,一种预算原则的确立,不仅要以预算本身的属性为依据,而且要与本国的经济实践相结合,要充分体现国家的政治、经济政策。一个国家的预算原则一般是通过制定国家预算法来体现的。

三、国家预算的分类

（一）按收支管理范围分类

按收支管理范围分类，政府预算可分为总预算和单位预算。

总预算是各级政府的基本财政收支计划，它由各级政府的本级预算和下级政府总预算组成。

单位预算是政府预算的基本组成部分，是各级政府的直属机关就其本身及所属行政事业单位的年度经费收支所汇编的预算，另外还包括企业财务收支计划中与财政有关的部分，它是机关本身及其所属单位履行其职责或事业计划的财力保证，是各级总预算构成的基本单位。

（二）按照预算的级次分类

按照预算的级次分类，政府预算可分为中央政府预算和地方政府预算。

中央政府预算是指经法定程序审查批准的，反映中央政府活动的财政收支计划。我国的中央政府预算由中央各部门的单位预算、企业财务收支计划和税收计划组成，财政部将中央各部门的单位预算和中央直接掌管的收支等，汇编成中央预算草案，报国务院审定后提请人代会审查。中央预算主要承担国家的安全、外交和中央国家机关运转所需的经费，调整国民经济结构、协调地区发展、实施宏观调控的支出以及由中央直接管理的事业发展支出，因而在政府预算体系中占主导地位。

地方政府预算是指经法定程序审查批准的，反映各级地方政府收支活动计划的总称。它是政府预算体系的有机组成部分，是组织、管理政府预算的基本环节，由省、地、县、乡（镇）预算组成。地方预算担负着地方行政管理和经济建设、文化教育、卫生事业以及抚恤等支出，它在政府预算中占有重要单位。

（三）按编制形式分类

按编制形式分类，政府预算可分为单式预算和复式预算。

单式预算是传统的预算形式，其做法是在预算年度内，将全部的财政收入与支出汇集编入单一的总预算内，而不去区分各项财政收支的经济性质。其优点是把全部的财政收入与支出分列于一个统一的预算表上，这就从整体上反映了年度内政府总的财政收支情况，整体性强，便于立法机关审议批准和社会公众了解，且简便易行。其主要缺点是没有把全部的财政收入按经济性质分列和汇集平衡，不便于经济分析和有选择地进行宏观经济控制。

复式预算是从单式预算组织形式演变而来的。其做法是在预算年度内，将全部的财政收入与支出按经济性质汇集编入两个或两个以上的收支对照表，从而编成两个或两个以上的预算。这种组织形式的典型例子是把政府预算分成经常预算和资本预算两个部分。其中经常预算主要以税收为收入来源，以行政事业项目为支出对象；资本预算主要以国债为收入来源，用于经济建设支出及宏观调控。复式预算组织形式由于把政府的一般性质上的经常收支列为经常性预算，把政府的资本投资支出列为资本预算，这样就区分了各项收入和支出的经济性质和用途，便于政府权衡支出性质，区分轻重缓急，做到资金使用的有序性，比较合理地安排各项资金，便于经济分析和科学的宏观决策与控制。其次，把预算分成经常预算和资本预算两个部分，两个部分以各自来源应付各自的支出，各自平衡，这就打破了预算的完整性原则和传统的收支平衡观念。最后，由于把国债收入作为资本预算的正常收入项目，这就使得资本预算总是平衡的，只有经常预算的收支才可能有差额。

（四）按编制方法分类

按编制方法分类，政府预算可分为增量预算和零基预算。

增量（基数）预算是指财政收支计划指标在以前财政年度的基础上，按新的财政年度的经济发展情况加以调整之后确定的。

零基预算是指对所有的财政收支，完全不考虑以前的水平，重新以零为起点而编制的预算。零基预算强调一切从计划的起点开始，不受以前各期预算执行情况的干扰。零基预算的做法是，编制预算不仅是对新的和扩充部分加以审核，而且要对所有正在进行的和新的计划的所有预算支出申请都重新审核。零基预算的优点是没有现成的框架，不受现行预算执行情况的约束，能够充分发挥各级管理人员的积极性和创造性，促进各级预算单位精打细算。同时，使政府可以根据需要确定优先安排的项目，以提高资金使用效率，从而达到控制政府规模、提高政府工作效率的目的。

四、国家预算体系

（一）国家预算体系的构成

一般来说，有一级政府就有一级财政收支的主题，也应有一级预算。在现代社会，大多数国家都实行中央与地方的多级政府体制，从而也就产生了国家预算体系。国家预算一般由中央预算和地方预算组成，一级政府的总预算不仅包括本级一般财政收支和特别预算，也包括下级政府的总预算，从而形成完整的整个国家预算体系。各国预算体系由于政体的不同而表现出不同的结构关系。如美国、加拿大等联邦制国家的各级预算之间是相互独立的，国家预算即政策预算，与州政府预算、地方政府预算没有直接关系。而法国、日本等中央集权制国家，虽然地方政府在财政经济管理上拥有一定的主权，但中央政府对地方政府却仍拥有较大的控制权力，包括事权、财权的划分以及相应的制度决策权等均集中在中央。在我国，国家预算体系的组成是按照一级政权设立一级预算的原则建立的。在《中华人民共和国预算法》中规定："国家实行一级政府一级预算，设立中央、省、自治区、直辖市、设区的市、自治州、县、自治县、不设区的市、市辖区、乡、民族乡、镇五级预算"。我国国家预算体系具体如图1-4-1所示。

中央预算即中央国家预算，是经法定程序批准的中央政府财政收支计划。地方预算是经法定程序批准的各级地方政府财政收支计划的统称。中央总预算由中央各部门的单位预算组成，省级总预算由本级各部门单位预算以及所属市（县）总预算组成。中央政府公共预算不列赤字，地方各级预算按照量入为出、收支平衡的原则编制，不列赤字。

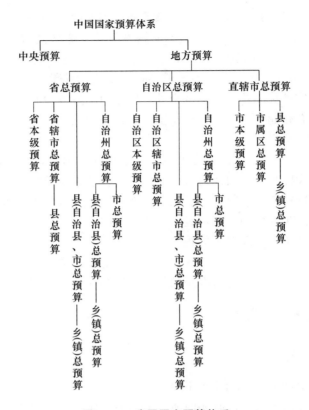

图 1-4-1 我国国家预算体系

(二) 我国预算管理体系的改革和发展

（1）加大政府性基金预算与一般公共预算的统筹力度。

① 从 2015 年 1 月 1 日起，将政府性基金预算中用于提供基本公共服务以及主要用于人员和机构运转等方面的项目收支转列一般公共预算，具体包括地方教育附加、文化事业建设费、残疾人就业保障金、从地方土地出让收益计提的农田水利建设和教育资金、转让政府还贷道路收费权收入、育林基金、森林植被恢复费、水利建设基金、船舶港务费、长江口航道维护收入等 11 项基金。

② 上述基金转列后，相应修订"2015 年政府收支分类科目"，原政府性基金收支科目相应删除，在一般公共预算中单设相应收入科目，不再单设相应支出科目。

③ 上述基金转列后，收入按照新的收入科目缴入国库，支出仍主要用于或专项用于安排相关支出，且收入规模增加的，支出规模原则上相应增加，有条件的地区要进一步加大对残疾人事业等领域的支持力度。上述基金以前年度结转结余资金 2015 年相应转列一般公共预算。

④ 对继续纳入政府性基金预算管理的支出，加大与一般公共预算支出的统筹安排使用。结合政府性基金预算安排情况，统筹安排一般公共预算相关支出项目。政府性基金预算安排支出的项目，一般公共预算可不再安排或减少安排。对一些一般公共预算和政府性基金预算都安排支出的项目，应制定统一的资金管理办法，实行统一的资金分配方式，避免交叉重复。盘活存量资金，将政府性基金项目中结转较多的资金，调入一般公共预算。

(2) 加大国有资本经营预算与一般公共预算的统筹力度。

① 完善国有资本经营预算制度，提高国有资本收益上缴公共财政的比例。2020 年提高到 30%，更多用于保障和改善民生。

② 加强国有资本经营预算支出与一般公共预算支出的统筹使用。国有资本经营预算支出范围除调入一般公共预算和补充社保基金外，限定用于解决国有企业历史遗留问题及相关改革成本支出、对国有企业的资本金注入及国有企业政策性补贴等方面。一般公共预算安排的用于这方面的资金逐步退出。

③ 进一步完善国有资本经营预算支出编制。细化预算编制，国有资本经营预算支出应编列到具体项目。中央国有企业需要通过国有资本经营预算安排的支出，由一级预算单位审核后报财政部，财政部审核后统筹提出资金安排使用方案，报国务院审批。以后结合国有资产管理体制改革，进一步完善国有资本经营预算编制程序。

(3) 加强一般公共预算各项资金的统筹使用。

结合税费制度改革，完善相关法律法规，逐步取消城市维护建设税、排污费、探矿权和采矿权价款、矿产资源补偿费等专款专用的规定，统筹安排这些领域的经费。

五、国家预算的程序

(一) 国家预算的编制

我国在每年的年中就开始了对下年预算的编制工作，国务院要下达中央预算编制的通知，对编制下年预算提出要求，同时还向地方下达编制地方预算的通知。一般在每年 9 月底以前，中央各部门需按统一的部门预算编报格式，编制本部门预算报送财政部，项目支出要同时报送《中央部门项目申报文本》和项目排序建议，其中涉及有预算分配职能部门的，还要提前报送这些相关部门。财政部要在 10 月底以前，依据中央各部门上报的预算报表及项目排序建议进行审核，会同有预算分配职能的部门提出分配意见，将综合平衡汇总后的预算方案上报国务院审定。在 11 月底以前，财政部根据国务院审定的按功能分类的中央支出预算（草案）确定分部门的预算分配方案，并向各部门下达预算控制数。中央各部门根据财政部下达的预算控制数编制正式部门预算，并于 12 月上中旬报送财政部。财政部审核汇总后编制中央预算（草案），于年底前报国务院审批。拟提请全国人大审议的中央有关部门的预算也一并上报。

每年 1 月中上旬，财政部将当年中央预算（草案）送全国人大常委会预算工作委员会，预算工作委员会从工作层面进行预先审查，为初审和审批做准备。每年 2 月上中旬，财政部将当年中央预算（草案）提交全国人大财政经济委员会，由财政经济委员会进行初步审查。每年 3 月上中旬，全国人民代表大会审查批准中央预算草案，法定预算正式产生。财政部在全国人民代表大会批准中央预算草案后的 30 日内批复中央各部门预算。中央各部门在财政部批复本部门预算之日起 15 日内，批复所属各单位的预算。在财政经济委员会会议进行初步审查、全国人民代表大会会议进行审查时，财政部要派有关负责人到会，对预算草案作出解释，回答代表的提问。

中国预算编制程序分为国家预算编制的准备工作和国家预算的正式编制两个步骤。

① 对本年度预算执行情况进行预计和分析。一般来说，下一年度的国家预算，要在本年度的下半年开始编制。财政部门在编制国家预算之前，首先根据经济发展趋势并结合历年

预算收支规律，对本年度的预算收支情况进行分析，做出尽可能准确的预计。中国国家预算收支指标的测算方法多年来主要采用"基数法"加"因素法"，即下一年的预算收支指标主要以本年预计数字为基础，并参照下年国民经济和社会发展计划草案的有关指标进行测算。当年预算收支执行情况的分析预算包括：分析当时的实际执行数，例如前几个月该收的是否都收上来了，该支的是否都支出去了；分析后几个月的特殊因素，如调整工资、调整价格、开征新税种和调整税率等重大措施出台对预算收支的影响；分析增收节支措施落实情况，主要是检查年初预算指标安排的增收节支措施贯彻落实情况和进度，及其对本年度预算收支的影响；分析预测国民经济发展情况，通过调查研究掌握工农业生产、商品流通、基本建设、市场供应和各项事业计划的完成情况，及其对当年预算收支计划的影响。

② 拟定下年预算收支控制指标。财政部根据中国共产党和国家的方针、政策以及国民经济及社会发展计划的主要指标，拟定下一年国家预算收支控制指标，经国务院核定后下达，作为各地区编制总预算的依据。控制指标初步规定了预算收支的规模和增长速度，是中央和地方财政之间年度预算资金筹集与分配的一个基本框架。

③ 修订国家预算科目和制定总预算表格。国家预算收支科目是国家预算收支的总分类，是编制各级总预算在收支项目上的规范，每年由财政部修订颁发。预算表格是国家预算指标体系的表现形式，主要有收支总表、收支明细表和基本数字表三种。财政部每年根据财政预算管理的需要，在上年表格的基础上进行修订。

④ 具体组织部署。每年在国家预算编制之前，国家采取召开会议或发布通知指示等形式，对预算编制工作进行具体组织部署。内容一般包括编制预算的方针和任务，各项主要收入和支出预算编制的要求，各级预算收支的划分范围变化和机动财力使用原则、权限，预算编制的基本方法、报送程序和报送期限等。

国家预算编制一般采用自下而上和自上而下相结合的方法进行。中央各部门和各省、自治区、直辖市根据中央下达的预算收支控制指标，按照统一规定的预算表格和编制预算的要求，结合本地区、本部门的经济发展情况，编制本单位、本地区的年度预算草案，上报财政部审查汇总。财政部经过审核汇总，汇编成国家预算草案，并附以简要的文字说明，上报国务院。经国务院核准后，提请全国人民代表大会审查。财政局预算编制工作流程如图1-4-2所示。

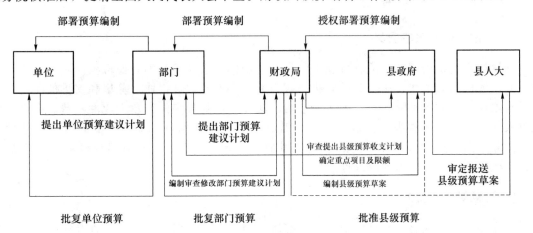

图 1-4-2 财政局预算编制工作流程

(二) 政府预算的执行

预算的执行是各级财政预算的具体组织实施,是政府预算组织、实现收入、支出、平衡和监督过程的总称。它具体可以分为预算收入执行、预算支出的执行以及政府预算的调整三部分。

(1) 政府预算收入的执行。它要求各地区、各部门、各执行机关严格按照国家税法、其他收入法规和执行计划,及时、足额地完成政府预算的收入任务并缴纳国库。

(2) 政府预算支出的执行。它要求遵照政府预算项目和金额,考虑支出用途及业务工作计划和进度,及时、合理地拨付资金,并随时检查分析支出的执行情况。

(3) 政府预算的调整。预算调整是指经全国人大批准的中央预算和经地方各级人大批准的地方本级预算,在执行中因特殊情况需要增加支出或减少收入,使原批准预算的总支出超过总收入或举借债务的数额增加而对预算进行的部分改变。

国务院和各级人民政府是我国政府预算的执行机构,中央银行代理国库,是我国政府预算的总出纳和总账房。

(三) 政府决算

政策决算是指经法定程序批准的年度政府预算执行结果的会计报告,是各级政府在年度内预算的收入和支出的最终结果,是预算管理中一个必不可少的、十分重要的阶段。政府决算由决算报表和文字说明两部分构成,通常按照我国统一的决算体系汇编而成,包括中央级决算和地方总决算。根据预算法规定,各级政府、各部门、各单位在每一预算年度后,应按国务院规定的时间编制预算,以便及时对预算执行情况进行总结。

政府决算与政府预算体系构成一样,都是按照国家的政权结构和行政区域来划分的。根据我国宪法和国家预算管理体系的具体规定,一级政权建立一级预算,凡是编制预算的地区、部门和单位都要编制决算。行政单位由执行单位预算的国家机关编制;事业单位决算由执行单位预算的事业单位编制。参加组合组织预算、经办预算资金收纳和拨款的机构,如国库、税务部门、国有企业利润监缴机关登也要编制年报和决算。

六、预算外资金

(一) 预算外资金的含义

预算外资金是指国家机关、事业单位、社会团体和政府委托的其他机构为履行或代行政府职能,依据国家法律、法规和具有法律效力的规章而收取、提取、募集和安排使用的未纳入财政预算管理的各种财政性资金。它包括:法律、法规规定的行政事业性收费、基金和附加收入等;国务院和省级人民政府及其财政、发展改革(物价)部门审批的行政事业性收费;国务院以及财政部审批建立的基金、附加收入等;主管部门从所属单位集中的上缴资金;其他未纳入预算管理的财政性资金。

(二) 预算外资金的特征

预算外资金和政府的预算资金一样,都属于财政资金,但它与预算内资金相比,具有以下特点:

1. 自主性

预算外资金不纳入政府预算,由地方财政部门和行政事业单位及主管部门自收自支、自行管理，所以地方财政部门和行政事业单位对预算外资金具有充分自主的支配权和使用权。

2. 专用性

预算外资金一般都有专门用途，专款专用，不能随意挪用。

3. 分散性

预算外资金属于非集中性资金，其来源项目繁多，且零星分散，资金的支出有多种用途。国家对这一部分资金不进行统筹安排，而由地方、各部门和各单位自收自支，自行掌握使用，使用灵活。

正是由于上述特点，所以预算外资金以往一般采用"谁收谁花"的管理方式，这种管理方式造成了征收单位"有多少钱花与能收多少钱"直接挂钩，使征收者在正常的征收之外产生"多收"的主观动机。在这种动机的驱使下，出现了私设收费名目、任意提高收费标准以及所谓"集中罚款时间表"等不良现象；从而使"谁收谁花"演变成了"多收多花"的恶果。更严重的是，用多收的钱私设"小金库"乱发奖金，化预算内收入为预算外收入，用预算外收入安排计划外项目等问题屡见不鲜。这不仅加大了社会成本，滋生了政府官员的腐败，而且败坏了政府的形象。

（三）预算外资金"收支两条线"改革

1. "收支两条线"管理的含义

"收支两条线"是指政府对行政事业性收费、罚没收入等财政非税收入的管理方式，即有关部门取得的非税收入与发生的支出脱钩，收入上缴国库或财政专户，支出由财政根据各单位履行职能的需要按标准核定的资金管理模式。实行"收支两条线"制度后，有预算外资金的机关或单位将收入上缴财政专户以后，如果使用，必须将其开支计划报送同级财政机关审批。有预算外收入的机关和单位购买货物、工程和服务，如果预算内资金不足，可以使用预算外资金。

实行"收支两条线"后，采用"国库集中收付制度"，所有的财政性资金均纳入国库单一账户体系，进行收缴、支付和管理。从收入方面看，主要是收缴分离，规范预算外收入并减少各部门和单位的资金占压。对合理合法的预算外收入，不再自收自缴，实行收缴分离，纳入预算或实行财政专户管理。取消现行各执收单位自行开设和管理的各类预算外资金过渡收入账户，改为由财政部门委托的代理银行开设预算外资金财政汇缴专户，该账户只用于预算外收入的收缴，不得用于执收单位的支出。从支出方面看，主要使收支脱钩，即执收单位的收费和罚没收入不再与其支出安排挂钩，单独编制支出预算，交由财政部门审批。因此，"收支两条线"改革的目标，就是全面掌握预算外收支的全面情况，真实反映部门和单位的财务收支全貌，编制完整可靠的部门预算和政府采购计划，为编制综合预算提供基础条件，从而逐步淡化以致取消预算外资金，实行预算内外统一核算和统一管理。

2. "收支两条线"管理的进展以及进一步完善

近年来，"收支两条线"管理取得了重要进展，地方改革的力度更大，特别是从2002年开始，在编制部门预算时，中央级行政事业单位要编制基本支出预算、项目预算以及政府采购预算。

① 对中央级行政单位和依照国家公务员制度管理的一级事业单位所开支的行政性经费，以及具备试行定员定额管理条件的事业单位开支的事业费，要按定员定额管理方法编制基本

支出预算。

②所有编制基本支出预算的单位，要同时编制项目预算。项目支出预算要在对申报项目进行充分的可行性论证和严格审核的基础上，按照轻重缓急进行项目排序，并结合当年财力状况，优先安排急需、可行的项目。对财政预算安排的项目，其实施过程及完成结果要进行绩效考评，追踪问效。

③所有编制项目预算的单位，都要正式编制政府采购预算，财政部在批复其部门预算时一并批复。

深化"收支两条线"改革是一项复杂的工作。财政部门要切实转变工作作风，从讲政治、顾大局、反腐败的高度认识这项改革的重大意义，增强改革意识、服务意识和保障意识。该保证的经费要足额安排，该拨付的资金要及时拨付，确保预算单位行使职能不受影响。要充分考虑改革单位的实际情况，实事求是地合理核定收支规模与支出标准。

小 贴 士

我国的复式预算法律制度

当前我国实行的复式预算将国家预算分为经常性预算和建设性预算，它对于正确体现社会主义国家财政的双重职能，增强财政分配的透明度，揭示财政赤字的形成原因，起到了积极的作用。但是，由于其编制方法只是在原有的收支规模及范围的基础上，对旧的单式预算收支科目按性质和用途进行简单的划分，预算管理的范围、预算管理和分析的方法没有改变，财政的职能也并未得到分类管理和加强。因此，必须适应社会主义市场经济的需要，建立具有中国特色的多元复式预算体系：（1）政府公共预算。政府公共预算是指国家以政权体现者的身份取得财政收入，为维持政府活动、保障国家安全和社会秩序、发展社会公益事业而发生财政支出所形成的预算。（2）国有资产经营预算。国有资产经营预算是指国家以国有资产所有者的身份取得财政收入，为进行经济建设和国有资产经营而发生财政支出所形成的预算，这是社会主义国家基于其社会制度和经济基础而必然出现的预算形式。（3）社会保障预算。社会保障预算是指国家为协调收入的时间分配和代际分配，以社会管理者的身份取得财政收入，并为全体公民或居民的福利，或以特定主体作为受益人进行财政开支所形成的预算。

案例分析

预算编制与绩效评价

一些地方财政部门在布置下一年度预算编制的通知中规定：及时收回"三公"经费、会议费和培训费等一般性支出结余结转资金。对本级预算安排形成的"三公"经费、会议费和培训费等一般性支出结余结转资金，在预算安排的第二年1月份启动全面清理工作，全部收回总预算。这样做究竟是鼓励节约资金？还是鼓励想方设法把钱花光？怎样建立奖惩制度，提高财政支出的使用绩效？

某预算部门编制预算时，提出开展全市市民博爱每月1元捐活动，安排工作经费20多万元，包括策划宣传、爱心卡、媒体宣传等，有人对这一活动的成本效益比提出质疑。与此类似的是，一些政府部门项目支出中安排的活动很多，有些并没有让群众受益，纯粹是没事找事。尽管近几年都在开展财政支出绩效评价试点，但各部门并不认真对待，效果还不显著。

（资料来源：新华网）

思考问题：如何更科学地使用财政资金？为什么绩效评价工作遇到阻力？具体是什么阻力？

评价提示：结合财政支出绩效评价的内容谈谈如何构建科学严密的国家预算体制。

知识拓展

2015年财税改革

《深化财税体制改革总体方案》获得通过，完成预算法大修，扩大营改增试点以及调整消费税政策等税制改革有序推进……即将过去的2014年见证着新一轮财税体制改革迈出的坚实步伐。

依法理财、深化预算管理制度改革：

2015年1月1日起，新修订的预算法将正式实施，无疑将开启政府依法理财的新局面。楼继伟表示，明年将进一步深化预算管理制度改革，在多方面迈出实质步伐，更好规范政府收支行为。

——全面推进预决算公开。将进一步扩大预决算公开范围，进一步细化公开内容，中央本级基本支出预决算公开细化到经济分类的款级科目。加强预决算公开工作考核。

——完善政府预算体系。做好地方教育附加、农田水利建设资金等11项政府性基金转列一般公共预算的相关工作，确保平稳过渡；提高中央国有资本经营预算调入一般公共预算的比例。

——编制完善2015—2017年全国财政规划。启动部门预算中期规划工作，特别要在水利投资与运营、义务教育、卫生、社保就业、环保等重点领域开展三年滚动财政规划试点。

——优化转移支付结构。提高一般性转移支付规模和比例，加大对中西部地区转移支付力度，进一步清理、整合、规范专项转移支付。

——积极盘活全国财政存量资金。将2012年及以前年度各级一般公共预算、部门预算、专项转移支付结转资金，收回统筹使用；对政府性基金项目结转资金规模较大的，调入一般公共预算统筹使用；全面清理财政专户，防止资金大量沉淀，各地一律不得新设专项支出财政专户。

任务2 预算管理体制
Misson two

任务描述

掌握预算管理体制的含义及类型，了解分税制存在的问题以及改革方向。

一、预算管理体制的概念

预算管理体制是指一国预算的组成体系,它是处理中央和地方政府之间以及地方各级政府之间的财政分配关系,确定各级财政的收支范围和管理权限的一项重要制度。预算管理体制主要包括两层含义:一是指管理体系,即在政府预算中,中央与地方以及地方各级政府形成的预算管理体系,包括预算管理的组织机构、组织形式、决策权限、监督方式等;二是指预算管理的根本制度,即在预算管理体系中,各级预算之间的职责权限及财力的划分。从严格意义上说,预算管理体制与财政管理体制既有联系,又有区别,预算管理体制是财政管理体制的基本部分,居于主导地位。

预算管理体制的实质是正确处理中央与地方之间财权财力的划分,也就是处理财权财力如何集中与分散的问题。

二、预算管理体制的类型

预算体制体现了中央与地方政府在财权财力分配上的关系。财力财权是集中还是分散,主要取决于一国的经济条件和政治体制。通常情况下,一国的生产力发展水平越高,生产出来的社会财富就会越多,中央可集中的财力也就越大。而一个政治权力高度集中的国家,总需要有更多的财力集中在中央政府手中;反之,地方政府的权力就会相对大一些。

从新中国成立初至今,我国的预算管理体制经历了以下几次变革:

(1) 高度集中的预算管理体制。包括1950—1952年的"统收统支"预算管理体制和1961—1965年的"全国一盘棋"管理体制。该体制下的地方政府负责组织的收入统一上缴中央,地方政府的各项支出统一由中央拨付。其特点是财权财力高度集中于中央,对地方基本上实行统收统支的办法,地方的财权财力很少。

(2) 以中央集权为主,适当下放财权的预算管理体制。包括1953—1957年的"划分收支、分类分成、分级管理"体制;1958—1960年的"大跃进"时期下放财权的财政管理体制;其中的"分类分成",是将地方政府组织的全部预算收入,分解成若干个项目,逐项确定中央与地方的分成比例的方法。而"总额分成",则将地方政府组织的全部收入,按一定比例在中央与地方之间进行分成,分成比例一般按中央批准的地方预算支出总额占其收入总额的百分比确定。其特点是财权财力主要集中在中央,同时给地方一定的财权和机动财力,但都比较小。

(3) "十年动乱"时期的预算管理体制。1966年开始的"十年动乱",导致国民经济处于半计划、半无政府状态,该时期的预算管理体制也变动频繁,放权与集中交替进行直至1976年。

(4) 中央对地方实行多种形式的预算包干体制。包括1980—1984年的"划分收支、分级包干"预算管理体制、1985—1987年的"划分税种、核定收支、分级包干"体制以及1988—1993年采用不同形式"财政包干"管理体制。

大包干办法,是在核定预算收支的基础上,对于收大于支的地区,将收入的一部分采用一定办法包干上解中央;支大于收的地区,对其收不抵支的差额由中央包干补助。其特点是，在中央统一领导和统一计划下，更多地给地方下放财权，增加财力，以利于地方统筹安排本地区的经济文化事业。

由于财政包干的地方收支数仍由中央统一核定，使得中央和地方之间财力分配关系极不稳定；并且在包干制的分配制度下由于没有彻底理顺中央和地方之间财权的集中和分散问题，所以在一段时间内，中央预算比重下降。地方保护主义日益严重，在一定程度上阻碍了经济的正常发展。

（5）分税制的预算管理体制。鉴于财政包干预算体制下出现的一系列问题，伴随着1994年的税制改革开展，我国中央政府决定从1994年1月1日起，对各省、自治区、直辖市以及计划单列市实施分税制预算管理体制。

三、分税制

（一）分税制的概念

分税制是指在国家各级政府之间明确划分事权及支出范围的基础上，按照事权和财权相统一的原则，结合税种的特性，划分中央与地方的税收管理权限和税收收入，并辅之以补助制度的预算管理体制模式。其特点是分权、分税、分征和分管，即根据中央政府和地方政府的不同职能划分支出范围——分权；按税种划定各级预算的固定收入来源——分税，分别设置机构，分别征收——分征；各级政府有独立的预算权，中央预算与地方预算彻底分开，分别编制，自求平衡——分管；中央预算通过转移支付制度实行对地方预算的调剂和控制。

（二）分税制的主要内容

1. 中央和地方事权与支出的划分

根据中央政府与地方政府事权的划分，中央财政主要承担国家安全、外交和中央国家机关运转所需经费，调整国民经济结构、协调地区发展、实施宏观调控所必需的支出以及由中央直接管理的事业发展支出。具体包括：国防费，武警经费，外交和援外支出，中央级行政管理费，中央统管的基本建设投资，中央直属企业的技术改造和新产品试制费，地质勘探费，由中央财政安排的支农支出，由中央负担的国内外债务的还本付息支出，以及中央本级负担的公检法支出和文化、教育、卫生、科学等各项事业费支出。

地方财政主要承担本地区政权机关运转所需支出以及本地区经济、事业发展所需支出。具体包括：地方行政管理费，公检法支出，部分武警经费，民兵事业费，地方统筹的基本建设投资，地方企业的技术改造和新产品试制经费，支农支出，城市维护和建设经费，地方文化、教育、卫生等各项事业费，价格补贴支出以及其他支出。

2. 中央和地方收入的划分

根据事权与财权相结合的原则，按税种划分中央与地方的收入。将维护国家权益、实施宏观调控所必需的税种划为中央税；将同经济发展直接相关的主要税种划为中央与地方共享税；将适合地方征管的税种划为地方税，并充实地方税税种，增加地方税收入。其中，不同税种所形成的中央税、地方税和共享税如表1-4-1所示，不同部门不同的增收管理权限的划分如表1-4-2所示。

表 1-4-1　中央税、地方税和共享税分税种收入划分一览表

项目 级次	收入范围
中央政府收入	关税，消费税，海关代征增值税、消费税，地方银行、外资银行和非银行金融企业所得税，铁道部门、各银行总行、各保险公司集中缴纳的营业税、所得税和城市维护建设税，对储蓄存款利息征收的个人所得税
地方政府收入	营业税、城市维护建设税、个人所得税（不包括上述列入中央收入的部分），地方企业所得税（不包括上述地方银行、外资银行和非银行金融企业缴纳的部分），城镇土地使用税，耕地占用税，固定资产投资方向调节税（已暂停征收），土地增殖税，房产税，城市房地产税，车船使用税，车船使用牌照税，印花税，契税，屠宰税，筵席税，农业税及地方附加，牧业税及其他地方附加，遗产税
共享收入	增值税（中央政府分享75%，地方政府分享25%），资源税（海洋石油企业缴纳的部分归中央政府），证券交易税

表 1-4-2　分税制下各个部门税种的税收征收管理范围一览表

项目 系统	税收征收管理范围
国家税务局	增殖税，消费税，铁道部门、各银行总行、各保险公司集中缴纳的营业税、所得税和城市维护建设税，教育费附加，中央企业所得税，中央与地方所属企业、事业单位组成的联营企业、股份制企业的所得税，地方银行、外资银行和非银行金融企业所得税，海洋石油企业所得税、资源税，外商投资企业和外国企业所得税对储蓄存款利息征收的个人所得税，证券交易税，中央税的滞纳金、补税、罚款
地方税务局	营业税、城市维护建设税、个人所得税和教育附加（不包括上述由国家税务总局系统负责征收管理的部分），地方国有企业、集体企业、私营企业所得税，资源税城镇土地使用税，耕地占用税，固定资产投资方向调节税（已暂停征收），土地增值税，房产税，城市房地产税，车船使用税，车船使用牌照税，印花税，契税，屠宰税，筵席税，农业税及地方附加，牧业税及其他地方附加，遗产税，地方税的滞纳金、补税、罚款。在大部分地区，农业税及地方附加、牧业税及其他地方附加、契税、耕地占用税由地方财政系统征管
海关	关税行李和邮递物品进口税，负责代征进口环节的增值税和消费税

3. 中央财政对地方税收返还数额的确定

为了保持现有地方既得利益格局，逐步达到改革的目标，中央财政对地方税收返还数额以1993年为基期年核定。按照1993年地方实际收入以及税制改革和中央与地方收入划分情况，核定1993年中央从地方净上划的收入数额（即消费税＋75%的增值税－中央下划收入）。1993年中央净上划收入，全额返还地方，保证现有地方既得财力，并以此作为以后中央对地方税收返还基数。1994年以后，税收返还额在1993年基数上逐年递增，递增率按全国增值税和消费税的平均增长率的1∶0.3系数确定，即上述两税全国平均每增长1%，中央财政对地方的税收返还增长0.3%。若1994年以后中央净上划收入达不到1993年基数，则相应扣减税收返还数额。

(三) 分税制的意义

1994年我国实行的分税制，是通过对税收收入的合理划分来处理中央与地方政府之间的财政分配关系的新型财政体制。从税收收入的实现来看，实行分级征管，中央税与共享税由国税局系统征收，以保证掌握全国大部分预算收入的实现与分配。地方税由地税局系统征收，有利于地方培植财源，调动地方组织收入的积极性。从总体上来说，1994年进行的分税制改革取得了明显的成效，中央与地方的财政收入稳步增长。

（1）分税制财政管理体制的实施，规范了政府间财政关系。第一，改变了原来中央与地方一对一谈判确定体制的做法，财政体制全国统一；第二，伴随着2002年所得税收入分享改革的实施，政府与企业间的关系进一步弱化，为企业的公平竞争创造了良好的外部环境，促进了产业结构合理调整和资源优化配置；第三，政府间财政转移支付制度的建立和完善成为分税制财政管理体制的重要内容，转移支付资金的分配方法趋于公平、公开、公正、合理，有效地缓解了地区间财力不平衡状况。

（2）分税制财政管理体制的实施，调动了中央与地方的积极性，建立了中央与地方财政收入稳定增长的机制。

（3）分税制财政管理体制的实施，更好地发挥了中央财政的再分配功能，实现了中央与地方、东部地区与中西部地区的"双赢"。实行分税制财政管理体制后，尽管中央财政集中了一部分增值税和消费税增量，但中央财政集中的增量并没有用于增加中央本级支出，而是用于对地方尤其是中西部地区的转移支付。从东部地区与中西部地区的关系看，两者都从改革中受益。中西部地区从分税制改革中得到了实惠，是分税制的直接受益者。对东部地区而言，虽然中央财政集中了部分收入增量，但中央财政承担的出口退税中，大部分用于东部地区，有力推动了东部地区的经济增长。

小 贴 士

个税返还即个税手续费返还，是指企业代扣代缴员工个税时可以相应地从税务机关按2%比例取得返还的手续费。

《中华人民共和国个人所得税法》第八条规定："个人所得税，以所得人为纳税义务人，以支付所得的单位或者个人为扣缴义务人。"《中华人民共和国个人所得税法》第十一条规定："对扣缴义务人按照所扣缴的税款，付给百分之二的手续费。"

四、完善分税制改革

1994年确立并不断调整和完善的分税制财政管理体制，初步明确了各级政府的事权与财权，基本上避免了地方和中央的讨价还价，规范了政府间财政分配关系，增强了中央政府宏观调控能力，有力地促进了国民经济和社会事业的持续、快速、健康发展。10年来的实践充分证明，分税制改革成绩斐然，但由于受到多种因素的影响和制约，分税制改革过程中也出现了一些不容忽视的问题。主要表现在以下几方面：

（1）政府间支出责任划分还不够清晰、不够合理。我国现行法律对政府间支出责任只作了原则性划分，还不够清晰，也不够合理。一是一些应当完全由中央承担的支出责任，地方也承担了一部分，如气象及地震等管理职能；二是完全属于地方的支出责任，中央也承担了一部分，如地方行政事业单位人员工资和基础教育等；三是部分支出责任中央与地方职责划分不够合理，执行中经常发生交叉、错位。如我国养老保险由地方政府管理，而实际执行中中央政府又承担了大部分支出责任；四是各省、市、县、乡政府间支出责任划分更为模糊，地区之间差别较大。政府间支出责任不清、风险不明，为财政可持续发展留下了隐患。

（2）政府间收入划分不尽合理，基层政府分享的收入与支出责任不对称。政府间收入划分不合理的首要问题是收入与支出责任划分不相匹配，基层政府收入来源有限，不利于基层财政收入的稳定增长，难以满足其正常的公共支出需要。其次是政府间收入划分覆盖面窄，相当数量的政府财政性收入游离于体制之外，既不利于政府间支出责任与收入的匹配，也不利于合理调节地区间财力差距。此外，我国税制结构中流转税占主体，流转税具有税基流动性强、地区之间分布不均等特点，也为我国政府间收入划分增加了难度。

（3）转移支付项目设立不够合理，监管力度有待加强。分税制改革以来，我国转移支付制度不断完善，初步形成了目前财力转移支付和专项转移支付体系。但是，由于大部分转移支付项目都是出于配合中央宏观调控政策而设立的，随着各项新政策的出台，转移支付项目逐年增多，由此带来财力转移支付专项化、专项转移支付财力化的倾向。同时，转移支付资金的监管力度不够，转移支付资金的效益评估有限。

（4）省以下财政管理体制尚不完善。目前，各地普遍存在省以下横向财力不平衡问题，省以下纵向财力分布也不尽合理。省级政府没有在调节省以下政府财力不平衡方面发挥应有的作用。

分税制在实施过程中存在的问题，制约了国家财政状况的尽快好转及市场经济体制的完善，因此，必须尽快采取措施进一步完善分税制。

① 要合理划分各级政府的事权。中央政府的职责主要是宏观调控和协调全国经济、社会发展；地方政府的职责主要是完成中央政府下达的宏观调控任务，协调本地区经济和社会发展。各级政府的事权划分要与上述职责划分相适应。

② 按照事权范围合理划分财权。适当调整中央与地方的支出项目，属于中央事权范围内的项目由中央财政支出，属于地方事权范围内的由地方财政负担。进一步健全中央税收体系和地方税收体系，适当扩大中央和地方共享税范围，以便更好地协调中央和地方两方面的利益，充分调动其积极性。

③ 建立比较规范的财政转移支付制度。通过一般性转移支付弥补因财力集中以及地区经济发展不平衡形成的纵向和横向财政缺口；运用专项转移支付实现中央特定政策目标。目前，我国中央对地方的税收返还和专项补助等形式的转移支付数量已相当大，但现在的转移支付制度主要是在原包干体制基础上形成的，办法不够规范，分配不够合理。因此，可考虑通过以下途径建立健全财政转移支付制度：一是采取措施增加中央财政收入，进而逐步增加中央财政对地方纵向转移支付数额，二是建立发达地区对落后地区的横向转移支付制度。

④ 进一步完善省以下地方财政分税制体制。对还没有按分税制要求确定省以下地方财政体制的地区，要加强指导和督促工作。按照建立公共财政框架的基本要求，结合国际经验和我国国情，我国政府间财政关系比较规范的目标模式应当是：在明确界定政府职能的基础上，通过法律形式规范政府间支出责任划分；本着财权与事权相统一的原则，合理安排各级

政府的收入，赋予地方政府相应的税收立法权；在完善相关法规和严格审批程序的基础上，赋予地方政府按照市场原则适度举债的权力；建立规范有效的信息反馈与监管机制，确保财政资金分配与使用的合法有效。

案例分析

浙江娃哈哈食品饮料营销有限公司企业所得税入库6 531万元，上年同期3 090万元，同比增收3 441万元，增长111.39%。企业所得税入库大幅增长原因，主要是受"费用冲回"的影响导致营业成本大幅下降，本期营业成本154 674万元，比上年同期减少40 668万元，利润总额同比增加22 927万元。该公司本期营业收入179 587万元，营业成本154 674万元，利润总额43 525万元，应纳所得税额10 885万元，减免所得税额4 354万元，实际入库6 531万元；上年同期营业收入215 940万元，营业成本195 342万元，利润总额20 598万元，应纳所得税额5 149万元，减免所得税额2 059万元，实际入库3 090万元。

思考问题：分税制的含义及作用是什么？

评价提示：分税制划分了事权和财权。

知识拓展

"营改增"有望于3月份扩至两大行业

2015将是我国税制改革的关键年份，继交通运输业、现代服务业、电信业先后完成"营改增"之后，预计房地产业、建筑业、金融业和生活服务等行业将在2015年完成"营改增"。

"房地产业、建筑业有望率先同时推行'营改增'，最快将于今年3月份开启增值税时代，税率定于11%的可能性最大。"近日，中央财经大学税务学院税务管理系主任蔡昌在税收筹划与法律高峰论坛上表示。中国财政学会副会长贾康表示，大量中小企业尤其是小微企业不断扩大发展，与"营改增"的推广有直接联系，"营改增"有望在今年年底前将实现全覆盖。

蔡昌表示，在税率设定上，建筑业的税率应该在11%的水平，实际税负相当于2.5%的原营业税税负，税负基本不会加重。房地产业的增值税税率如果设为17%，实际税负会加重，相当于7.5%的原营业税税负。根据现行的增值税税率档次来看，房地产业实施"营改增"采用11%的税率可能性较大。

"营改增"试点以来，实施效果明显，不仅消除了重复征税问题，减轻了下游企业税负，同时拉动对服务业的需求，进一步促进服务业发展，实现了调整和优化产业结构的目的。江苏太仓市国税局相关负责人表示，"营改增"涉及共享税、地方税两大税种，将对地方财政收入、财政体制改革等各方面产生巨大影响。尽管在短期内，"营改增"不会影响中央和地方的税收划分，但由于方案和税制存在矛盾，需要更加全面的解决方案以调整中央和地方的收支划分，从根本上解决分税制体制的改革和完善。

（资料来源：会计网）

项目小结

任务	任务知识点	知识内容
国家预算	国家预算的含义	政府预算是指经国家权力机关批准的政府在未来一定时期内（通常为一年）收支计划，是政府组织分配资金的重要工具，也是政府调控经济运行的重要经济杠杆
	国家预算的分类	政府预算按其组织形式分为单式预算和复式预算；按其编制方法分为增量预算和零基预算；按其编制要求分为绩效预算和计划规划预算
	国家预算的体系	政府预算的编制、执行及决算是政府预算管理工作的三个环节
预算管理体制	预算管理体制的含义	预算管理体制是确定中央和地方以及地方各级政府之间的分配关系的根本制度，其核心是各级政府的独立自主程度以及集权和分权的关系问题
	分税制	分税制是市场经济国家所普遍采用的一种财政管理体制，也是各国财政实践中证明了的可以有效处理政府间财政关系的一种比较规范的方式

职业能力训练

一、单选题（每题只有一个正确答案）

1. 我国国家预算管理级次分为（　　）。
   A. 中央和地方两级预算　　　　B. 中央、省、市三级预算
   C. 中央、省、市、县四级预算　D. 中央、省、市、县、乡五级预算
2. 预算管理的主体是（　　）。
   A. 金融机构　　B. 国家　　C. 行政单位　　D. 事业单位
3. 预算管理的中心环节是（　　）
   A. 编制预算　　B. 调整预算　　C. 执行预算　　D. 编制决算
4. 代理国家金库的银行是（　　）。
   A. 中国工商银行　B. 中国建设银行　C. 中国银行　D. 中国人民银行
5. 《中华人民共和国预算法》自（　　）开始实施。
   A. 1995年1月1日　　　　B. 1994年3月22日
   C. 1996年1月1日　　　　D. 1997年1月1日

二、多选题（每题至少有两个正确答案）

1. 按预算编制形式可将政府预算分为（　　）。
   A. 总预算　　B. 地方政府预算　　C. 单式预算　　D. 复式预算
2. 根据《预算法》，各级人民政府的预算管理职权有（　　）。
   A. 审批本级预算调整方案　　　B. 组织编制本级预算草案
   C. 决定本级政府预备费的动用　D. 编制本级预算调整方案
   E. 组织编制本级决算草案

3. 在国库单一账户体系下，所有收入通过代理银行直接缴入（   ）。
   A. 国库   B. 财政专户
   C. 各单位账户   D. 执收单位账户
   E. 过度账户
4. 党的十八大报告提出了到2020年我国的经济发展战略目标，强调要加强经济发展的（   ）。
   A. 平衡性   B. 协调性   C. 增长性   D. 可持续性
   E. 广泛性
5. 下列关于国家预算的构成的说法，正确的有（   ）。
   A. 中央预算由中央各部门预算和地方各级预算组成
   B. 地方各级总预算由本级预算和汇总的下一级总预算组成
   C. 中央政府预算指的就是中央预算
   D. 各部门预算是由所属各单位预算组成

三、案例分析题（不定项选择题）

审查并决定是否批准政府的预算，是全国人民代表大会一项重要的宪法权力。7日下午和8日上午，全国人大代表们用了两个半天的时间，专门审查中国"国家账本"——2015年预算报告。代表们表示，2015年的预算报告按照新预算法的要求，比往年有了较大变化，更详细、更清晰，但也仍然有些遗憾的地方。

1. 我国国家预算收入的最主要部分是（   ）。
   A. 税收收入   B. 依照规定应当上缴的国有资产收益
   C. 专项收入   D. 其他收入
2. 以下不属于国家预算基本作用的是（   ）。
   A. 财力保证作用   B. 促进经济发展作用
   C. 调节制约作用   D. 反映监督作用
3. 根据《预算法》的规定，下列各项中，负责组织执行各级预算工作的是（   ）。
   A. 本级政府   B. 预算收入征收部门
   C. 本级政府财政部门   D. 国家金库
4. 下列不属于预算收入划分各类的是（   ）。
   A. 中央预算收入   B. 地方预算收入
   C. 特区预算收入   D. 中央和地方预算共享收入

项目综合实训

政府采购

1. 任务目标
学生通过实际操作，学习政府采购的理论和政策，并使学生对政府采购的制度获得深刻和系统的了解，在实践上，能使学生熟练掌握政府采购的运作流程和规范管理，总结经验。

2. 任务描述
分别对政府采购的四种方式（公开性招标、邀请招标采购、竞争性谈判采购、单一来源采购）的采购程序进行分组讨论，并模拟招标、投标、开标、评标、决标、授予合同、提交报告。

3. 任务准备

准备招标合同等，分配角色。

4. 任务步骤

例如公开招标：①编制/论证/确定招标文件；②投标截止期；③开标；④推荐/确定中标供销商；⑤中标结果公告/质疑；⑥采购文件备案；⑦签订政府采购合同；⑧政府采购合同备案；⑨资金拨付；⑩合同变更、洽商。

5. 任务成果

书写实训报告，通过这次实训，全面了解掌握政府采购的概念、政策和四种采购方式，知道政府采购的基本过程和时间安排及其他注意内容，对政府采购有了新的认识。

金融部分

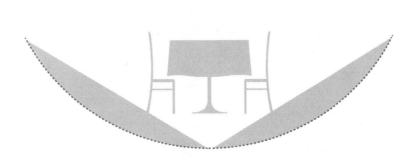

项目一

金融导论

 知识目标

1. 了解商品价值形式的演变、货币形式的演变、货币制度的类型。
2. 掌握货币的职能、主要货币需求理论、货币划分层次、货币供给的影响因素、通货膨胀与通货紧缩、直接融资与间接融资。
3. 理解货币均衡原理、货币供给机制、金融的含义。

 能力目标

1. 能够了解我国通货膨胀和通货紧缩的防御与治理。
2. 能够运用货币供给机制分析基础货币、货币乘数和货币供给量的关系。

 导入案例

央行不增发货币刺激经济:"池子里已经很多了"

2014年9月12日中国人民银行发布报告显示,8月我国人民币贷款增加7 025亿元,同比少增103亿元。中国人民银行货币政策司相关负责人表示,2014年以来中国继续实施稳健的货币政策,没有依靠强刺激来推动经济发展,而是依靠改革来激发市场活力,因为池子里货币已经很多了,不可能依靠增发货币来刺激经济增长。上述负责人指出,总体来看,2014年以来,中国银行体系流动性合理适度,货币信贷和社会融资规模增长基本平稳，为经济结构调整和转型升级提供了稳定的货币环境。就货币信贷和社会融资规模来讲，货币信贷和社会融资规模增长处在合理区间，货币信贷总量没有放水。如图 2-1-1 所示，2014 年 8 月末，我国广义货币（M2）余额为 119.75 万亿元，同比增长 12.8%，在预期目标附近。8 月，新增人民币贷款 7 025 亿元，贷款余额同比增速约为 13.3%，贷款增长与往年同期季节性规律基本一致。

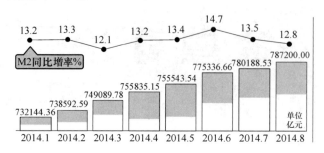

图 2-1-1

（资料来源：中国新闻网，2014-9-12）

思考：材料中所提出的 M2 一般是由哪几部分货币组成的？中央银行是以怎样的机制向社会增发货币的？

任务 1 货币与货币制度
Misson one

 任务描述

本任务主要讲解货币的起源、价值形式的演变、货币的本质、货币形态的演变、货币的职能、货币制度。

 任务知识

一、货币产生与发展

（一）货币的起源

1. 商品交换

马克思依据货币根源于商品的理论阐述了货币的起源。货币起源于商品，是商品生产和商品交换发展到一定程度的产物。在人类社会的初期，生产力极度低下，人们的劳动成果仅能维持生存而无剩余时，是不存在商品交换的，随着生产力的发展尤其是社会分工的出现，社会生产效率得到提高，出现了剩余产品和私有制，为劳动产品的交换提供了条件，被交换

的产品就成为商品。

商品的界定必须具备两个条件：一是商品是劳动产品，不通过劳动直接从自然界随时取得的东西，如空气、阳光等不是商品；二是只有当劳动产品被拿来交换时才作为商品。

商品交换遵循两个原则：一是用来交换的劳动产品具有不同的使用价值；二是相交换的两种产品必须具有相等的价值，即凝结在商品中的一般的、无差别的人类劳动是相等的，这就是等价交换原则。

2. 商品价值形式的演变及货币的出现

商品交换使商品的价值得到表现，商品交换的发展阶段不同，商品价值的表现形式也有所不同，所谓价值形式就是指以一种商品的价值来表现另一种商品价值的方式。历史上曾出现过以下4种形式。

（1）第一阶段：简单的（或偶然的）价值形式

在原始社会后期，剩余产品开始出现，但由于生产力低下，只有少量的剩余产品用于交换，交换只是个别的，带有偶然性质。如"1只绵羊＝2把石斧"，在此等式中，等式左边的"1只绵羊"处于主动地位，它通过"2把石斧"把自己的价值表现出来，等式右边的"2把石斧"充当"1只绵羊"的表现材料，证明"1只绵羊"的价值，这种等式左边的主动变现自身价值的商品称为相对价值形式，等式右边的用自身价值体现其他商品价值的商品称为等价形式。"2把石斧"只是"1只绵羊"的个别等价物。同时，这种交换效率十分低下，因为有绵羊剩余的农户必须找到一个需要绵羊且又正拥有多余石斧的农户，交换活动才能完成。

（2）第二阶段：扩大的价值形式

在扩大的价值形式中，一种商品的价值已经不是偶然地表现在某一商品上，而是经常地表现在一系列商品上。如图 2-1-2 所示，处在等式右边的等价形式上的各种商品尽管使用价值不同，但都用来实现"1只绵羊"的价值，成了"1只绵羊"的等价物。然而，这种扩大的价值形式也有其缺点：首先，各种商品都由许多商品共同表现其价值，各种商品的价值表现又都不一样；其次，位于等价物地位的不同商品之间是相互排斥的关系，这样，处于相对价值形态的商品价值要获得表现，交换过程迂回复杂，增加了交易的困难。商品世界还没有一个统一的价值表现形式，所以还没有一个共同的为社会所公认的价值表现，还没有一种统一的价值表现形式能够顺利地充当商品交换的媒介，必须向一般价值形式过渡。

（3）第三阶段：一般的价值形式

一般的价值形式是在频繁的商品交换中，为克服扩大的价值形式的局限性给商品交换带来的困难，逐渐从商品世界中自发地分离出一种经常参加交换的商品，这时，一切商品的价值共同表现在该种商品上，这种商品就成为一般等价物。如图 2-1-3 所示，"1只绵羊"就固定地充当了一般等价物。一般等价物具有完全排他性，它拒绝任何其他商品与之并列，拥有特殊的地位，任何一种商品只要与作为一般等价物的商品交换成功，它的使用价值便转化为价值；具体劳动便转化为抽象劳动；私人劳动也获得了社会的承认，成为社会劳动的一部分。

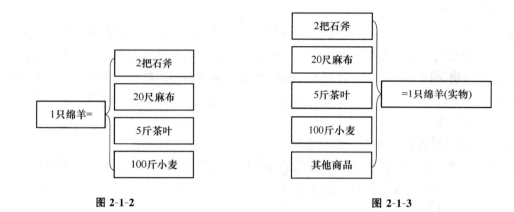

图 2-1-2　　　　　　　　　　　　图 2-1-3

一般价值形式与扩大的价值形式不同,一般价值形式是各种商品的价值统一地由同一种商品表现,而扩大的价值形式是一种商品的价值由一系列商品表现;一般价值形式表现为商品交换是通过一般等价物的间接交换,而扩大的价值形式表现为商品交换是商品与商品直接交换。

一般价值形式中,担任一般等价物的商品并没有完全固定在某一种商品上,这妨碍了商品交换的进一步发展,有必要向货币价值形式过渡。

（4）第四阶段：货币价值形式

货币价值形式即一切商品的价值固定地由一种特殊商品即货币来表现,一切商品均可以与之交换,而它又可以用来交换其他一切商品,货币是商品生产和交换的必然产物,是商品经济内在矛盾发展的必然结果,是价值形式发展的必然产物和最高形式。

货币价值形式与一般价值形式没有质的区别。在人类历史上,牲畜、贝壳、石头等都充当过这种货币商品,后来金、银因体积小而价值大,质地均匀,便于分割,长期被人们作为制作货币的材料,因此马克思说:"金、银天然不是货币,但货币天然是金、银。"如图 2-1-4 所示,黄金作为固定的商品充当一般等价物,称为货币。

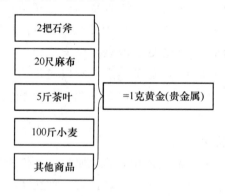

图 2-1-4

（二）货币的本质

概括地讲,货币的本质是起着一般等价物作用的特殊商品,同时也体现着一定的社会关系。

1. 货币是一般等价物

首先，货币是商品。从货币材料的发展过程可以看出，任何货币如金、银、贝壳等都是人类通过劳动取得的，具有价值和使用价值。从这个意义上看，货币本身就是一种商品，它与普通商品存在的共性，是货币与其他商品相交换的基础。

其次，货币不是普通的商品，而是一种特殊的商品，表现在：（1）货币可以表现一切商品的价值，而普通商品则不具有这种作用；（2）货币具有和其他一切商品交换的能力，如黄金，当其被制作成首饰时，发挥普通商品的作用，满足特定的需求；当与其他商品相交换时，它就是特殊商品——货币。

2. 货币体现一定的社会生产关系

货币作为一般等价物是不同时代、不同社会形态下货币的共性，但在不同的历史发展阶段，货币又体现着不同的生产关系。如在奴隶社会，货币作为购买奴隶的工具，反映了奴隶主对奴隶的剥削关系；在封建社会，封建地主以货币地租的形式来剥削农民，货币体现着封建主残酷剥削农民的关系；在资本主义社会，货币转化为资本，不但可以购买一般商品，还可以购买特殊商品——劳动力，货币成为资本家剥削工人，占有剩余价值的工具；在社会主义制度下，人们可以自觉地、有计划地利用货币，为社会主义经济建设服务。在不同社会形态下，货币所反映的生产关系是有差异的，但不同社会形态的货币最终都是反映生产者和经营者之间的商品生产、交换和分配关系。

（三）货币形式的发展演进

自货币产生以来，货币形式的演进经历了数千年的过程，充当货币的材料种类繁多。从总体趋势上看，货币形式依次经历了实物货币→金属货币→代用货币→信用货币的演进。

1. 实物货币

实物货币又称为商品货币，是以各种自然物品充当一般等价物的材料，也称自然物货币或商品货币，是最古老的货币。在中外各国历史上，实物货币种类很多，如龟壳、海贝、蚌珠、皮革、布帛、米粟、牲畜、农具等都充当过实物货币。我国最早的货币是贝。许多实物货币不易分割、不便携带、质地不一、易腐烂变质，所以，随着商品交换的发展和扩大，逐渐被金属货币所替代。

2. 金属货币

以金属如铜、银、金等作为材料的货币称为金属货币。金属货币是实物货币的一个阶段。但与实物货币相比，金属货币具有价值稳定、易于分割、易于储藏等优势，更适宜于充当货币。中国是最早使用金属货币的国家。世界各国货币发展的历史证明，金属作为币材，一般是从贱金属（如铁、铜等）开始的，最普遍、使用时间最久的是铜钱，我国最古老的金属铸币也是铜币，后来这些贱金属逐渐让位于金、银等贵金属。

金属充当货币材料采用过两种形式：称量货币和铸币。

（1）称量货币

称量货币是指以金属条块的形式发挥货币作用的金属货币。金属货币出现后，最开始是用金属条块形式流通，这种金属条块在使用时每次都要称重量、鉴定成色，因此称为称量货币。

（2）铸币

铸币是把货币金属铸成一定形状并由国家印记证明其质量和成色的金属货币，铸币的出现克服了称量货币使用时的种种不便，使商品交易更加便利。

铸币最初形态各异，如中国历史上铸币的形状有仿造贝币而铸造的铜贝、银贝、金贝，有仿造刀状而铸造的刀币等，最后铸币的形态逐渐过渡到圆形，因为圆形便于携带、不易磨损。

金属作为货币材料，特别是当流通中的货币是十足的金属铸币时，货币的价值比较稳定，能够为交换和生产提供一个稳定的货币环境。但是由于金属货币数量受到金属的储藏和开采量的先天限制，同时金属货币在进行大额交易时不便携带，这在一定程度上影响了金属货币的使用，于是，代用货币应运而生。

3. 代用货币

代用货币是指由政府或银行发行的、代替金属货币执行货币流通手段和支付手段职能的纸制货币，它是作为实物货币特别是金属货币的替代物而出现的。代用货币的一般形态是纸制的凭证，故称为纸币。这种纸制的代用货币，尽管其自身价值低于货币价值，是一种不足值货币，但由于它们都是有十足的金、银等作为保证，持币者有权随时要求政府或银行将纸币兑换为金、银货币或金、银条块。

典型的代用货币是可兑换的银行券，发行银行券的银行保证随时按面值兑付金属货币。代用货币相对于实物货币或金属货币，有以下明显优点：

（1）印刷纸币的成本比铸造金属货币大大降低。

（2）纸币比金属货币更易携带和运输。

（3）避免金属货币流通所产生的一些问题。

由于代用货币的发行数量取决于金属准备量，不能满足增加货币量的需求。第一次世界大战中，世界各国普遍出现了银行券停止兑现的现象。20世纪30年代初，世界主要国家的银行券完全成为不兑现的，现代信用货币终于取代代用货币而成为世界货币舞台上的主角。

4. 信用货币

信用货币是以政府或中央银行的信用为基础，通过信用程序发行和创造的货币。信用货币本身价值远远低于其货币价值，与贵金属完全脱钩，不再直接代表任何贵金属，不能与贵金属货币兑换，实际上信用货币已经成为一种货币价值符号。目前世界各国发行的货币，基本都属于信用货币。信用货币的主要形态有：辅币、纸币、银行存款、电子货币等。

（1）辅币。辅币多以贱金属（如铜、镍等）自身所含的金属价值低于其货币价值，一般由政府独占发行，由专门的铸币厂铸造，主要功能是承担小额或零星交易的媒介手段。

（2）纸币。纸币是指由政府发行并由国家法令强制流通使用的、以纸张为基本材料的货币。纸币发行权一般被政府或金融机关所垄断。主要功能是承担人们日常生活用品的购买手段。

（3）银行存款。存款是存款人对银行的债权，对银行来说，这种货币又是债务货币，存款除了在银行账户的转移支付外，还要借助于支票等支付。银行存款种类很多，主要有活期存款、定期存款和储蓄存款。活期存款因通过支票能在商品交换中担负着交易媒介的作用，发挥货币的支付手段职能，所以称为"存款货币"。

（4）电子货币。电子货币是指通过电子计算机系统与网络进行存储和支付的货币。作为现代经济高度发展和金融业技术创新的成果，各种各样的如储值卡、信用卡、电子钱包、手机钱包等电子货币正逐渐替代现金和一般的存款执行货币的职能。电子货币具有转移迅速、安全和节约费用等优点，它的出现不是货币的消亡，而是货币形态的变迁。

小 贴 士

形形色色的货币。如图 2-1-5 所示的各种货币都属于哪个阶段的货币形态呢？

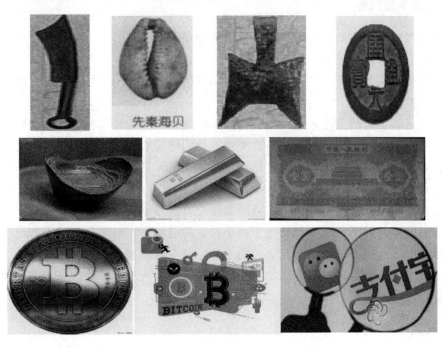

图 2-1-5

二、货币的职能

货币的本质决定了货币的职能，货币的职能是货币本质的具体表现。随着商品经济的发展，货币先后形成了价值尺度、流通手段、储藏手段、支付手段、世界货币五种职能。其中，前两种是货币的最基本职能，后三种是派生出来的职能。

（一）价值尺度职能

货币在衡量商品价值量并表现其他商品价值的时候，发挥了价值尺度职能。这是货币最基本、最重要的职能。货币之所以具有价值尺度职能，是因为货币本身有一定量的价值，如果货币本身没有价值，就无法衡量其他商品的价值。货币执行价值尺度职能有以下特点：

（1）可以是观念上的货币，并不需要有真实的货币。

（2）必须以十足价值的真实货币为基础，这是价值尺度能存在和正常发挥的先决条件。在金属货币流通下，"十足"是指货币的金属含量必须符合国家规定的标准，其实际价值必须与名义价值相等。在信用货币流通条件下，"十足"是指信用货币的名义价值量相对稳定，即币值必须稳定。

（3）要通过价格标准来完成。货币执行价值尺度的职能，是通过把商品的价值表现为一定的价格来实现。商品价值用一定量的货币表现出来就是商品的价格。为了便于衡量商品的价格，必须以法律形式规定一定的货币金属量作为货币单位，这个包含一定金属重量的货币单位就称为价格标准。货币发挥价值尺度，表现和衡量商品的价格必须借助于价格标准。价值尺度以价格标准来发挥职能，价格标准是货币发挥价值尺度的技术规定。

（二）流通手段职能

当货币充当商品交换的媒介时，就执行了流通手段的职能。以货币为媒介的商品交换，称为商品流通。货币执行流通手段职能有以下特点：

（1）必须是现实的货币，而不能是观念上的货币。流通手段体现"一手交钱，一手交货"的等价交换原则。

（2）可以是不足值的货币，可以用价值符号来代替。因为货币作为交换的媒介，是交换的手段，而不是交换的目的，对于交易者来说，他们所关心的是货币能否换回与自己交换出去的商品相等值的商品，而不会去计较货币本身究竟实际具有多大的价值。纸币正是基于这种可能而进入流通的。

（3）包含着爆发危机的可能性。在商品直接交换条件下，买和卖在时间与空间上是统一的。而在商品流通条件下，买和卖分成了两个独立的过程，在时间和空间上都分开了，这样就可能出现买和卖的脱节，造成商品流通的中断，甚至有可能发生经济危机。

我国的人民币具有流通手段的职能，是我国唯一合法的通货，代表一定的价值量与各种商品相交换。

（三）储藏手段职能

当货币由于各种原因退出流通，被持有者当作独立的价值形式和社会财富的一般形式而保存起来处于静止状态时，就执行了储藏手段职能。货币的储藏手段职能是在货币的价值尺度和流通手段职能的基础上产生的。货币执行储藏手段职能有以下特点：

（1）必须是现实的货币。

（2）必须是十足的或在比较长的时间内稳定的代表一定的价值量。货币的储藏实质上是价值的储藏，因此金属货币必须足值，信用货币必须币值相对稳定。

纸币能不能发挥储藏手段的职能，关键在于它能否稳定地代表一定的价值量。如果货币币值不稳定，便丧失了价值储藏手段的职能，而贵金属和实物则成为保值工具。在我国人民币稳定的前提下，也可以发挥储藏手段的职能。

（四）支付手段职能

当货币作为价值的独立形态进行单方面的转移时，就执行了支付手段职能。如偿还债务、支付工资、缴纳税款等。货币的支付手段职能最初是由商品的赊销引起的。货币执行支付手段职能有以下特点：

（1）作为支付手段的货币，不是流通过程的媒介，而是补足交换的一个环节。

（2）支付手段除了服务于商品流通外，还服务于其他经济行为。

（3）支付手段是在存在债权债务关系的条件下发挥作用，作为价值的独立形态进行单方面转移。

（4）货币支付职能的出现与扩展既促进了商品经济的发展，又为经济危机的可能性变为现实性创造了客观条件。商品赊销的发展，使商品生产者之间形成了一个很长的支付链环，一旦某个商品生产者不能按期还债，就会引起连锁反应，严重时会引起大批企业破产，造成货币危机。

（五）世界货币职能

当货币在世界市场上发挥一般等价物作用时就执行世界货币职能。

理论上讲，世界货币只能是以重量直接计算的贵金属，金属货币因具有充足的价值而自动取得世界货币的职能，黄金并没有完全退出历史舞台，仍然是国际间最后的支付手段、购买手段和社会财富的储藏和转移的形式。而现代信用货币没有内在价值，其名义价值是国家强制力赋予的，越过国境强制力就不存在了，理论上是不能够执行世界货币职能的，但在当代，一些西方发达国家的信用货币，如美元、欧元、英镑等，成为了世界上普遍接受的硬通货，实际上发挥着世界货币的职能，并广泛地被用作国际储备和国际间的支付手段。

货币发挥世界货币职能主要体现在以下几方面：
（1）作为国际支付手段用以平衡国际收支差额。
（2）作为国际购买手段用以购买外国商品。
（3）作为国际间财富转移的一种手段。

小 贴 士

硬通货

硬通货，是指国际信用较好、币值稳定、汇价呈坚挺状态的货币，通常是由高度工业化的国家发行，被全球广泛接受用于贸易支付的货币，其币值在中短期内保持稳定，并且在外汇市场有极高的流动性。如美元、欧元、英镑等被称为硬通货。

三、货币制度

（一）货币制度及其构成要素

1. 货币制度

货币制度，简称"币制"，是一个国家（或地区）以法律形式所确定的货币流通的机构和组织形式，是货币运行的准则和规范。

2. 货币制度的构成要素

（1）货币材料的确定

货币材料也称币材，就是规定一国货币用什么材料制成。货币材料是整个货币制度的基础，确定不同的材料制成货币，就构成不同的货币本位制度。

（2）货币单位的确定

货币单位是国家法定货币计量单位。一是规定货币单位的名称，二是规定每一货币单位所含货币金属的重量，即价格标准。

小贴士

货币单位名称、货币名称和价格标准

货币单位名称,开始就是金属的重量单位,如中国的量、铢,英国的磅等。而后来货币单位名称与货币金属的重量脱离,有了特定的名称,如元、法郎等。

货币名称,与货币单位名称是两个不同的概念。大部分国家货币单位名称就是货币名称,或在货币单位名称前冠以国名即为货币名称。如英国的货币单位名称是磅,货币名称是英镑。瑞士货币单位名称是法郎,货币名称是瑞士法郎。

价格标准,国家法定的每一货币单位所包含的货币金属重量。如英国货币单位为"磅",根据1870年的《铸币条例》,1磅的含金量为123.274格令(合7.99克)。美国的货币单位是"元",根据1934年1法令规定,1美元含金量为13.714格令(合0.888 671克)。

(3)通货铸造或印刷、发行、流通制度

确定主币(本位币)和辅币;确定主币和辅币的铸造;确定主币和辅币的法定支付能力。

小贴士

主币和辅币

主币:也称本位币,是法定作为价格标准的基本通货,在金属货币制度下,本位币就是用货币金属按照国家规定的货币单位铸成的货币,是足值货币,它的实际价值与名义价值是一致的。本位币的最小规格通常为1个货币单位,如1美元、1英镑。

辅币:是主币以下的小额通货,一般用不易磨损的贱金属制造,主要用于日常零星支付和主币找零。

在金属货币制度下,本位币可以自由铸造,辅币不能自由铸造,其铸造由政府垄断;辅币与主币的兑换比率是通过法律形式固定下来的;本位币具有无限法偿能力,即法律规定的不论每次支付的数额有多大、不论属于何种性质的支付,交易双方均不得拒绝接受,辅币只有有限法偿,即在一次支付中只可用一定金额辅币支付,超过法定数量,收款者可以拒收。

(4)货币准备制度

货币准备制度是一国为了稳定货币,国家规定中央银行或政府,要储备一定的贵金属、外汇等。在金本位制度下,准备制度是建立国家的黄金储备,黄金储备的三项用途:一是用于国际支付;二是调节国内货币流通;三是保证存款支付和银行券兑换。但是,目前各国均实行不兑现的信用货币流通制度,黄金准备的后两个作用已经消失,只是形成国家储备中的黄金储备,作为国际支付的最后手段,用于国际购买、国际支付和国际转移等。

(二)货币制度的类型

人类历史上的货币制度经历由金属货币制度到信用货币制度的演变,金属货币制度经历了几个世纪,一直到20世纪30年代才被纸币制度替代。具体如图2-1-6所示。

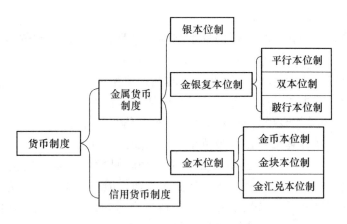

图 2-1-6

1. 金属货币制度

金属货币制度先后经历了银本位制、金银复本位制、金本位制。典型的金属货币制度有几个共同的特征：一是贵金属作为本位币材料，本位币无限法偿；二是本位币的名义价与实际价值相等，是足值的货币，可以自由铸造和融化；三是银行券可以自由兑换等量金属货币；四是金属和金属货币可以自由输出/输入。

（1）银本位制

银本位制是历史上最早出现，以白银为本位币的金属货币制度。其特点是：以白银为货币金属；银币为本位币，可以自由铸造、自由流通、自由输出/输入国境，银币具有无限法偿能力。

（2）金银复本位制度

在金银复本位制下，法律规定金银都是铸造本位币的材料；金币和银币均为本位币，可以同时流通，都可以自由铸造、自由输出/输入；金币、银币都具有无限法偿能力。金银复本位制的三种形态如下。

① 平行本位制：是指两种货币均按其所含金属量的市场价值流通，由市场上的金银比价自由决定两种货币的交换比率。

② 双本位制：是指两种货币的交换比率不是由市场上的金银比价自由决定，而是由国家以法律形式决定的复本位制。该制度避免了金币和银币的兑换比率经常发生变化的缺陷，但也带来了新的问题，即导致市场上出现"劣币驱逐良币"的现象。

③ 跛行本位制：是指金币和银币同时作为本位币，但国家法律规定金币能自由铸造，银币不能自由铸造，并限制每次支付银币的最高额度，金银币按法定比价交换。

小贴士

"劣币驱逐良币"规律

"劣币驱逐良币"：又称"格雷欣法则"，是指在金属货币流通条件下，当一个国家同时流通两种实际价值不同，但法定比价固定时，实际价值高的货币（良币）必然被人们熔化、收藏或输出而退出流通，而实际价值低的货币（劣币）反而充斥市场。

(3) 金本位制

金本位制是指以黄金作为本位币的货币制度。主要形式有金币本位制、金块本位制和金汇兑本位制。

① 金币本位制：是以黄金作为货币金属的一种典型的金本位制。金币本位制盛行于第一次世界大战之前。其主要特点：金币可以自由铸造、自由熔化；流通中的辅币和价值符号（如银行券）可以自由兑换金币；黄金可以自由输出/输入。在实行金本位制的国家之间，根据两国货币的黄金含量计算汇率，称为黄金平价（gold parity）。

② 金块本位制：国内不准铸造和不准流通金币，只发行代表一定黄金量的银行券（或纸币）来流通的制度。金块本位制虽然没有金币流通，但在名义上仍然为金本位制，并对货币规定含金量，在此制度下，虽然不允许自由铸造金币，但允许黄金自由输入/输出，或外汇自由兑换。银行券是流通界的主要通货，但不能直接兑换金币，只能有限度地兑换金块。金块本位制出现于第一次世界大战之后。1930年以后，英国、法国、比利时、荷兰、瑞士等国在世界性经济危机袭击下，先后放弃了这一制度。

③ 金汇兑本位制：是指以黄金或金本位制国家的货币为基础，以具有无限法偿能力的纸币代替金币流通的货币制度，又称"虚金本位制"。在第二次世界大战后建立起来的以美元为中心的国际货币体系，实际上也是一种金汇兑本位制。

金汇兑本位制特征：

- 国内虽然有法定的金币单位，但既无金币铸造又不流通金币，只流通规定有含金量的纸币；
- 纸币不能直接兑换黄金，只能以法定比价兑换实行金币本位制国家或实行金块本位制国家的货币作为外汇；
- 通过无限制买卖外汇，以维持本国货币币值的稳定，从而实现本国货币同所依附的金本位制国家货币的联系，即"盯住"后者的货币；
- 以黄金为基础的各国纸币可以作为国际清偿手段；
- 纸币与黄金的联系主要以法律的方式确定，而不是以其自身的自由兑换来确定，由此可能导致纸币价值的高估或低估；
- 实行这种制度国家的货币，同另一个实行金本位制国家的货币保持固定比价，并在该国存放外汇和黄金作为储备金。

2. 信用货币制度

信用货币制度是指以国家信用或银行信用为基础，以不兑换的纸币为本位货币的货币制度，1929—1933年的经济危机之后，世界各国普遍实行了这种货币制度。其特点是：

① 国家授权中央银行垄断发行信用货币，由国家法律赋予其无限法偿的能力；
② 信用货币不能兑换黄金，也不再规定含金量；
③ 信用货币由现金和银行存款等信用工具组成；
④ 信用货币通过信用渠道投放。

（三）国际货币制度

国际货币制度又称国际货币体系，是指为了适应国际贸易和国际支付的需要，各国政府对货币在国际范围内发挥世界货币的职能而确定的原则，采取的措施和设立的组织形式。

1. 国际货币制度的主要内容

（1）国际储备资产的确定：即使用何种货币作为国际间的支付货币；哪些资产可以作为国际间清算、国际收支逆差和维持汇率可被国际间普遍接受的国际储备资产；一国政府应持有何种国际储备资产用以维持和调节国际收支的需要。

（2）汇率制度的安排：采用何种汇率制度，是固定汇率制度还是浮动汇率制度；是否确定汇率波动的目标区；哪些货币为自由兑换货币。

（3）国际收支的调节方式：出现国际收支不平衡时，各国政府采取什么方法进行弥补；各国之间的政策措施如何协调。

2. 国际货币制度的演变

国际货币制度经历了从国际金本位制到布雷顿森林体系再到牙买加体系的演变。

（1）国际金本位制

国际金本位制：是指世界主要国家均实行金币本位制情况下的国际货币制度。该制度的特点如下：黄金充当了国际货币，是国际货币制度的基础；实行典型的固定汇率制，具有自动调节国际收支的机制。

（2）布雷顿森林体系

1944 年 7 月 1 日，在美国北部小镇布雷顿森林，44 国代表参加的联合国际货币金融会议签订了《国际货币基金协定》和《国际复兴开发银行协定》，确立了以美元为中心的国际货币体系，即布雷顿森林体系。主要内容为：

① 美元与黄金挂钩。各国确认 1944 年 1 月美国规定的 35 美元的黄金官价，每一美元的含金量为 0.888 671 克黄金。各国政府或中央银行可按官价用美元兑换黄金。为了使黄金官价不受自由市场金价冲击，各国政府协同美国政府在国际金融市场上维持这一黄金官价。

② 其他国家货币与美元挂钩。其他国家政府规定各自货币的含金量，通过含金量的比例确定同美元的汇率。

③ 实行可调整的固定汇率。其他各成员国政府根据自身情况规定各自货币的含金量，通过含金量的比率确定同美元的汇率，也可以不规定货币的含金量而只规定同美元的汇率。各国实行固定汇率制，各成员国有义务随时干预外汇市场，使本国货币与美元的市场汇率的波动保持在一定幅度内。

④ 储备资产。主要储备资产是黄金和美元。

⑤ 国际收支的调节机制。布雷顿森林体系建立了统一的国际货币基金组织。

布雷顿森林体系表现出其固有的缺陷，如特里芬难题。

小 贴 士

"特里芬难题"

美国耶鲁大学教授罗伯特·特里芬在《美元与黄金危机》一书中提出：任何一个国家的货币如果充当国际货币，则必然在货币的币值稳定方面处于两难境地。一方面，随着世界经济的发展，各国持有的国际货币增加，要求该国通过国际收支逆差来实现，这就必然会带来该国货币的贬值；另一方面，作为国际货币又必须要求货币币制比较稳定，不能持续逆差，这就使充当国际货币的国家处于左右为难的困境。

(3) 牙买加体系

1976年1月,国际货币基金组织"临时委员会"在牙买加首都金斯顿举行会议,讨论修订了《国际货币基金协定》的条款。于1978年4月1日正式生效。形成了著名的《牙买加协定》,它标志着国际货币制度迈进了一个新阶段。牙买加体系内容如下:

① 黄金非货币化。

② 浮动汇率合法化,正式确认浮动汇率制的合法化,会员国可以自行选择汇率制度,固定汇率与浮动汇率可以同时并存。

③ 扩大基金份额。

④ 特别提款权作为主要国国际储备资产。

⑤ 扩大对发展中国家的资金融通。

案例分析

腾讯公司成立于1998年11月,是中国最早的互联网即时通信软件开发商,也是中国的互联M服务及移动增值服务供应商,并一直致力于即时通信及相关增值业务的服务运营。1999年2月,腾讯正式推出第一个即时通信软件——"腾讯QQ"。2004年6月16日,腾讯公司在中国香港联交所主板公开上市。作为中国领先的互联网科技企业和中国先进的服务提供商之一,腾讯公司将"即时通信"整合进互联网、移动网络和固定通信网络以及手持设备等多种通信终端。用户可利用腾讯的即时通信平台,以各种终端设备通过互联网、移动与固定通信网络进行实时交流。不仅可以传输文本信息、图像、视频、音频及电子邮件,还可获得各种提高网上社区体验的互联网及移动增值服务,包括移动游戏、交友、娱乐信息下载等各种娱乐资讯服务。2002年,腾讯公司依托即时通信工具QQ推出了Q币,作为购买其互联网增值服务的凭据,并采取逐级代理的模式在全国发售。用户购买Q币,既可以到各地的经销点(一般在网吧、计算机城)购物,也可以通过声讯电话充值、网上汇款、手机话费等其他方式购买。Q币的面值有1元、2元、5元、10元四种,1Q币的价格为1元人民币。目前,腾讯公司未对外公布Q币的发行数量,但根据腾讯公司2009年二季度财务报表的数据,互联网增值服务收入为21.6亿元人民币,占总收入近74.9%,其增值服务的主要收入交易媒介就是Q币。腾讯Q币的利益相关者主要包括Q币支付用户、为腾讯分销Q币的分销商、与腾讯公司进行战略合作的信息产品提供商或接受Q币支付的信息产品提供商,以及通过网络进行Q币与人民币交易的信息产品提供商等。

思考问题:

结合腾讯Q币支付案例,分析讨论网络虚拟货币对现有货币体系的影响。

评析提示:

① Q币在网上交易中在一定程度上执行了价值尺度的职能,在货币的职能中,价值尺度是非常重要的职能;

② Q币在一定程度上可以用来充当商品交换的媒介。

知识拓展

人民币制度

我国现行货币制度是人民币货币制度,是信用货币制度。1948年12月1日中国人民银行在石家庄正式成立，同时发行人民银行券，即人民币。我国现行人民币制度内容主要包括以下及部分。

第一，人民币是我国的法定货币，具有无限法偿能力。人民币单位为"元"，"元"是本位币即主币，辅币的名称是"角"和"分"。1元＝10角，1角＝10分。人民币票券、铸币的种类由国务院统一规定。人民币符号是"￥"。

第二，人民币是我国唯一合法的通货。以人民币支付我国境内一切公共债务和私人债务，任何单位和个人不得拒收。为了保证人民币唯一合法地位，国家规定：严禁金银计价流通，严禁外币计价流通，严禁伪造、变造人民币，严禁任何单位和个人印制、发售代币票券代表人民币在市场上流通。

第三，人民币是由中国人民银行统一印制、发行的钞票，采取的是不兑现的银行券形式，人民币没有法定含金量，不能兑换黄金，也不与任何外币确定正式联系。坚持经济发行和集中统一的原则，发行权集中于中央，中国人民银行是国家唯一的货币发行机关。

第四，国家对货币流通还分不同情况规定了不同的管理制度。国家针对现金流通规定了其使用范围：现金主要用于工资、劳务支付，服务于消费品分配；而国有企事业单位、机关部队团体和集体经济单位相互之间的货币支付，小额的可以用现金，大额的必须由银行转账。国家对非现金流通（存款货币流通）主要规定了银行办理转账结算的原则和具体办法。

第五，我国金银和外汇由中国人民银行集中掌握，是国际支付的准备金，建立以市场汇率为基础、有管理的人民币浮动汇率制度。

任务2 货币供求与均衡
Misson two

本任务主要讲解货币流通、货币需求、货币供给、货币均衡、通货膨胀、通货紧缩。

一、货币流通

（一）商品流通和货币流通

1. 商品流通
商品流通是以货币为媒介的商品交换过程中连续进行的运动。

2. 货币流通
货币流通是在商品流通过程中，货币作为流通手段和支付手段所形成的连续不断的运动。

（二）货币流通渠道

在现代信用货币制度下，货币流通由现金流通与存款货币流通两种形式共同构成。

1. 现金流通渠道

现金流通是以纸币和铸币作为流通手段与支付手段所进行的货币收付。

在当前我国现金管理制度下，现金货币流通领域主要是与居民个人有关的货币收付和企业单位间的小额货币收支。我国人民币现金货币流通是以中国人民银行为中心，通过商业银行和其他金融机构的业务活动，经过不同渠道进入流通，并经过不同渠道回到各商业银行和其他金融机构，最后流回中国人民银行，退出流通。如图 2-1-7 所示为人民币现金流通的程序和渠道。

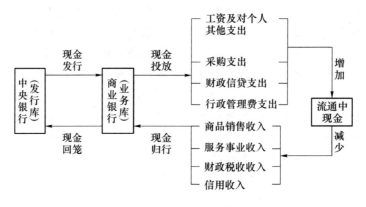

图 2-1-7

（1）现金投放渠道

① 工资及对个人其他支出。是指各企事业单位对职工支付工资、奖金、稿费等的现金支出，在我国当前实行现金管理的条件下，这是现金投放的主要渠道。

② 采购支出。主要是向城乡居民或集体经济单位采购农副产品、工矿产品、手工艺品、废旧物品等投放的现金。

③ 财政信贷支出。国家通过财政支援，抗灾救灾拨款、国库券还本付息，银行、信用社通过贷款发放、存款提取等业务活动投放的现金。

④ 行政管理费支出。包括企业、事业、机关、团体、部队、学校等按现金管理规定，从银行存款账户提取现金支付行政管理费投放的现金。

（2）现金归行渠道

① 商品销售收入。是指各类企业销售产品所得现金送存银行形成的现金归行，这是现金归行的主要渠道。

② 服务事业收入。是指服务行业提供服务所得现金送存银行形成的现金归行。

③ 财政税收收入。包括各企业单位或个人向国家财政金库解交税款、罚没款项等的现金收入，如车船牌照税、集市交易税、屠宰税等现金收入。

④ 信用收入。是指银行、信用社及其他金融机构由于吸收存款、证券兑换、储蓄和收回贷款而收入的现金等。近年来，随着人民群众收入的不断增加，储蓄额不断上升，它已成为现金回笼的一条重要渠道。

小贴士

现金发行、现金投放、现金归行和现金回笼

人民币从中国人民银行现金发行库直接进入商业银行和其他金融机构现金业务库的过程，称为现金发行；再由商业银行和其他金融机构现金业务库通过不同渠道进入流通领域——即形成企事业等单位库存现金和居民手持现金的过程，称为现金投放；而随着企业单位和个人用现金进行各种支付，流通中现金又流回商业银行和其他金融机构的过程，称为现金归行；商业银行和其他金融机构将超过其业务库存限额的现金送缴中国人民银行发行库的过程，称为现金回笼。

2. 货币存款流通

存款货币流通也称非现金流通，即银行转账结算引起的货币流通，具体表现为存款人在银行开立存款账户的基础上，通过在银行存款账户上划转款项的办法所进行的货币收付行为。存款货币流通必须以各企业、单位和个人在银行开立存款账户为条件。

二、货币需求

（一）货币需求概述

从货币流通的角度出发，货币需求发端于商品交换，个人购买商品和劳务，企业支付生产和流通费用，银行开展信用活动，社会进行各种方式的积累，政府调节经济，都需要货币这一价值量工具。货币需求，是经济体系中人们愿意并且能够以货币形式保有的财富的数量，通常表现为一国在既定时点上社会各部门所持有的货币量。可以从以下几方面理解货币需求。

（1）货币需求是一种能力与愿望的统一。构成货币需求需要同时具备两个条件：
① 必须有能力获得或持有货币。
② 必须愿意以货币形式保有其财产。

（2）货币需求是一个存量概念，而非流量概念。其考察的是在某个时点和空间内，社会各部门在其拥有的全部资产中愿意以货币形式持有的数量或份额，而不是在某一段时间内，各部门所持有的货币数额的变化量。

（3）现实中的货币需求不仅包括对现金的需求，而且包括对存款货币的需求。

（4）人们对货币的需求既包括了执行流通手段和支付手段职能的货币需求，也包括了执行价值储藏手段的职能的货币需求。

（二）主要货币需求理论

1. 费雪的现金交易说（费雪方程式）

美国经济学家欧文·费雪在他1911年出版的《货币的购买力》一书中，对古典货币数量论进行了很好的概括。他提出了著名的"费雪方程式"：

$$MV=PT$$

M 为一定时期内流通中货币平均数；V 为货币流通速度；P 为各类商品价格加权平均

数；T 为交易量。

根据上述方程式，费雪又推导出→$P=MV/T$。在该公式中，费雪认为，货币流通速度 V 在短期内基本不变，可视为常数，而作为交易量的 T 一般对产出水平保持固定比例关系，也是相对稳定的，因而在上述公式中，就只剩下 P 与 M 的关系是可变的，且得出物价 P 的水平随着货币量 M 的变化而变化的结论。

2. 剑桥学派的货币需求理论（剑桥方程式）

与费雪方程式不同，剑桥学派认为，处于经济体系中的个人对货币的需求，实质是选择以怎样的方式保持自己的资产的问题。决定人们持有货币多少的因素有：个人财富水平、利息率的变化以及持有货币可能拥有的便利等。但是，在其他条件不变的情况下，名义货币需求和名义收入水平保持较稳定的比例关系。剑桥方程式如下：

$$M_d = kPY$$

M_d 为名义货币总需求；Y 为总收入，实际生产总量；P 为价格水平；k 为以货币形式保存的财富占名义总收入的比例。

小 贴 士

费雪方程式和剑桥方程式的区别

两个方程式在形式上基本相同，但在内容上则有本质的区别：

第一，对货币需求分析的侧重点不同。费雪方程式强调的是货币的交易手段功能，而剑桥方程式侧重货币作为一种资产的功能；

第二，费雪方程式重视货币支出的数量和速度，而剑桥方程式则是用货币形式保有资产存量的角度考虑货币需求，重视存量占收入的比例。所以费雪方程式也称为现金交易说，剑桥方程式也称为现金余额说；

第三，两个方程式所强调的货币需求因素不同。费雪方程式是从宏观角度用货币数量的变动来解释价格，而剑桥方程式则是从微观角度进行分析，认为人们对于保有货币有一个满足程度的问题。

3. 凯恩斯货币需求理论

1936 年凯恩斯出版的《就业、利息和货币通论》，标志着他全新的货币需求理论的形成。

（1）凯恩斯的货币需求动机理论

凯恩斯认为，人们对货币需求的行为，决定于三种动机，即交易动机、预防动机和投机动机。相应地，货币需求也被分为三部分：交易性需求、预防性需求和投机性需求。交易性需求和预防性需求两项为消费性货币需求。

① 交易性需求，是指正常情况下购买消费品的需求。

② 预防性需求，即为了防止意外情况发生而持有部分货币的需求。

③ 投机性需求，即随着对利率的变动预测，以获取投机利益的货币需求。例如，当预测利率将上升时，证券价格将下降，就存一笔钱，以备将来买进价格下降后的证券。在购买证券之前，则表现为货币需求量的增加。

(2) 凯恩斯的货币需求函数

凯恩斯根据货币需求动机理论给出了如下货币需求总量公式：

$$M_d = M_1 + M_2$$

M_1 代表交易动机和预防动机货币需求（并称消费性货币需求）；M_2 代表投机性货币需求；M_d 代表货币总需求。

那么 M_1 和 M_2 如何确定呢？凯恩斯认为，交易动机和预防动机货币需求 M_1，取决于收入 Y 的水平，是收入 Y 的函数，与收入 Y 呈正相关关系，即收入 Y 的水平越高，货币需求量越高，反之则越低。而投机性货币需求 M_2 与利息率有关，是利率 r 的函数，但与利率 r 是负相关关系，即利率水平越高，投机性货币需求 M_2 就越少，反之则越多。所以货币需求函数可以表示为：

$$M_d = M_1 + M_2 = L_1(\overset{+}{Y}) + L_2(\overset{-}{r})$$

(3) 凯恩斯货币需求理论的评述

第一，凯恩斯货币需求理论的一个显著特点是把货币的投机性需求（资产需求）列入了货币需求范围，不仅商品交易规模与其价格水平影响货币需求，而且利率的变动也是影响货币需求的重要因素。所以对货币需求的调节，不仅可以通过调节物价来实现，而且可以通过调节利率水平来实现。

第二，凯恩斯货币理论的政策含义。货币供给取决于中央银行，货币需求取决于流动性偏好，在国内有效需求不足的情况下，中央银行可以通过增加货币量，降低利率，使利率低于资本边际效率，就会刺激投资的增加，进而增加就业和产出，实现政府货币政策目标。

第三，凯恩斯货币需求理论新颖之处，强调货币作为资产或价值储藏的重要性，即货币并非仅是一种交易手段。并提出了"流动性陷阱"，即当一定时期的利率水平低到不能再低时，人们就会产生利率上升而证券价格下降的预期，货币需求对利率的敏感性变得无限大，货币供给的增加已不可能使利率进一步下降，不论增加多少货币，都会被人们储存起来，所以此时货币政策失效，只有启动财政政策。

4. 弗里德曼货币需求理论

以弗里德曼为首的货币学派在研究货币需求时，不是从持有货币的动机开始，而是承认人们持有货币的事实，并对各种情况下人们持有多少货币的决定因素进行仔细分析，建立了货币学派的货币需求理论。

(1) 弗里德曼货币需求函数理论的特点

货币主义是与凯恩斯主义学派相对立的西方经济学派。弗里德曼作为货币主义的代表，形成了一套独具特色的理论观点和政策主张。他的货币需求函数在货币学派的理论体系中占有重要地位，其理论的特点是：①基本上承袭了传统的"货币数量理论"的结论，非常重视货币数量和价格之间的关系；②接受了剑桥学派和凯恩斯学派的某些观点，表现在：一是接受了剑桥学派和凯恩斯以微观主体行为作为分析的起点，二是把货币看作受利率影响的一种资产。

(2) 弗里德曼货币需求函数公式及其意义

$$\frac{M_d}{P} = f\left(y, w; r_m, r_b, r_e, \frac{1}{p} \cdot \frac{dp}{dt}; u\right)$$

函数式的左端 $\dfrac{M_d}{P}$ 表示货币的实际需求量。

公式右端是决定货币需求的各种因素。按其性质可划分为三组：

第一组：y，w 代表收入。其中 y 表示实际的恒久性收入。所谓恒久性收入，是弗里德曼分析货币需求时所提出的一个概念，可以理解为预期平均长期收入。恒久性收入与货币需求呈正相关关系。w 代表非人力财富占个人总财富的比例，或得自财产的收入在总收入中所占的比例。

弗里德曼把财富分为人力财富和非人力财富两类。他认为，对大多数财富持有者来说，他的主要资产是其人力财富。在个人总财富中，人力财富所占比重越大，货币需求就越多，而非人力财富所占比例越大，货币需求则相对较少。所以，非人力财富占个人总财富的比例与货币需求呈负相关关系。

第二组：r_m，r_b，r_e 和 $\dfrac{1}{p}\cdot\dfrac{\mathrm{d}p}{\mathrm{d}t}$ 在弗里德曼货币需求函数中统称为机会成本变量。即能够从这几个变量的相互关系中，衡量持有货币的潜在收益或潜在损失。其中，r_m 代表货币的预期收益率，r_b 是固定收益的债券利率，r_e 是非固定收益的证券利率。在凯恩斯的货币需求函数中，货币是作为不生息的资产看待的。例如，钞票就是无报酬的资产。而弗里德曼所考察的是大口径货币需求，在这类大口径货币需求中，有相当一部分广义货币是有收益的。所以在其他条件不变的条件下，货币以外的其他资产，例如债券等的收益率越高，货币需求量就越少。

$\dfrac{1}{p}\cdot\dfrac{\mathrm{d}p}{\mathrm{d}t}$ 在弗里德曼货币需求函数中代表预期的物价变动率，同时也是保存实物的名义报酬率。若其他条件不变，物价变动率越高，货币需求量就越小。因为在物价变动率上升的条件下，人们会放弃货币购买商品，从而减少对货币的需求量。

第三组：u 在货币需求函数中反映人们对货币的主观偏好、客观技术和制度等多种因素的综合变数。由于 u 是代表多种因素的综合变数，且各因素对货币需求的影响方向并不一定相同，因此，它们可能从不同的方向对货币需求产生不同的影响。

（三）货币需求影响因素

根据主要的货币需求理论，在现代信用体系下，可把决定和影响货币需求的主要因素归纳为以下几点：

1. 收入状况

收入状况是决定货币需求的主要因素之一。可以把收入状况分解为收入水平和取得收入的时间间隔。

（1）一般情况下，货币需求量和收入水平呈正比。在市场经济中，各种微观经济主体的收入最初都是以货币形式获得的，其支出也都要以货币支付，收入提高，说明社会财富会增多，支出也会相应扩大，因而需要更多的货币需求量来满足商品交易。所以经济主体的收入越多，他们对货币的需求量也越大。

（2）货币需求与取得收入的时间间隔成正比，如果人们取得收入的时间间隔延长，则整个社会的货币需求量就会增加；反之则整个社会的货币需求量就会减少。

2. 物价水平

物价水平与货币需求之间，是同方向变动关系。在物价水平上涨时，同样数量的商品和劳务，需要更多的货币与其相对应。

3. 利率水平

利率水平和货币需求呈反方向关系，利率上升，货币需求减少；利率下降，货币需求增加。利率的高低决定人们持有货币的机会成本的大小，利率越高，持有货币的成本越大，人们就不愿意持有货币而更愿意购买生息资产以获得高额利息收益，因而人们的货币需求会减少。

4. 货币流通速度

货币流通速度是一定时期内货币的转手次数。在商品总额不变的情况下，货币流通速度与货币总需求呈反方向变动关系，即货币流通速度的加快会减少现实的货币需求量；反之，货币流通速度减慢则必然增加现实的货币需求量。

5. 金融资产选择

各种非货币金融资产与货币需求之间具有替代性。各金融资产的收益率、安全性及流动性的变化，都会使人们必须在货币和其他金融资产之间作出资产形式的选择，从而对货币需求量的增减产生影响。例如，在其他因素不变的情况下，如果证券资产的收益率上升，则人们会更愿意持有证券而减少对货币的需求。

6. 信用体系的发达程度

在信用制度不健全、融资制度不便利的社会里，金融市场效率低下，交易成本高，人们基于便利而宁愿在手中多保留一些货币，从而增加整个社会的货币需求量。相对的如果信用制度健全，金融市场效率高，人们在需要货币的时候很容易地获得现金或贷款，则愿意持有的货币量则相对低些。

除以上几点外，金融服务技术与水平、投融资环境、市场规模及交易方式、经济体制等都会不同程度地影响货币需求。

三、货币供给

（一）货币供给及其口径

1. 货币供给及货币供给量

货币供给是与货币需求相对应的概念。相对货币需求来说，货币供给是一个动态过程，是货币供给主体向经济体中投入、创造、扩张（或收缩）货币的全过程。由此形成货币供应量，也称货币流通量、流通中货币量、货币存量。在现代经济中，货币形态已由金属货币"进化"为完全的信用货币，大量表现为银行的债务凭证，如现金、存款等。因此，所谓货币供给量，是指某一时间点上由各经济主体持有的由银行体系所提供的债务总量。这样的货币供应量应理解为包括存款等在内的广义货币的投放发生额减去回笼后的结存额，是一个存量的概念。

2. 货币供给的层次划分

各国一般以流动性为依据，以存款及其信用工具转化为现金所需要的时间和成本为标准，对货币供给进行层次划分。

(1) 国际货币基金组织对货币层次的划分

按照国际货币基金组织的口径，一般情况下，可以将货币划分为以下三个层次：

M_0＝现金

M_1＝M_0＋活期存款

M_2＝M_1＋储蓄存款＋定期存款＋各种短期信用工用

(2) 我国对货币层次的划分

从 1994 年第三季度起，中国人民银行正式推出我国的货币供给量统计指标，并按季向社会公布。《中国人民银行货币供给量统计和公布暂行办法》规定：货币供应量是一国在某一时间点流通手段和支付手段的总和。一般表现为金融机构的存款、流通中的现金等负债。也即除金融机构和财政之外，企业、居民、机关团体等经济主体的金融资产。

根据中国人民银行公布的货币供给划分层次，可分为以下四个层次：

M_0＝流通中的现金

M_1＝M_0＋活期存款

M_2＝M_1＋准货币（储蓄存款＋定期存款＋其他存款）

M_3＝M_2＋金融债券＋商业票据＋大额可转让定期存单

目前，我国只测算和公布 M_0、M_1 和 M_2 的货币供给量，M_3 只测算不公布。

(3) 狭义货币和广义货币

M_0 是指不包括商业银行的库存现金，是流通于银行体系以外的现金，这部分货币可随时用于购买或支付，具有最强的流动性。

M_1 为狭义货币。活期存款随时可以签发支票形成直接的购买力，对社会经济生活发挥着广泛而直接的影响。多数国家将 M_1 作为货币政策调控的主要对象，使之成为控制货币供给量的重点。

M_2 和 M_3 即除现金、活期存款以外，将银行机构的各种定期存款、储蓄存款和一批易于变现的短期信用工具包括在内的货币形式，即广义货币。其中，银行的各类定期存款、储蓄存款等是较广义的货币，短期信用工具要通过市场转让进入流通，是最广义货币形式。

（二）货币供给机制

货币供给过程是指银行主体通过其货币经营活动而创造出货币的过程。

货币供给过程中的参与者包括中央银行、存款机构和储户。中央银行负责发行货币、实施货币政策；存款机构是从个人和机构手中吸收存款并发放贷款的金融中介机构，包括商业银行、储蓄机构和信用社；储户是持有银行存款的机构和个人。

现代经济条件下的货币供给机制是由两个层次构成的货币供给形成系统：第一层次是商业银行通过派生存款机制，向社会流通供给货币的过程；第二层次是中央银行通过调节基础货币量而影响货币供给的过程。

1. 中央银行与货币供给

(1) 基础货币（B）

中央银行在货币供给机制中的作用是通过提供基础货币来发挥的。

基础货币是流通中的现金和商业银行在中央银行的准备金存款之和。现金的发行权由中央银行掌握，准备金又可以划分为两部分：一是中央银行要求商业银行必须持有的准备金称为法定准备金；二是银行自愿持有的法定存款准备金之外的额外的准备金，即超额准备金。中央银行可以通过调整法定存款准备金、再贴现率或公开市场操作等来改变商业银行的准备金数量。基础货币又称高能货币、强力货币或货币基础，之所以被称为高能货币，是因为一定量的这类货币被银行作为准备金而持有后可引致数倍的存款货币。

基础货币公式表示为：

$$B=C+R$$

C 表示流通中的现金；R 表示商业银行在中央银行的准备金存款。

对于准备金 R，又包括活期存款准备金 R_r、定期存款准备金 R_t 和超额准备金 R_e。所以上式中的基础货币方程式可以表示为：

$$B=C+R=C+R_r+R_t+R_e$$

中央银行控制的基础货币是商业银行借以创造存款货币的源泉。中央银行供应基础货币是整个货币供给过程中的最初环节，它首先影响的是商业银行的准备金存款，只有通过商业银行运用准备金存款创造活动后，才能最终完成货币的供应。货币供应的全过程就是由中央银行提供基础货币，基础货币形成商业银行的原始存款，商业银行在原始存款基础上创造派生存款并最终形成货币供应总量的过程。

中央银行投放基础货币的渠道主要包括：

① 对商业银行等金融机构的再贷款；

② 收购金、银、外汇等储备资产投放的货币；

③ 购买政府部门的债券。

如果中央银行能够有效控制基础货币 B 的投放量，那么，控制货币供应量（M_s）的关键，就在于中央银行能否准确测定和调控货币乘数。

（2）货币乘数（m）

引入基础货币的概念后，中央银行每提供1元基础货币，其构成部分（商业银行的准备金）就会成为创造存款、供给货币的基础，其中的通货则不存在这样的扩张，因而最终形成的货币供给量与基础货币之间会有一个系数关系，即货币乘数，也就是中央银行的初始货币供给量与社会最终形成货币供给量之间的扩张倍数。用公式表示货币供给量、基础货币、货币乘数的关系为：

$$M_s = m \times B$$

若求货币乘数 m，则公式可变形为：

$$m = \frac{M_s}{B}$$

这里 M_s 若用 M_1 代替，则

$$\begin{aligned} M_1 &= D+C \\ B &= R+C \end{aligned} \rightarrow m = \frac{D+C}{R+C} = \frac{1+c}{r+e+c}$$

$c=C/D=$ 现金比率；$r=$ 法定准备金额；$e=$ 超额准备金额。

假定：$r=$ 法定存款准备金率 $=0.10$，流通中的现金为 4 000 亿元，支票存款 8 000 亿元，超额准备金为 8 亿元。则根据这些数据，可做如下计算：

$$c = 4\ 000/8\ 000 = 0.5$$
$$e = 8/8000 = 0.001$$

货币乘数 $m=(1+0.5)/(0.1+0.001+0.5)=2.5$。这些数据表示：如果活期存款的法定存款准备金率为 0.10，储户行为由 $c=0.5$ 表示，银行的行为 $e=0.001$，那么基础货币 B 每增长 1 元所引起的货币供给 M_1 增量为 2.5。

2. 商业银行与货币供给

商业银行在货币供给机制中的作用是通过创造存款货币的功能来发挥的。当中央银行向银行体系供给 1 元准备金时，存款的增加是准备金的倍数，这个过程被称为多倍存款创造。

存款创造主要是银行通过吸收存款、发放贷款、办理结算等业务活动的开展，为社会提供更多的支付手段和交易媒介的一种功能。具体表现为商业银行以原始存款为基础、在银行体系中繁衍出数倍于原始存款的派生存款。

（1）原始存款。原始存款是指商业银行吸收的、能增加其准备金的存款，可以理解成从商业银行体系之外进入商业银行的存款。它包括商业银行吸收的现金存款或中央银行对商业银行贷款所形成的存款。就单个商业银行来说，原始存款的增加并不仅是现金的流入造成的，也可能是接受其他银行的支票存款所致。然而后者就商业银行的整个体系来讲，则只是结构性的变化，并不会使整个商业银行体系的存款准备金总额有任何增加。

（2）派生存款。派生存款是相对于原始存款而言的。它是指由商业银行以原始存款为基础、运用信用流通工具和转账结算的方式发放贷款或进行其他资产业务时，所衍生出来的、超过最初部分存款的存款，也可以理解成是从商业银行到商业银行的存款，而非从商业银行体系进入的存款。

将存款划分为原始存款和派生存款，只是从理论上说明两种存款在银行经营中的地位和作用的不同。事实上，在银行的存款总额中是根本无法区分谁是原始存款、谁是派生存款的。但是，可以肯定的是，派生存款必须以一定数量的原始存款为基础，原始存款量的大小，对于派生存款量的大小有直接的制约关系。任何一笔存款都不可能被凭空创造出来。另外，派生存款只能在银行体系内部的现实的信用活动中，通过信用流通工具的使用，以及转账结算的条件下才能形成。还有，派生存款的产生，是银行体系业务经营过程整体运行的结果，仅仅从单一的任何一笔存贷款业务来看，都是有实实在在的货币资金内容的经济行为，没有任何"创造"的痕迹。也就是说，就单个银行来讲，它们并不认为自己通过这种行为创造了货币。但把单个银行不认可的行为贯穿成一个系统之后，却可看到明显的质的改变：这就是的确形成了存款创造的机制，而这正是现代银行体系的奥秘之处。

（3）存款创造。商业银行存款创造的基本原理对各类存款来说都是成立的，但是通过支票存款的创造（即银行的活期存款）来说明这一原理则最为简洁明了。为了能够清楚地说明存款货币的创造与消减过程，我们将通过一个简化的资产负债表——T 形账户，来详细分析商业银行存款货币的扩张与收缩过程。为了简便起见，拟作如下假设：

第一，商业银行只保留法定准备金，超额准备金全部用于放款或投资；

第二，商业银行的客户（包括存款人和借款人）将其一切收入均存入银行，并使用支票结算方式，不提取现金；

第三，法定的存款准备金率为 10%，原始存款为 100 万元。

假定甲商业银行吸收到 100 万元的原始存款，然后贷放给客户甲，客户甲将此 100 万元以支票形式存入他的开户行银行。

A 银行先缴存 100 万元的 10%，即 10 万元的法定准备金，然后将其余的 90 万元贷款给客户乙，客户乙以支票形式存入其开户行 B 银行。

B 银行按 90 万元的 10%，即 9 万元缴存法定准备金，然后将其余的 81 万元贷放出去。……以此类推，该笔原始存款的创造过程如表 2-1-1 所示。

表 2-1-1　存款创造过程　　　　　　　　　　　　　单位：万元

	存款增加	贷款增加	准备金增加	银行客户
最初的银行 A	100（原始存款）	90	10	甲
银行 B	90	81	9	乙
银行 C	81	72.9	8.1	丙
银行 D	72.9	65.61	7.29	丁
银行 E	65.61	59.05	6.56	戊
银行 F	59.05	53.14	5.9	己
…	…	…	…	…
所有银行总计	1 000（D：经过派生之后的存款总额）	900（ΔD：派生存款）	100（ΔR：准备金增加额，等于原始存款）	

由此，我们可以看出，各银行的存款增加额，构成了一个递减的等比数列，经过银行系统的反复使用，100 万元变成了 1 000 万元，存款货币的创造、扩展过程为：

$$100+100(1-10\%)+100(1-10\%)^2+100(1-10\%)^3+\cdots$$
$$=100\times\frac{1}{1-(1-10\%)}=100\times\frac{1}{10\%}=1\,000$$

由此表明，在部分准备金制度和非现金结算制度下，一笔原始存款在整个银行体系存款扩张原理的作用下，可以产生出大于原始存款若干倍的派生存款。这个派生存款的大小，主要决定于两个因素：一个是原始存款数量的大小；另一个是法定存款准备金率的高低。派生出来的存款与原始存款的数量成正比，与法定存款准备金率成反比，即法定存款准备金率越高，存款扩张倍数越小；法定存款准备金率越低，存款扩张倍数越大。若用 D 代表存款货币的最大扩张额，ΔR 代表原始存款额，r 代表法定准备金率，则可用公式表示如下：

$$D=\Delta R\times\frac{1}{r}$$

将上述的数据代入公式可得到：

$D=100\times\frac{1}{10\%}=1\,000$ 万元。很明显，$\frac{1}{r}=10$，表示派生后的存款总额是原始存款的 10 倍，存款可扩张至 10 倍。若 r 为 20%，则存款可扩张至 5 倍。

存款乘数：就是在银行存款创造机制下存款最大扩张的倍数（也称派生倍数），是法定存款准备金率的倒数，即 $\frac{1}{r}$，其含义为每一元准备金的变动，所能引起的存款的变动。如果排除其他影响存款创造倍数的因素，设 K 为银行体系创造存款的存款乘数（扩张乘数），则 $K=\frac{1}{r}$。由此可见，整个商业银行创造存款货币的数量会受到法定存款准备金率的限制，其倍数同存款准备金率呈现一种倒数关系。

但是，这只是一个简单的或者说是一个需要修正的存款乘数。如果用 ΔR 代表原始存

额，r 代表法定准备金率，e 代表超额准备金率，c 代表现金漏损比率。则

$$D = \Delta R \times \frac{1}{r+e+c}$$

例如，某商业银行吸收到 100 万元的原始存款。然后贷放给客户，假定在以后的贷放过程中。法定准备金率为 10%，超额准备金率为 5%，现金漏损率为 5%，则存款乘数为 5，该笔原始存款创造的经过派生之后的存款数为 500 万元。

存款货币的创造过程也可以反方向作用，也就是说，派生存款的倍数原理同样适用于存款货币的消减过程，只不过方向相反，当商业银行的原始存款数量减少时，银行的存款货币会呈倍数的紧缩。

上述存款创造倍数基于两个假设，一是部分准备金制度，如果是全额准备金，商业银行就没有可贷放的资金，存款创造就无法进行；二是非现金结算制度，如果商业银行与储户之间实行全额现金结算，存款创造也就无法进行，因此，部分准备金制度和非现金结算制度，是存款创造的两个前提条件。现金漏损率、准备金率以及存款结构比例的变化，都会对存款创造产生影响，是影响存款创造的重要因素。

（三）货币供给的影响因素

货币供给量等于基础货币量与货币乘数之积，因而制约货币供给量的因素其实就是影响基础货币和货币乘数的因素。

1. 中央银行的政策调控意向

基础货币作为整个银行体系存款扩张、货币创造的基础，其数额的大小对货币供给量具有决定作用。基础货币的构成虽然比较复杂，但都是中央银行提供的。中央银行投放基础货币的渠道主要有：对商业银行等金融机构的再贷款、收购金银和外汇投放的货币以及对政府财政的贷款等。当中央银行根据其对宏观经济运行态势的判断，认为有必要改变货币供给量时，它可以扩大对商业银行和政府财政的贷款规模以及收购金银外汇等措施，向流通领域注入基础货币，并通过货币乘数的作用使货币供给量倍数增加。当然，中央银行也可以采取相反的措施，使货币供给量倍数减少。因此，中央银行在一定程度上能够直接控制基础货币量。

2. 信贷资金供求双方的经济行为

超额准备金率是商业银行保有的超额准备金与其活期存款负债之间的比率。它表明了商业银行对超额准备金的运用程度，与货币乘数之间是负相关关系。商业银行对超额准备金的运用，即贷款的形成取决于借贷双方的共同意愿，有一方不愿意，交易便无法达成。如果商业银行在中央银行实施各种扩张的货币政策手段后最终增加了准备金，货币供应量是否会相应扩大还是一个不定数，这要取决于双方的意愿。借贷双方意愿不一致的现象是经常存在的。如果银行愿意保存较多的超额准备金，这时即使借款人愿意借，也没有资金贷出，货币供给量无法扩大；反之，如果银行愿意贷，但客户不愿意借，结果也不一样。

3. 公民的持现愿望

现金漏损率也称为提现率，是指流通中的现金占商业银行活期存款的比率，其数值的大小取决于公民的持现愿望。如果公民愿意更多地持有现金，则提现率提高，货币乘数减小，银行扩张能力收缩；如果公民持有现金减少，则提现率降低，银行扩张能力增强。而公民愿

意持有现金的数量，不是中央银行所能直接控制的，它是由许多客观经济因素决定，如公民可支配的收入水平、社会支付习惯以及通货膨胀预期等因素。

总之，货币供给量是银行、财政和公民共同作用的结果。因此只有社会各部门和公民各自的经济行为维持较为稳定的趋势，货币供给量的变动才能保持相对稳定，中央银行才能通过对基础货币的控制，有效地调控货币供给量。

四、货币均衡和货币失衡

根据货币供给和需求的适应程度，货币供求状况可分为货币均衡和货币失衡两种状况，其中货币失衡通常表现为通货膨胀和通货紧缩。

(一) 货币均衡

1. 货币均衡的含义

货币均衡是指货币供应量与货币需求量在总量上大体相等，在结构上比较合理。可以从如下三个方理解货币均衡的内涵：

第一，实际经济生活表明，货币供给与货币需求在量上绝对地相等是不可能的。"大体相等"是因为经济学中的均衡概念不同于数学意义上的数量相等概念，由于经济学所研究的变量和数量比例关系既要受自身条件变化的影响，又要受多种外在因素的影响，总是处于经常性的变动之中，很难准确测量其数量大小，因此，货币均衡仅仅表现和反映经济变量之间存在的一种大致趋同、相互协调的关系，它是一种动态的平衡。货币供给量在不断地调整，货币需求量在不断地变动。在货币需求的某个绝对值上下一定幅度内供应货币，不会导致币值与物价的波动，在许多内在的和外在的因素相互作用之下，货币供给量对货币需求量具有一定弹性。它具体表现为一个区间值，而不是绝对值，这种现象即货币容纳量弹性。在货币容纳弹性限度之内，变动着的货币供给与货币需求都算是均衡的。在经济过程中引起货币容纳量弹性的因素有许多，如收入与消费的比例弹性，货币与其他金融资产的可替代性，也会引起货币购买力分流，货币流通速度的变动。这样，即使货币供应量在一定幅度内偏离了货币需求量也不会导致市场混乱，物价上涨，这种货币与其他金融资产的可替代性在某种程度上可自动调节货币流通的速度与货币需求量。但是，货币容纳量弹性是有限度的，各种因素的相互作用力是有范围的，超过客观允许的限度，结果是货币失衡。

第二，货币需求是由社会商品、劳务总供给决定的，货币供给则要适应经济中客观的商品、劳务的需要。因此，货币供给与货币需求的均衡必然会在社会经济过程中表现出来。从社会生产过程来看，货币供求的均衡就意味着一切资本的周转和循环顺利地进行，社会再生产的物质替换和价值补偿正常实现。从市场来看，货币供求均衡就意味着既没有超额的货币需求，也没有超额的货币供给，表现出币值稳定、物价正常、市场繁荣。因此，货币均衡表面看来讲的是货币供给与需求的相等，而实质上是经济过程中商品劳务的供给与货币购买力表示的商品劳务需求之间的均衡，是货币流通与商品流通关系的具体体现。

第三，货币均衡还要求货币供给与货币需求在结构上均衡。货币供求结构均衡主要表现是社会生产的各部门比例协调，企业所生产的产品产销对路，基本上能实现其价值，转化为货币。同时，又能通过市场补充到本生产部门所需的生产资料与生活资料，顺利进行再生产。如果社会经济中出现商品积压或者有钱买不到需要的商品时，就表明货币供求在结构上处于非均衡状态。

综上所述，现实经济生活中货币均衡可以表述为：货币供给与国民经济正常发展所必要的货币需求量基本相适应。在经济运行中保持一个动态的平衡状况，能体现出生产顺利增长，生产各部门比例协调，市场交易繁荣，物价基本稳定的局面。

在不同的生产力发展水平，不同的经济管理体制下，货币均衡的状况也有所不同。一般来说，生产力发达，市场经济体制完善，利率机制比较健全，金融机构的发展水平较高的西方发达国家，其单位货币投入产量小，效率高，表现为货币供给效应好，货币供求的均衡比例就小一些。而在那些生产力水平不高，市场经济机制又不健全，金融机构也欠发达的发展中国家，其单位货币投入产出效率相对低一些，表现为货币供求的均衡比例就大一些。发展中国家就更要调整好货币供给与货币需求的适当比例，以保持经济的持续发展，生产力水平进一步提高。

2. 货币均衡的标志

如何衡量在一定时期内货币供求是否实现了均衡要求？均衡程度如何呢？什么样的条件下才达到货币均衡呢？

衡量货币供求是否均衡的标准也要从现实经济状况出发，从生产状况、市场交易、物价水平、储蓄投资状况等经济变量中寻求货币均衡的标志。目前，理论界提出的货币均衡标志主要有：

（1）物价水平变动率。货币需求量是经济中客观必要的货币量，由一定时期的商品、劳务总额决定。货币供给必须适应这种客观的商品、劳务总额。如果货币供给量超过货币需要量，过多的货币去追求较少的商品劳务，必然引起货币贬值，物价上涨。在市场经济条件下，物价水平完全受市场状况决定而公开变动，货币供求的失衡可能直接反映在物价水平上。因此，社会的物价指数便成为衡量货币是否均衡的重要标志。一般来说，物价稳定，说明货币供求基本平衡；物价上涨或下跌，表明货币供求不平衡，且物价上涨或下跌的幅度，表明货币供求失衡的程度。在国家对物价实行行政管理的条件下，物价水平并不直接接受市场供求的制约。当货币供给过度时并不会通过物价上涨来表现，而是表现为商品凭票供应、黑市活跃、多重价格及强制储蓄。目前，我国已基本完成了价格体系的改革，价格从逐渐放开到完全放开。因而，物价水平变动率正逐渐成为我国货币均衡的标志。

（2）货币流通速度的变动。货币流通速度即单位货币在一定时期内周转的次数，是影响货币必要量的重要因素。在市场经济条件下，货币供求失衡，在物价水平上升的同时货币流通速度加快。而货币流通速度的加快反过来促进物价更进一步上涨，它表明货币供求失衡状况更为严重。但在计划经济条件下，由于物价受到行政控制，过多的货币在开始阶段不能通过物价上涨来表现，在这种情况下，物价水平变动就无法反映货币均衡状况。根据信用货币流通规律，过多的货币供应量如果不能通过物价水平反映出来，就会由于找不到购买对象而滞存流通领域，导致单位货币在一定时期内流通次数的减少——货币流通速度减慢。反之，如果货币供给量不足，而又要按照计划规定的商品价格完成计划规定的商品流转数量，在一定时期内，单位货币的周转速度就必然加快。

可见，在计划经济体制下或物价受到完全管制时，货币流通速度是衡量货币供求是否均衡的重要标志：货币流通速度稳定，货币供求基本均衡；货币流通速度加快或减慢，表明货币供求失衡，且加快与减慢的程度反映货币供求失衡的程度。

（3）货币供给增长率与国民生产总值增长率的比较。根据马克思的货币流通规律可知，经济体制稳定，货币流通速度既定时，由一定时期的商品、劳务总额决定货币需要量。因此，当国民经济增长，商品劳务可供量增加时，货币需求也会增加，货币供给随之相适应地增加。要保持实际中货币的均衡就要求货币供给增长率符合国民生产总值客观增长状况。所以，可以将货币供给的增长是否与国民生产总值相符作为衡量货币是否均衡的标准。一般情况下，货币供给增长率与国民生产总值增长率是趋向一致的，如果货币供给增长过快，大大超过国民生产总值的增长，就一定存在着货币失衡了。

在不同的经济体制下，衡量货币均衡还可以有不同的特殊的衡量标志。如银行的储备存款动态、市场商品交易状况、金融市场投资情况、财政政策手段的运用都可以从某一侧面来表示货币是否均衡。

3. 货币均衡的实现条件

市场经济条件下货币均衡的实现有赖于三个条件，即健全的利率机制、发达的金融市场以及有效的中央银行调控机制。

在市场经济条件下，利率不仅是货币供求是否均衡的重要信号，而且对货币供求具有明显的调节功能。因此，货币均衡便可以通过利率机制的作用而实现。就货币供给而言，当市场利率升高时，一方面，社会公众因持币机会成本加大而减少现金提取，这样就使现金比率缩小，货币乘数加大，货币供给增加；另一方面，银行因贷款收益增加而减少超额准备来扩大贷款规模，这样就使超额准备金率下降，货币乘数变大，货币供给增加。所以，利率与货币供给量之间存在着同方向变动关系。就货币需求来说，当市场利率升高时，人们的持币机会成本加大，必然导致人们对金融生息资产需求的增加和对货币需求的减少。所以，利率与货币需求之间存在反方向变动关系。

当货币市场上出现均衡利率水平时，货币供给与货币需求相等，货币均衡状态便得以实现。当市场均衡利率变化时，货币供给与货币需求也会随之变化，最终在新的均衡货币量上实现新的货币均衡。在完全市场经济条件下，货币均衡最主要的实现机制是利率机制。除利率机制之外，还有发达的金融市场以及有效的中央银行调控机制。

（二）货币失衡：通货膨胀和通货紧缩

在纸币流通条件下，纸币本身没有价值，它只是一种价值符号，只有在流通中才能体会出价值的存在。因此，依靠国家权力已经发行的纸币，往往与流通中所需要的货币量会出现不一致，每个单位纸币实际所代表的价值量就要相应地减少或增加，导致纸币贬值或升值，从而诱发通货的波动。通货的波动有通货膨胀与通货紧缩。

1. 通货膨胀

（1）通货膨胀的含义及其度量

通货膨胀是指在纸币流通条件下，市场货币供应量超过了流通中所需要的货币量，而引起物价水平普遍、持续上涨的经济现象。纸币流通是通货膨胀存在的根本前提，货币供应量过多是通货膨胀产生的根本原因，而物价上涨则是通货膨胀的表现形式。对通货膨胀的含义应从以下几方面理解：

第一，通货膨胀所指的物价上涨并非个别商品或劳务价格的上涨，而是指一般物价水平，即全部商品和劳务的加权平均价格的上涨。在非市场经济国家中，通货膨胀则表现为商品短缺、凭票供应、持币待购以及强制储蓄等形式。

第二，在通货膨胀中，一般物价水平的上涨是一定时间内的、持续的上涨，而不是一次性的、暂时性的上涨。部分商品因季节性或自然灾害等原因引起的物价上涨和经济萧条后恢复时期的商品价格正常上涨都不能称为通货膨胀。

第三，通货膨胀所指的物价上涨必须超过一定的幅度。但这个幅度该如何界定，各国又有不同的标准，一般来说，物价上涨的幅度在2％以内都不被当作通货膨胀，有些观点则认为只有物价上涨幅度超过5％才称为通货膨胀。

物价水平的持续上涨是通货膨胀的必然结构和主要标志。因此世界各国通常以物价指数来度量通货膨胀，物价指数一般有居民消费物价指数、批发物价指数和国内生产总值平减指数。

(2) 通货膨胀类型

① 按通货膨胀的程度划分，可分为爬行式通货膨胀、温和式通货膨胀、奔腾式通货膨胀和恶性通货膨胀四种。

爬行式通货膨胀是指价格总水平上涨的年率不超过2％～3％，并且在经济生活中没有形成通货膨胀的预期。

温和式通货膨胀是价格总水平上涨比爬行式高，但又不是很快，具体百分比没有一个统一的说法。

奔腾式通货膨胀是物价总水平上涨率在两位数以上，且发展速度很快。

恶性通货膨胀或称超级通货膨胀，是物价上升特别猛烈，且呈加速趋势。此时，货币已完全丧失了价值储藏功能，部分地丧失了交易媒介功能，成为"烫土豆"，持有者都设法尽快将其花费出去。当局如不采取断然措施，货币制度将完全崩溃。

② 公开型通货膨胀和隐蔽型通货膨胀。

按市场机制的作用，通货膨胀分为公开型通货膨胀和隐蔽型通货膨胀。

公开型通货膨胀的前提是市场功能完全发挥，价格对供求反应灵敏，过度需求通过价格的变动得以消除，价格总水平明显地、直接地上涨。

隐蔽型通货膨胀则是表面上货币工资没有下降，物价总水平也未提高，但居民实际消费水准却下降的现象。其前提是，在经济中已积累了难以消除的过度需求压力，但由于政府对商品价格和货币工资进行严格控制，过度需求不能通过物价上涨而吸收，商品供不应求的现实通过准价格形式表现出来，如黑市、排队、凭证购买、有价无货，以及一些产品在价格不变的情况下，质量下降等。

③ 预期性通货膨胀和非预期性通货膨胀。

按能否被预期划分，通货膨胀分为预期性通货膨胀和非预期性通货膨胀。

预期性通货膨胀是指通货膨胀过程被经济主体预期到了，以及由于这种预期而采取各种补偿性行动引发的物价上升运动。如在工资合同中规定价格的条款，在商品定价中加进未来原料及劳动力成本上升因素。

非预期性通货膨胀指未被经济主体预见的，不知不觉中出现的物价上升。

经济学家将通货膨胀分为预期性和非预期性两种，主要作用在于考察通货膨胀的效应。一般认为只有非预期性通货膨胀才有真实效应，而预期性通货膨胀没有实在性的效果，因为经济主体已采取相应对策抵消其影响了。

④ 需求拉上型通货膨胀、成本推进型通货膨胀和结构型通货膨胀。

按成因划分，通货膨胀分为需求拉上型通货膨胀、成本推进型通货膨胀和结构型通货膨胀。在下面分析通货膨胀的成因中具体阐述。

（3）通货膨胀的成因

虽然不同时期发生通货膨胀的原因是不同的，但从总量上讲，导致通货膨胀的压力主要是来自需求方面和供给方面。

① 当经济中需求的扩张超出总供给的增长时，过度需求就会拉动价格总水平持续上涨，从而引起通货膨胀。由于总需求是由有购买和支付能力的货币量构成，总供给则表现为市场上商品和服务的供给，因此，需求拉上的通货膨胀可以通俗地表述为"太多的货币追求太少的商品"。当出现这种情况时，就会使对商品和服务的需求超出了现行价格条件下可得到的供给，从而导致一般物价水平的上涨。

② 成本推进。

进入20世纪70年代后，西方发达国家普遍经历了高失业和高通货膨胀并存的"滞胀"局面。即在经济远未达到充分就业时，物价就持续上涨，甚至在失业增加的同时，物价也上升。而需求拉上论无法解释这种现象。于是许多经济学家转而从供给方面寻找通货膨胀的原因，提出了"成本推进论"。该理论认为，通货膨胀的根源并非总需求过度，而是由总供给方面生产成本上升所引起的。在通常情况下，商品的价格是以生产成本为基础加上一定的利润而构成的。因此，生产成本的上升必然导致物价水平的上升。供给型通货膨胀包括三种情况。

第一，工资推进的通货膨胀。即工资过度上涨所造成的成本增加而推动的价格总水平上涨。工资上涨使得生产成本增长，在既定的价格水平下，厂商愿意并且能够供给的数量减少，造成成本推进的通货膨胀。

第二，利润推进的通货膨胀。厂商为了谋求更大的利润导致的一般价格总水平的上涨，具有市场支配力的垄断和寡头厂商为了获得更高的利润而提高产品的价格，结果导致价格总水平上涨。

第三，进口成本推进的通货膨胀。如果一个国家生产所需要的一种重要原材料主要依赖于进口，那么进口商品的价格上升就会造成厂商生产成本的增加，导致成本推进的通货膨胀。

③ 供求混合作用。

需求拉上说撇开供给来分析通货膨胀的成因，而成本推进说则以总需求给定为前提条件来解释通货膨胀，二者都具有一定的片面性和局限性。尽管理论上可以区分需求拉上型通货膨胀与成本推进型通货膨胀，但在现实生活中，需求拉上的作用与成本推进的作用常常是混合在一起的。因此，人们将这种总供给和总需求共同作用情况下的通货膨胀称之为供求混合推进型通货膨胀。实际上，单纯的需求拉上或成本推进不可能引起物价的持续上涨，只有在总需求和总供给的共同作用下，才会导致持续性的通货膨胀。

④ 经济结构变化。

结构型通货膨胀，是指在供求基本平衡的条件下，由于部分关键性商品供求比例失调，或者由于经济部门发展不平衡而引起的通货膨胀。这类通货膨胀主要发生在发展中国家。发展中国家在经济发展过程中，由于人们收入增加较快以及先进国家消费模式"示范效应"的影响，使得这些国家的需求结构发生了巨大的变化：一方面对低档消费品的需求相对减少，另一方面对高档消费品的需求急剧增加，所以，即使整个经济中的总需求和总供给处于平衡状态时，由于经济结构方面的原因，导致有些部门存在失业和闲置生产能力的同时，另外一些经济部门的需求较大而供给缺乏弹性，导致物价总水平上涨也可能发生。

(4) 通货膨胀的负面影响

① 通货膨胀对社会再生产的负面影响。

首先，通货膨胀不利于生产的正常发展。通货膨胀初期，会对生产有一定的刺激作用，但这种刺激作用是递减的，随之而来的就是对生产的破坏性影响。在商品和劳务价格普遍上涨的情况下，能源、原材料价格上涨尤其迅速，生产成本提高，生产性投资风险加大，生产部门的资金，尤其是周期长、投资大的生产部门的资金会转向商业部门或进行金融投机，社会生产资本总量由此而缩小。由于投资风险加大，投资预期收益率下降，股息收入增长率低于利息率的上升，证券市场价格下跌，企业筹措资本困难，导致投资率下降。通货膨胀不仅使生产总量削弱，还会破坏正常的产业结构和产品结构。通货膨胀较严重的时候，投机活动猖獗，价格信号扭曲，在生产领域，投资少、周期短、产品投放市场快的加工业受到很大刺激。由于货币流通速度加快，购买力强劲，市场商品供应相对短缺，企业生产单纯追求周期短、见效快，产品质量下降，最终结果是质次价高的加工业产品生产过剩，而基础产业受到冷落。另外，通货膨胀使货币的价值尺度功能受到破坏，成本、收入、利润等均无法准确核算，企业的经营管理尤其是财务管理陷入困境，严重影响再生产活动的正常进行。

其次，通货膨胀打乱了正常的商品流通秩序。正常的商品流通秩序是，商品由生产企业制成后，经过必要的批发、零售环节，进入消费领域。在此过程中，生产企业和处于各流通环节的销售企业均获得正常合理的经营收入及利润，消费者也接受一个合理的价格水平。但是，在通货膨胀情况下，由于价格信号被严重扭曲，商品均朝着价格最高的方向流动，在投机利益的驱动下，商品会长期滞留在流通领域，成为倒买倒卖的对象，迟迟不能进入消费领域。由于地区间的物价上涨不平衡，商品追踪价格上涨最快和水平最高的地区，导致跨地区盲目快速地流动，加大了运输成本，一些商品从产地流向销地后，甚至会又从销地重新流回产地。由于国内市场商品价格上涨，必然会弱其在国际市场上的竞争能力，从而使国内商品流向国际市场的通道受阻。在通货膨胀的情况下，人们重物轻钱，严重时出现商品抢购，更有一些投机商搞囤积居奇，进一步加剧市场的供需矛盾。

再次，通货膨胀是一种强制性的国民收入再分配。国民收入经过物质生产部门内部的初次分配之后，会由于税收、信贷、利息、价格等经济杠杆的作用而发生再分配。通货膨胀对每个社会成员来说，最直接的影响就是改变了他们原有的收入和财富占有的实际水平。在物价普遍上涨的时期，每个社会成员都必须接受已经或正在上升的价格。由于各个社会成员的收入方式和收入水平不同，消费支出的负担不同，消费领域和消费层次也不尽相同。因此，在同样的通货总水平下，有的成员损失小，有的成员损失大，有的成员则是受益者。一般来说，依靠固定薪金维持生活的职员，由于薪金的调整总是慢于物价上升，因此是主要的受害群体。工人和雇员也是受害者，其受害的程度与他们所在的行业和企业在通货膨胀中的利润变动相关。处在产品价格大幅上升的企业的工人或雇员，名义工资可能增加，通货膨胀损失可以得到一定补偿，受害程度就小一些。雇主一般都会使工资的增长幅度小于物价上涨幅度，以谋求最大盈利。因此，雇主尤其是从事商业活动的雇主，是通货膨胀的受益者。其中，最大的受益者是那些经营垄断性商品、从事囤积居奇的专门的投机商。通货膨胀对分配的影响还表现在债权债务关系中，那些以一定利率借得货币的债务人，由于通货膨胀降低了实际利率，使他们的实际债务减轻，因而是受益者；而那些以一定利息为报酬持有债权的人，则由于实际利率下降而受到损失。

最后，通货膨胀降低了人们的实际消费水平。消费是生产的目的，消费水平是衡量社会成员生活质量的标准，消费的表现形式就是对商品使用价值或效用的直接占有和支配。但是，在商品货币经济条件下，人们对商品使用价值的占有和支配，一般都是要首先取得货币的方式，人们的收入首先表现为一定的货币数量，而由货币数量转换为真实的消费品还需要通过市场。因此，货币收入等于消费的前提是货币币值稳定。通货膨胀使币值下降，人们在分配中得到的货币收入因此而打了折扣，实际消费水平也就下降了。

② 通货膨胀对金融秩序的负面影响。

通货膨胀使货币贬值，当名义利率低于通货膨胀率，实际利率为负值时，贷出货币得不偿失，常常会引发居民挤提存款，而企业争相贷款，将贷款所得资金用于囤积商品，赚取暴利。对经营信用业务的银行来讲，其存贷款活动承担着很大的风险，不如将资金抽回转向商业投机。因此，银行业出现危机。金融市场的融资活动也会由于通货膨胀使名义利率被迫上升，导致证券价格下降，陷入困境。由于通货膨胀使生产领域受到打击，生产性投资的预期收益率普遍低落，而流通领域则存在过度的投机，工商业股票市场也因此处于不稳定和过度投机的状态。至于严重的通货膨胀，则会使社会公众失去对本位币的信心，从而大量抛出纸币，甚至会出现以物易物的排斥货币的现象。到了这种程度，一国的货币制度就会走向崩溃。

③ 通货膨胀发生时，对于以工资收入为生的人，如果收入不相应增加，则实际生活水平下降，这必然引起人们的不满，从而导致社会的不安定；通货膨胀加剧腐败，加剧社会两极分化和社会矛盾。当通货膨胀率高于银行存款利率时就出现负利率，负利率吞食了存款者的收入，而贷者却可以"坐吃利差"。那些存款的城乡居民、领取固定收入的社会成员，尤其是那些失业者，在通货膨胀时期所受到的打击更严重，因而社会两极分化会加剧，社会矛盾尖锐。通货膨胀降低了政府的声誉和权威。纸币是国家强制发行的价值符号，如果政府纸币发行过多，不能实现其价值，就会引起社会公众对政府的不信任，在某些突发事件的影响下，就可能出现大规模的抢购与挤兑。纸币是"经济选票"，与政治选票所不同的是，它不是对信任者投票，而是对不信任者投票。当相当部分居民不信任政府时，抢购和挤兑就难免发生。拉美的一些国家就是因为过度的通货膨胀而引起社会的动荡，导致政府下台的。

（5）通货膨胀的治理

① 紧缩的需求政策。

通货膨胀的一个基本原因在于总需求超过了总供给，因此，政府可以采取紧缩总需求的政策来治理通货膨胀。紧缩总需求的政策包括紧缩性财政政策和紧缩性货币政策。这部分将会在本书的经济政策中进行详细讲述。

② 积极的供给政策。

通货膨胀通常表现为物价上涨，也就是与货币购买力相比的商品供给不足。因此，在抑制总需求的同时，可以积极运用刺激生产的方法增加供给来治理通货膨胀。倡导这种政策的学派被称为供给学派，其主要措施有：

第一，减税。减税即降低边际税率（指增加的收入中必须向政府纳税的部分所占的百分比），一方面，边际税率的降低提高了人们的工作积极性，增加了商品供给；另一方面，它提高了储蓄和投资的积极性，增加资本存量。因而，减税可同时降低失业率和增加产量，从而彻底降低和消除由供给小于需求所造成的通货膨胀。

第二，削减社会福利开支。削减社会福利开支是为了激发人们的竞争性和个人独创性，以促进生产的发展，增加有效供给。

第三，适当增加货币供给，发展生产。适当增加货币供给会产生积极的供给效应。适当增加货币供给会降低利率，从而增加投资，增加产量，导致总供给曲线向右移动，使价格水平下降，从而抑制通货膨胀。

第四，精简规章制度。精简规章制度就是给企业等微观经济主体松绑，减少政府对企业活动的限制，让企业在市场经济原则下更好地扩大商品和劳务供给。

③ 从严的收入政策。

确切地说，收入政策应被称为"工资—价格政策"。收入政策主要针对成本推动型通货膨胀，通过对工资和物价上涨进行直接干预来遏制通货膨胀。从发达国家的经验来看，收入政策主要采取了以下措施：

第一，工资—物价指导线。政府根据长期劳动生产率的平均增长率来确定工资和物价的增长标准，并要求各部门将工资—物价的增长控制在这一标准之内。工资—物价指导线是政府估计的货币收入的最大增长限度，每个部门的工资增长率均不得超过这条指导线。只有这样才能维持整个经济中每单位产量的劳动成本的稳定，因而预定的货币收入增长就会使物价总水平保持不变。

第二，以税收为基础的收入政策。政府规定一个恰当的物价和工资增长率，然后运用税收的方式来惩罚物价和工资超过恰当增长度的企业与个人。如果工资和物价的增长保持在规定的幅度内，政府就以减少个人所得税和企业所得税作为奖励。这种形式的收入政策仅仅以最一般的形式被尝试过。

第三，工资—价格管制及冻结。政府颁布法令强行规定工资、物价的上涨幅度，甚至在某些时候暂时将工资和物价加以冻结。这种严厉的管制措施一般在战争时期较为常见，但当通货膨胀非常严重、难以对付时，和平时期的政府也可能求助于它。

2. 通货紧缩

（1）通货紧缩的概念与标志

综合大多数国内外经济学家对通货紧缩所作的定义，通货紧缩是指由于货币供给量相对于经济增长和劳动生产率增长等要素的减少而导致的有效需求不足、一般物价水平持续下降、货币供应量持续下降和经济衰退等现象。从本质上说通货紧缩是一种货币现象，表现为物价水平持续、普遍地下降。通货紧缩也是一种实体经济现象，它通常与经济衰退相伴，表现为投资的边际效益下降和投资机会相对减少，信贷增长乏力，消费和投资需求减少，企业普遍开工不足，非自愿失业增加，收入增加速度持续放慢，市场普遍低迷。判断是否出现了通货紧缩，一是看通货膨胀率是否由正转变为负；二是看这种下降是否超过了一定的期限。

按通货紧缩的程度不同，可将其分为轻度通货紧缩、中度通货紧缩和严重通货紧缩。轻度通货紧缩是指通货膨胀率持续下降，由正值变为负值的情况。通货膨胀率负增长超过一年且未出现转机的情况可视为中度通货紧缩。中度通货紧缩继续发展，持续时间在两年左右，或物价降幅达到两位数,这种情况就是严重通货紧缩。严重的通货紧缩往往伴随着经济衰退。

通货紧缩的标志如下:

第一,价格总水平持续下降。这是通货紧缩的基本标志。这里一个典型的例子是发生在1929—1933年美国的经济危机期间,严重的通货紧缩与经济大萧条相伴随。危机期间,美国股市暴跌了85%,消费价格指数下降近25%,农副产品批发价格指数下降45%,企业投资下降85%,工业生产下降47%,国民生产总值下降约30%,货币供应量年均递减10%。大批工厂、银行倒闭,失业人数激增,居民收入锐减。严重的通货紧缩使美国经济遭受沉重打击。

第二,货币供应量持续下降。

第三,经济增长率持续下降。通货紧缩虽然不是经济衰退的唯一原因,但是通货紧缩对经济增长的威胁是显而易见的。通货紧缩使商品和劳务价格变得越来越便宜,但由于这种价格下降并非源于生产效率的提高和生产成本的降低,因此,势必减少企业和经营单位的收入;企业单位被迫压缩生产规模,又会导致失业;社会成员收入下降必然影响社会消费,消费减少又会加剧通货紧缩;由于通货紧缩,人们对经济前景看淡,反过来又影响投资;投资消费缩减最终会使经济陷入衰退。

(2) 通货紧缩的原因

引发通货紧缩的原因较多,既有货币因素,又有非货币因素;既有生产方面的原因,又有管理方面的原因;既有国外的原因,也有国内的原因。根据近代世界各国发生通货紧缩的情况进行分析,大体有以下几个方面。

第一,紧缩性的货币与财政政策。在实行反通货膨胀政策时,一国政府通常要采取紧缩性的货币政策或财政政策,大量控制贷款或削减政府开支,限制工资增长等,这一方面有利于控制物价上涨幅度,但另一方面就有可能导致货币供应不足,社会需求过分萎缩,市场出现疲软,出现政策紧缩型的通货紧缩。在实行反通货膨胀政策时,往往出现通货膨胀势头已得到抑制,而实施的从紧的财政政策和货币政策仍有一定的惯性,或是主管部门未能适时调整政策,这时政策的负面影响就会显现。

第二,经济周期的变化。经济周期达到繁荣的高峰阶段,生产能力大量过剩,产品供过于求,可引起物价下跌,出现经济周期型的通货紧缩。

第三,投资和消费的有效需求不足。当预期实际利率进一步降低和经济走势不佳时,消费和投资会出现有效需求不足,导致物价下跌,形成需求不足型通货紧缩;金融体系效率较低,金融机构不愿意贷款或提高贷款利率,便会出现"信贷紧缩"。由于信贷过度扩大产生大量不良投资和坏账时,金融机构"惜贷"引起信用紧缩,也会减少社会总需求,导致通货紧缩。

第四,结构失调。如果由于前期经济中的盲目扩张和投资,造成了不合理的供给结构和过多的无效供给,当积累到一定程度时必然会加剧供求之间的矛盾。一方面许多商品无法实现其价值,会迫使其价格下跌;另一方面大量货币收入不能转变为消费和投资,减少了有效需求,就会导致结构型通货紧缩。另外,在经济发展的基础上,居民消费经历着由低向高的发展过程,消费结构不断调整,在消费升级中往往出现某些原来式样的消费品相对饱和,销售不旺。同时,居民增加储蓄,以备进入下一阶段的高档消费。消费结构变化了,若生产结构的调整跟不上,必然形成消费增长放慢、市场需求和物价疲软不振的现象。

第五，国际市场的冲击。对于开放程度很大的国家，在国际经济不太景气的情况下，会受到很大的影响，表现在出口下降，外资流入减少。出口下降会导致出口产品价格下降，而出口产品价格下降也会拉动国内可比产品价格的下降。外资流入的下降，对经济增长不利，而经济增长速度放慢，自然又促使物价进一步下降。

本币汇率高估，会减少出口，扩大进口，加剧国内企业经营困难，促使消费需求趋减，导致物价持续下跌，出现外部冲击型的通货紧缩。

（3）通货紧缩的危害

① 加速经济衰退。通货紧缩导致的经济衰退表现在三个方面：一是物价的持续、普遍下跌使得企业产品价格下跌，企业利润减少甚至亏损，这将严重打击生产者的积极性，使生产者减少生产甚至停产，结果使社会的经济增长受到抑制；二是物价的持续、普遍下跌使实际利率升高，这将有利于债权人而损害债务人的利益。而社会上的债务人大多是生产者和投资者，债务负担的加重无疑会影响他们的生产与投资活动，从而对经济增长带来负面影响；三是物价下跌引起的企业利润减少和生产积极性降低，将使失业率上升，实际就业率低于充分就业率，实际经济增长低于自然增长。

② 导致社会财富缩水。通货紧缩发生时，全社会总物价水平下降，企业的产品价格自然也跟着下降，企业的利润随之减少。企业盈利能力的下降使得企业资产的市场价格也相应降低。而且，产品价格水平的下降使得单个企业的产品难以卖出，企业为了维持生产周转不得不增加负债，负债率的提高进一步使企业资产的价格下降。企业资产价格的下降意味着企业净值的下降，财富的减少，在通货紧缩的条件下，供给的相对过剩必然会使众多劳动者失业，此时劳动力市场供过于求的状况将使工人的工资降低，个人财富减少。即使工资不降低，失业人数的增多也使社会居民总体的收入减少，导致社会个体的财富缩水。

③ 分配显现出负面效应。通货紧缩的分配效应可以从两个方面来考察，即社会财富在债务人和债权人之间的分配以及社会财富在政府与企业、居民之间的分配。从总体而言，经济中的债务人一般为企业，而债权人一般为居民，因此，社会财富在债务人与债权人之间的分配也就是在居民和企业之间的分配。

企业在通货紧缩的情况下，由于产品价格的降低，使企业利润减少，而实际利率升高，使作为债务人的企业的收入又进一步向债权人转移，这又加重了企业的困难。为维持生计，企业只有选择筹集更多的债务来进行周转，这样企业的债务总量势必增加，其债务负担更加沉重，由此企业在财富再分配的过程中将处于更加恶劣的位置。如此循环往复，这种财富的分配效应不断得到加强。

④ 可能引发银行危机。与通货膨胀相反，通货紧缩有利于债权人而有损于债务人。通货紧缩使货币越来越昂贵，这实际上加重了借款人的债务负担，使借款人无力偿还贷款，从而导致银行形成大量不良资产，甚至使银行倒闭，金融体系崩溃。因此，许多经济学家指出："货币升值是引起一个国家所有经济问题的共同原因。"

（4）通货紧缩的治理

世界各国对治理通货紧缩都比较重视，治理通货紧缩的政策措施通常包括以下几个方面：

① 实行积极的货币政策。综合运用货币政策工具中的信贷政策、利率政策、准备金政策或公开市场业务，适时增加货币供给量，降低实际利率。密切关注金融机构的信贷行为，

通过灵活的货币政策促使金融机构增加有效贷款投放量，以增加货币供给。

② 实行积极的财政政策。扩大财政支出，可以弥补个人消费需求不足造成的需求减缓。

③ 优化供给结构。使供给在品种、数量及价位等方面更好地适应消费者的偏好及其需求，并适当超前地适应消费者的未来需求，减少部门或行业的投资，鼓励新兴部门或行业发展，这样既可以减少重复投资和不良投资，又可以建立新的经济增长点，调节有效需求不足，促进新的经济周期的形成。

案例分析

央行于 2015 年 2 月 28 日再次宣布降息：自 2015 年 3 月 1 日起下调金融机构人民币贷款和存款基准利率。金融机构一年期贷款基准利率下调 0.25 个百分点至 5.35%；一年期存款基准利率下调 0.25 个百分点至 2.5%，同时结合推进利率市场化改革，将金融机构存款利率浮动区间的上限由存款基准利率的 1.2 倍调整为 1.3 倍。距离上次降息时距离 3 个月。央行称，此次利率调整的重点就是要继续发挥好基准利率的引导作用，进一步巩固社会融资成本下行的成果，为经济结构调整和转型升级营造中性适度的货币金融环境。分析人士指出，在经济下行压力较大、通缩风险加剧的宏观背景下，"松紧适度"的货币政策将更偏松，货币政策将进入降息降准的通道。而为了更好地拉动经济增长，除货币政策之外，财政政策也应更为积极。

央行有关负责人表示，自 2014 年 11 月 22 日中国人民银行下调存贷款基准利率并进一步推进利率市场化改革以来，随着基准利率引导作用的发挥及各项政策措施的逐步落实，金融机构贷款利率有所下降，社会融资成本高问题得到一定程度的缓解。受经济结构调整步伐加快以及国际大宗商品价格大幅下降的影响，近几个月以来，消费物价涨幅有所回落，工业品价格降幅扩大，对实际利率水平形成推升作用。当前物价涨幅处于历史低位，为适当使用利率工具提供了空间。

此次降息符合市场预期。主流专家和市场人士均认为，从不少宏观经济指标来看，经济下行压力仍大，通货紧缩苗头显现，在这种情况下，降息是必然的选择。中债资信宏观研究部分析师贾书培表示，此次降息的背景是，1 月份、2 月份经济增长偏弱，通胀较低导致实际利率水平较高。

思考问题：央行连续两次降息的目的是什么？这种降息方式对货币供给量会有什么影响？

评析提示：通货紧缩风险打开降息空间，央行通过降低存贷款基准利率，来扩大货币供给量。

知识拓展

通缩来了该怎么办？

在通缩的情况之下，投资理财策略肯定要发生变化，例如同样是按揭购房，通缩可能使购房人拥有房产的价值远远低于他们所承担的债务。那么现金、股票、债券、硬资产等又会怎样？

1. 关于现金

在通缩环境中，当然是现金为王。虽然持有现金没有太多利息收益，因为那时，储蓄类产品的利率、货币市场基金的收益率会比较低，但物价下跌相当于现金增值，且持有现金能拥有最大的灵活性。

2. 关于股票

一般来说，通缩对于股票有短期提振的作用，因为有降息降准的预期，但长久的通缩对股票而言则是一个坏消息。持续的物价下跌和需求疲软最终会导致企业利润减少，从而打压股价。

如果要投资股票，则需要选择现金充足、低债务率、派息稳定，产品即使在经济低迷时期也会有人购买的企业，例如消费必需品公司。而金融类公司要尤其小心，由于借款人偿付能力下降可能面临大量的债务违约，贷款需求也会减少，冲击这类公司的盈利能力。

3. 关于硬资产

在通缩环境下，大宗商品、房地产和其他硬资产的价格往往会出现下跌，特别要当心商业地产和住宅地产，以及该领域的房地产信托基金等。但对于黄金可能要另眼相看，黄金既可以抵御通胀，也可以用来对付通缩，因为政府往往会印更多的钞票来应对通缩，从而引发未来通胀的恐惧，推动黄金价格的上涨。

4. 关于债券

通缩的状况之下，期限长的政府债往往表现良好。固定收益的国债是防御通缩最好的武器，因为收益率是锁定的。

5. 关于债务

通胀情况下是利于借款人，而通缩情况下则有利于债务人，如果不得不承担一些债务，尽可能缩短借款期限，最好提前还清贷款。

任务3 金融概述 Misson three

任务描述

本任务主要讲解金融的内涵、直接融资和间接融资、金融对经济发展的作用。

任务知识

一、如何理解金融

金融从字面意义上来理解，就是融通资金与筹集资金。

金融是现代经济体系的核心，所有经济主体都是在一定的金融环境背景下从事各类经济活动，作出各种经济决策的。广义的金融包含一个国家的所有经济单位、个人及政府与货币、资本、信用、证券等有关的经济活动、经济行为及其体现的各种关系；狭义的金融指以存贷、信用、资本、证券、外汇等金融工具为载体，以银行、证券和保险公司等金融组织为中心的各种借贷、资本交易、债券与债券转移等经济活动。具体地说，金融是指以货币资金的融通；融通的主要对象是货币和货币资金；融通的方式是信用方式；组织这种融通的机构是金融机构。可以从以下几方面来理解金融：

金融包括企业、政府与家庭的融资，包括对资本积累与配置问题及微观企业资金运用问题的研究，要对资本市场的运行与金融工具的定价进行分析。

金融由金融工具与金融服务、金融市场与金融机构组织、金融调控与金融监管方式三个方面组成。

由于金融活动首先是从货币的出现开始的，并始终与货币联系在一起，所以金融的定义、范畴始终与货币的含义、范畴联系在一起，并始终包含着货币的范畴。货币在发展，货币的概念、内涵在扩大，金融的概念也在扩大。

金融是一个动态概念。无论是狭义还是广义的金融，其内涵都是随着金融工具、金融市场与金融组织的发展变化，随着金融业务活动的发展变化以及经济发展水平的变化而不断变化的，并将继续发展与变化。

二、直接融资和间接融资

融资活动是资金由盈余的一方（资金供给者）向资金短缺的一方（资金需求者）流动，促使储蓄向投资转化，实现资金融通。资金盈余者与短缺者之间的融资方式，从大的方面看，可分为直接融资与间接融资两类。

（一）直接融资

1. 含义

直接融资是指资金供给者与资金需求者运用一定的金融工具直接形成债券债务关系的行为。资金供给者是直接贷款人，资金需求者是直接借款人，双方可以直接协商或在金融市场上由货币资金供给者直接购入货币资金需求者发行的债券或股票完成资金的融通。通常情况下，直接融资由经纪人或券商来安排交易，其特点是资金需求者自身直接发行金融工具给资金供给者，经纪人和券商等金融机构在直接融资中的作用仅是协助二者完成交易，充当服务中介角色。如图 2-1-8 所示。

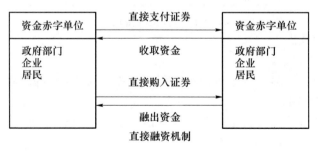

图 2-1-8

2. 直接融资的优缺点

（1）优点

① 资金供求双方直接联系，可以根据各自的融资条件，如期限、数量、利率水平等方面的要求实现融资，以满足各自的需要。

② 由于资金供求双方直接形成债权债务关系，债权方自然十分关注和支持债务人的经

营活动，债务人面对直接的债权人，在资金使用上会更讲求效益，在经营上也会有较大的压力，从而促进资金使用效益的提高。

③ 直接融资是通过证券市场的证券交易来实现的，它把资金供求双方直接置于市场机制的作用之下，使供求双方能够按照市场确定的价格来进行资金的交易。

④ 有利于筹集长期投资资金。通过发行长期性债券和股票，由此筹集的资金均具有稳定、可长期使用的特点，从而提高筹资效率。

（2）直接融资的缺点

① 直接融资的成本，如交易成本和信息成本较高。

② 直接融资双方在资金分量、期限、利率等方面受到的限制较多，对金融市场和金融工具的依存度较高。

③ 对资金供给者来说，要承担筹资方不能如期支付及二级市场价格波动的风险。

（二）间接融资

1. 含义

间接融资是指资金供给者与资金需求者通过金融中介机构间接实现融资的行为。其中，资金供给者与资金需求者不是分别作为直接贷款人和直接借款人出现的，它们之间不构成直接的债权债务关系，而是分别与金融中介机构发生信用关系，成为金融中介机构的债权人或债务人。间接融资的特点是金融中介机构自身通过发行间接债务凭证，将货币资金供给者的资金引向货币资金需求者。在此过程中，金融中介机构充当信用中介的角色。如图 2-1-9 所示。

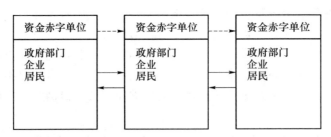

图 2-1-9　间接融资机制

2. 间接融资的优缺点

（1）优点

① 在筹资上可积少成多，金融机构可利用网点多、资金起点低等特点，广泛筹集社会各方闲置资金，形成巨额资金。

② 间接融资以金融机构为资金中介，融资活动的成本较低，融资风险由多样化的资产和负债结构分散承担，安全性较高。

③ 作为间接融资主体的金融中介机构，一般有相当的规模，其资金实力也较雄厚，可运用专业人员提供投资的专家服务和专家分析，也有能力利用现代化的工具从事金融活动，提高金融业的规模经济水平。

④ 间接融资除了发挥信用媒介作用，加速资金由储蓄向投资转化外，还具有信用创造的功能，满足经济发展对货币的需求。

（2）间接融资的缺点

① 资金的供给者与需求者间加入了金融中介，使双方的直接联系被隔断，在一定程度

上减少了投资者对企业生产的关注和筹资者对资金使用的压力和约束。

② 在间接融资中,筹资只能按照中介规定的方式、期限和用途使用资金,灵活性较小。

③ 间接融资可能造成货币资金的过度膨胀或紧缩,影响经济的平稳运行。

三、金融对经济发展的作用

(一) 金融对经济发展的促进作用

1. 促进储蓄和投资的增长

经济发展需要大量资金推进,而储蓄是提供资金的重要来源之一,特别是在经济从不发达走向发达的过程中,储蓄率的高低起着决定性的作用。几乎所有的国家在发展过程中都伴随着储蓄率的上升,其中最具有代表性的是日本。日本在 20 世纪 50 年代到 70 年代的高速发展时期,储蓄率曾达到 40% 的水平。在促进储蓄率上升的因素中,金融是最重要的一个因素:一方面,把分散的储蓄者用于投资或储蓄的资金集中起来需要大量信息和投资渠道,发挥规模经济的优势,而流动性金融市场增强金融工具的多样性和流动性、满足持有多样化证券组合的需要;另一方面,动员储蓄牵涉大量筹资企业与拥有剩余资金的诸多投资者,金融中介能以最低的交易成本和信息成本最大量地动员储蓄,有效避免信息不对称的弊端。

2. 降低了交易成本

货币的产生,大大降低了物物交换中因需求和时间双重巧合的困难而存在的用于评估商品品质、掌握商品信息的单位交易成本,使交换更加便利,从而实现市场范围扩大和专业化程度提高。随着经济货币化程度的提高和单位交易成本与信息成本的下降,这一作用更为显著。

3. 优化资源配置,提高资本效率

首先,金融能降低长期投资的流动性风险。高收益的投资项目需要长期的资金占用,为此储蓄者必须承担因资金长期被占用而产生的资金流动性风险,以致不愿长期投资。而资本市场交易、各种金融工具的创新、金融中介的往来存款业务以及针对外部冲击对流动性投资和非流动性投资进行的动态均衡组合中,金融具有降低和分散流动性风险的能力。其次,金融的存在能大大节约信息成本,金融中介具有比个体储蓄投资者更强的获取与处理众多企业、管理者及经济环境方面信息的能力和专业评估技术,这使得它为其成员提供投资信息服务的成本比个体储蓄投资者通过个人努力获取信息的成本要低得多。最后,金融体系能降低监督成本,改进对资金使用者的监督。

除此之外,金融业为社会提供大量就业机会,加速科技成果向现实生产力的转化,并促进经济全球一体化的发展,这些都不同程度地为经济发展作出了贡献。

(二) 金融对经济发展的阻碍作用

1. 使金融风险客观存在

金融业是高负债经营的行业,自由资金所占比重小,资金来源主要依靠将其对零散储户的流动性负债转化为对借款人的非流动性债券来实现,但这有两个前提条件:一是储蓄者对金融机构有信心;二是金融机构对借款人的筛选和监督高效准确。由于不确定这两个条件能否满足,金融风险就客观存在。

2. 使金融风险具有很强的传染性

首先,金融机构作为储蓄和投资的信用中介组织,它的经营失策必将连锁造成众多储蓄者和投资者蒙受损失；其次，银行创造存款货币扩张信用的功能也使金融风险具有数倍扩散的效应；再次，银行同业支付清算系统把所有银行联系在一起，任一银行的支付困难都可能酿成全系统的流动性风险；最后，信息不对称会使某一金融机构的困难被误认为是全金融业的危机，从而引发恐慌。金融的这些特殊性令其风险相对其他行业而言具有快速、面广的特点，使局部性金融困难能快速演变成全局性金融动荡甚至经济危机。

3. 加剧了金融危机的破坏性

全球经济一体化、国际市场的迅猛发展以及科技进步使得各地区金融资源融合和互动的规模加大、速度快，一国或一地区的金融风险能很快传染到别国或别的地区。与此同时，信用存在的有借有还、借新还旧、贷款还息等特点以及银行垄断或政府干预等外在因素又很容易将其掩盖，使其得不到及时解决并日益严重。等到这种金融风险渐进积累到一定程度爆发时，就已演变成金融危机，并加剧对经济和社会的破坏。

案例分析

2015 年 3 月 2 日，24 家公司的 IPO 申请获证监会核准，成为羊年首批拿到 IPO 批文的公司。其中，拟登陆上交所的有 12 家，深交所中小板 4 家、创业板 8 家。羊年春节刚刚过去，首场打新盛宴就开启在即，本周 24 只新股密集发行，昭示着去年以来的 IPO 加速已成常态。而证监会网站 3 月 6 日晚间消息称，宁波美康生物科技股份有限公司、广州航新航空科技股份有限公司等 4 家公司首发申请过会。另根据证监会羊年首次数据发布显示，截至 2015 年 3 月 5 日，中国证监会受理首发企业 610 家，其中，已过会 18 家，未过会 592 家。未过会企业中正常待审企业 191 家，中止审查企业 401 家。值得注意的是，新进入 IPO 排队行列的中科院成都信息技术股份有限公司（简称：中科信息）刚于 3 月 6 日披露招股说明书，其为四川 2015 年来第二家新进入 IPO 排队行列的公司，也是羊年春节后的第一家川企。

思考问题：材料中通过 IPO 审批的公司即将首次公开募集资金，这种募集资金的方式属于哪种融资方式？

评析提示：直接融资方式。

知识拓展

融资方式的一种：IPO

首次公开募股（Initial Public Offerings，IPO）是指一家企业或公司（股份有限公司）第一次将它的股份向公众出售（首次公开发行，指股份公司首次向社会公众公开招股的发行方式）。

通常，上市公司的股份是根据相应证券会出具的招股书或登记声明中约定的条款通过经纪商或做市商进行销售。一般来说，一旦首次公开上市完成后，这家公司就可以申请到证券交易所或报价系统挂牌交易。有限责任公司在申请 IPO 之前，应先变更为股份有限公司。

另外一种获得在证券交易所或报价系统挂牌交易的可行方法是在招股书或登记声明中约定允许私人公司将它们的股份向公众销售。这些股份被认为是"自由交易"的，从而使得这家企业达到在证券交易所或报价系统挂牌交易的要求条件。大多数证券交易所或报价系统对上市公司在拥有最少自由交易股票数量的股东人数方面有着硬性规定。

项目小结

任务	任务知识点	知识内容
金融导论	货币与货币制度	货币的产生与发展 1. 货币的起源：货币起源于商品，是商品生产和商品交换发展到一定程度的产物。 2. 商品价值形式的演变及货币的出现。 第一阶段：简单的（或偶然的）价值形式。 第二阶段：扩大的价值形式。 第三阶段：一般的价值形式。 第四阶段：货币价值形式。 3. 货币的本质： （1）货币是一般等价物。 （2）货币体现一定的社会生产关系。 4. 货币形式的发展演进。 （1）实物货币：以各种自然物品充当一般等价物的材料，也称自然物货币或商品货币。 （2）金属货币：以金属如铜、银、金等作为材料的货币称为金属货币。 （3）代用货币：典型的代用货币是可兑换的银行券。 （4）信用货币：辅币、纸币、银行存款、电子货币等。
		货币的职能： 1. 价值尺度职能。 2. 流通手段职能。 3. 储藏手段职能。 4. 支付手段职能。 5. 世界货币职能。
		货币制度 1. 货币制度的构成要素主要包括：货币材料的确定；货币单位的确定；通货铸造或印刷、发行；流通制度；货币储备制度。 2. 货币制度的类型 （1）金属货币制度：经历了银本位制、金银复本位制、金本位制。 （2）金银复本位制度：金银复本位制的三种形态是平行本位制、双本位制、跛行本位制。 （3）金本位制：主要形式有金币本位制、金块本位制和金汇兑本位制。 3. 国际货币制度：国际货币制度经历了从国际金本位制到布雷顿森林体系再到牙买加体系的演变。
	货币供求与均衡	货币流通 1. 货币流通，是在商品流通过程中，货币作为流通手段和支付手段所形成的连续不断的运动。 2. 货币流通渠道：由现金流通与存款货币流通两种形式共同构成。
		货币需求 1. 主要货币需求理论：包括费雪的现金交易说、剑桥学派的剑桥方程式、凯恩斯货币需求理论、弗里德曼货币需求理论。 2. 影响货币需求的因素主要包括：收入状况、物价水平、货币流通速度、金融资产选择、信用体系的发达程度。
		货币供给 1. 货币层次：货币层次的划分是以流动性为依据。 2. 现代经济条件下的货币供给机制是由两个层次构成的货币供给形成系统。第一层次是商业银行通过派生存款机制，向流通供给货币的过程；第二层次是中央银行通过调节基础货币量而影响货币供给的过程。
		货币均衡与货币失衡 货币供求状况可分为货币均衡和货币失衡两种状况，其中货币失衡通常表现为通货膨胀和通货紧缩。
	金融概述	如何理解金融 1. 广义的金融包含一个国家的所有经济单位、个人及政府与货币、资本、信用、证券等有关的经济活动、经济行为及其体现的各种关系。 2. 狭义的金融指以存贷、信用、资本、证券、外汇等金融工具为载体，以银行、证券和保险公司等金融组织为中心的各种借贷、资本交易、债券与摘取转移等经济活动。
		直接融资和间接融资 1. 直接融资是指资金供给者与资金需求者运用一定的金融工具直接形成债券债务关系的行为。 2. 间接融资是指资金供给者与资金需求者通过金融中介机构间接实现融资的行为。

职业能力训练

一、单选题（每题只有一个正确答案）

1. 货币的本质特征是充当（　　）。
   A. 普通商品　　B. 特殊商品　　C. 一般等价物　　D. 特殊等价物

2. 货币在（　　）时执行流通手段的职能。
   A. 商品买卖　　B. 缴纳税款　　C. 支付工资　　D. 表现商品价值

3. 某公司以延期付款方式销售给甲一批商品，甲到期偿还欠款，货币执行（　　）的职能。
   A. 支付手段　　B. 流通手段　　C. 购买手段　　D. 储藏手段

4. 在一国货币制度中，（　　）是不具有无限法偿能力的货币。
   A. 主币　　B. 本位币　　C. 辅币　　D. 都不

5. 关于货币数量论的货币需求理论，费雪方程式中强调了货币的功能是（　　）。
   A. 货币作为一种资产的功能　　B. 货币的交易手段功能
   C. 货币的价值尺度功能　　D. 货币储藏功能

6. 凯恩斯的货币需求理论认为，人们的交易动机和预防动机决定的货币需求取决于（　　）。
   A. 货币供给　　B. 利率水平　　C. 收入水平　　D. 社会供给

7. 根据我国的货币层次的划分情况，M_2可被定义为广义的货币供应量，它包括（　　）。
   A. 流通中的现金和单位活期存款
   B. 流通中的现金、单位活期存款、个人储蓄存款、单位定期存款、居民储蓄存款和其他存款
   C. 流通中的现金、单位活期存款、个人储蓄存款和单位定期存款
   D. 流通中的现金、单位活期存款、个人储蓄存款、单位定期存款、居民储蓄存款和其他存款、商业票据、大额可转让存款

8. 间接融资中，资金供给者和资金需求者不直接构成债权债务关系，而是分别与（　　）发生信用关系。
   A. 政府机构　　B. 金融市场　　C. 金融中介机构　　D. 银行

二、多选题（每题至少有两个正确答案）

1. 货币最基本的职能包括（　　）。
   A. 价值尺度　　B. 流通手段　　C. 支付手段
   D. 储藏手段　　E. 世界货币

2. 货币制度的构成要素包括（　　）。
   A. 货材的确定　　B. 货币单位的确定　　C. 币种的确定
   D. 发行准备　　E. 发行主体

3. 根据凯恩斯货币需求理论，人们的货币需求行为决定于以下的几种动机，即（　　）。
   A. 金融管制的放松　　B. 交易动机　　C. 预防动机
   D. 投机动机　　E. 经济变革

4. 在市场经济体制下，货币供给过程依靠不同的参与主体来完成，主要有（　　）。

A. 存款机构 　　　　B. 中央银行 　　　　C. 储户
D. 证券机构 　　　　E. 保险机构

5. 商业银行以原始存款为基础，通过其特有的信用创造机制来完成存款创造，那么顺利实施存款创造的基本前提必须是（　　）。

A. 信用借贷制度 　　　B. 部分准备金制度 　　C. 全额准备金制度
D. 部分现金结算制度 　E. 全额现金结算制度

6. 关于直接融资，下列说法正确的是（　　）。

A. 经纪人和券商等金融机构仅仅充当服务中介的角色
B. 资金需求者和资金供给者通过运用一定的金融工具完成资金融通
C. 直接融资是通过证券市场的证券交易来实现的
D. 直接融资的交易成本较低
E. 资金需求者可以发行短期性债券进行长期资金筹集

三、案例分析题（不定项选择题）

中国人民银行的数据显示，截至2013年3月末，中国的广义货币（M_2）供应量突破了100万亿的大关，位居世界第一，约占世界货币供应总量的四分之一。数据显示，自2008年国际金融危机爆发后，中国的广义货币（M_2）供应量从当年的47.52万亿人民币，以每年跨越一个"10"万亿的速度，四年间增长了近一倍。

1. 划分货币层次的依据是（　　）。

A. 变现能力 　　　B. 安全性 　　　C. 流动性 　　　D. 收益性

2. 我国货币层次的划分中，（　　）属于狭义货币。

A. 流通中的现金
B. 流通中的现金＋活期存款
C. 流通中的现金＋活期存款＋准货币
D. 活期存款＋金融债券

3. 货币供给过程中的参与者主要包括（　　）。

A. 中央银行 　　B. 货币存款机构 　　C. 储户 　　D. 政府

4. 货币供给过程中的最初环节是（　　）。

A. 中央银行供应基础货币
B. 商业银行发放贷款
C. 储户存款
D. 商品交换

项目综合实训

通货膨胀原理分析综合实训

1. 任务目标

使学生更直观地了解通货膨胀形成机理，引导学生利用CPI来测度通货膨胀率。

2. 任务描述

假设买三种饮料A、B、C，每个学生有30元可用于购买饮料。

实验有七个阶段。在开始阶段，每种饮料定价5元。开始阶段也是计算饮料价格指数的基期的六个阶段价格是变化的，由教师给定。每个阶段学生用30元可以自由购买饮料，最后两个阶段，一种新产品D也可供学生购买。学生将不同阶段的购买决策记录下来。根据一揽子固定数量的典型商品A、B、C的不同组合（如3A、2B、1C和2A、2B、2C）并根

143

据 CPI 的计算公式

$$\left(\text{CPI} = \frac{\text{现期"一揽子固定数量的典型商品"的价格}}{\text{基期"一揽子固定数量的典型商品"的价格}} \times 100\right)$$ 和通货膨胀率的计算公式

$$\left(\text{通货膨胀率} = \frac{\text{现阶段 CPI} - \text{上一阶段 CPI}}{\text{上一阶段 CPI}}\right)$$ 计算其六个阶段的 CPI 指数和通货膨胀率。

3. 任务准备

（1）确定"一揽子固定数量的典型商品"；

（2）将第一期作为基期；

（3）要求学生独立填写六个阶段的意愿购买量；

（4）准备记录工作表。

4. 任务步骤

（1）确定"一揽子固定数量的典型商品"。

首先，教师告诉学生，CPI 的计算方法一般采用国际货币基金组织认可，也是大多数国家使用的以基期不变价格为基础的定基方法。因此，计算价格指数时，要确定一揽子固定数量的典型商品，即较多的学生在基期的价格上愿意购买不同饮料的数量组合。记录每一个阶段的价格和购买数量，见表 2-1-2。

表 2-1-2

商品	一篮子固定数量的典型商品	
	价格（元）	数量（瓶）
A		
B		
C		

（2）计算饮料价格指数和通货膨胀率。

学生计算每个阶段的饮料价格指数和两个连续阶段间的通货膨胀率，学生的计算结果要填写在附件工作表中，可以使用计算器。

5. 任务成果

形成实训报告。

项目二
金融主体

 知识目标

1. 了解我国金融机构的分类及构成。
2. 掌握中央银行、商业银行、政策性银行的概念及基本业务。
3. 理解外资银行、非银行金融机构的概念及基本业务。

 能力目标

1. 能正确识别金融业务分别属于哪个金融主体。
2. 能分别到相应的金融主体办理正确的金融业务。

 导入案例

发挥市场在金融体系的决定性作用

当前中国国内的经济金融形势决定了新一轮金融改革不可能围绕修复金融机构的资产负债表展开,而将沿着市场发挥决定性作用的改革主线,促进金融体系的市场化改革进程,并以此促进经济结构调整和产业升级。

三中全会的《决定》中,多次提到要发挥市场在资源配置上的决定性作用。在金融体系中体现市场在资源配置中起决定性作用,直接表现为在金融体系中建设统一开放、竞争有序、平等交换的现代市场体系。推动金融要素的市场化改革,充分体现市场对要素的决定性作用,具体来说至少应当包括以下几个方面的内容:

（1）允许更多市场对象和交易主体逐步自由进入金融体系，降低金融体系的准入门槛。在金融体系中体现市场的决定性作用，要允许和鼓励更多社会资本进入金融行业，建立社会资本金融行业的规则，及时根据放松管制中出现的问题来完善金融监管体制。

（2）促进金融体系中不同市场主体的自由平等竞争。要求放松长期管制导致的不同领域之间的相互隔离，促使不同金融领域的金融机构的平等竞争，促使不同所有制性质、不同的金融机构平等竞争。

（3）促进金融市场的价格由市场决定。主要表现为利率和汇率的市场化决定机制，及时促进金融机构应对利率和汇率市场化的能力，建立相关的宏观审慎机制和活跃的金融机构的整合并购机制，提高整个金融体系效率。

（4）建立相应的金融机构退出机制。包括存款保险制度及事前要求金融机构建立经营失败之后的风险处置方案，或者在新批金融机构时设立特定的经营范围内以控制风险传染等。

金融体系的市场化，同样也包括通过金融服务的普惠化，使得更多社会资金可以进入到原来的金融机构较少覆盖到的一些领域，给原来的金融体系中得到金融服务较少的行业和个人提供金融服务，通过金融有效管理风险、降低社会不平等程度，提高社会福利。

（资料来源：巴曙松，白海峰．文汇报，2013-12-3）

思考： 我国的金融体系是什么样的？我国的金融机构包括哪些内容？

任务1 金融机构体系
Misson one

本任务主要讲解金融体系的构成及我国的金融机构体系。

金融主体就是参与金融市场活动的各类参与者。政府、企业、居民以及金融机构是构成活动主体的重要部分。其中，各类金融机构是构成金融活动主体的最主要部分。

一、金融机构体系的概念

金融机构是指以货币资金为经营对象，从事货币信用、资金融通、金融交易以及相关业务的组织机构。金融机构是金融体系的重要组成部分，是专门从事金融活动的金融组织，金融机构的存在，一方面创造了便利交易的金融工具；另一方面在金融交易活动的参与者之间推进资金流转，从而大大提高了金融体系的运行效率。

金融机构体系简称金融体系，一般是指一国所有从事金融活动的组织，按照一定结构形成的整体及其内部相互关系的总称。世界各国的金融机构体系不尽相同，但概括起来，一般都包含中央银行、商业银行、专业银行和非银行金融机构。其中，中央银行是金融机构体系的核心，商业银行是主体，专业银行和非银行金融机构是重要组成部分。

二、金融机构的性质与职能

（一）金融机构的性质

从金融机构产生的历史过程来看，它是一种以追逐利润为目标的金融企业。它所经营的对象不是一般企业所经营的普通商品，而是一种特殊的商品——货币资金。

金融机构与普通企业所不同的有以下两点：

（1）它的业务活动领域是货币信用领域，信用业务是其经营活动的主要特征。

（2）它和普通企业取得利润的方式不同，不是直接从生产和销售过程中取得，而是通过金融活动来取得。

（二）金融机构的职能

金融机构在信用高度发达的市场经济体系中具有以下几种职能：

1. 充当企业之间的信用中介

信用中介是金融机构最基本、最能反映其经营活动特征的职能。金融机构作为信用中介，一方面动员和集中一切闲置的货币资金，另一方面则借助于信用，把这些货币资金投向国民经济的各部门。

金融机构通过信用中介职能，实现资金盈余企业和资金短缺企业的资金融通，从而使借贷资金得到最有效的利用，在不改变社会资本总量的条件下，扩大了再生产的规模，加速提高了生产效率。

2. 充当企业之间的支付中介

金融机构作为支付中介，是指通过存款在账户上的转移，代理客户支付；在存款的基础上，为客户兑付现款等。在这里，金融机构成为工商企业的货币保管者、出纳员和支付代理人。金融机构之所以能成为企业支付的中介，是因为它具有较高的信誉和较多的分支机构。

金融机构作为支付中介，大大减少了现金的使用，加速了货币资金的周转，促进了社会再生产的扩大。

3. 变货币收入和储蓄为资本

这项职能是信用中介职能的延伸。金融机构作为信用中介，最初只是在资金盈余企业和资金短缺企业之间进行资金融通。随着银行事业的发展，个人收入和储蓄也被银行汇集起来，贷放给企业。这样，非资本的货币就转化为货币资本。

银行把非资本的货币转化为货币资本，扩大了社会资本的总量，从而使社会再生产以更快的速度增长。

4. 创造各种信用工具

此项职能是支付中介职能的延伸。由于银行支付中介职能的存在，流通中出现了银行券和支票这两种信用工具。这些信用工具被投入流通，代替了很大一部分金属货币的流通，从而既减少了流通费用，又为经济发展的需要提供了更多的流通手段和支付手段。非生产性流通费用的节约，使可利用到生产中去的资本数量增多。

随着银行支付中介职能的发展和电子计算机在银行业务中的运用，银行卡被广泛用于存取款和转账支付，如信用卡、支票卡、记账卡、灵光卡和自动出纳机卡等，目前已成为新型的金融服务工具。银行卡的使用，不仅减少了现金和支票的流通，而且使银行业务由于突破了时间和空间的限制，而发生了根本性的变化。

小 贴 士

灵光卡即记账卡、方便卡，是20世纪80年代初法国推出的一种带微型集成电路的塑料卡片，具有自动计算、数据处理和储存的功能。片卡可以记忆客户每笔收支和存款余额。将卡插入自动记录器即可办理各种支付。

自动出纳机就是一个钞箱加上一个点钞机，柜员只要输入需要取出的张数 钱就出来了，也可以存进去，主要是用在大客户交易或者VIP贵宾室等地方。

5. 金融服务职能

金融机构不仅作为工商企业的信用中介和支付中介，而且还发挥着金融服务职能。由于金融机构联系面广，信息比较灵通，特别是电子计算机在业务中的广泛应用，使其具备了为客户提供信息服务的条件，这样，咨询和决策服务便应运而生。工商企业生产和流通专业化的发展，要求把一些货币业务转交给金融机构代为办理，如代发工资、代理支付各项费用等。此外，金融机构还办理租赁业务、信托业务等各项金融服务性业务。由于金融业竞争日益激烈，迫使金融机构不断开拓金融服务的新领域，以增加利润。

三、现代金融体系的一般构成

（一）中央银行

中央银行是各国金融体系的核心，对内它代表国家对整个金融体系实行领导和管理，维护金融体系的安全运行，实施宏观金融调控，是全国货币金融的最高机构；对外它是一国货币主权的象征。

（二）商业银行

现代商业银行是以经营工商业存、贷款为主要业务，并为顾客提供多种服务，以盈利为目的的金融机构。它是唯一能够吸收活期存款的银行，因而也被称为存款货币银行。在现代市场经济中，商业银行在各种金融机构中，活动范围最广，资本最雄厚，机构数量最多，对经济的影响最深刻，是中央银行实施宏观调控的主要传导机构，是金融机构体系的主体。

（三）专业银行

专业银行是指专门经营指定范围业务和提供专门性金融服务的银行，各国专业银行种类甚多，主要包括投资银行、储蓄银行、农业银行、住房信贷银行、进出口银行、抵押银行、开发银行等。其特点有：

（1）专门性。专业银行是社会分工发展在金融业的表现，其业务具有专门性，服务对象是某一特定部门或领域。

（2）政策性。专业银行的设置往往体现了政府支持和鼓励某一地区或某一领域发展的政策指向，专业银行的贷款具有明显的优惠性。

(3) 行政性。专业银行的建立往往有官方背景，有的就是政府的银行或政府代理银行。

(四) 非银行金融机构

一般将中央银行、商业银行、专业银行以外的金融机构称作非银行金融机构。它们属于信用机构，如保险公司、养老基金组织、投资公司、邮政储蓄机构、信用合作社、金融公司等。

商业银行、专业银行和非银行金融机构三者主要区别如下：

(1) 资金来源不同。商业银行以吸收各类存款为主要资金来源；专业银行以财政拨款、吸收特定存款、发行债券为主要资金来源；非银行金融机构以发行股票、债券为主要筹资手段，往往不能吸收存款。

(2) 资金运用不同。商业银行的资金运用以发放贷款，特别是以短期周转性贷款为主；专业银行多为政策性银行，主要负责发放各类政策性贷款；非银行金融机构则主要从事某一类非贷款的金融业务，如保险、信托、证券、租赁等。

(3) 经营目的不同。商业银行和非银行金融机构作为金融企业，以盈利为目的；专业银行的经营目的在于贯彻政府的政策意图，多以保本微利为原则。

(4) 商业银行具有信用创造功能，而专业银行和非银行金融机构由于不办理支付结算业务，因而不具备信用创造功能。

当然，上述区别并非绝对化，近年来，随着金融创新的发展，各类金融机构之间业务相互交叉，界限也日趋模糊。

四、我国的金融机构体系

构成我国金融机构体系的金融机构按其地位和功能可以分为以下两类。

(一) 金融宏观调控和金融监管机构

它包括中国人民银行、中国银行业监督管理委员会（银监会）、中国证券监督管理委员会（证监会）和中国保险监督管理委员会（保监会），即"一行三会"。

中国人民银行是我国的中央银行，是国务院的组成部门，其职能为依法制定和执行货币政策，防范和化解金融风险，维护金融稳定，并提供必要的金融服务。

我国的金融业实行分业经营、分业监管模式，中国银监会是我国银行业的监管机构，负责对银行业以及非银行金融机构的监督和管理；中国证监会是我国证券业的监管机构，负责证券业和期货业的监督和管理；中国保监会是我国保险业的监管机构，负责保险业的监督和管理。

小 贴 士

中国人民银行（称央行或人行），是中华人民共和国的中央银行，中华人民共和国国务院组成部门之一，于1948年12月1日组成，总行位于北京，1996年9月9日加入国际清算银行，2005年8月10日在上海设立中国人民银行上海总部。根据《中华人民共和国中国人民银行法》的规定，中国人民银行在中国国务院的领导下，依法独立执行货币政策，履行职责，开展业务，不受地方政府、各级政府部门、社会团体和个人的干涉。2013年国庆期间中国人民银行圆满完成对大额实时支付系统、小额批量支付系统和网上支付跨行清算系统的升级改造,自 10 月 6 日起恢复运行。

(二) 经营性金融机构

经营性金融机构体系主要由银行金融机构和非银行金融机构构成。

1. 银行金融机构

(1) 商业银行

① 国有控股商业银行

国有控股商业银行,也称大型商业银行,在我国商业银行体系中处于主体地位。包括中国工商银行、中国银行、中国建设银行、中国农业银行和交通银行。这 5 家商业银行均已完成股份制改造,成为上市银行。这 5 家商业银行上市具有可以改善银行的股权结构、充实资本金、加强市场监督、树立良好的市场形象等方面的积极作用。上市不仅仅是为了筹资,其根本目的在于将国有控股商业银行变成真正市场化的主体,将本土优势与国际先进的管理模式、经验及技术有机结合,全面强化自身的竞争力,在金融市场全面开放的环境下与国际一流的超级银行正面竞争,并在竞争中不断发展壮大。目前,我国近 60% 的存贷款增量被五大国有控股商业银行掌握,业务涵盖面广泛、多元,代表着中国金融界最雄厚的资本和实力。

② 全国性股份制商业银行

自 20 世纪 80 年代后半期以来,随着金融体制改革的不断深化,我国陆续组建和成立了一批全国性股份制商业银行,包括:中信银行、华夏银行、招商银行、中国光大银行、民生银行、兴业银行、上海浦东发展银行、深圳发展银行、广东发展银行、浙商银行、恒丰银行、渤海银行等。这些银行股本结构不完全相同,但总体上以企业法人和地方财政入股为主,部分银行也有个人股份。

全国性股份制商业银行从组建开始就按照商业银行机制运行。尽管它们在资产规模、机构数量和人员总数方面还远不能与国有控股商业银行相比,但其资本、资产及利润的增长速度均高于国有控股商业银行,呈现较强的经营活力和发展势头。

目前,全国性股份制商业银行是我国银行体系的重要组成部分,在全国的主要中心城市都设有分支机构,主要优势有:一是成长性好。近几年来,全国性股份制商业银行的资产总规模持续增长;二是机制灵活,市场化程度较高。股份制商业银行成立伊始,就在"夹缝"中求生存,不靠政府靠市场,建立了"自主经营、自负盈亏、自求平衡、自我发展"的经营机制,在经营区域、业务和客户类别上获得了较大的自主空间;三是创新能力强。股份制商业银行面对激烈的竞争,采取市场化方式配置资源,金融创新意识和能力较强,在许多新兴业务领域(如投行、理财、托管业务等)取得了重要突破;四是协同成本较低。股份制商业银行管理层级较少,运行效率相对较高,协同成本较低;五是管理基础和人员基础较好。股份制商业银行没有历史负担,人均和网点平均效益较高。

③ 城市商业银行

城市商业银行的前身是城市信用社。我国原有的 5 000 余家城市信用社,有相当多的已失去合作性质,实际上已成为小型商业银行。为规避风险,形成规模,1995 年国务院决定,在城市信用社清产核资的基础上,通过吸收地方财政、企业入股,组建城市合作银行。其服务重点是为地方经济发展服务,为中小企业提供金融服务。1998 年,城市合作银行改名为城市商业银行，按城市划分而设立。

经过十多年的发展，城市商业银行已经逐渐发展成熟，尽管其发展程度良莠不齐，但相当多的城市的商业银行已经完成了股份制改造，并通过各种途径逐步消化历史上的不良资产，降低不良贷款率，转变经营模式，在当地占有了相当大的市场份额。其中，更是出现了上海银行这样发展迅速且已经跻身于全球银行500强行列的优秀银行。

④ 农村银行类金融机构

农村银行类金融机构包括农村信用社、农村商业银行、农村合作银行、村镇银行和农村资金互助社。农村商业银行和农村合作银行是在合并农村信用社的基础上组建的，而村镇银行和农村资金互助社是2007年批准设立的新型农村金融机构。

农村信用社是指经中国人民银行批准设立、由社员入股组成、实行民主管理、主要为社员提供金融服务的农村合作金融机构。农村信用社是我国金融体系的重要组成部分，也是目前主要的合作金融组织形式。

农村商业银行是由辖内农民、农村工商户、企业法人和其他经济组织共同入股组成的股份制的地方性金融机构。2001年11月29日，全国第一家农村股份制商业银行——张家港市农村商业银行正式成立。农村商业银行的成立初衷，就是要从农村经济发展和农民的实际需要出发，立足本辖区，重点面向"三农"（农村、农业和农民）拓宽服务领域。由于农村商业银行是原有农村信用社经股份制改造而来，其从产权制度、规模和竞争力等各方面与现有金融企业相比均有一定差距。

农村合作银行是由辖区农民、农村工商户、企业法人和其他经济组织入股组成的股份合作制社区性地方金融机构。2003年4月8日，我国第一家农村合作银行——宁波鄞州农村合作银行正式挂牌成立。农村合作银行的主要任务是为农民、农业和农村经济发展提供金融服务，满足经济比较发达的农村地区的金融需求。

2007年1月29日，银监会发布并正式开始施行《村镇银行管理暂行规定》和《农村资金互助社管理暂行规定》。依据这两个规定，村镇银行是指银监会依据有关法律、法规批准，由境内金融机构、境内非金融机构企业法人、境内自然人出资，在农村地区设立的主要为当地农民、农业和农村紧急发展提供金融服务的银行业金融机构。农村资金互助社是指经银行业监督管理机构批准，由乡（镇）、行政村农民和农村小企业自愿入股组成，为社员提供存款、贷款、结算等业务的社区互助性银行业金融机构。

⑤ 邮政储蓄银行

中国邮政储蓄银行有限责任公司于2007年3月6日正式成立，是在改革邮政储蓄管理体制的基础上组建的商业银行。中国邮政储蓄银行承继原国家邮政局、中国邮政集团公司经营的邮政金融业务及因此而形成的资产和负债，并将继续从事原经营范围和业务许可文件批准、核准的业务。

中国邮政储蓄银行（邮储银行）依托邮政网络优势，按照公司治理架构和商业银行管理要求，不断丰富业务品种，不断拓宽营销渠道，不断完善服务功能，为广大群众提供更全面、更便捷的基础性金融服务，成为一家资本充足、内控严密、营运安全、功能齐全、竞争力强的现代银行。

⑥ 外资银行

自1979年首家外资金融机构在我国设立代表处以来，外资银行已成为我国金融体系中的一支重要力量和我国引进外资的一条重要渠道。特别是我国加入 WTO 后的 5 年保护期已经结束，银行业务逐步开放，外资银行对我国金融市场的影响作用将会进一步增强。

目前，我国境内设立的外资银行可分为四类：一是外资独资银行，指在中国境内注册，拥有全部外国资本股份的银行；二是中外合资银行，指在中国境内注册，拥有部分外国资本股份的银行；三是外国银行在中国境内的分行；四是外国银行驻华代表机构。

（2）政策性银行

政策性银行是指由政府出资发起设立，为贯彻和配合政府特定经济政策，不以盈利为目的而进行融资和信用活动的机构。政策性银行与一般商业银行一样都是以货币这一特殊商品为经营对象，但与商业银行相比，政策性银行又有自身的特点，主要有以下几个方面：

① 政府控制性。政策性银行一般都由国家直接出资创立，完全归政府所有。即使有些政策性银行不完全由政府设立，也往往由政府参股或保证。因而政策性银行具有国家银行的主体性质。从组织形态上看，世界各国的政策性银行基本上均处于政府的控制之下。

② 非营利性。政策性银行以贯彻国家产业和社会发展政策为己任，一般从事一些具有较高金融风险和商业风险的融资活动，因此，它不以利润最大化为经营管理目标。当然，政策性银行在实际经营活动中也要实行独立核算，以最小的成本去实现国家赋予的政策使命。

③ 资金来源与运用的特殊性。政策性银行的资金来源除国家财政拨款外，主要通过发行债券、借款和吸收长期存款获得。由于特殊的政策意图，政策性银行往往不与商业银行进行竞争，其资金运用方向主要是国家产业政策、社会发展计划中重点扶持的项目。这些贷款利率期限长、利率低，一般不适合商业银行经营。

④ 信用创造的差异性。政策性银行一般不办理活期存款业务，其负债是银行体系已经创造出来的货币，所以不实行存款准备金制度，其资产一般为专款专用。因此，政策性银行通常不具有派生存款和增加货币供给的功能。

1994 年，为了适应经济发展的需要，根据政策性金融与商业性金融相分离的原则，我国相继建立了国家开发银行、中国进出口银行和中国农业发展银行三家政策性银行。我国政策性银行的主要任务如下：

① 国家开发银行的主要任务：按照国家有关法律、法规和宏观经济政策、产业政策、区域发展政策的要求，筹集和引导境内外资金，重点向国家基本设施、基础产业和支柱产业项目以及重大技术改造和高新技术项目发放贷款。

② 中国进出口银行的主要任务：执行国家产业政策和外贸政策，为扩大我国机电产品和成套设备等资本性货物出口提供金融支持，以增强我国出口商品的竞争力，促进对外贸易的稳定发展。

③ 中国农业发展银行的主要任务：按照国家的法律、法规和方针、政策，以国家信用为基础，筹集农业政策性信贷资金，承担国家规定的农业政策性金融服务，代理财政性支农资金的拨付，为农业和农村经济发展服务。

以上三家政策性银行在从事业务活动时，均贯彻不与商业性金融机构竞争、自主经营和保本微利的基本原则。贷款拨付等业务的具体经办，国家开发银行、中国进出口银行主要委托国有商业银行代理，除个别情况外，一般不再设经营性分支机构。中国农业发展银行的业务经办则是自营为主、代理为辅，所以除在北京设总行外，还在各省、自治区、直辖市设立分行，在计划单列市和农业大省的地（市）设立分行的派出机构，在农业政策性金融业务量大的县（市）设立支行。

20年来，政策性银行改革通过开展政策性业务，在支持基础设施、基础产业和支柱产业的融资需求与建设，帮助解决长期困扰各级政府和广大农民的"打白条"问题，保护和稳定粮棉市场以及促进机电产品出口等方面成绩斐然，不仅对国民经济做出了贡献，同时对整个金融界的改革、功能的区分和清晰化也做出了重大贡献。随着市场经济体制框架的逐渐形成，商业银行也开始进入政策性信贷领域，比如基础设施、基础产业、支柱产业、机电产品出口等；而三家政策性银行又在不同程度地增加市场化新业务，导致政策性银行与商业银行业务领域的重叠越来越多，业务边界难以划清。由于政策性银行没有预算硬约束，依靠国家补贴兜底，而商业银行没有国家补贴兜底支持，自然产生了不公平竞争。这让商业银行很不满，指责政策性银行"脚踩两只船"、"与商业银行抢业务"。此外，政策性银行还面临着其他严峻问题。

2006年10月，央行在当年的《中国金融稳定报告》中称："要改变依靠财政补贴的传统政策性银行定位，转变成符合市场经济需要的、财务上可持续的、具有一定竞争性的开发性金融机构。"这为政策性银行的转型埋下了伏笔。2008年6月，国务院批准国家开发银行成立股份公司，12月国家开发银行正式组建股份公司，成为改革试点。

关于政策性银行的改革思路，目前形成三派观点：第一种是强化论，认为政策性金融不可或缺、不可替代，政策性银行应该集中精力做政策性业务，执行政府的意图；第二种是保留论，认为政策性银行改革的核心是强化考核和监管，促使其以市场化的方式，来完成政策性任务；第三种是转型论，认为应该按照国开行的模式，彻底走商业化道路。

2. 非银行金融机构

包括保险公司、证券公司、信托投资公司、财务公司、金融租赁公司、资产管理公司、投资基金管理公司、消费金融公司等。

目前，我国已经形成了以中国人民银行为核心，三大监管机构并举，规范监管，以商业银行为主体，政策性银行以及非银行金融机构并存、协作以及迅速发展的金融机构体系。

案例分析

让小额贷款做成"大美事业"

近日，海盐农信联社发放了海盐首笔个人网银小额循环贷款。这一新业务可以让客户在网上贷款，省去了很多麻烦，相对于很多小额贷款公司来说，新业务的贷款成本也较低。

帮助实体经济融资，尤其是帮助中小企业、创业者、普通居民拿到小额贷款，一直备受社会关注。2014年3月，国务院总理李克强在考察一家小额贷款公司时，称赞小额贷款可做成"大美事业"，并表示，金融创新的意义应是支持百姓就业、创业。

众所周知，金融机构倾向于向大企业发放大额贷款，因为此举付出成本较低，收益比较高；而如果向资金需求小的客户发放小额贷款，金融机构需要了解每个客户的还款能力，即使以后贷款按期回收了，金融机构拿到的利息收入也不高，总之就是不太划算。

然而，发放大量手续简单、成本较低的小额贷款，能激发社会发展的活力，帮助创业者顺利创业。对于金融机构来说，是否愿意发放小额贷款，尤其是那些利率较低、贷款手续简便的小额贷款，是对金融机构社会责任感的一个考验。

孟加拉乡村银行创始人穆罕默德·尤努斯长期向当地的穷人发放小额信贷，帮助不少人摆脱了贫困。尤努斯也因此获得了诺贝尔奖，并被称为"穷人的银行家"。尤努斯的成功表明，发放小额贷款并不会让金融机构丧失竞争力，只要金融机构有良好的社会责任心，就可以把小额贷款做成让社会公众和金融机构双方满意的"大美事业"。

当前，海盐正在鼓励全社会创业创新，会产生大量的小额贷款需求。有社会责任感的金融机构，应该为全县的创业创新发挥金融支撑作用。当前，金融机构之间的业务竞争也比较激烈，作为单个金融机构来说，何不顺应社会期待，积极开发适销对路的小额贷款业务，获得一定的经济效益和良好的社会评价呢？

（资料来源：胡金波．光明网，http：//edu.gmw.cn，2015-2-13）

思考问题：很多金融机构倾向于向大企业发放大额贷款，体现了金融机构的什么职能？

评析提示：体现了金融机构的信用中介职能。

知识拓展

大数据与金融业

正在来临的大数据时代，金融机构之间的竞争将在网络信息平台上全面展开，说到底就是"数据为王"。谁掌握了数据，谁就拥有风险定价能力，谁就可以获得高额的风险收益，最终赢得竞争优势。

正在兴起的大数据技术将与金融业务呈现快速融合的趋势，给未来金融业的发展带来重要机遇。首先，大数据推动金融机构的战略转型；其次，大数据技术能够降低金融机构的管理和运行成本；最后，大数据技术有助于降低信息不对称程度，增强风险控制能力。

当然，也必须看到，金融机构在与大数据技术融合的过程中也面临诸多挑战和风险。一是大数据技术应用可能导致金融业竞争版图的重构；二是大数据的基础设施和安全管理亟待加强；三是大数据的技术选择存在决策风险。

应该怎样将大数据应用于金融企业呢？

一是推进金融服务与社交网络的融合；二是处理好与数据服务商的竞争、合作关系；三是增强大数据的核心处理能力；四是加大金融创新力度，设立大数据实验室；五是加强风险管控，确保大数据安全。

任务2 中央银行
Misson two

任务描述

本任务主要讲解中央银行的性质、职能、组织形式和业务。

任务知识

一、中央银行的性质

在现代金融体系中，中央银行处于核心和领导地位，是一国最重要的金融管理当局。中央银行是政府赋予其制定和执行货币政策，对国民经济进行宏观调控和管理监督的最高金融决策机构，是特殊的金融机构。

1. 地位的特殊性

中央银行是政府最高的金融决策和管理机构，代表政府制定金融政策、制度等，并监督贯彻执行。中央银行凌驾于一般商业银行和金融机构之上，是一国金融体系的核心，是全国信用制度的枢纽。

2. 业务的特殊性

中央银行不经营普通银行的业务，不以盈利为目标，而以实现货币政策的目标为宗旨，不与普通金融机构争利，交易对象一般仅限于政府部门和金融机构。

3. 管理的特殊性

中央银行是政府管理金融事务的机关，在行使管理职能时，不像其他政府机关单凭行政权力来进行，而是以"银行"的身份，通过与政府部门及其他金融机构的业务往来，贯彻执行货币政策并履行其管理职能。中央银行管理手段多样化，侧重于经济手段的运用，在进行管理时具有更大的灵活性。

二、中央银行的职能

1. 发行的银行

中央银行是发行的银行具体有两方面的含义：首先是指垄断银行券的发行权，是全国唯一的合法发行机构；其次是指中央银行作为货币政策的最高决策机构，在决定一国的货币供应量方面起着至关重要的作用。在现代银行制度中，垄断货币发行权是中央银行首要的、最基本的职能。

2. 政府的银行

中央银行代表政府制定与执行货币政策，为政府提供各种金融服务，代表政府执行金融管理职责等。作为政府的银行，其职能主要体现在以下几个方面：

（1）代理国库。中央银行通过代理政府的财政预算收支，执行国库出纳的职能。

（2）为政府提供资金融通。当政府因财政收支的短期不平衡而出现入不敷出时，往往向中央银行进行资金融通。融资方式有两种：一种是直接向财政部提供贷款或透支；另一种是在证券市场上购买国债。

（3）代表政府管理国内外金融事务。主要包括：中央银行代表政府制定有关的金融政策和法规，并对商业银行及其他金融机构进行监督管理；代理国债的发行和还本付息；代理政府保管黄金及外汇储备；代表政府参加国际金融组织，出席国际会议，从事国际金融活动；充当政府顾问，提供有关金融方面的信息和建议等。

3. 银行的银行

中央银行为商业银行及其他金融机构办理资金融通、清算业务以及进行管理。作为银行的银行，其职能主要表现在以下几个方面：

（1）集中存款准备金。各国的银行法律一般都要求各存款机构在中央银行开立准备金账户，必须按法定比例向中央银行交存存款准备金。中央银行集中保管存款准备金具有三个方面的意义：

① 将商业银行吸收的存款一部分上缴给中央银行，保证了商业银行的清偿力；

② 便于中央银行了解和账务存款机构的存款及准备金状况，为货币政策的制定和实施提供参考依据，有利于控制商业银行的货币创造能力和信用规模，从而控制全社会的货币供应量。

③ 强化了中央银行的资金实力，为其充当"最后贷款人"提供了资金保障。

（2）最后贷款人。当某一金融机构面临资金困难，而其他的金融机构又无力或不愿对其提供援助时，中央银行对其办理再贴现、再贷款和再抵押的融资业务，成为最后贷款人。中央银行对商业银行的贷款主要是以再贴现方式进行的。

（3）组织全国的资金清算。作为全国金融业的票据清算中心，中央银行组织、监督、管理全国的清算系统，提供票据清算工具，制定有关清算纪律和收费标准等。

小贴士

中国人民银行的主要职责

一、起草有关法律和行政法规；完善有关金融机构运行规则；发布与履行职责有关的命令和规章。

二、依法制定和执行货币政策。

三、监督管理银行间同业拆借市场和银行间债券市场、外汇市场、黄金市场。

四、防范和化解系统性金融风险，维护国家金融稳定。

五、确定人民币汇率政策；维护合理的人民币汇率水平；实施外汇管理；持有、管理和经营国家外汇储备和黄金储备。

六、发行人民币，管理人民币流通。

七、经理国库。

八、会同有关部门制定支付结算规则，维护支付、清算系统的正常运行。

九、制定和组织实施金融业综合统计制度，负责数据汇总和宏观经济分析预测。

十、组织协调国家反洗钱工作，指导、部署金融业反洗钱工作，承担反洗钱的资金监测职责。

十一、管理信贷征信业，推动建立社会信用体系。

十二、作为国家中央银行，从事有关国际金融活动。

十三、按照有关规定从事金融业务活动。

十四、承办国务院交办的其他事项。

三、中央银行的组织形式

（一）单一的中央银行制度

这一类型是指国家单独建立中央银行机构，使之全面、纯粹行使中央银行职能并领导全部金融事业的制度。

1. 一元式

这种体制是在一个国家内只建立一家统一的中央银行，机构设置一般采取总分行制。目前，世界上绝大多数国家的中央银行都采取这一体制。

2. 二元式

这种体制是在一国内建立中央和地方两级相对独立的中央银行机构。地方级中央银行虽然也受中央级中央银行的监督管理并执行统一的金融政策，但它们在各自所辖地区内有较大的独立性。德国等采用这种体制。

3. 多元式

多元式即在一个国家内建立较多的中央银行机构执行中央银行职能，如美国联邦储备体系就是这种格局。美国将全国划分为12个联邦储备区，每个区设立一家联邦储备银行为该地区的中央银行，它有权发行联邦储备券并根据本地区实际情况执行中央银行的特殊信用业务。

在各区联邦储备委员会之上设国家联邦储备委员会，进行领导和管理；国家联邦储备委员会是整个体系的最高决策机构，实际上是美国的中央银行总行，直接对国会负责。

小贴士

美国联邦储备体系

20世纪以前美国政治的一个主要特征，是对中央集权的恐惧。这不仅体现在宪法的制约与平衡上，也体现在对各州权利的保护上，对中央集权的恐惧，是造成美国人对建立中央银行报有敌意的原因之一。除此之外，传统的美国人对于金融业一向持怀疑态度，而中央银行又正好是金融业的最突出代表，美国公众对中央银行的公开敌视，使得早先旨在建立一个中央银行以管辖银行体系的尝试先后两次归于失败。1811年，美国第一银行被解散，1832年，美国第二银行延长经营许可期限的要求遭到否决。随后，因其许可证期满在1836年停业。

1836年，美国第二银行停业后，由于不存在能够向银行体系提供准备金并使之避免银行业恐慌的最后贷款人，给美国金融市场带来了麻烦，19世纪和20世纪早期，全国性的银行恐慌已成为有规律的事情。1837年、1857年、1873年、1884年、1893年和1907年，都曾爆发过银行恐慌，1907年银行恐慌造成的如此广泛的银行倒闭和存款人的大量损失，终于使美国公众相信需要一个中央银行来防止将来再度发生恐慌了。

不过，美国公众基于对银行和中央银行的敌视态度，对建立类似英格兰银行的单一制中央银行，还是大力反对的。他们一方面担心华尔街的金融业（包括最大的公司和银行）可能操纵这样一个机构从而对整个经济加以控制；另一方面，也担心联邦政府利用中央银行过多干预私人银行的事务。所以，在中央银行应该是一家私人银行还是一个政府机构的问题上，存在着严重的分歧。由于争论激烈，只能妥协。依据美国传统，国会便把一整套精心设计的带有制约和平衡特点的制度，写入了1913年的联邦储备法，从而创立了拥有12家地区联邦储备银行的联邦储备体系。

当初建立联邦储备系统，首先是为了防止银行恐慌并促进商业繁荣；其次才是充当政府的银行。但是第一次世界大战结束后，美国取代英国，成为金融世界的中心，联邦储备系统已成为一个能够影响世界货币结构的独立的巨大力量。

（二）复合的中央银行制度

这一类型是指一个国家没有设专司中央银行职能的银行，而是由一家大银行集中中央银行职能和商业银行职能于一身的银行体制。我国1983年前就属于这种中央银行类型。

(三) 跨国的中央银行制度

这种类型是由参加某一货币联盟的所有成员国联合组成的中央银行制度，欧元发行后的欧洲就是这种银行体制。

(四) 准中央银行制度

准中央银行是指有些国家或地区只设置类似中央银行的机构，或政府授权某个或某几个商业银行，行使部分中央银行职能的体制。新加坡和我国香港地区就是这种体制。

我国大陆的中央银行实行单一型、一元式的中央银行制度。中央银行组织机构分为四级：总行—九大跨行政区分行和两个总行营业部—省市中心支行—县支行。

四、中央银行业务

中央银行的业务主要是负债业务、资产业务和清算业务，这些业务是中央银行职能的具体体现。

(一) 中央银行的负债业务

中央银行的负债业务是中央银行取得资金来源的业务。负债业务是中央银行运用经济手段对金融实施宏观调控的基础。主要有存款业务、货币发行业务、经理国库业务以及其他负债业务。

1. 存款业务

中央银行的存款业务主要来自两个方面：一是金融机构在中央银行的存款，包括法定存款准备金存款和超额存款准备金存款；二是政府和公共部门在中央银行的存款，包括财政金库存款、政府和公共部门的经费存款。这两部分都是中央银行重要的资金来源。此外，还有少量的外国存款、特种存款等。

2. 货币发行业务

(1) 货币发行业务的含义。货币发行业务一般可以从两个方面解释：一是指货币从中央银行的发行库通过各家商业银行的业务库流入社会；二是指货币从中央银行流出的数量大于流入的数量，通常被称为货币发行。

货币发行是中央银行的主要负债业务，中央银行通过货币发行业务，可以达到两个目的：一方面向社会提供了流通手段和支付手段，满足了社会经济发展和商品流通对货币的需求；另一方面中央银行通过发行货币筹集到资金，满足了中央银行履行各项职能的需要。

(2) 货币发行的投放渠道。中央银行的货币发行通过再贴现、再贷款、购买有价证券、收购金银以及外汇等业务活动，将货币投放市场注入流通，进而增加社会货币供应量。

(3) 货币发行的原则。

① 垄断发行的原则，即货币发行权高度集中于中央银行。这一原则的好处是：防止多头发行导致的货币流通混乱；有利于对货币供应量进行有效的控制；可以增加中央银行的资金来源，增强中央银行的实力；有利于货币政策的制定和执行；可以为中央银行增加货币发行的收益。

② 信用保证原则。在现行的不兑现的纸币制度下,要使货币的发行与经济发展的客观需要相适应,中央银行就不能随意发行货币,必须依靠一定的准备金(黄金和有价证券)作保证。

③ 适度弹性发行原则。指货币的发行要有一定的弹性,即要有高度的伸缩性和灵活性,以适应不断变化的经济情况,避免出现通货膨胀和通货紧缩。

3. 其他负债业务

(1) 发行中央银行债券。发行中央银行债券是中央银行的一项主动的负债业务,具有可控性、抗干扰性和预防性。发行的对象是国内金融机构,通常是在商业银行或其他非银行金融机构的超额储备过多,而中央银行又不便采取其他政策工具进行调节的情况下发行的,也是作为公开市场业务操作的工具之一。在我国称为中央银行票据,是中央银行为调节商业银行超额存款准备金而向商业银行发行的短期债务凭证。央行票据由中国人民银行在银行间市场通过中国人民银行债券发行系统发行,其发行的对象是公开市场业务一级交易商,目前,成员均为商业银行。央行票据采用价格招标的方式贴现发行。由于央行票据发行不设分销,其他投资者只能在二级市场投资。

(2) 对外负债。中央银行的对外负债主要包括从国外银行借款、使用基金组织的信贷额度和在国外发行债券等。

(3) 资本金业务。中央银行为了保证业务活动的正常进行,必须拥有一定数量的自由资本。政府出资是其主要来源。

(二) 中央银行的资产业务

中央银行资产业务是指中央银行运用其资金来源的业务活动,主要包括中央银行的再贷款和再贴现业务、证券买卖业务以及国际储备业务等。

1. 再贷款业务

中央银行再贷款业务是指中央银行采用信用贷款或抵押贷款的形式,对商业银行等金融机构提供的资金支持。与一般商业银行贷款不同,中央银行贷款业务表现出以下特征:

(1) 中央银行发放贷款不能以盈利为目的,而是以实现货币政策目标为目的;

(2) 中央银行不能直接对个人和工商企业发放贷款,而是集中精力发挥其最后贷款人的职能;

(3) 中央银行贷款以短期为主,主要目的是解决商业银行临时性短期资金的需要,补充流动性资金以及在紧急情况下保证商业银行的最后清偿能力,防止出现金融恐慌所造成的金融体系混乱;

(4) 中央银行贷款是央行总行对商业银行总行发放的。

2. 再贴现业务

再贴现业务是指商业银行以未到期的商业票据向中央银行申请贴现取得融资的业务。一般来说,中央银行对商业银行提交的商业票据的种类和数量有较严格的规定,同时还要审查票据的真实性,以防止出现票据欺诈行为。中央银行通过调整再贴现率和贴现票据种类来调节信用规模。

3. 证券买卖业务

中央银行的证券买卖业务是指其在公开市场上从事有价证券的买卖。目的不是为了盈利，而是调节和控制社会货币供应量，进而影响宏观经济。在需要紧缩银根、减少货币供应量时，中央银行可以在公开市场上出售所持有的有价证券，从而回笼货币；反之，在需要放松银根、增加货币供应量时，可以在公开市场上买入有价证券，从而增加对市场的货币投放。目前中国人民银行买卖证券操作的主要工具是国债、央行票据、政策性金融债券等。

4. 国际储备业务

中央银行的国际储备业务主要是负责经营和保管本国的国际储备。国际储备由外汇、黄金、在国际货币基金组织的储备头寸以及未动用的特别提款权等组成。在这些构成中，最主要的是外汇，而其他项在储备的整个份额中占的比重较小。中央银行经营和保管国际储备的目的一方面是维护本国对外收支的平衡，稳定本国货币流通，调控宏观经济；另一方面也是显示本国经济实力、扩大国际交往的需要。

（三）中央银行的清算业务

清算业务又称中间业务，即中央银行为各金融机构之间的资金往来进行的了结业务。作为银行的银行，各商业银行等其他金融机构都在中央银行开立账户，它们之间的资金往来和债权债务关系自然就要由中央银行来办理。主要有以下内容：

1. 集中办理票据交换

票据交换是同一城市中各银行间收付的票据进行的当日交换，是在一个固定的场所设置一个票据交换所，各银行持本行应收和应付票据按规定的时间（如中午 12 点、下午 17 点），在交换所内将当天收进的其他银行票据与其他银行收进的本行票据进行交换，收进款项和付出款项的差额，即该付出若干还是收进若干，通过中央银行扎差转账，付出从这个账户转出，收入存入这个账户。

2. 办理异地资金转移

各银行的异地资金转移也是通过中央银行来办理。采取先竖后横的办法，即先由各银行通过内部联行系统划转，然后再由各银行的总行通过中央银行办理转账清算。随着电子网络技术的发展，银行清算业务采用电子联行系统进行清算，极大地促进了银行系统票据清算业务的发展。

3. 跨国清算

跨国清算是指由于国际贸易、国际投资及其他方面所发生的国际债权债务，借助一定的结算工具和支付系统进行清算，实现资金跨国转移的行为，跨国清算通常通过各国的指定银行分别向本国的中央银行办理。由两国中央银行集中两国之间的债权债务直接加以抵消，完成清算工作。

案例分析

中国人民银行宣布下调金融机构存款准备金率 0.5 个百分点

中国人民银行 2015 年 2 月 4 日宣布，自 2015 年 2 月 5 日起下调金融机构人民币存款准备金率 0.5 个百分点。

央行同时表示，为进一步增强金融机构支持结构调整的能力，加大对小微企业、"三农"以及重大水利工程建设的支持力度，对小微企业贷款占比达到定向降准标准的城市商业银行、非县域农村商业银行额外降低人民币存款准备金率0.5个百分点，对中国农业发展银行额外降低人民币存款准备金率4个百分点。

央行称，将继续实施稳健的货币政策，保持松紧适度，引导货币信贷和社会融资规模平稳适度增长，促进经济健康平稳运行。

（资料来源：李延霞，王培伟．网易新闻，2015-2-4）

思考问题：中国人民银行称继续实施稳健的货币政策，体现了中国人民银行的什么职能？

评析提示：体现了中国人民银行是我国政府的银行。

知识拓展

中国人民银行将开启个人征信市场 阿里腾讯等八家机构入围

2014年2月5日，中国人民银行在官网上发布了《关于做好个人征信业务准备工作的通知》，要求包括阿里巴巴蚂蚁金服旗下的芝麻信用、腾讯旗下的腾讯征信、平安旗下的前海征信等8家机构做好个人征信业务的准备工作，准备时间为六个月。这意味着中国将首次向商业机构开放个人征信业务。

征信就是专业化的依法采集、客观记录其信用信息，并依法对外提供信用信息服务的一种活动，它为专业化的授信机构提供了一个信用信息共享的平台。按业务模式可分为企业征信和个人征信两类。

征信系统已经成为中国重要的金融基础设施之一，在提高信贷效率、防范信贷风险、提高社会信用意识等方面发挥了重要作用。中国人民大学金融与证券研究所副所长赵锡军指出："我们目前的征信市场实际上没有形成一个比较充分竞争的、比较完备的这么一个市场，实际上我们的征信大部分的工作是由各家商业银行来做的，商业银行原来贷款类的客户主要是企业，个人的话相对发展得晚一些，到了有个人信贷的时候，就是买房，各方面等才逐步的有个人信用信息的建立。"

有专家表示，中国信用市场至少千亿规模，开放个人征信服务市场，引入竞争，既能提高信用服务水平，又能适应新形势下的经济发展的要求，中国人民大学金融与证券研究所副所长赵锡军认为："我们的经济体系里出现的一些新的现象，比如说网商，通过互联网来发生的各种各样的交易活动，互联网发生的交易中有些可以通过银行来帮它整理，来做信息的总处理；但是有些额度太小的，或者说相对来讲比较分散的这些交易活动，银行可能一时还很难处理。在这种情况下，为了解决这个问题，很多民间机构特别是提供互联网交易平台的机构，他们开始提供这种信用信息征信的业务和活动，主要还是为了解决他们自己平台的客户信用管理问题，从总体上来讲我们需要有一个总体的监管管理方面的安排，央行出台的关于个人征信的文件，就是朝着这个方向努力的一个表现。"

任务三 商业银行
Misson three

任务描述

本任务主要讲解商业银行的性质与特征、职能、组织形式、经营原则、信用创造、业务等。

任务知识

在现实生活中，银行遍布于大街小巷。我们经常会与之发生业务往来，我们的收入直接转入银行卡，通过银行卡支付房租、水电费、贷款或其他费用。我们购买汽车、住房等钱不够时，首先想到的也是银行。企业所有的经济活动，都要通过商业银行在全世界的经营网点来实现货币收付。商业银行是金融体系中最重要的金融机构，在社会经济生活中扮演着非常重要的角色。

一、商业银行概述

（一）商业银行的性质与特征

商业银行是以追逐利润为目标，以货币和信用为经营对象，具有综合性、多功能的金融企业，具体特征如下：

1. 商业银行是一种特殊的企业

商业银行作为一个企业来看，它是社会经济的一个重要组成部分，必须具有从事业务经营所需要的自有资本，并要根据自己行业的特点，依法经营，照章纳税，自负盈亏，自担风险，并以追逐利润为目标。从商业银行经营的对象来看，商业银行又与一般工商企业有所不同。一般工商企业的经营对象是具有一定使用价值的商品，并从事商品生产或商品流通；而商业银行经营的是货币和货币资本这种特殊的商品。这一特殊商品的经营内容包括：货币的收付、借贷以及各种与货币运动有关的或有联系的金融服务。

2. 商业银行是一种特殊的金融机构

商业银行作为金融机构来看，它与其他金融机构相比又有所不同，有其特殊性。作为银行，商业银行与中央银行和政策性银行相比，它们都从事银行业务，所不同的是商业银行以盈利为目的，经营目标是利润最大化。而中央银行与政策性银行一般不以盈利为目的。商业银行作为金融机构，与其他金融机构如证券公司、信托投资公司、保险公司、租赁公司等相比，其业务经营的范围相对来说更为狭窄，业务方式更趋单一，且不以银行信用方式融通资金。但商业银行的业务更综合，功能更全面，经营范围从经营金融"零售"业务到经营"批发"业务，为顾客提供所有的金融服务，具有综合性、多功能经营的特征，素有"金融百货公司"之称。

小贴士

银行的由来

银行是经济中最为重要的金融机构之一。从历史的角度看,银行一词起源于文艺复兴时期的意大利。"银行"一词英文称之为"Bank",是由意大利文"Banca"演变而来的。在意大利文中,Banca 是"长凳"的意思。

在历史上,首先以"银行"命名和较具有典型意义的是 1580 年建立的威尼斯银行,后来扩展到欧洲其他国家,相继出现了米兰银行、阿姆斯特丹银行、汉堡银行等。但是,早期的银行都是高利贷性质的银行,而不是现代意义上的银行。世界上第一家现代银行是 1694 年在英国成立的英格兰银行,该银行开始把工商企业贷款利率定义为 4.5%～6%(当时高利贷利率为 20%～30%),此后股份制银行在英国以及其他资本主义国家相继建立,这些银行资本力量雄厚、业务全面、利率低,极大地促进了工业革命的进程,同时也使它们逐渐成为现代金融体系的主体。

(二)商业银行的职能

1. 信用中介职能

信用中介职能是商业银行最基本、最能反映其经营活动的职能。商业银行通过负债业务,将社会上的闲散资金集中到银行,再通过商业银行的资产业务,投向社会经济各部门,由此充当社会上资金余缺双方的中间人。商业银行通过信用中介职能实现资金余缺的调剂,在没有增加社会上资金总量的基础上对资本进行了再分配,使社会上闲置的资金集中起来转化为现实的资本,使资本得到有效的运用,从而大大提高了社会金融资源配置的效率。

2. 支付中介职能

所谓支付中介职能是指商业银行通过为各经济部门开立账户,充当它们之间货币结算与货币收付的中间人。商业银行执行支付中介职能是以活期存款账户为基础的。商业银行通过存款在账户上的转移,代理客户支付,在存款的基础上为客户兑付现款等,成为工商业团体和个人的货币保管者、出纳者和支付代理人。这样,以商业银行为中心,形成了经济社会中无始无终的支付链条和债权债务关系。商业银行支付中介职能的发挥大大减少了现金的使用,节省了交易费用,加速了结算过程和资金的周转速度,促进了经济的发展。

3. 信用创造职能

商业银行的信用创造职能是基于其信用中介与支付中介的职能产生的。与专业银行及其他金融机构相比,商业银行是各种金融机构中唯一能够吸收活期存款、开设支票存款账户的机构,商业银行在利用所吸收存款的基础上,发放贷款,在支票流通和转账结算的基础上,贷款又转化为存款,由此创造出数倍于原始存款的派生存款,形成经济中货币供给量的扩张。

4. 金融服务职能

在现代经济生活中,商业银行有其独特的信息优势、技术优势和专业化人员优势。商业银行可以根据客户需求提供多样化的金融服务,业务范围也随着金融竞争的加剧以及金融创新的发展而不断拓展,各类中间业务应运而生,如商业银行为各经济单位提供的工资、水电费、租金、运费等的代收或代付服务。商业银行综合性、多功能的业务体系使其成为真正的"金融超市",随着商业银行金融服务的功能不断加强,对经济生活的影响也不断加大。

(三) 商业银行的组织形式

1. 单一银行制

单一银行制也称为独家银行制,其特点是银行业务完全由各自独立的商业银行经营,不设或限设分支机构。这种银行组织形式在美国非常普遍,是美国最古老的银行形式之一,通过一个网点提供所有的金融服务。美国是各州独立性较强的联邦制国家,历史上各州经济发展很不平衡,东西部悬殊较大。为了适应经济均衡发展的需要,特别是适应中小企业发展的需要,反对金融权力集中,各州都通过立法禁止或限制银行开设分支机构,特别是跨州设立分支机构。

2. 总分行制

总分行制是指国家法律允许情况下,在总行之外,可在国内外各地普遍设立分支机构的一种商业银行组织制度。总行一般设在各大城市,所有分支机构统一由总行领导指挥。这种银行组织形式源于英国的股份银行。目前,世界上大多数国家(包括我国)均采用这种银行制度。

3. 银行持股公司制

银行持股公司制是指由一个集团成立股权公司,再由该公司控制或收购两家以上的银行。在法律上,这些银行是独立的,但其业务与经营政策统属于同一股权公司所控制。这种商业银行的组织形式在美国最为流行。银行持股公司制使得银行更容易从资本市场筹集资金,并通过关联交易获得税收上的好处,也能够规避政府对跨州经营银行业务的限制。

银行持股公司制有两种类型:一种是非银行持股公司,另一种是银行持股公司。前者是由主要业务不在银行方面的大企业拥有某一银行股份组织起来的,后者是由一家大银行组织一个持股公司,其他小银行从属于这家大银行。

4. 连锁银行制

连锁银行制也称联合银行制,是指由同一个人或集团控制若干独立的银行的一种银行制度。这种控制可通过持有股权、共同指导或其他法律允许的形式进行。这些银行在法律上也是独立的,也没有股权公司的形式存在,具有自己的董事会,掌握各自的业务和经营政策。

这种制度往往围绕一个地区或一个大银行组织起来,确定银行业务模式,形成内部联合,有利于统一指挥。但由于受某个人或某一集团控制,因而不易获得银行所需的大量资本,因此连锁银行相继转成总分行制银行,或组成持股公司。

5. 跨国银行制

所谓跨国银行,是指拥有广泛的国外金融机构,在一些国家和地区从事信贷业务和其他业务的国际性银行。

(四) 商业银行的经营原则

商业银行是一个高负债率、高风险的金融机构,并且与国民经济各部门存在着复杂的债权债务关系,商业银行经营管理的成功与失败,不仅关系到自身的生存与发展,还影响到社会经济的正常运转。在长期的经营实践中,国际上商业银行的管理者们形成了三条基本的银行管理原则,即安全性原则、流动性原则和盈利性原则,又简称为"三性"原则。

1. 安全性原则

安全性原则是指商业银行应当尽量避免各种不确定因素对其资产、负债、信誉等方面的影响,保证商业银行的稳健经营和发展,它是最基本的经营原则。商业银行之所以坚持安全性原则是因为:

(1) 商业银行自有资本较少,经受不起较大的损失。商业银行是以货币经营对象的信用中介,如果商业银行不利用较多的负债来支持其资金运用,银行的资金利润率就会大大低于工商企业利润率。同时作为一个专门从事信用活动的中介机构,商业银行比一般企业更容易取得社会信任,接受更多的负债,由此使得商业银行承受风险能力要比一般企业小得多。

(2) 商业银行经营条件的特殊性。对于商业银行来说,对储户的负债是有硬性约束的,既有利息支出方面的约束,也有到期还本的约束。如果商业银行不能保证安全经营,到期按时收回本息的可靠性非常低,则商业银行对储户负债的按期清偿也就没有了保证;更有甚者,若储户大量提款,就可能导致银行倒闭。

(3) 商业银行在经营过程中会面临各种风险。概括起来,商业银行面临的风险主要有:国家风险、信用风险、利率风险、汇率风险、流动性风险、经营风险和竞争风险等,必须注意安全性问题。

2. 流动性原则

流动性原则是指银行能够随时满足客户提款和清偿要求以及各种合理的资金需求的能力,它包括资产的流动性和负债的流动性两方面。资产的流动性是指银行各类资产能随时得到偿付或在价值不受损失的条件下具有迅速变现的能力;负债的流动性是指银行能以较低的成本随时获得所需资金的能力。

(1) 商业银行资产负债的稳定性较差,经常面临许多随时要求即付的存款负债和突如其来的贷款要求,这使银行特别容易受到流动性的威胁。一旦银行流动性不足,发生支付危机,将严重损害银行的信誉,影响业务发展并增加经营成本,甚至破产倒闭。

(2) 银行作为信用中介,一方面是借者的集中,另一方面是贷者的集中。借贷活动中彼存彼提,彼借彼还,处处涉及流动性问题。流动性是银行业务功能的具体体现,它在银行经营管理中是至关重要的。

3. 盈利性原则

盈利是商业银行经营的总目标,盈利性是指经营货币过程中获得利润的能力。一方面,追求盈利是商业银行经营管理的总方针所要求的,也是商业银行改进服务、不断拓展业务的内在动力;另一方面,只有在保持理想的盈利水平的基础上,商业银行才能够充实资本,加强经营实力,提高竞争能力。从总体上看,流动性与安全性是成正比的。流动性较强的资产,一般来说安全有保障,风险较小。但流动性与盈利性却存在着矛盾,流动性强,安全性好,其盈利率一般较低;反之,盈利率就高。这就要求在这三者之间寻求一种均衡,即在保证安全性和流动性的前提下,追求最大限度的利润。

我国《商业银行法》规定,商业银行以安全性、流动性、效益性为经营原则,与国际银行业的顺序完全相同,表明我国正快速与国际接轨,但确定为效益性而不是盈利性,就是要求银行在经营活动中将自身盈利与社会效益结合起来。

二、商业银行的业务

（一）负债业务

负债业务是商业银行筹措资金借以形成资金来源的业务,是商业银行资产业务的基础。负债业务主要由资本金、各项存款和其他负债构成。

1. 资本金

商业银行的设立与经营必须要有资本金。自有资本金显示了银行实力,有利于增强客户对银行的信心;同时,资本金也是银行自身吸收外来资金的基础,是银行抵御损失风险的最后屏障。

关于自有资本的构成,《巴塞尔协议》对股份制商业银行有明确的规定。该协议将自有资本划分为核心资本和附属资本两大类。

(1) 核心资本。核心资本包括股本和公开储备。股本包括普通股和非累积优先股;公开储备包括股票资本盈余、未分配利润和留存盈余等。

股票资本盈余是指股票发行价格超过票面价值所带来的额外收入,即股票发行溢价收入。

未分配利润是指银行税后净利减去优先股股息和普通股红利后的余额未分配给股东的部分,这部分净利润未指明用途。

留存盈余是商业银行按一定比例从当年的营业利润中提取出来的资金。留存盈余的多少,取决于银行盈利性的大小、股息政策、税率等因素。通常情况下,盈利性越高,留存盈余就越大;而股息率越高,所得税税率越高,留存盈余就越少。

(2) 附属资本。附属资本包括未公开储备、重估储备、普通准备金、混合资本工具等。

《巴塞尔协议》的核心思想就是:商业银行的最低资本额由银行资产结构的风险程度所决定,资产风险越大,最低资本额越高。银行最低资本额为银行风险资产的8%。

作为二十国集团和巴塞尔委员会的正式成员国,我国全面参与了2008年全球金融危机以来的国际金融监管改革进程。根据《巴塞尔协议Ⅲ》的核心要求,并结合中国银行业改革发展实践,银监会确立了具有中国特色的审慎资本监管框架。2012年7月,经国务院批准,银监会发布了《商业银行资本管理办法(试行)》,明确正常时期系统重要性银行和非系统重要性银行的资本充足率要求分别为11.5%和10.5%。为配合新的资本监管制度实施,银监会又陆续发布了一系列配套监管规则和指导意见。银监会2013年10月11日发布信息,巴塞尔委员会正式讨论通过了对中国资本监管制度的评估报告。

小贴士

G20 的由来

二十国集团,又称G20、20国集团,是一个国际经济合作论坛,于1999年9月25日成立,是属于布雷顿森林体系框架内非正式对话的一种机制。二十国集团成员包括:八国集团成员国美国、日本、德国、法国、英国、意大利、加拿大、俄罗斯,以及中国、阿根廷、澳大利亚、巴西、印度、印度尼西亚、墨西哥、沙特阿拉伯、南非、韩国、土耳其和作为一个实体的欧盟。二十国集团的GDP总量约占世界的90%，人口占全球的三分之二。G20旨在促进工业化国家和新兴市场国家就国际经济、货币政策和金融体系的重要问题开展富有建设性和开放性的对话，并通过对话，为有关实质问题的讨论和协商奠定广泛基础，以寻求合作并推动国际金融体制的改革，加强国际金融体系架构，促进经济的稳定和持续增长。

2. 存款业务

存款是商业银行负债业务中最重要的业务，是商业银行经营资金的主要来源。银行存款可以有多种分类，常见的是按照性质的不同将存款划分为活期存款、定期存款、储蓄存款。

(1) 活期存款。活期存款是指由存款客户随时存取和转账的存款。活期存款没有确定的取款期限规定，持有活期存款账户的存款者可以用各种方式提取存款，如开出支票、本票、汇票、电话转账、使用自动柜员机等。在各种取款方式中，最传统的是凭支票取款，因此活期存款又称支票存款。由于存入活期存款账户的款项主要用于交易和支付用途，故在国外也习惯将该账户称为交易账户。银行对活期存款账户一般不支付利息，有些国家甚至还要收取一定的手续费，我国是少数对活期存款支付利息的国家之一。虽然活期存款时存时取，流动性很强，但总会在银行形成一笔相对稳定的余额，是商业银行的重要资金来源。

(2) 定期存款。定期存款是指预先规定了存款期限的存款。存款人只有在存款到期时才能提取存款。存款人如因特殊情况需要提前支取时，必须提前通知银行，并要承担相应的利息损失。期限通常分为3个月、6个月和几年不等，最长可达5～10年。定期存款的利率根据期限长短不同而有所差异，但均高于活期存款利率。定期存款的存单可以作为质押品取得银行贷款。与活期存款相比，定期存款具有稳定性高、手续简便、费用较低、风险较小等特点，它是商业银行获取稳定资金来源的重要渠道。

(3) 储蓄存款。储蓄存款是居民个人以积蓄资财为目的，凭存折或存单提取的一种存款。储蓄存款又可分为活期储蓄、定期储蓄、定活两便储蓄、通知存款、教育储蓄、定活通等。储蓄存款凭证不具有流动性，但可以质押，取得银行质押贷款。储蓄存款的存款人为居民个人。为了保障储户的利益，各国金融监管当局对经营储蓄存款的银行都有严格的规定，一般要求只有商业银行和专门的储蓄机构才有资格办理此项业务，且要求银行对储蓄存款负有无限清偿责任。

3. 借款业务

借款是商业银行主动向中央银行、其他金融机构和金融市场借入资金的一种信用活动，是商业银行的主动负债业务，构成了商业银行重要的资金来源。根据借款期限不同，商业银行借款可以分为短期借款和长期借款。短期借款是指期限在一年以内的债务，包括同业拆借、向中央银行借款和其他形式的短期借款；长期借款是指偿还期限在一年以上的债务，其主要形式是发行资本票据和金融债券。由于商业银行的长期负债被当做附属资本，短期借款就成为银行主动负债的主要组成部分。

(1) 同业拆借。同业拆借是银行之间相互的资金融通，主要是用于解决银行临时资金周转的困难。拆借的资金借入期限一般较短，有的只有半天或一天。同业拆借的利率水平较低，并且具有基准利率的作用。一般与当时的市场利率挂钩，受资金供求状况影响较大，其利息是按日计算的。由于同业拆借是通过各商业银行在中央银行的存款账户进行，所以通常是由中央银行把款项从拆出行账户划入到拆入行账户上。

(2) 向中央银行借款。中央银行是"银行的银行"，扮演着"最后贷款人"的角色，当商业银行出现资金不足时,可以从中央银行取得借款。其借款方式有三种:一是再贷款。从狭义角度来看,再贷款是中央银行向商业银行提供的信用放款,也称直接借款。二是再抵押。再抵押是指商业银行为融通资金,以其抵押贷款所获得的抵押品向中央银行再行抵押所获得的贷款。至今我国商业银行没有此业务。三是再贴现。再贴现是商业银行在需要资金时,将已贴现的未到期票据向中央银行再行贴现的票据转让行为。在上述三种借款方式中,再贴现是世界上大多数中央银行首选的向商业银行的贷款方式,再贷款、再抵押则在商业银行向中央银行融资中占比很小。

(3) 回购协议。回购协议是指商业银行在出售金融资产获得资金的同时,确定一个在未来某一时间、按一定价格购回该项资产的协议。大多数回购协议以政府债券作担保,从形式上来看是证券的买卖行为,而实际上是银行以证券作为担保的借贷行为。回购协议期限的弹性较大,短则一个营业日,长则几个月。其交易方式主要有两种:一种是交易双方同意按相同的价格出售和购回证券,但要事先约定利息,在回购时一并支付;另一种是证券的买卖价格不同,回购价格要高于出售价格,高出的部分即为借贷利息。

(4) 在金融市场上发行金融债券和存单。一种情况是商业银行以国内公开市场上发行大额定期存单和金融债券的方式筹集资金,这是一种典型的主动负债方式。另一种情况是商业银行在国际金融市场上融资,其最为典型的形式是欧洲货币市场借款。

银行次级债券是指商业银行发行的、本金和利息的清偿顺序列于商业银行其他负债之后、先于商业银行股权资本的债券,属于商业银行附属资本。次级债券在银行间债券市场发行,其投资人范围为银行间债券市场的所有投资人,可在银行间债券市场上市交易。相对于发行股票补充资本的方式来说,发行次级债券的程序相对简单、周期短,是一种快捷、可持续的补充资本金的方式。特别对于那些刚刚发行新股或未满足发行新股条件的商业银行而言,如果急需扩大资本金来捕捉新的业务机会,通常会倾向于先发行次级债券。次级债券的风险和利率成本一般都会高于银行发行的其他债券。

(5) 结算过程中的短期资金占用。商业银行在为客户办理转账结算业务中,可以占用客户的资金。每笔资金虽然占用的时间很短,但由于资金周转数额巨大,因而占用的资金数额便相当可观。从时点上看,总会有一些处于结算过程中的资金构成商业银行合法运用的资金来源。需要指出的是,随着银行电子化结算应用范围的逐步扩展,结算过程、资金到账时间大大缩短,使银行利用业务环节占用资金的可能性减小,从而压缩了商业银行这部分可用资金的规模。

(二) 资产业务

资产业务是商业银行将负债业务所聚集的货币资金加以运用的业务,是商业银行取得收益的主要途径。资产业务主要包括现金资产、贷款、证券投资三项。

1. 现金资产业务

现金资产是银行持有的库存现金以及与现金等同的可随时用于支付的银行资产。它包括以下几类:

(1) 库存现金,是指商业银行保存在金库中的现钞和硬币。任何一家营业性的银行机构,为保证对客户的支付,都必须保存一定数量的现金。但库存现金是一种非营利资产,而且保存它还需要花费大量的费用。因此,库存现金不宜过多,要适度。

（2）在中央银行的存款，是指商业银行存放在中央银行的资金，即存款准备金。它由法定存款准备金和超额存款准备金两部分构成。超额存款准备金是商业银行的可用资金，可以用来应付提款、发放贷款，或者购买债券。

（3）存放同业的存款，是指商业银行放在代理行和相关银行的存款。在其他银行保持存款的目的是为了便于银行在同业之间开展代理业务和结算收付。

（4）在途资金，也称托收未达款，指本行或通过同业向外地收取的支票款项。在途资金在收妥之前是一笔占用的资金，又由于通常在途时间较短，收妥后即成为存放同业的存款，所以将其视同现金资产。

2. 贷款业务

贷款业务是商业银行将一定量的资金，按照相应的规则，为获得利润而向借款人提供资金使用的借贷行为。从银行经营管理的角度出发，结合我国《贷款通则》的规定，银行贷款可作如下分类：

（1）按照贷款期限划分。

① 短期贷款。是指贷款期限在1年以内（含1年）的贷款，短期贷款适于支持借款人对流动资金的短期需要，是银行的主要贷款业务之一。

② 中期贷款。是指贷款期限在1年以上、5年以下（含5年）的贷款，技术改造贷款属于中期贷款。

③ 长期贷款。是指贷款期限在5年以上（不含5年）的贷款。基本建设等大型项目贷款和消费贷款等都属于长期贷款。中长期贷款数额大、期限长、周转速度慢、收益也相对较高，同时也蕴含着较大的信用风险和流动性风险。

（2）按照贷款保全方式划分。

① 信用贷款。是指以借款人的信誉，无须提供抵押物或者第三人的担保而发放的贷款。事实上，信用贷款是以借款人的资信与未来的现金流量作为还款保证的。由于借款人所处的经营环境和产销条件不断变化，加上信用贷款债权的实现没有现实的保障，因而信用贷款风险较大。

② 担保贷款。是以借款人提供的履行债务的物权担保或者以第三人的信用担保而发行的贷款。担保贷款又分为保证贷款、抵押贷款和质押贷款。

保证贷款，是指按《中华人民共和国担保法》（以下简称《担保法》）规定的保证方式，以第三人承诺在借款人不能偿还贷款时，按约定承担一般保证责任或者连带保证责任而发放的贷款。这种贷款由借款人与担保人双重信用保证，实际上也属于信用贷款。

抵押贷款，是指按《担保法》规定的抵押方式，以借款人或第三人的财产作为抵押物发放的贷款。借款人不履行债务时，商业银行有权依照《担保法》的规定，以抵押的财产折价或者以变卖、变卖抵押财产的价款优先受偿。

质押贷款，是指按《担保法》规定的质押方式，以借款人或第三人的动产或权利作为质物发放的贷款。

③ 票据贴现。是指贷款人以购买借款人未到期商业票据的方式发放的贷款。它是在商业信用的基础上产生的一种融资行为，故也称贴现贷款。此种贷款具有期限短、流动性强、安全性高和效益好等优点。票据贴现实行预扣利息，票据到期后由银行向票据载明的承兑人收取票款。贴现期限是自贴现日开始，到票据到期日止的时间。按"算头不算尾"的原则，

贴现期限为实际发生的天数。贴现金额，是从票据的面额中扣除贴现期间的利息后的余额。计算公式为

贴现付款额＝票据面额－票据面额×贴现天数×（贴现月利率÷30）

【例】甲公司向乙公司销售商品，贷款额为100万元。双方商定采取延期付款的方式，乙公司于5月10日交给甲公司由其开户银行承兑的汇票，到期日为9月10日。甲公司由于急需资金，6月1日向其开户银行申请贴现。银行审查后同意贴现，并确定月利率为6.3‰。

贴现利息＝100×（6.3‰÷30）×101＝2.121（万元）

贴现付款全额＝100－2.121＝97.879（万元）

(3) 按照贷款人对贷款的自主权划分。

① 自营贷款。是指商业银行以合法方式筹集的资金自主发放的贷款，其风险由贷款人承担，并由贷款人收回本金和利息。现阶段自营贷款，商业银行发放的数量最多，范围最广。

② 委托贷款。是指由政府部门、企事业单位及个人等委托人提供资金，由贷款人（受托人）根据委托人确定的贷款对象、用途、金额、期限、利率等代其发放、监督使用并协助收回的贷款。贷款人（受托人）只收取手续费，不承担贷款风险，如政策性贷款。

③ 特定贷款。是指经国务院批准并对贷款可能造成的损失采取相应的补救措施，责成国有商业银行发放的贷款，其他金融机构不得发放，如助学贷款。

(4) 按照贷款的风险程度划分。

① 正常贷款。借款人能够履行借款合同，有充分把握按时足额偿还本息的贷款。

② 关注贷款。借款人目前有能力足额偿还贷款本息，但存在一些可能对贷款偿还产生不利影响的因素，如果这些因素继续下去，借款人的偿债能力会受到影响，即存在"潜在缺陷"是关注贷款的显著特征。例如，借款人的销售收入、经营利润在下降；借款人的一些关键财务指标低于行业平均水平或有较大下降；借款人的经营管理有较严重的问题等。

③ 次级贷款。借款人的还款能力出现了明显的问题，依靠其正常的经营收入已无法保证足额偿还贷款本息，需要通过处分资产或对外融资乃至执行抵押、质押、保证等来还款；即使执行了担保，也可能会造成一定的损失，即具有"明显缺陷"的贷款才能被划分为次级贷款。

④ 可疑贷款。借款人无法足额偿还贷款本息，即使执行了担保，也肯定要造成较大的损失；或借款人目前正处于资产重组等重大事件过程中，存在一些不确定因素，不能准确划分贷款类别。"有明显缺陷并有一部分或大部分损失"是可疑贷款的关键特征。例如，借款人处于停产、半停产状态；借款人已经资不抵债；银行已诉诸法律来收回贷款；借款人经过了重组仍然不能正常归还贷款本息等。

⑤ 损失贷款。在采取了所有可能的措施和一切必要的法律程序之后，贷款本息仍无法收回，或只能收回极少部分，贷款的大部分或全部都要损失。该类贷款的基本特征是：借款人无力偿还贷款，抵押品价值低于贷款额，收回贷款的成本远大于收回的价值；借款人已彻底停止经营活动；中长期贷款项目停止时间长，复工无望等。其中，后三者称为不良贷款。

(5) 按照贷款对象划分。

① 个人贷款。个人贷款包括个人消费贷款和个人住房贷款。个人消费贷款包括个人汽车消费贷款、个人助学贷款、个人质押贷款、个人综合消费贷款、个人小额短期信用贷款等。

② 企业贷款。企业贷款包括固定资产贷款、流动资金贷款和贸易融资贷款。固定资产贷款包括一般项目贷款、基本建设贷款、技术改造贷款、科技开发贷款、商业网点贷款和并购贷款；流动资金贷款包括临时流动资金贷款、短期流动资金贷款和中期流动资金贷款；贸易融资贷款是指银行对进口商或出口商提供的与进出口贸易结算相关的短期融资或信用贷款。

3. 证券投资业务

证券投资是指商业银行以其资金在金融市场上购买有价证券的业务。证券投资业务对商业银行具有重要意义。

（1）增加银行收益。购买债券有固定的利息收入，购买股票有股息收入和买卖价差收入。因此，当贷款需求减弱或贷款收益率降低、风险较大时，银行将一部分资金投资于证券，既使资金得到充分运用，又增加了银行盈利水平。此外，由于商业银行投资的证券大都集中在政府债券上，而政府债券往往都有税收上的优惠，故银行可以利用证券组合达到避税目的，从而进一步提高银行资产的税后收益。

（2）保持资产流动性。商业银行的资产中，流动性最强的现金资产被称为第一储备；而对流动性较强的短期证券的投资被称为第二储备。当银行现金资产不足，难以满足流动性需要时，就可以出售短期证券以获得流动性。同时，相对于现金资产，证券投资还有一定的收益，可以降低维持资产流动性的成本。

（3）分散风险，提高资产质量。证券投资使银行资金投向更加多样化，能够降低资产组合风险；证券投资组合较贷款的组合更为灵活，独立性更强，不像贷款要受客户业务关系、地理位置、资产规模等诸多因素限制，可减少经营风险。

目前，我国《商业银行法》规定：商业银行在中华人民共和国境内不得从事信托投资和股票业务，不得向非银行金融机构和企业投资。所以，商业银行证券投资对象主要是国债、央行票据等。

（三）中间业务

商业银行的中间业务是指不构成商业银行表内资产、表内负债，形成银行非利息收入的业务。在中间业务中，银行不需要或很少需要运用自己的资金，而是以中间人身份代理客户承办支付和其他委托事项，提供各类金融服务，从中收取手续费。

1. 结算业务

结算业务是指由商业银行为客户办理因债权债务关系引起的与货币支付、资金划拨有关的收费业务。结算业务方式主要包括同城结算方式和异地结算方式。结算业务借助的主要结算工具包括银行汇票、商业汇票、银行本票和支票。

（1）汇款业务，是由付款人委托银行将款项汇给外地某收款人的一种结算业务。汇款结算分为电汇、信汇和票汇三种形式。

（2）托收业务，是指债权人或售货人为向外地债务人或购货人收取款项而向其开出汇票，并委托银行代为收取的一种结算方式。

2. 代理类业务

代理类业务是指商业银行接受客户委托，代为办理客户指定的经济事务，提供金融服务并收取一定费用的业务。

(1) 代理政策性银行业务，是指商业银行接受政策性银行委托，代为办理政策性银行因服务功能和网点设置等方面的限制而无法办理的业务，包括代理贷款项目管理等。

(2) 代理商业银行业务，是指商业银行之间相互代理的业务，如为委托行办理支票托收业务。

(3) 代理证券业务，是指商业银行接受委托办理的代理发行、兑付、买卖各类有价证券的业务，还包括接受委托代办债券还本付息、代理开放式基金的申购和赎回等。

(4) 代收代付业务，是指商业银行利用自身的结算便利，接受客户的委托代为办理指定款项的收付事宜的业务。例如，代理各项公用事业收费、代理行政事业性收费和财政性收费、代发工资等。

(5) 保管箱业务，是指商业银行为客户保管货币或其他物品的业务。如现金、重要文件、贵重物品等。保管箱业务具有安全可靠、保密性好、租金低廉的特点。

(四) 其他业务

(1) 信息咨询业务，包括项目评估、企业信用等级评估、验证企业注册资金、资信证明、企业管理咨询、个人理财等。

(2) 基金托管业务，是指商业银行为托管的基金财产办理的基金会计核算、基金估值、监督基金管理人投资运作等业务。

(3) 现金管理业务，指商业银行协助企业，科学合理地管理现金账户头寸及活期存款余额，以达到提高资金流动性和使用效益的目的。

(4) 银行卡业务，银行卡是由经授权的金融机构（主要指商业银行）向社会发行的具有消费信用、转账结算、存取现金等全部或部分功能的信用支付工具。

(五) 表外业务

表外业务是指商业银行从事的不列入资产负债表内的业务。表外业务的特点是服务与提供资金的分离，是银行提供的非资金服务，在多数情况下银行只是充当中介人，为客户提供保证。

表外业务从广义上来说也属中间业务，但它与其他中间业务的主要区别在于承担的风险不同。表外业务在一定条件下可以转化为表内业务，因而承担一定风险。而其他中间业务没有资产负债方面的风险，银行主要处于中间人的地位或服务者地位。

表外业务可划分为传统的表外业务，包括贷款承诺、担保业务，以及新兴的表外业务。我国商业银行表外业务起步晚，目前只办理一些传统的担保业务。

1. 传统的表外业务

(1) 贷款承诺。贷款承诺是商业银行的主要表外业务，是指商业银行承诺并按约定在特定时间或时间段向借款人提供贷款资金的许诺。如承兑业务、信用证业务等。

(2) 担保业务。担保业务是指商业银行根据委托人请求向受益人出具书面承诺，在委托人（被担保人）不能履行债务时，由商业银行（担保人）负责履行债务的一种业务。

2. 新兴的表外业务

主要是金融衍生工具业务，包括远期外汇合约、货币互换、货币期货、货币期权、利率互换等。

(六) 网上银行业务

按照国际巴塞尔银行监管委员会的定义,网上银行是指那些通过电子通道提供零售与小额商品和服务的银行,例如提供存贷、电子商务、账户管理等服务。从广义上看,凡是基于独立的网站为客户提供有关银行业务与信息服务的银行均可称为网上银行。客户无论坐在家中还是在办公室,只要面前有一台可以上网的计算机,就可以足不出户享受到银行的优质服务。

自 1995 年世界第一家网上银行——美国安全第一网上银行诞生以来,全球银行业在电子化道路上开始了爆发式的飞跃。1996 年,我国还只有中国银行通过国际互联网向社会提供银行服务,到目前国内商业银行都推出自己的网上银行,建立了自己的主页和网站,我国银行纷纷把业务搬上互联网,积极抢滩网上银行市场。

(七) 手机银行业务

手机银行是网上银行的延伸,也是继网上银行、电话银行之后又一种方便银行用户的金融业务服务方式,有贴身"电子钱包"之称。它一方面延长了银行的服务时间,扩大了银行服务范围;另一方面无形地增加了许多银行经营业务网点,真正实现 24 小时全天候服务,大力拓展了银行的中间业务。

手机银行的业务大致可分为三类:①查缴费业务,包括账户查询、余额查询、账户的明细、转账、银行代收的水电费、电话费等;②购物业务,客户将手机信息与银行系统绑定后,通过手机银行平台进行购买商品;③理财业务,包括炒股、炒汇等。

总的来说,与传统银行和网上银行相比,手机银行支付的特点有:①更方便。可以说,手机银行功能强大,是网络银行的一个精简版,但是远比网络银行更为方便,因为容易随时携带,且方便用于小额支付;②更广泛。提供 WAP 网站的支付服务,实现一点接入、多家支付;③更有潜力。目前还不成熟的商业模式和用户习惯,导致手机银行和支付的发展还没有达到许多人在".com"时代的预期。网络银行的成功在于它不仅是银行业电子化变革的手段,更是因为它迎合了电子商务的发展要求,而手机银行这方面还有很大的潜力可以发掘。

案例分析

腾讯微众银行开业:中国首家民营银行

中国银监会 2014 年 12 月 12 日表示,国内互联网巨头腾讯公司旗下民营银行——深圳前海微众银行(下称微众银行)已正式获准开业,这是中国首家民营银行。

公开资料显示,微众银行注册资本达 30 亿元人民币,由腾讯、百业源、立业为主发起人;其中,腾讯认购该行总股本 30%的股份,为最大股东。

中国银监会在 2014 年三季度已批复同意 5 家民营银行筹建,其中即包括微众银行。此后,银监会遵循发起主体自主意愿、商业可持续原则,积极推动 5 家试点银行筹建工作小组做好各项筹建工作,包括搭建合理公司治理架构、建立主要管理制度和风险防范体系框架等。

"日前,深圳前海微众银行各项开业准备工作已就绪,于12月12日由深圳银监局批复开业。"中国银监会相关负责人说。

这位负责人指出,微众银行是一家定位于服务个人消费者和小微企业客户的民营银行,应充分发挥股东优势,打造"个存小贷"特色业务品牌,为个人消费者和小微企业客户提供优质金融服务。

根据此前银监会公布的民营银行定位,阿里巴巴发起的银行定位"小存小贷",腾讯定位"大存小贷",天津定位"公存公贷",其他两家则体现特定区域,服务当地的小微企业、金融消费者。

值得注意的是,腾讯发起的微众银行将"大存小贷"模式改为了"个存小贷",即"个存"的存款将不再设定下限,与阿里的"小存小贷"仍会设置存款下限的情况相区别,将办成以重点服务个人消费者和小微企业为特色的银行。

根据银监会提供的资料,微众银行的经营范围包括吸收公众存款,主要是个人及小微企业存款;主要针对个人及小微企业发放短期、中期和长期贷款;办理国内外结算以及票据、债券、外汇、银行卡等业务。

该负责人还表示,银监会将继续推动其他4家民营银行筹建工作小组做好各项开业准备工作。目前银监会正在积极推进民营银行扩大试点相关工作。

(资料来源:小路. 中新网,2014-12-13)

思考问题:微众银行的业务范围和传统商业银行是否有区别?

评析提示:没有区别,微众银行仍然包含资产业务(如贷款)和负债业务(如存款)等为主,并且提供的服务更加便捷、更加灵活。

知识拓展

我国金融体系需要更多的惠普金融机构

普惠金融最早是在2005年联合国提出的,其基本含义是指在成本可负担的前提下,将金融服务拓展到欠发达地区和社会低收入人群,不断提高金融服务的可获得性。

一般而言,普惠金融包括以下几个目标:一是家庭和企业以合理的成本获取较广泛的金融服务,包括开户、存款、支付、信贷、保险等;二是金融机构稳健,要求内控严密,接受市场监督,以及健全的审慎监管;三是金融业实现可持续发展,确保长期提供金融服务;四是增强金融服务的竞争性,为消费者提供多样化的选择。

近年来,尤其是此次全球金融危机爆发以来,普惠金融得到国际社会的广泛关注,全球普惠金融合作伙伴、普惠金融联盟等专门性国际组织相继成立,督促各国明确作出普惠金融相关承诺,组织研究开发普惠金融指标体系,评估各国普惠金融工作成效。在国际组织和各国的共同推动下,普惠金融逐渐从一个金融发展的框架性理念上升为一项被国际社会和金融业普遍认同的金融发展战略。

在推动普惠金融发展方面,新兴经济体与发展中国家进行了积极的探索,并取得了可喜的成绩。例如韩国、俄罗斯、印尼、秘鲁、肯尼亚等国在金融政策、小微金融、代理银行模式、手机银行、电子支付、金融消费的保护和教育等方面积极推动普惠金融发展，有效提升了本国金融服务的覆盖率和可获得性。

就我国来讲，近年来，国家先后出台了一系列扶持政策，不断加大金融对小微企业和民生等经济社会发展薄弱环节的支持力度，使金融改革发展成果更多惠及广大人民群众。但同时也应看到，目前我国对"三农"、小微企业、社会金融等服务依然存在一些薄弱环节。因此，促进普惠金融发展，积极发展民生金融，对于进一步深化我国金融改革与发展，保障金融服务实体经济增长具有重要作用。首先，发展普惠金融与金融改革的方向是一致的。现在的金融改革，大的商业银行体系已经基本建立，但是我国目前的金融体系大量的资产集中于国有大型商业银行，而众多的小微金融机构数量不多。从理论上看，理想的金融体系应该是一个"正三角形"的体系，也就是既要有一些具有国际竞争力的大银行，也要有一些中型的商业银行，还需要更多专业化的微型金融机构或者普惠金融机构。因此，推进普惠金融发展，构建普惠金融体系将是下一步中国金融改革和转型的主要目标之一。其次，发展普惠金融与金融业的创新发展也是一致的。近年来，金融创新层出不穷，比如说互联网金融方兴未艾，P2P、手机银行、代理银行蓬勃发展；此外，新型技术手段不但解决了微型金融或者普惠金融的网络和通道的问题，同时也是在这个平台上引发了新一轮的创新。这些创新也与国家鼓励的创新发展是一致的。

（资料来源：焦瑾璞．中国经济导报，2013-11-30）

任务4 非银行金融机构
Misson four

本任务主要讲解非银行金融机构的种类和内容。

一、保险公司

保险公司是依照我国保险法和公司法设立的经营商业保险业务的金融机构，是专门从事经营商业保险业务的企业。

1．保险公司设立的条件

设立保险公司须符合特定的条件：有符合保险法和公司法规定的章程；不低于保险法规定的最低限额2亿元人民币的注册资本；有具备任职专业知识和业务工作经验的高级管理人员；有健全的组织机构和管理制度；有符合要求的营业场所和与业务有关的其他设施。

2. 保险公司的业务范围

（1）财产保险业务，包括财产损失保险、责任保险、信用保证保险等保险业务。

（2）人身保险业务，包括人寿保险、健康保险、意外伤害保险等保险业务。

同一保险人不得同时兼营财产保险业务和人身保险业务；但是，经营财产保险业务的保险公司经保险监督管理机构核定，可以经营短期健康保险业务和意外伤害保险业务。

保险公司的业务范围由保险监督管理机构依法核定。保险公司只能在被核定的业务范围内从事保险经营活动。

保险公司不得兼营保险法及其他法律、行政法规规定以外的业务。

二、证券公司

证券公司是指依照公司法和证监会的规定批准成立的，从事证券经营业务的有限责任公司或者股份有限公司。证券公司分为综合类证券公司和经纪类证券公司。证券公司必须在其名称中标明证券有限责任公司或者证券股份有限公司字样。经纪类证券公司必须在其名称中标明经纪字样。

设立综合类证券公司的条件：注册资本最低限额为人民币 5 亿元；主要管理人员和业务人员必须具有证券从业资格；有固定的经营场所和合格的交易设施；有健全的管理制度和规范的自营业务与经纪业务分业管理的体系。综合类证券公司可以经营证券经纪业务、证券自营业务、证券承销业务。

证券承销是证券公司代理证券发行证券的行为。证券承销的方式分为代销和包销两种。证券代销是指证券公司代发行人发售证券，在承销期结束时，将未售出的证券全部退还给发行人的承销方式。证券包销是指证券公司将发行人的证券按照协议全部购入或者在承销期结束时将售后剩余证券全部自行购入的承销方式。证券经纪是证券公司接受投资者委托，代理其买卖证券的行为。证券自营业务是证券经营机构为本机构投资买卖证券、赚取买卖差价并承担相应风险的行为。

设立经纪类证券公司的条件：注册资本最低限额为人民币 5 000 万元；主要管理人员和业务人员必须具有证券从业资格；有固定的经营场所和合格的交易设施；有健全的管理制度。经纪类证券公司只允许专门从事证券经纪业务。

三、信托投资公司

信托投资公司，在我国是指依照《中华人民共和国公司法》和根据《信托投资公司管理办理》规定设立的主要经营信托业务的金融机构。

设立信托投资公司，必须经金融主管部门批准，并领取《信托机构法人许可证》；未经金融主管部门批准，任何单位和个人不得经营信托业务，任何经营单位不得在其名称中使用"信托投资"字样。信托投资公司市场准入条件较严，注册资本不得低于人民币 3 亿元，并且其设立、变更、终止的审批程序都必须按照金融主管部门的规定执行。大多数信托投资公司以经营资金和财产委托、代理资产保管、金融租赁、经济咨询、证券发行和投资为主要业务。

1979 年，我国创办了第一家信托投资公司——中国国际信托投资公司。以后，又陆续建立了一批全国性的信托投资公司,如中国光大国际信托投资公司、中国民族国际信托投资公司、中国开发信托投资公司等。1998年,中国人民银行对信托投资公司进行了全面的清理整顿,彻底解决了信托业的功能定位、业务范围等问题,明确了其发展方向。规范后的信托投资公司主要经营资金、动产、不动产信托,基金管理和兼并重组,企业财务顾问等业务,以手续费、佣金为主要收入来源,使信托业真正成为受人之托、代人理财的无风险金融机构。少数信托投资公司确属需要的,经中国人民银行批准,可以兼营租赁、证券业务和发行一年以上的专项信托受益债券,用于进行有特定对象的贷款和投资,但不准办理银行存款业务。

四、财务公司

财务公司是企业集团内部各成员单位投资入股,为企业集团成员单位提供金融服务,实行自主经营、自负盈亏、自求平衡、自担风险的非银行金融机构。财务公司在业务上受金融监管部门的监管,在行政上隶属于组建该公司的企业集团。财务公司不能向企业集团和成员企业以外的单位及个人吸收存款和发放贷款;不得在境内买卖或代理买卖股票、期货及其他金融衍生品;不得投资非自用的不动产、股权、实业和非成员单位的企业债券。

五、金融租赁公司

金融租赁是金融租赁公司的主要业务,是指企业需要添置某些技术设备而又缺乏资金时,由出租人代其购进或租进所需设备,然后再将它租给承租人,在一定期限内有偿使用的一种租赁方式。

目前我国常用的金融租赁业务有以下几种:

1. 直接租赁

这是融资性租赁业务中比较普通的一种形式。租赁公司根据承租人的要求,自行筹资并购进承租人所需的设备,租给承租人使用。租期一般规定在3年以上。租赁期内物件所有权完全归属出租人,租赁期满,承租人有廉价购买其租赁设备的特权。承租人用租入设备所新增利润支付租金。租赁设备的维修、保养及保险由承租人负责。

2. 转租赁

转租赁是租进租出的做法,即出租人从制造商或另一家租赁公司租进设备,然后转租给用户。转租赁是租赁公司同时兼有承租人和出租人双重身份的一种租赁形式。

3. 回租租赁

回租租赁是指当企业急需资金时,将自己拥有的设备按规定卖给租赁公司,再作为承租人向租赁公司租回原设备继续使用,并按期向租赁公司交付租金。回租租赁是一种紧急的融资方式,适用于资产流动性差的企业。作为租赁物体的设备就是企业的在用设备,未做任何转移,其销售只是一种形式。承租人既保持了原有设备的使用权,又能使这些设备所占用的资金转化为企业急需的周转资金,使企业固定资产流动化,提高了资金的利用率。

4. 杠杆租赁

杠杆租赁也称平衡租赁,是金融租赁的一种特殊形式。这种形式是指设备购置成本中的小部分由出租人承担,大部分由银行等金融机构提供贷款补足。其具体做法是:一家租赁公司先出小部分资金,其余通过把租赁物作抵押,以转让收取租金的权利作附加担保,联合若干家其他金融机构共同提供一项租赁融资,形成较大的资金规模,以购买大型的资金密集型设备,提供给承租人使用。设备出租后,承租人要向贷款人支付租金,以替出租人偿还借款债务。由于这种租赁的出租人自筹资金只占少量,而主要依靠抵押贷款的杠杆作用来获取高于一般租赁的投资报酬,因此称为杠杆租赁。

六、金融资产管理公司

为了处理国有独资银行的不良资产,1999 年经国务院决定,我国相继成立了信达、华融、东方、长城四家金融资产管理公司,分别处置中国建设银行、中国工商银行、中国银行和中国农业银行的不良资产。截至 2000 年年底,四家金融资产管理公司已从四家国有银行收购了 13 939 亿元不良资产,实现"债转股"签约的国有企业共计 587 家,金额达 3 400 余亿元。2001 年年初,四家金融资产管理公司获证监会颁发的"经营股票承销业务资格证书",全方位地开展不良资产收购、债务追偿、债务重组、资产置换、债转股、资产证券化、债券发行、股票承销等业务。此外,还与国外金融机构磋商,吸引外资参加我国不良资产的处置,有利于借鉴国外处置不良资产的经验,分散不良资产的处置风险,提高我国金融资产管理公司处置不良资产的水平和效率。

金融资产管理公司作为我国经营处置金融不良资产的政策性金融机构,是我国特定历史背景下化解经济金融系统风险的重要制度创新,为支持国有商业银行改革发展和维护金融体系稳定作出了重要贡献。从 2007 年开始,已经完成政策性不良资产收购任务的四家公司开始纯商业化资产运作。近几年来,四家公司搭建了多元化的产品业务体系,有效提升了盈利能力,同时也积累了相应的人才、经验、技术和客户资源。

七、基金管理公司

基金管理公司是指按法律、法规的规定,负责发起设立与经营管理基金的专业性金融机构。其主要业务是:

1. 基金管理业务

基金管理业务是指基金管理公司利用专业投资知识与经验,投资运作基金资产的行为。

2. 受托资产管理业务

受托资产管理业务是指基金管理公司作为受托投资管理人,根据有关法律、法规和投资委托人的投资意愿,与委托人签订合同,在证券市场上从事股票、债券等有价证券的组合投资,以实现委托资产收益最大化的行为,如受托管理社保基金。

3. 基金销售业务

基金销售业务是指基金管理公司通过直销中心或电子交易网站将基金份额直接销售给基金投资人的行为。

自 1998 年诞生第一家基金公司至今,中国基金业已经走到了第 16 个年头。2013 年 6 月 1 日,新修订的《证券投资基金法》正式实施,不仅行业市场准入放宽,各类资金管理机构可以申请开展公募基金业务,而且基金托管、销售格局也将发生变化,基金行业站在了改革创新的新起点上。

八、消费金融公司

所谓的消费金融公司是指经中国银行业监督管理委员会批准,在中华人民共和国境内设立的,不吸收公众存款,以小额、分散为原则,为中国境内居民个人提供以消费为目的的贷款的非银行金融机构。

2010 年,北银消费金融有限公司、中银消费金融公司、锦程消费金融公司于 1 月 6 日获得银监会同意筹建的批复,这 3 家公司分别在上海、北京和成都三地率先试点。随后,2 月 12 日,银监会又给 PPF 集团发放了天津试点的牌照,捷信消费金融有限公司在天津成立,成为中国首家外商独资的消费金融公司。消费金融公司试点为我国转变经济发展方式、扩大内需市场、满足消费者信贷需求发挥了一定的积极作用。银监会在总结过去三年消费金融公司试点工作情况的基础上,继续扩大消费金融公司的试点城市范围并降低准入条件,普惠大众民生,带动内需增长。

案例分析

消费公司发展前景堪忧

近日,有媒体报道称,中国银监会已决定不再扩大消费金融公司的试点范围。如果消息属实,则意味着除了先前在北京、天津、上海、成都四地试点的消费金融公司之外,政府将不再发放更多牌照。不仅如此,现有消费金融公司跨区域经营、快速扩大业务规模的愿望恐怕也要落空。

业内人士认为,消费金融公司在中国发展前景并不乐观。一方面,相关政策期望落空;另一方面,国内消费金融公司生不逢时、先天不足,既与银行信用卡和个人消费贷款存在重叠,又面临电商发展冲击,还被小额贷款公司、民间借贷等多种融资模式多面围堵。

2009 年 7 月,作为应对国际金融危机的一种重要手段,消费金融公司试点审批工作启动。当时,银监会曾发布《消费金融公司试点管理办法》用于加大金融对扩内需促消费的支持力度。第二年,4 家试点公司相继成立。除了外资身份的捷信消费外,其他几家消费金融公司是由北京银行、中国银行、成都银行作为主要出资人筹建的。当时,消费金融公司试点落地被誉为"这种在西方已经存在 400 年之久的金融业态终于在中国'破冰'"。

但数据显示,过去 3 年消费金融公司的成绩并不好看。截至去年年末,4 家试点公司中仅有 3 家实现小幅盈利。做得最大的北银消费金融公司截至去年年底贷款余额仅有 19 亿元左右,3 年累计贷款投放 30 多亿元。"与商业银行的零售金融相比,消费金融公司并没有一个很好的切入点来使自己的消费信贷额度获得大幅提升,目前在整个消费信贷领域占比很小。"业内人士直言。资料显示,自 2009 年《消费金融公司试点管理办法》出台以来,国内仅有这 4 家专业性消费金融公司试点开展相关业务,总体规模占比不足 5%,远低于国外

1/3的通常水平。

（资料来源：中国网，www.china.com.cn，2013-5-29）

思考问题： 我国消费金融公司的业务和性质是什么？

评析提示： 我国消费金融公司是经中国银行业监督管理委员会批准，在中华人民共和国境内设立的，不吸收公众存款，以小额、分散为原则，为中国境内居民个人提供以消费为目的的贷款的非银行金融机构。

知识拓展

互联网保险

互联网保险是新兴的一种以计算机互联网为媒介的保险营销模式，有别于传统的保险代理人营销模式。互联网保险是指保险公司或新型第三方保险网以互联网和电子商务技术为工具来支持保险销售的经营管理活动的行为。

2000年8月，国内两家知名保险公司太保和平安几乎同时开通了自己的全国性网站。太保的网站成为我国保险业界第一个贯通全国、连接全球的保险网络系统。平安保险开通的全国性网站PA18，以网上开展保险、证券、银行、个人理财等业务被称为"品种齐全的金融超市"。互联网保险的优势表现在：一是相比传统保险推销的方式，互联网保险让客户能自主选择产品。客户可以在线比较多家保险公司的产品，保费透明，保障权益也清晰明了，这种方式可让传统保险销售的退保率大大降低。二是服务方面更便捷。网上在线产品咨询、电子保单发送到邮箱等都可以通过轻点鼠标来完成。三是理赔更轻松。互联网让投保更简单，信息流通更快，也让客户理赔不再像以前那样困难。四是保险公司同样能从互联网保险中获益多多。通过网络可以推进传统保险业的加速发展，使险种的选择、保险计划的设计和销售等方面的费用减少，有利于提高保险公司的经营效益。据有关数据统计，通过互联网向客户出售保单或提供服务要比传统营销方式节省58%～71%的费用。

国内主要的独立第三方保险网站，中民保险网、网易保险、保网、优保网、E家保险网等。中民保险网总部在深圳，国内领先的第三方保险电子商务网站。是包含意外险、旅游险、健康险等多种保险产品在线销售的综合型保险电子商务网站。新一站总部设在南京，注册资金1亿元，具备保监会批准的网络保险销售资格。网易保险于2011年12月6日正式上线，由网易与知名保险公司合作推出的第三方保险直销平台，用户可以在线进行投保，涵盖车险、意外险、健康险、家财险等险种，实现一站式保险自助购买体验。保网总部在深圳，国内较早、较有影响力的保险门户网站，网站大但比较杂。2010年7月29日，保网与泛华保险服务集团签约成立一家新的"泛华保网电子商务公司"。优保总部在厦门，其母公司ehealth是美国最大的健康险在线投保平台。中国地区技术支持为翼华科技（厦门）有限公司。e家保险网于2006年1月推出，主要险种为旅游交通保险：国内旅行保险、境外旅行保险、航空意外保险、交通意外保险、出国签证保险等。

项目小结

任务	任务知识点	知识内容
金融机构体系	概念	是指以货币资金为经营对象，从事货币信用、资金融通、金融交易以及相关业务的组织机构。
	性质与职能	充当企业之间的信用中介、支付中介；变货币收入和储蓄为资本；创造各种信用工具；金融服务职能。
	现代金融体系的一般构成	中央银行；商业银行；专业银行；非银行金融机构。
	我国的金融机构体系	金融宏观调控和金融监管机构；经营性金融机构。
中央银行	性质	地位的特殊性；业务的特殊性；管理的特殊性。
	职能	发行的银行；政府的银行；银行的银行。
	组织形式	单一的中央银行制度；复合的中央银行制度；跨国的中央银行制度；准中央银行制度。
	业务	负债业务：存款业务、货币发行业务、其他负债业务。 资产业务：再贷款业务、再贴现业务、证券买卖业务、国际储备业务。 清算业务：集中办理票据交换、办理异地资金转移、跨国清算。
商业银行	概述	性质与特征：是一种特殊的企业、是一种特殊的金融机构。 职能：信用中介、支付中介、信用创造、金融服务。 组织形式：单一银行制、总分行制、银行持股公司制、连锁银行制、跨国银行制。 经营原则：安全性、流动性、盈利性。
	业务	负债业务：资本金、存款业务、借款业务。 资产业务：现金资产业务、贷款业务、证券投资业务。 中间业务：结算业务、代理类业务。 其他业务：信息咨询业务、基金托管业务、现金管理业务、银行卡业务。 表外业务：传统的表外业务、新兴的表外业务。 网上银行业务和手机银行业务。

续表

任务	任务知识点	知识内容
非银行金融机构	保险公司	依照我国保险法和公司法设立的经营商业保险业务的金融机构。
	证券公司	依照公司法和证监会的规定批准成立的,从事证券经营业务的有限责任公司或者股份有限公司。
	信托投资公司	依照《中华人民共和国公司法》和根据《信托投资公司管理办法》规定设立的主要经营信托业务的金融机构。
	财务公司	企业集团内部各成员单位投资入股,为企业集团成员单位提供金融服务,实行自主经营、自负盈亏、自求平衡、自担风险的非银行金融机构。
	金融租赁公司	企业需要添置某些技术设备而又缺乏资金时,由出租人代其购进或租进所需设备,然后再将它租给承租人,在一定期限内有偿使用的一种租赁方式。
	金融资产管理公司	金融资产管理公司是我国经营处置金融不良资产的政策性金融机构。
	基金管理公司	按法律、法规的规定,负责发起设立与经营管理基金的专业性金融机构。
	消费金融公司	指经中国银行业监督管理委员会批准,在中华人民共和国境内设立的,不吸收公众存款,以小额、分散为原则,为中国境内居民个人提供以消费为目的的贷款的非银行金融机构。

职业能力训练

一、单选题(每题只有一个正确答案)

1. 存款性金融机构是吸收个人或机构存款,并发放贷款的金融机构。下列金融机构中,属于存款性金融机构的是( )。

A. 养老基金　　　B. 投资银行　　　C. 保险公司　　　D. 信用合作社

2. 中央银行是银行的银行,是指中央银行( )。

A. 充当商业银行与其他金融机构的最后贷款人

B. 监管商业银行与其他金融机构

C. 通过商业银行的货币创造调节货币供应量

D. 政府提供贷款

3. 下列业务中,不属于商业银行中间业务的是( )。

A. 理财业务　　　B. 咨询顾问　　　C. 存放同业　　　D. 支付结算

4. 某客户购车车款不足,可以向( )申请贷款。

A. 证券公司　　　B. 消费金融公司　　　C. 汽车租赁公司　　　D. 财务公司

5. 一般而言,在金融体系中处于核心地位的金融机构是( )。

A. 商业银行　　　B. 专业银行　　　C. 投资银行　　　D. 中央银行

二、多选题（每题至少有两个正确答案）

1. 下列金融机构中，可以吸收个人和机构存款的是（　　）。
   A. 商业银行　　　B. 储蓄银行　　　C. 证券公司
   D. 信用合作社　　E. 小额贷款公司
2. 下列业务中，属于中央银行资产业务的有（　　）。
   A. 贷款　　　　　B. 再贴现　　　　C. 国债买卖
   D. 代理国库　　　E. 管理国际储备
3. 某商业银行资金不足，可以通过（　　）方式向中央银行借款。
   A. 再贴现　　　　B. 再投资　　　　C. 再保险
   D. 再抵押　　　　E. 再贷款
4. 下列属于非银行金融机构的是（　　）。
   A. 村镇银行　　　B. 信托公司　　　C. 财务公司
   D. 保险公司　　　E. 基金公司
5. 我国《商业银行法》规定，商业银行以（　　）为经营原则。
   A. 安全性　　　　B. 盈利性　　　　C. 流动性
   D. 效益性　　　　E. 社会性

三、案例分析题（不定项选择题）

甲在2013年12月份发生如下业务：①向浦发银行某支行申请房贷20万元；②收到中信银行代发工资5 000元并由中信银行代扣电费180元；③存入浦发银行定期存款1万元。

1. 浦发银行属于（　　）。
   A. 国有控股商业银行　　　　　B. 股份制商业银行
   C. 政策性银行　　　　　　　　D. 非银行金融机构
2. 体现金融机构金融服务职能的业务是（　　）。
   A. 浦发银行发放贷款20万元　　B. 中信银行代发工资5 000元
   C. 中信银行代扣电费180元　　　D. 浦发银行收到定期存款1万元
3. 假若浦发银行吸收的1万元又以贷款的形式提供给某企业使用，则体现了金融机构的（　　）职能。
   A. 信用中介　　　　　　　　　B. 支付中介
   C. 变货币收入和储蓄为资本　　D. 金融服务
4. 中信银行较国有控股商业银行的优势有（　　）。
   A. 成长性好　　　　　　　　　B. 机制灵活，市场化程度较高
   C. 创新能力强　　　　　　　　D. 协同成本较高

项目综合实训

金融机构职能和业务综合模拟实训

1. 任务目标

通过本任务，使学生清楚我国各个金融机构的职能，以达到使学生准确把握中央银行和商业银行的业务。

2. 任务描述

本任务首先要求学生掌握金融机构的职能和商业银行、中央银行的各项业务，在掌握的基础上对学生进行分组，模拟商业银行和中央银行的业务，在业务操作过程中掌握金融机构的职能。

3. 任务准备

（1）熟悉金融机构的职能，商业银行、中央银行的各项业务。

（2）金融实验室。

4. 任务步骤

（1）对学生进行角色分工，分为企业、商业银行和中央银行三个角色。

（2）要求学生明确自己的角色，并描述角色的任务和职能，并形成角色任务书。

（3）商业银行向企业办理开立存款账户，并进行存款、贷款、贴现等业务操作。

（4）商业银行向中央银行上缴存款准备金、办理再贴现、再贷款等业务。

（5）总结商业银行和中央银行的业务，进而总结金融机构的职能。

5. 任务成果

形成完整的项目实训书和办理业务的相关单据。

项目三
金融市场

 知识目标

1. 了解金融市场的含义、构成与分类。
2. 理解货币市场、资本市场、黄金和外汇市场在市场经济发展中的作用。
3. 掌握货币市场、资本市场、黄金和外汇市场的特点,旨在提高学生对金融市场的理解与投资意识。

 能力目标

1. 能够不断地扩展知识面,增强独立思考的能力,更新知识结构;能够根据所学知识进行案例分析。
2. 能够运用所学理论知识、方法、分析和解决金融市场的核心问题,并进行金融市场基本业务的操作。

 导入案例

"红包大战"突显中国互联网金融市场的巨大前景

2015 年春节最热门的话题之一便是"抢红包"。电子金融已融入到了中国普通百姓的生活之中,而羊年春节上演的"红包大战"则让人们看到了互联网移动支付的巨大前景。中国电子商务研究中心监测的数据显示称,去年中国共产生电子支付业务 333.33 亿笔,金额 1 404.65 万亿元,较上年分别增长了 29.28% 和 30.65%。中国的电子金融行业在去年得到了明显的发展。中国去年通过移动终端产生的电子支付有 45.24 亿笔,金额 22.59 万亿元,较上年分别增长了 170.25% 和 134.30%。

思考:互联网金融给我们带来什么机遇?

任务1 金融市场概述
Misson one

任务描述

通过本任务的学习，了解金融市场的功能、不同市场的划分。

任务知识

一、金融市场的定义

金融市场是指资金需求者和资金供给者（企业、个人和各类金融机构及货币当局）进行资金融通的场所和行为，是多种金融关系交织而成的综合体。

金融市场有广义和狭义之分，广义的金融市场是指所有融资活动，包括银行存贷款、有价证券的发行和交易、票据抵押和贴现、外汇和黄金的买卖、保险、信托、期货等。狭义的金融市场也称资金市场，它是融通资金与买卖金融资产的场所，包括办理各种票据、有价证券的发行和交易，也包括外汇和金融衍生品买卖以及同业之间进行货币借贷的活动。尽管金融市场在发展初期一般是有形市场，但随着互联网时代的到来，金融市场呈现有形市场和无形市场共同发展，并且无形市场涉及资金融通规模有逐渐扩大的趋势。

二、金融市场的构成要素

从现代金融市场的结构来看，主要包括五个要素：金融市场主体、金融市场客体、金融市场中介、金融市场价格和金融市场监管者。

1. 金融市场主体

金融市场主体，即金融市场的参与者，包括资金的供给者和资金的需求者，主要包括政府部门、中央银行或其他货币当局、金融机构、产业公司和消费者个人。尽管这些参与者均是金融市场交易的主体，但在不同时期所承担的角色随时会转换。金融市场参与者的数量及交易金融决定了金融市场规模的大小，金融市场主体多，则金融市场的任何细微变化，都能引起大量的交易对手介入，从而保持市场的繁荣与稳定。

政府部门：政府及政府机构在金融市场上有着双重身份，既是资金的供应者和需求者，又是重要的监管者和调节者。政府收支过程中经常发生资金的临时闲置，将这些资金投资于金融市场，为金融市场供应资金。政府发行债券向金融市场筹措资金，弥补财政赤字或经济建设的资金需要。此外，政府负有金融市场的监管职责，一方面通过授权给监管机构；另一方面通过政策工具对金融市场实施调控。

货币当局：中央银行作为货币当局的典型代表。中央银行参与金融市场交易的目的是通过制定和执行货币政策实现货币币值稳定，并以此促进经济增长的目的。中央银行在金融市场的地位十分特殊,既是金融市场的参与者(一方面,中央银行在金融市场上可通过再贷款和再贴现给商业性金融机构融通资金;另一方面,中央银行可通过公开市场业务操作,在金融市场上直接吞吐证券,从金融市场回笼和供应资金),又是金融市场的监管者,具有双重身份。另外,中央银行作为对外金融代表,持有本国的国际储备,接纳国际金融机构的贷款,代表政府实施国际援助等,这些国际事务均需通过金融市场才能完成。

金融机构:金融机构包括银行业金融机构和非银行业金融机构。金融机构是资金融通活动的重要中介机构,是资金需求者和供给者之间的纽带,资金来源主要通过金融市场吸收和筹措,资金运用也必须通过金融市场予以分配,金融业务活动通过金融市场完成。

企业:企业主要是指从事生产经营和商品流通的企业,是金融市场运行的基础,是重要的资金供给者和需求者。企业生产经营所需要的短期资金,主要通过银行借款和在票据市场上进行票据贴现等形式筹措;企业固定资产投资所需的长期资金,主要在证券市场通过发行股票和债券等途径来解决。同时企业也是金融市场上的资金供给者,当资金出现闲置时也会将资金存入商业银行或通过其他途径暂时让渡使用权。

家庭:家庭或个人在金融市场上主要是作为资金供给者(将多余资金存入银行实现保值增值),但同时也是资金需求者(为满足消费从商业银行获得贷款)。

另外,个人购买保险是通过保险机构将资金间接提供给金融市场,同样体现了金融市场参与主体的角色。

2. 金融市场客体

金融市场的客体是指金融市场的交易对象或交易的标的物,即通常所说的金融工具。金融工具最初又称信用工具。信用工具指表示债权、债务关系的凭证,它是具有法律效力的契约。金融市场主体与金融市场客体之间是互相促进、相辅相成的。

3. 金融市场中介

金融市场中介是指在金融市场上充当交易媒介,专门从事经纪业务并赚取佣金和手续费的组织、机构或个人。作为金融市场的参与者,金融市场中介与金融市场主体主要区别在于:金融市场中介(包括中介机构和经纪人)参与金融市场活动,并非真正意义上的货币资金供给者或需求者,而是以金融市场中介活动为业务、以赚取佣金为收入。

金融市场中介又可分为两类:一类是自然人经纪人(个体商人),如货币经纪人、证券经纪人、证券承销人、外汇经纪人等。另一类则是法人经纪人(机构或组织),如证券公司、商人银行、其他金融机构等。两类金融市场中介在开业条件、权利与义务、活动范围、客观作用等方面有诸多不同。

在资金融通过程中,中介在资金供给者与资金需求者之间起媒介或桥梁作用。从这个角度来说,金融中介大体可分为两类:交易中介和服务中介。

① 交易中介。交易中介通过市场为买卖双方成交撮合,并从中收取佣金。包括银行、有价证券承销人、证券交易经纪人、证券交易所和证券结算公司等。

② 服务中介。这类机构本身不是金融机构,但却是金融市场上不可或缺的,如会计师事务所、律师事务所、投资顾问咨询公司和证券评级机构等。

4. 金融市场价格

金融市场的价格也是金融市场的基本构成要素之一。由于金融商品性质的特殊性,它的价格有不同的表现。尽管金融商品价格最终是以货币单位来计价,但具体的金融商品交易价格是不同的。如外汇市场价格是汇率,拆借市场价格是拆息率,信贷市场价格是利率,票据市场价格是贴现率,债券市场价格是债息率或收益率,股票市场价格则是股价指数等。随着衍生金融商品的出现,衍生金融市场价格更是特殊,它是以基础金融商品价格为基数计算出来的远期价格,时常以"保证金"、"保险金"、"点位"等作为交易"价格",可以说,衍生金融市场价格是真正的"影子价格"。

5. 金融市场监管者

为促进金融市场交易的公开、公平、公正,增强交易的透明度,减少金融市场中的欺诈行为,维护正常的金融市场秩序,保护广大投资人的合法权益,促进金融市场的健康运行,各国都通过立法,授权某个或某些机构对金融市场进行监督管理。我国金融市场的监管者主要是"一行三会",即中国人民银行、中国银行监督管理委员会(以下简称中国银监会)、中国证券监督管理委员会(以下简称中国证监会)和中国保险监督管理委员会(以下简称中国保监会)。

金融市场五要素之间是紧密联系、互相促进、相互影响的。其中金融市场主体与金融市场客体是最基本的要素,只要有这两个要素存在,金融市场便会形成;而金融市场媒体与金融市场价格则是自然产生的或必然伴随的,只有这两个要素的存在,金融市场的交易才更便利、更迅速。金融市场的监管者也是伴随金融市场的发展而产生的,它是金融市场的外在因素,也是金融市场运行和发展所必需的。

三、金融市场的分类

当前金融市场呈现快速发展的态势,但也变得日益复杂。而理论界对金融市场的划分则有不同的方式。

1. 按期限分类

按期限划分为短期金融市场(货币市场)和长期金融市场(资本市场)。

短期金融市场(这里的短期通常指一年以内)又称短期资金市场或货币市场,是指专门融通短期资金的场所。短期资金市场主要解决市场主体的短期性、临时性资金需求。短期金融市场的主体通常包括政府、企业、家庭和银行等金融机构。最具代表性的金融工具主要是货币头寸、存单、票据和国库券(短期政府债券)。

长期金融市场(这里的长期通常指一年以上)又称长期资金市场或资本市场,是指专门融通期限在一年以上的中长期资金的市场。所筹集到的长期资金主要是满足政府和企业部门对长期资本的需求。长期性金融工具主要是各类有价证券,即债券和股票,其偿还期长,流动性小,风险较大。长期金融市场主要包括债券市场和股票市场。

2. 按金融市场的交易对象分类

按照金融市场的交易对象(或金融工具的属性)分类,金融市场可分为原生市场(基础性金融产品市场)和衍生市场(金融衍生品市场)。

原生市场是指交易基础性金融工具的市场。随着金融交易的发展,原生市场上交易的金融商品越来越多,包括各类融资性票据(如银行承兑汇票等)、债务性(如债券等)和权益性(如股票等)有价证券,以及基金受益凭证等。也是货币市场、债券市场、股票市场和外汇市场的总和。

金融衍生品市场是指一切由基础金融工具衍生出来的新金融工具交易的市场,或者说,是这些新金融工具交易市场的总和。金融衍生工具是指从传统金融工具中衍生出来的一种创新工具，它起源于原生性金融商品或基础性金融工具，包括远期合约、期货合约、期权合约、互换合约以及各种实用信用衍生产品等。从性质上讲，金融衍生市场主要包括金融远期市场、金融期货市场、金融期权市场和金融互换市场。

3. 按证券的交易方式和次数分类

按证券的交易方式和次数可分为初级市场和次级市场。

初级市场是新证券发行的市场，又被称为一级市场。没有证券的发行，自然不会有证券的买卖和流通，初级市场的重要性不言自明。证券发行者与证券投资者的多少，是决定初级市场规模的直接因素。

次级市场即证券流通的市场，通常又称二级市场。证券持有者需要资金，便可到次级市场出售变现。而买卖双方的经常转换，使证券更具流动性，从而在社会范围内使资源得到充分利用。

初级市场与次级市场的关系是密不可分的。初级市场给予每一种证券"生命"，但只有次级市场才赋予证券以流动性而获得成长。因此，次级市场的存在与发展以及规模大小，被视为金融发达与否的重要标志。由于次级市场是国家货币当局开展公开市场业务的重要场所，同时也反映了社会经济状况和企业经营水平，因此被称为经济的"晴雨表"。

4. 按交割方式分类

按交割方式分为现货市场、期货市场和期权市场。

现货市场是指随交易协议达成而立即交割（一般在3个工作日内进行交割）的市场。基础性金融工具市场一般都是现货市场。

期货市场是指交易协议虽然已经达成，交割却要在未来某一特定时间进行交割的市场。在期货交易中，交易双方在约定时间按约定价格进行交易，但由于约定价格与市场价格通常是不一致的，这就可能导致交易者或获得利润或蒙受损失，但双方承担的权利和义务的机会是均等的。

期权市场即各种期权交易的市场，是期货交易市场的发展和延伸。期权交易是指买卖双方按成交协议签订合同，允许买方在交付一定的期权费用（或保险费）后，即取得在特定的时间内，按协议价格买进或卖出一定数量的证券的权利。期权交易双方的权利和义务是不对称的，买方获得主动权（只有权利没有义务），而卖方只有义务。

5. 按交易范围分类

按照交易范围分类，金融市场可分为国内金融市场和国际金融市场。

国内金融市场是指金融交易的范围仅限于一国之内的市场。它包括一国范围内的地方金融市场和全国性的以本币计值的金融资产交易市场。国内金融市场的活动范围限于本国领土之内，双方当事人为本国的自然人和法人。

国际金融市场是指金融交易的范围跨越了国界的市场，其交易由众多经营国际货币金融业务的机构组成，这些机构通过现代化的通信方式，进行各种跨越国境的金融交易。这类市场大多没有固定的场所，是一种无形市场。如离岸金融市场就是国际金融市场的一个组成部分，它是指非居民之间从事国际金融业务的场所。离岸金融市场一般不受市场所在国的法规管辖，并可享受税收优惠等。值得注意的是，国际金融市场中有一种是以证券交割地点之外的别国货币为买卖或借贷对象的市场，称为境外金融市场或离岸市场，如欧洲美元市场。

四、金融市场的功能

尽管金融市场的每一个细分市场都有其特有的功能，但作为从整体看金融市场的功能主要体现在如下几个方面。

1. 资本积累

金融市场的积累功能是指金融市场引导众多分散的小额资金汇聚成可以投入社会再生产的资金集合的功能。在这里，金融市场起着资金"蓄水池"的作用，可以调剂余缺。金融市场之所以具有资金的积聚功能，一是由于金融市场创造了金融资产的流动性；二是由于金融市场上多样化的融资工具为资金供应者的资金寻求合适的投资手段找到了出路。

2. 资源配置

金融市场的配置功能表现在三个方面：一是资源的配置，二是财富的再分配，三是风险的再分配。

在经济的运行过程中，拥有多余资产的盈余部门并不一定是最有能力和机会作为最有利投资的部门，现有的资产在这些盈余部门得不到有效的利用，金融市场通过将资源从低效率利用的部门转移到高效率的部门，从而使一个社会的经济资源能最有效地配置在效率最高或效用最大的用途上，实现稀缺资源的合理配置和有效利用。

3. 调节经济

调节功能是指金融市场对宏观经济的调节作用。金融市场一边连着储蓄者，另一边连着投资者，金融市场的运行机制通过对储蓄者和投资者的影响而发挥着调节宏观经济的作用。

金融市场的直接调节作用。在金融市场大量的直接融资活动中，只有符合市场需要，效益高的投资对象，才能获得投资者的青睐，实际上是金融市场通过其特有的引导资本形成及合理配置的机制首先对微观经济部门产生影响，进而影响到宏观经济活动的一种有效的自发调节机制。

金融市场的存在及发展，为政府实施对宏观经济活动的间接调控创造了条件。货币政策属于调节宏观经济活动的重要宏观经济政策，其具体的调控工具有存款准备金政策、再贴现政策、公开市场操作等，这些政策的实施都以金融市场的存在、金融部门及企业成为金融市场的主体为前提。金融市场既提供货币政策操作的场所，也提供实施货币政策的决策信息。

4. 反映经济

金融市场历来被称为国民经济的"晴雨表"和"气象台"，是公认的国民经济信号系统。这实际上就是金融市场反映功能的写照。

金融市场的反映功能表现在如下几个方面：①由于证券买卖大部分都在证券交易所进行，证券价格的涨跌在一个有效市场中实际上是反映着其背后企业的经营管理情况及发展前景，所以金融市场首先是反映微观经济运行状况的指示器；②金融市场交易直接和间接地反映国家货币供应量的变动。货币的紧缩和放松均是通过金融市场进行的，货币政策实施时，金融市场会出现波动表示出紧缩和放松的程度。因此，金融市场所反馈的宏观经济运行方面的信息，有利于政府部门及时制定和调整宏观经济政策；③由于证券交易的需要，金融市场有大量专门人员长期从事商情研究和分析，并且他们每天与各类工商业直接接触，能了解企业的发展动态；④金融市场有着广泛而及时的收集和传播信息的通信网络，整个世界金融市场已连成一体，四通八达，从而使人们可以及时了解世界经济发展变化的情况。

案例分析

中国式"央妈期权":一旦金融市场"着火"央行或将出手

格林斯潘接任美联储主席后,每逢金融市场震荡,必出手干预以稳定局势。危机时刻的干预成为常态。2006年后,开始被称为"伯南克期权"。同样,在中国是否也存在着这样一个类似的央行看跌期权——"央妈期权",是否会不断上演"几时有,问行长。向北望,跪央行"?

货币政策目标:从基本面到资产价格。理解央行的货币政策,其核心是服务于四大目标:包括经济增长、通胀温和、充分就业以及金融稳定。而在中国由于缺乏可信的就业数据,就业目标与增长目标基本等同。其中前三者属于经济基本面的目标,而最后一个目标——金融稳定,即各类资产价格。而从过去全球乃至中国货币政策实践经验看,房价稳定无疑是最为重要的目标。房价下跌定会降息,日本、美国、欧洲的房价下跌之后均触发了持续降息,而中国2008年、2012年以及本轮的降息背后均有房价下跌的背景作为铺垫。因而2014年以来的刺激政策均只有短期效果,而难以刺激地产需求的持续回升,未来房价仍难言止跌,与之对应央行的货币放松仍未结束。

金融为王时代来临,"央妈期权"再起航。从上述货币政策实践来看,央行已经从关注基本面转向关注房价等资产价格,但货币政策是否应该关注股价等金融资产价格,在理论上仍存在着严重的空缺。"二战"之后,也就是凯恩斯理论形成的时期,并不存在一个庞大的资本市场,而今市场已经极具规模,各种名目繁多的金融商品运行其中,货币既可以在金融市场空转,也可以不到市场中去。经济运行的环境变了,理论上随之也要有新的思考,如果此时此刻,货币政策继续忽视金融资产价格,只关注CPI的话,则可能会忽视经济中正在发生的巨大变化。

地产"穷"金融"兴",金融资产成为主战场。回顾14年股债双牛的行情,我们认为中国居民家庭财富配置已经从20世纪90年代的存款时代、2000年的地产时代步入到如今的金融时代。央行行长在两会答记者问上的明确表态,意味着股市上涨将不会成为未来降息的障碍。当前实体经济和房市乏善可陈,使得实体经济债务负担加重。而股市上涨是去杠杆的最佳方式之一,加之股市与GDP的比值在持续上升,其重要性与日俱增,一旦股市大跌容易引发系统性金融风险,因而一旦金融资产价格出现大幅波动或会触发央行"行权",股市大跌反而可能触发降息。

"救火队长央妈":"哪里出事,哪里有我!"一方面是经济通胀下行,债务风险升温,实体刚性融资需求难降;另一方面是资产价格上涨,导致虚拟经济融资需求强劲;两者导致货币利率居高不下,宽松货币政策传导受阻。我们发现"央妈"成为了重要的救火队长,哪里出事哪里就有"央妈"的身影。央行VS证监会:IPO打新收益率高企,央行连续四次下调回购利率。央行VS财政部:万亿债务置换出世,央行明确研究并可能介入。央行VS发改委:刚性兑付金身难破,央行先建存保制度防火墙。准备金率下调对冲贬值风险。目前我国存准率依然在20%左右的历史峰值附近,下调空间巨大,是对冲贬值风险资金流出的重要防火墙。

紧跟"央妈"站好队,拥抱金融大时代!对于现在的美联储,如果我们翻阅一下耶伦以往的记录，就会发现，在维护美联储旧有的传统上，她依然不会成为一个颠覆者。只要不试图去识别和在早期就扼杀泡沫，耶伦就会和"伯南克期权"一样：资产价格上无天花板，下有保护伞。从近期我国央行的行动来看，央行似乎也在重新思考货币政策是否应关注资产价格，就在以前央行的各种观点对此还是均持否定意见的，这无疑是一个进步。在2014年11月第一次降息之后股市暴涨，金融泡沫就曾一度引发央行关注，但近期周小川表示乐见资金通过股市进入实体经济，因而股市上涨将不会成为降息的障碍，甚至可能与美国的伯南克期权类似，即由于实体经济和房市乏善可陈，因而一旦股市大跌反而可能触发降息。虽然说目前中国还没有一个凌驾于一行三会之上的机构，协调推进各种金融政策，但"央妈"已经开始按照同一个逻辑行事，像一个勤劳的小蜜蜂一样四处救火，那我们能做的是什么？手握"央妈期权"，跟着央行站好队，拥抱金融大时代！

任务2 货币市场 Misson two

任务描述

通过本任务的学习，了解货币市场的功能及各个子市场的作用。

任务知识

货币市场（Money Market）即短期资金市场，是指融资期限在一年以下的金融市场，是金融市场的重要组成部分。一般来说，货币市场包括短期国债、短期地方政府债券、商业票据和短期大额可转让存单以及回购协议等金融工具，但不包括某些存续期在一年以下的商品期货以及金融衍生工具。

货币市场是固定收益市场的一部分。我们通常会把固定收益市场认作是债券市场的同义词，但其实债券只是固定收益证券的一种。货币市场与债券市场之间的区别在于货币市场着重于短期的债务证券（一年之内到期的债务）。由于货币市场投资的到期时间短，因此又被称为现金投资。

由于该市场所容纳的金融工具，主要是政府、银行及工商企业发行的短期信用工具，具有期限短、流动性强和风险小的特点，在货币供应量层次划分上被置于现金货币和存款货币之后，称之为"准货币"，所以将该市场称为"货币市场"。

一、同业拆借市场

1. 同业拆借市场的含义

同业拆借市场，是指金融机构（银行与非银行金融机构）之间以货币借贷方式进行短期资金融通活动的市场。同业拆借的资金主要用于弥补银行短期资金的不足，票据清算的差额以及解决临时性资金短缺需要。

传统意义上的同业拆借市场是金融机构间进行临时性"资金头寸"调剂的市场,期限非常短,多为"隔夜融通"或"隔日融通",即今天借入,明天偿还。但是,同业拆借市场当今已发展成为各金融机构弥补资金流动性不足和充分、有效运用资金,减少资金闲置的市场,成为各金融机构协调流动性与盈利性关系的有效市场机制。

2. 同业拆借市场的特点

(1) 同业拆借市场的主体是金融机构。对进入市场的主体即进行资金融通的双方都有严格的限制,即必须都是金融机构或指定的某类金融机构,其市场特性最活跃,交易量最大。非金融机构,包括工商企业、政府部门及个人,或非指定的金融机构,不能进入此市场。经国务院银行业监督管理机构依法批准设立的银行业金融机构申请加入同业拆借市场,应当具备下列条件:①有健全的组织机构和管理制度;②近两年未因违法、违规经营受到中国人民银行、国务院银行业监督管理机构及其他主管部门处罚;③近两年未出现资不抵债情况;④中国人民银行规定的其他条件。

(2) 融资期限较短。期限按日计算,有1日、2日、5日不等,一般不超过1个月,最长期限为120天,期限最短的甚至只有半天。拆借是为解决头寸临时不足或头寸临时多余所进行的资金融通。然而,发展到今天,拆借市场已成为各金融机构弥补短期资金不足和进行短期资金运用的市场,成为解决或平衡资金流动性与盈利性矛盾的市场,临时调剂性市场从而也就变成短期融资的市场。

(3) 交易方式比较简便。同业拆借基本上是信用拆借,同业拆借市场的交易主要是采取电话洽商的方式进行,主体上是一种无形的市场,交易手续比较简便,因而交易成交的时间也较短。同业拆借可以使商业银行在不用保持大量超额准备金的前提下,就能满足存款支付的需要。1996年1月3日,我国建立起了全国统一的同业拆借市场并开始试运行。

(4) 交易额较大,且一般不需要担保或抵押。在同业拆借市场上进行资金借贷或融通,没有单位交易额限制,一般也不需要以担保或抵押品作为借贷条件,完全是一种协议和信用交易关系,双方都以自己的信用担保,都严格遵守交易协议。注意:日拆一般无抵押品,单凭银行间的信誉。期限较长的拆借常以信用度较高的金融工具作为抵押品。

2014年,银行间市场拆借、现券和债券回购累计成交302.4万亿元,同比增加28.5%。其中,银行间市场同业拆借成交37.7万亿元,同比增加6.0%;债券回购成交224.4万亿元,同比增加41.9%;现券成交40.4万亿元,同比减少3.0%,如图2-3-1所示。

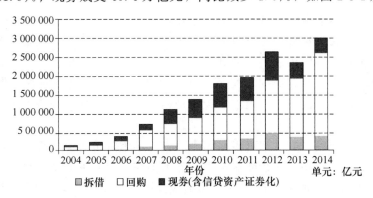

资料来源:全国银行间同业拆借中心。

图 2-3-1 近年来银行间市场交易量的变化情况

(5) 利率由供求双方议定，可以随行就市。拆借的利息称为"拆息"，其利率由交易双方自定，通常高于银行的筹资成本。因为同业拆借按日计息，拆息率每天甚至每时每刻都不相同，它的高低灵敏地反映着货币市场资金的供求状况，是一种市场利率，在整个利率体系中，基准利率是在多种利率并存的条件下起决定作用的利率，能够充分灵敏地反映市场资金供求的状况及变化。

3. 同业拆借市场的功能

在金融机构比较发达、市场机制比较完善的国家，同业拆借市场已成为最活跃、最主要的货币市场，对促进经济的发展，金融体系的安全、高效运行，以及中央银行货币政策的有效实施，均起到了积极的作用。一般来讲，同业拆借市场具有以下几个方面的功能。

（1）为金融机构提供了一种实现流动性的机制

保持所需要的流动性是金融机构实现安全性的前提，从而也是实现盈利性目标的前提。通过同业拆借市场，金融机构可以及时获得短期的资金来源，弥补资金的缺口及流动性的不足，从而既可以满足流动性的需要，保障自身的安全，同时又可以避免或减少为弥补流动性不足被迫低价出售盈利性资产而遭受的损失。因此，可以较好地实现安全性、流动性与盈利性的协调平衡，有利于实现资产负债的优化组合。

（2）提高金融机构的资产盈利水平

同业拆借市场，一方面可以使金融机构将暂时盈余的资金头寸及时贷放出去，减少资金的闲置，进而增加资产的总收益；另一方面也可以使金融机构不必保持较多的超额储备资金，以更充分、更有效地运用所有资金，适当增加盈利性资产的比重，可以提高其总资产的盈利水平。另外，同业拆借市场的存在，将有利于金融机构调整资产负债结构，灵活调整流动性储备，使资产组合的平均及总体盈利水平提高。

（3）及时反映资金供求的变化

同业拆借市场的交易量及价格，能够及时反映出金融体系"头寸"或"银根"的松紧，即能够及时反映出资金供求的状况及变化。同业拆借市场的利率是反映资金供求状况的指示器，此利率水平及其变化，可以反映出整个金融市场利率的变动趋势。同业拆借市场上的利率被看作是基础利率，各金融机构的存放款利率及其他利率都以此为基础再加一定的百分点。

（4）成为中央银行有效实施货币政策的市场机制

第一，同业拆借市场利率变化可以成为中央银行调整货币政策的重要参考指标。同业拆借市场利率是由金融机构的供求决定的利率，因此它反映了金融机构进一步扩张信贷及货币供应总量的能力，所以中央银行可根据同业拆借利率的高低判定市场货币供应量的适度程度，进而采用趋紧或趋松的货币政策以实现物价稳定、充分就业及经济增长等货币政策目标的要求。

第二，同业拆借市场及其利率可以作为中央银行实施货币政策的重要传导机制。当中央银行将抑制社会总需求扩张、通货膨胀率上涨作为当前货币政策的主要目标时，就可以通过调高存款准备金率和再贴现率，在公开市场上大量卖出政府债券，使同业拆借市场银根抽紧，利率上扬，进而带动其他利率相应上升，最后使信贷需求、投资需求及消费需求下降，通货膨胀压力减弱。如果中央银行将刺激社会需求，刺激就业和经济增长作为当前货币政策的主要目标，就会采取与相反的政策工具操作过程。

二、票据市场

票据市场也是货币市场的重要组成部分,是以各种票据为媒体进行资金融通的市场。按照票据的种类,票据市场可划分为商业票据市场、银行承兑汇票市场。

1. 商业票据市场

商业票据通常是由于商品交易行为而产生的一种债权债务关系凭证,属于商业信用工具。卖方持有票据可以直至到期日向买方收取现款,也可以在到期日前去银行贴现。

贴现市场是指对未到期票据,通过贴现方式进行资金融通而形成的交易市场,为客户提供短期资金融通,对未到期票据进行贴现的市场,是商业票据市场的重要组成部分。贴现市场的主要经营者是贴现公司,贴现交易的信用票据主要有政府国库券、短期债券、银行承兑票据和部分商业票据等,贴现利率一般高于银行贷款利率。贴现市场的基础是票据市场,融资性票据则是票据市场的重要组成部分。目前,在票据市场上流通的是以真实贸易背景为基础的商业汇票,并未放开纯粹的融资性票据。

2. 银行承兑汇票市场

银行承兑汇票市场,是以银行汇票为媒体,通过汇票的发行、承兑、转让及贴现而实现资金融通的市场,也可以说是以银行信用为基础的市场。最常见的银行承兑汇票市场业务包括银行承兑汇票的贴现、转贴现、再贴现。

银行承兑汇票是一种安全性、流动性、收益性俱佳的短期投资工具,不仅各类银行热衷于以贴现方式购买这种汇票赚取贴息,而且汇票交易商也积极开展这种汇票的买卖业务,同时,汇票经纪人也纷纷介入这种汇票的交易。在金融市场比较发达的国家,持有银行承兑汇票的银行在调度资金头寸时,一般已不再将汇票转贴现或再贴现,而是直接卖给汇票交易商。各类投资机构也都向汇票交易商购买银行承兑汇票进行投资。这样,就形成了由银行承兑汇票持有人、汇票交易商、汇票经纪人和各类投资机构参加的银行承兑汇票交易市场。

三、回购市场

回购市场是货币市场中一种短期融资市场,它是证券投资商为了短期融资需要,以自己的证券作为抵押向其他机构(主要是金融机构)进行融资,同时明确购回所抵押的这部分债券的时间和价格,到期时按照事先约定的价格全额予以赎回的方式。

回购市场的交易原理是,当资金需求方征得资金供给方同意时双方签订回购协议,协议约定资金获得方出售给资金供给方的证券数量、价格和期限等内容,协议到期时,资金获得方需按约定价格赎回全部证券,不论该证券的市场价格有无变动,回购期限从一天至数月不等。在回购交易过程中,交易双方均面临获益和受险两种可能,资金需求方(也称借款方)的融资用于回购期限内的投资,收益如果大于其回购证券价格高于出卖证券价格的差价,获益;相反则受损。同时,还将付出证券市场价格在回购期限内上涨的机会成本。同理,资金出让方虽然可以获得回购期间的利息,但同时要承受期限内市场利率波动和证券价格下跌的风险。可见,回购市场虽然是一种短期融资市场,但同样存在市场风险。回购市场交易有四类,一是商业银行对企业的回购业务;二是商业银行之间(包括与其他金融机构)的回购业务;三是商业银行对中央银行的回购业务;四是中央银行对商业银行的再回购业务。

回购协议是出售及购回协议的简称,是对债券的现时购买或出售,及其后一笔相反交易的交易方式，即买卖双方在某种指定债券成交的同时，约定于未来某一时间以某一价格双方再进行反向成交，亦即债券持有者（融资方）与融券方在签订的合约中规定，融资方在卖出该笔债券后须在双方约定的时间，以约定的价格再买回该笔债券并支付约定利息的交易方式。回购交易双方都将回购交易中债券的转移及与之方向相反的资金的转移视为一种暂时性的转移，而非持久性的转移。回购交易作为短期融资的一种方式，被看作是一种参与货币市场的工具。

回购市场中的回购协议具有以下功能：①回购市场为债券持有者提供了便利的低成本融资的场所；②回购市场为短期资金提供了安全的投资场所；③回购市场为中央银行进行公开市场操作和执行货币政策提供了场所；④回购市场的发展有助于增加债券的流动性，增强对债券投资的吸引力，促进债券的发行，带动债券二级市场的发展。

四、大额可转让定期存单市场

1. 大额定期存单市场的含义

20世纪60年代美联储颁布Q条例，规定商业银行吸收储备存款的利率不得超过上限，影响了商业银行资金来源。为了规避Q条例的限制，美国花旗银行首创了为吸收资金而发行了一种新的金融工具——大额可转让定期存单（Negotiable Certificates of Deposit），简称CD或NCDs，获得了成功，其他银行纷纷效仿。

可转让大额定期存单这种存款单与普通银行存款单不同：一是不记名，二是存单上金额固定且面额大；三是可以流通和转让；四是发行大额可转让存单筹集到的资金可以全额定期地用于投资，不交存款准备金和不担心客户提前支付；五是大额存单的利率高于同期存款。存款单的到期日不能少于14天，一般都在一年以下，3~6个月的居多。CD的持有人到期可向银行提取本息；未到期时，如需现金，可以转让。这对企业或个人有闲置资金想贷出，而又恐有临时需要者具有很大的吸引力，故CD成为货币市场重要交易对象之一。大额定期存款单市场就是以经营定期存款单为主的市场，简称CD市场。

与其他子市场相比，大额可转让定期存单市场有如下特征：①发行者多为资金实力雄厚的大银行，投资者多为资金实力强的大企业和信托、保险及养老基金机构；②大额可转让存单的发行程序相对简单，既可以直接发行也可以寻找承销商间接发行；③虽然大额可转让定期存单主要由大银行发行，但遇到发行银行破产，其损失则非常惨重。这也是美国大额可转让定期存单二级市场相对发达的一个重要原因。

2. 大额定期存单市场发行与交易方式

CD市场上CD的发行主要由商业银行签发。从签发银行的角度看，CD为它提供了与定期存款流行性一样的资金，即在到期前不能提取，而有利率较低的好处。银行发行CD的方式大致有两类。

一类是批发式发行。发行机构把准备发行的总额、利率、发行日期、到期日和每张存款单的面额等预先公布，供投资者认购。

另一类是零售式发行。即按投资者的需求随时发行，利率由双方议定，CD交易市场上的投资者主要是大企业、地方政府、中央银行、商业银行、货币市场互助基金以及一些个人投资者，从投资者的角度看，由于CD的上市性强、流动性大、在到期前可以变现，因而补偿了它比定期存款利率低的缺点，但比无息的支票存款强，故投资于CD的单位比较多。

CD发行以后，主要通过交易商进行交易，交易商从中取得利润和佣金，也可以在CD市场上直接进行买卖，购买者需付给出售者以前那段时间的利息。CD的利率由签发银行根据市场利率水平和银行本身的信用加以确定。但从投资者来看，CD的利率要高于财政部发行的国库券，因为银行的信用低于财政部，国库券的安全系数大，流动性强，但CD的利率要低于企业发行的债券，因为银行信用高于企业信用，企业债券安全性小，流动性较弱，故企业债券的利率要高于CD的利率。

五、国库券市场

大部分国家中央政府和地方政府为满足当年预算赤字都采取发行国库券的方式融资。国库券和其他短期融资债券相比较，有以下明显的特点：①安全性高。由于是国家政府举债，以国家信誉作担保，国库券违约的风险几乎不存在。通常将国库券称为"金边债券"；②流动性强。由于债券到期时政府会及时偿付，经济发达国家国库券转让市场都很活跃，随时都可以到二级市场上出让未到期证券；③收益稳定。由于政府的债券投资免征利息税，其收益要比存款稳定得多；④面值较小，适合各类投资者。美国国库券面值小则1 000美元，高则100 000美元，美国国库券投资一般占到家庭投资的一半以上。

国库券一般采用贴现价格方法，投资者的收益是证券购买价和证券面值的差额。发行一般采用拍卖方式，即财政部预算发行数额，由承销商采取竞争性投标方式承购（有的国家政府委托金融机构代售）。商业银行购买国库券主要是为了减少非营利资产和建立第二准备资产，机构投资者购买国库券主要是攫取市场差价，公众投资者主要是投资其稳定的贴现收益，中央银行主要是在二级市场购买国库券，目的是调节货币供应量。在经济发达国家，特别是美国，国库券的二级市场特别活跃，转让交易多在场外或柜台市场进行；交易价格由经纪商和交易商在委托和自营交易中撮合。活跃的二级市场交易，为国库券发行市场提供了稳定的基础。

案例分析

机构呼吁宽松政策加码 并加快"一带一路"

2015年第一季度的经济数据将公布，而诸多先行指标显示，GDP（国内生产总值）下滑将是大概率事件。机构普遍认为，鉴于当前的经济形势，稳增长的措施需进一步加码，应加大财政和货币的宽松力度，"一带一路"战略也应加快推进。

按照国家统计局公布的日程，包括第一季度GDP、固定资产投资、房地产开发、消费等数据都将于4月15日向社会公布。对于一季度经济数据，市场极为关注，因为它会决定第二季度乃至全年的政策方向。

3月份，全国居民消费价格总水平（CPI）虽然同比增长1.4%，与上月持平，但环比却意外出现0.5%的负增长，凸显了通缩风险在步步紧逼。海关总署公布的3月份进出口数据也显示，内需、外需双疲软，进出口增速均出现两位数的负增长，将极大拉低一季度的整体增速。此外，包括PMI（制造业采购经理人指数）、发电量、粗钢产量等行业性指标也均处于疲弱状态。

对于第一季度的 GDP 增长情况，海通证券发文表示，3 月以来经济整体表现不温不火，结合 1~2 月开局不佳，一季度 GDP 回落几成定局。预测一季度 GDP 增速为 7%，不排除低于 7% 的可能性。

对于未来的政策走向，汇丰大中华区首席经济学家屈宏斌表示，3 月出口增速超预期大跌，外需疲软和人民币强势升值是主因。在大宗商品价格企稳和近期基建投资带动下，进口降幅有所收窄。春节后外贸状况仍不乐观，或对增长带来额外下行压力，政策宽松刻不容缓。

民生证券研究院宏观研究员管清友认为，当前市场实际有效汇率太强，货币政策应指向宽松来缓解汇率端的压力。此外，"一带一路"应加速进行，通过基建扩大新贸易区的内需来缓解我国外需压力，实现贸易新区域的拓展。总体来看，实体经济企稳需要宽松财政和宽货币并举，利率未来还是以下行趋势为主。

任务3 资本市场
Misson three

任务描述

通过本任务的学习，了解资本市场的功能。

任务知识

资本市场是指融资期限在一年以上的金融市场，包括股票市场、债券市场和投资基金市场三个子市场。资本市场是原生金融市场的重要组成部分。

一、股票市场

1. 股票市场概述

（1）股票市场的定义

股票市场是指以股票作为买卖交易对象而进行交易活动的场所。在实际的股票发行和交易过程中，股票市场既可以有固定的场所，也可以无固定场所；既可以是有形的，也可以是无形的；既可以是集中的，也可以是分散的。股票的发行出售、转让流通都是在股票市场上进行的。

（2）股票市场的基本功能

股票市场作为资本市场的重要组成部分，是企业筹集长期资金的重要途径，也是法人、个人运用资金进行投资的渠道之一。

股票市场具有以下基本功能：一是积聚资本的功能，即上市公司通过股票市场发行股票来为公司筹集资本。上市公司将股票委托给证券承销商,证券承销商再在股票市场上发行给投资者。而随着股票的发行,资本就从投资者手中流入上市公司;二是转换资本的功能,即通过股票市场交易使投资于股票的无返还期的资本转换为灵活投资的资本;三是转化资本的功能,即股市使非资本的货币资金转化为生产资本,它在股票买卖者之间架起了一座桥梁,为非资本的货币向资本的转化提供了必要的条件。股市的这一职能对资本的追加、促进企业的经济发展有着极为重要的意义;四是决定价格的功能,即以股票市场来影响和决定股票的价格。股票本身并无价值,虽然股票也像商品那样在市场上流通,但其价格的多少与其所代表的资本的价值无关。股票的价格只有在进入股票市场后才表现出来,股票价格有可能高于其票面金额,也有可能低于其票面金额。股票在股票市场上的流通价格是由股票的预期收益、市场利息率以及供求关系等多种因素决定的。但即使这样,如果没有股票市场,无论预期收益如何,市场利率有多大的变化,也不会对股票价格造成影响。所以,股票市场具有赋予股票价格的职能。

股票市场的基本功能,在不同结构层次的股票市场中发挥着不同的作用。股票市场的变化与整个市场经济的发展是密切相关的,股票市场在市场经济中始终发挥着经济状况晴雨表的作用。

(3) 股票市场发展成果

近些年,我国金融市场各项改革和发展措施稳步推进,产品创新不断深化,市场制度逐步完善,金融市场对于降低社会融资成本、促进实体经济发展的作用得以进一步发挥。

2014年,股票指数和两市成交量均大幅增长。2014年年末,上证综合指数收于年内新高3 234.68点,较2013年年末上涨1 118.70点,涨幅为52.9%,年内最低为1 991.25点。沪市全年累计成交37.7万亿元,日均成交1 539.4亿元,同比增加59.1%。深圳成分指数收于年内新高11 014.62点,较2013年年末上涨2 892.84点,涨幅为35.62%,年内最低为6 998.19点。深市全年累计成交36.7万亿元,日均成交1 496.9亿元,同比增加49.4%。如图2-3-2和图2-3-3所示。

图2-3-2 2014年上证综合指数走势

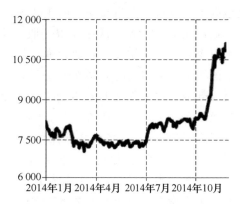

图2-3-3 2014年深圳成分指数走势

2010—2014年股票市场成交量情况如图2-3-4所示,2010—2014年股票市场成交金额情况如图2-3-5所示。

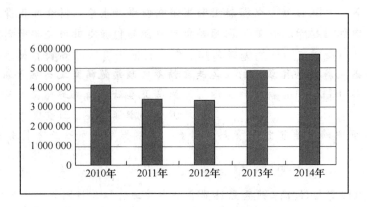

图 2-3-4　2010—2014 年股票市场成交量情况

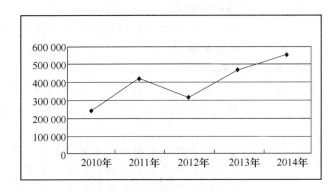

图 2-3-5　2010—2014 年股票市场成交金额情况

2．股票市场的分类

（1）主板市场、中小板市场、创业板市场和新三板市场

① 主板市场

主板市场也称为一板市场，是指传统意义上的证券市场（通常指股票市场），是一个国家或地区证券发行、上市及交易的主要场所。

主板市场对发行人的营业期限、股本大小、盈利水平、最低市值等方面的要求标准较高，上市企业多为大型成熟企业，具有较大的资本规模以及稳定的盈利能力。

中国大陆主板市场的公司在上交所和深交所两个市场上市。主板市场是资本市场中最重要的组成部分，很大程度上能够反映经济发展状况，有"国民经济晴雨表"之称。

主板市场的上市主要条件：（a）股票经国务院证券管理部门批准已向社会公开发行。（b）发行人最近 3 个会计年度净利润均为正且累计超过人民币 3 000 万元；最近 3 个会计年度经营活动产生的现金流量净额累计超过人民币 5 000 万元，或者最近 3 个会计年度营业收入累计超过人民币三亿元。（c）发行前股本总额不少于人民币 3 000 万元。（d）向社会公开发行的股份不少于公司股份总数的 25％；如果公司股本总额超过人民币 4 亿元的，其向社会公开发行股份的比例不少于 10％。（e）发行人是依法设立且持续经营三年以上的股份有限公司。原国有企业依法改组而设立的，或者在《中华人民共和国公司法》实施后新组建成立的公司改组设立为股份有限公司的，其主要发起人为国有大中型企业的，成立时间可连续计算。（f）公司在最近 3 年内无重大违法行为，财务会计报告无虚假记载。（g）最近一期末无形资产（扣除土地使用权等）占净资产的比例不超过 20%。

② 中小板市场

中小板市场是相对于主板市场而言的，中小板块即中小企业板，是指流通盘在 1 亿元以下的创业板块，是相对于主板市场而言的，中国的主板市场包括深交所和上交所。有些企业的条件达不到主板市场的要求，所以只能在中小板市场上市。中小板市场是创业板的一种过渡，在中国，中小板市场的代码是 002 开头的。自从 2004 年 6 月 2 日，首支中小板股票新合成发行以来，目前已经有 721 只股票（截至 2014 年 1 月 17 日）上市。

中小板的上市条件：（a）股本条件：发行前股本总额不少于人民币 3 000 万元；发行后股本总额不少于人民币 5 000 万元。（b）财务条件：最近 3 个会计年度净利润均为正且累计超过人民币 3 000 万元；最近 3 个会计年度经营活动产生的现金流量净额累计超过人民币 5 000 万元；或者最近 3 个会计年度营业收入累计超过人民币 3 亿元；最近一期末无形资产占净资产的比例不高于 20%；最近一期末不存在未弥补亏损。深圳证券交易所 2004 年 5 月 20 日公布了《中小企业板块交易特别规定》、《中小企业板块上市公司特别规定》和《中小企业板块证券上市协议》。与主板市场同样受约束于《证券法》、《公司法》。

③ 创业板市场

创业板市场也即人们通常所称的二板市场，即股票第二交易市场，这里的"第二"是相对于主板市场而言。

在国外，二板市场又称另类股票市场，也就是针对中小型公司、新兴企业尤其是高新技术企业上市的市场。二板市场的主要功能是为中小型创业企业，特别是为中小型高科技企业服务，一般说它的上市标准与主板市场有所区别。开设创业板市场是世界上经济比较发达的国家和地区的普遍做法，旨在支持那些一时不符合主板上市要求但又有高成长性的中小企业，特别是高科技企业的上市融资。因此，它的建立将大大促进那些具有发展潜力的中小型创业企业的发展。

2009 年 3 月《首次公开发行股票并在创业板上市管理暂行办法》规定的创业板上市的主要条件如下：

第一，发行人应当具备一定的盈利能力。为适应不同类型企业的融资需要，创业板对发行人设置了两项定量业绩指标，以便发行申请人选择：第一项指标要求发行人最近两年连续盈利，最近两年净利润累计不少于 1 000 万元，且持续增长；第二项指标要求最近 1 年盈利，且净利润不少于 500 万元，最近 1 年营业收入不少于 5 000 万元，最近两年营业收入增长率均不低于 30%。

第二，发行人应当具有一定规模和存续时间。根据《证券法》第五十条关于申请股票上市的公司股本总额应不少于 3 000 万元的规定，《首次公开发行股票并在创业板上市管理办法》要求发行人具备一定的资产规模，具体规定最近 1 期末净资产不少于 2 000 万元，发行后股本不少于 3 000 万元。规定发行人具备一定的净资产和股本规模，有利于控制市场风险。

第三，发行人应当主营业务突出。要求发行人集中有限的资源主要经营一种业务，并强调符合国家产业政策和环境保护政策。同时，要求募集资金只能用于发展主营业务。

第四，对发行人公司治理提出从严要求。根据创业板公司特点，在公司治理方面参照主板上市公司从严要求，要求董事会下设审计委员会，强化独立董事职责，并明确控股股东责任。

④ 新三板市场

新三板市场即是全国中小企业股份转让系统（俗称"新三板"），新三板是经国务院批准设立的全国性证券交易场所，全国中小企业股份转让系统有限责任公司为其运营管理机构。2012年9月20日，公司在国家工商总局注册成立，注册资本30亿元。上海证券交易所、深圳证券交易所、中国证券登记结算有限责任公司、上海期货交易所、中国金融期货交易所、郑州商品交易所、大连商品交易所为公司股东单位。其经营范围定义为组织安排非上市股份公司股份的公开转让；为非上市股份公司融资、并购等相关业务提供服务；为市场参与人提供信息、技术和培训服务。很明显，在新三板挂牌的公司只是非上市股份有限公司，只是为未来上市做准备或其他场内融资行为。

个人投资者参与新三板交易的门槛：个人投资者需要有两年以上的证券投资经验，或具有会计、金融、投资、财经等相关专业背景，并且要求投资者本人名下前一交易日日终证券类资产市值在300万元人民币以上。

新三板企业挂牌条件：ⓐ存续满两年。有限责任公司按原账面净资产值折股整体变更为股份有限公司的，存续期间可以从有限责任公司成立之日起计算；ⓑ主营业务突出，有持续经营的记录；ⓒ公司治理结构合理，运作规范。有限责任公司须改制后才可挂牌。挂牌公司区域不再局限在四大园区，已经扩展到全国；ⓓ"新三板"主办券商，同时具有承销与保荐业务及经纪业务的证券公司。新三板市场的挂牌企业可以通过定向增资实现企业的融资需求；ⓔ其他要求："新三板"委托的股份数量以"股"为单位。"新三板"的委托时间：报价券商接受投资者委托的时间为周一至周五，报价系统接受申报的时间为上午9：30至11：30，下午1：00至3：00。"新三板"企业挂牌后还须持续开展的工作：持续信息披露，包括临时公告和年报（经审计），接受主办报价券商的监管，接受公众投资者的咨询。

新三板挂牌和主板上市的区别：ⓐ服务对象不同。全国股份转让系统的定位主要是为创新型、创业型、成长型中小微企业发展服务。这类企业普遍规模较小，尚未形成稳定的盈利模式。在准入条件上，不设财务门槛，申请挂牌的公司可以尚未盈利，只要股权结构清晰、经营合法规范、公司治理健全、业务明确并履行信息披露义务的股份公司均可以经主办券商推荐申请在全国股份转让系统挂牌；ⓑ投资者群体不同。我国交易所市场的投资者结构以中小投资者为主，而全国股份转让系统实行了较为严格的投资者适当性制度，未来的发展方向将是一个以机构投资者为主的市场，这类投资者普遍具有较强的风险识别与承受能力；ⓒ服务目的不同。全国股份转让系统是中小微企业与产业资本的服务媒介，主要是为企业发展、资本投入与退出服务的，不是以交易为主要目的。

(2) 股票的发行市场和流通市场

股票市场是股票发行和流通的场所，也可以说是指对已发行的股票进行买卖和转让的场所。股票的交易都是通过股票市场来实现的。一般地，股票市场可以分为一级、二级，股票发行市场又称初级市场或一级市场，主要通过发行股票为股份有限公司筹集资金；股票流通市场又称二级市场，主要通过股票的流通转让保证股票的流动性，进而保证投资者资产的流动性。

① 股票发行市场

股票发行市场是股票初次向社会发行的场所。由于股票发行过程比较烦琐，所以股份公司一般并不直接从事其股票的发行工作，而是在发行市场上委托中介机构进行。因此，股票发行活动的参与者包括股票发行者、股票购买者和发行中介机构,三者的关系是:股票发行者根据有关的法律规定,按照一定的发行程序,在市场上发行股票时,股票承销商代理股票发行者销售,或是由股票承销商自己全部承包购进后再转卖,最后出售到股票投资者手中。概括地说,股票发行者、股票投资者和股票承销商三者的相互关系和活动构成了股票的发行市场。

股票发行制度主要有注册制和核准制两种,目前我国实行的是核准制,但随着股票市场的发展,2014年开始着手向逐步注册制改革。

注册制:证券发行注册制即实行公开管理原则,实质上是一种发行公司的财务公布制度。它要求发行人提供关于证券发行本身以及和证券发行有关的一切信息。发行人不仅要完全公开有关信息,不得有重大遗漏,而且要对所提供信息的真实性、完整性和可靠性承担法律责任。发行人只要充分披露了有关信息,在注册申报后的规定时间内未被证券监管机构拒绝注册,就可以进行证券发行,无须再经过批准。实行证券发行注册制可以向投资者提供证券发行的有关资料,但并不保证发行的证券资质优良,价格适当。

核准制:要求发行人将发行申请报请证券监管部门决定的审核制度。实行核准制的目的在于证券监管部门能尽法律赋予的职能,保证发行的证券符合公众利益和证券市场稳定发展的需要。

公开发行是指向不特定对象发行证券、向特定对象发行证券累计超过200人的以及法律、行政法规规定的其他发行行为。上市公司发行证券,既可以向不特定对象公开发行,也可以向特定对象非公开发行。

我国的股票发行实行核准制。发行申请需由保荐人推荐和辅导,由发行审核委员会审核,中国证监会核准。上市公司申请公开发行证券或者非公开发行新股,应当由保荐人保荐,并向中国证监会申请。

股票的发行方式,也就是股票经销出售的方式。由于各国的金融市场管制不同,金融体系结构和金融市场结构不同,股票发行方式也有所不同。如果按照发行与认购的方式及对象,股票发行可划分为公开发行和非公开发行;如果按是否有中介机构协助,股票发行也可划分为直接发行和间接发行;若按不同的发行目的,股票发行还可以区分为有偿增资发行和无偿增资发行。

直接发行又称直接招股,或称发行公司自办发行,是指股份公司自己承担股票发行的一切事务和发行风险,直接向认购者推销出售股票的方式。间接发行又称委托发行,是指发行者委托证券发行承销中介机构出售股票的方式。这些承销中介机构负责办理一切发行事务,承担一定的发行风险并从中获取相应收益。所谓股票承销中介机构,是指在股票发行人与股票投资者之间通过自己的业务和技术手段,协助股票发行过程的完成。充当股票承销机构的主要是投资银行和证券公司。股票间接发行的方式分为代销、助销和包销三种。

公开发行又称公募,是指事先不确定特定的发行对象,而是向社会广大投资者公开推销股票。发行股票前,发行公司要向社会公众公布经过证券主管部门审核的股票发行说明书,以及经过注册会计师和审计师核实的财务资料。非公开发行又称私募发行,是指发行公司不办理公开发行的审核程序,股票不公开对外销售,只对少数特定的发行对象出售股票。

有偿增资发行,就是认购者必须按股票的某种发行价格支付现款,才能获得新发股票。一般公开发行的股票和私募中定向发行的股票都采用有偿增资的发行方式。采取这种方式可以直接增加股份公司的资本金。无偿增资发行,是指股份公司将公司盈余结余、公积金和资产重估增益转入资本金科目的同时，发行与之对应的新股票，分配给公司原有的股东，原有股东无须缴纳认购股金款。这实质是一种增加内部股东积累，而不增加新股东，不公开发行新股票的一种发行方式，一般只在股票派息分红、股票分割和法定公积金或盈余转作资本时采用，其目的是为了增强股东信心和公司信誉等。

股票的发行价格是指发售新股票时的实际价格。由于股票发行目的不同、对象不同、发行方式不同以及股票种类不同，其实际发行价格也各不相同。股份公司可以根据需要采用平价发行、折价发行、市价发行和中间价格发行。

② 股票流通市场

股票流通市场，是已发行在外的股票进行买卖交易的场所。股票交易活动的参与者主要有：(a) 证券商，它们是专门从事有价证券发行和买卖的商号，各国有不同的名称，如美国称为投资银行或投资公司，日本和我国称为证券公司，英国称为商人银行等；(b) 股票出售者，即出于各种原因把所持有的股票转让出去的人；(c) 股票购入者，即愿意买入他人持有的股票的人。

股票流通市场的功能，是为已发行在外的股票提供变现能力，从而有效地集中和分配股本资金。这些功能具体表现为：一是促进短期资金转化为长期资金；二是调节资金供求、引导资金流向，沟通了储蓄与投资的融通渠道；三是股票流通市场上的股票价格指数变动有助于提高劳动生产率和新兴产业的兴起；四是维持股票的合理价格，保证买卖双方的利益。

股票的交易活动可分为证券交易所的场内交易和场外交易两部分，相应地，股票流通市场也可以分为集中交易市场和场外交易市场两部分。

场内交易市场是指证券交易所。证券交易所是证券买卖双方公开交易的场所，是一个高度组织化、集中进行证券交易的市场，是整个证券市场的核心。它由进行股票买卖的自营商和证券经纪人组成，执行来自机构投资者和个人投资者买卖证券的委托。证券交易所的组织形式大致可以分为两类，即公司制和会员制。公司制的证券交易所是以股份有限公司形式组织并以赢利为目的的法人团体，会员制的证券交易所是一个由会员自愿组成的、不以赢利为目的的社会法人团体。我国《证券法》规定，证券交易所的设立和解散由国务院决定。设立证券交易所必须制定章程。我国内地有两家证券交易所——上海证券交易所和深圳证券交易所。上海证券交易所于1990年11月26日成立，深圳证券交易所于1991年4月11日经中国人民银行总行批准成立。两家证券所均按会员制方式组成，是非营利性的事业法人。

场外交易市场，包括柜台交易市场、第三市场和第四市场。不在证券交易所营业厅内成交的股票交易活动统称为场外交易，相应的成交地点称为场外交易市场。其中柜台交易市场是指在证券中介机构买卖未在证券交易所上市股票的市场；第三市场是指由非证券交易所会员在证券交易所以外从事大笔的在证券交易所上市的股票交易而形成的市场。由于第三市场并无固定交易场所，场外交易商收取的佣金是通过磋商来确定的，因而使同样的股票在第三市场交易比在证券交易所交易的佣金要便宜。第四市场是指股票投资者在证券交易所之外，利用电子计算机网络进行大宗股票交易的市场。

二、债券市场

1. 债券市场概述

债券市场是一种直接融资的市场，即资金的需求者与资金的供给者，或者说资金短缺者与资金盈余者直接进行融资的市场。债券市场既具有资本市场属性，又具有货币市场属性，是金融市场的一个重要组成部分。

从成熟市场经济国家的经验来看,债券市场的功能主要表现在融通社会资金、促进储蓄向投资转化、支持经济增长等几方面。

(1) 债券市场是企业和公共团体直接融资的重要场所

企业和公共团体筹集资金,一是向银行借款,二是通过市场直接融通,包括发行债券或股票。从银行借款,要受到贷款期限、贷款额度及贷款条件的限制,特别是贷款期限的制约。如果发行股票,在发行资格的获得、资金成本及所筹资金的运用上受到的限制比较严格;而发行债券,在筹集资金的资格、数额、期限、利率等方面所受到的限制要小得多。

(2) 债券市场是金融机构投融资的重要场所

金融机构,尤其是商业银行可利用短期债券进行流动性管理,调剂余缺,在一定程度上缓解期限错配的问题;商业银行可通过发行次级债等工具补充资本金,提高资本充足率,以增强自身抵御风险的能力;金融机构也可以在债券市场进行一般投资活动,扩大资金使用范围,更好地匹配风险与收益。

(3) 债券市场是政府融资的场所

税收是政府资金的主要来源。税收收入比较稳定,且不用支付成本,但由于税收政策和税基、税率是固定的,不能根据实际需要随时增减,灵活调整,因此,需要发行政府债券来进行配合。税收等经常性收入不能满足政府支出的需要,政府需要通过发行债券筹集资金。此外,由于政府债券的信用等级高,不仅筹资成本低,而且筹资效率比较高。

(4) 债券市场是中央银行金融宏观调控的操作平台

在市场经济国家,中央银行主要通过买卖政府债券,即公开市场操作来调节金融体系的银根,调节货币供应量和市场利率,政府债券是中央银行进行公开市场操作的主要工具。同时,中央银行自己也可以在债券市场上发行债券(例如,我国中央银行发行的中央银行票据),吸收市场上过多的流动性资金。由此,债券市场也就成为中央银行实施货币政策的主要操作平台。

(5) 债券市场是重要的投资场所

债券市场对个人、企业、金融机构及其他经济组织都是可供投资的场所。在债券市场上投资,虽然收益不是很高,但风险也相对较小,适合于风险偏好较低的投资者。同时,债券市场的交易工具品种繁多,可以满足各类投资者不同的投资需要。

2. 债券发行市场

债券发行市场是指发行人以发行债券方式募集资金的市场,又称为一级市场或初级市场。债券发行市场是债券市场的重要组成部分,是债券流通转让市场的基础。债券发行市场在现代经济生活中发挥着独特的作用,一方面,通过利用债券发行市场,政府部门、金融机构和一些工商企业能够筹集到长期的、稳定的资金;另一方面,债券发行市场为投资者提供了资金运用的场所,有利于实现资金盈利性和流动性的统一。

(1) 债券发行方式

债券的发行按其发行方式和认购对象,可分为定向发行与公开发行。

债券的定向发行(通常也称为私募),是指面向少数特定投资者的发行。一般来讲,定向发行的对象主要有两类:一类是有所限定的个人投资者,一般情况是限于发行单位内部或有紧密联系的单位内部的职工或股东;另一类是指定的机构投资者,如专业性基金(包括养老退休基金、人寿保险基金等），或与发行单位有密切业务往来的企业、公司等。定向发行债券一般具有发行手续简便、发行周期短等优点，但在筹资规模、债券流动性和发行人信用程度等方面受到一定限制。

公开发行是指公开向社会非特定投资者发行债券的方式（通常也称为公募）。公开发行的主要优点有：充分体现公开、公平、公正原则；有利于发行者提高社会知名度和自身信用水平，获得有利的筹资条件；发行范围广泛，投资主体多元化，筹资潜力较大；公开发行的债券一般可上市流通，有利于提高债券的流动性和投资者的投资积极性。但是公开发行债券也有一些缺点，如发行周期比较长；必须向债券承销商、信用评级机构、审计部门和公证部门等支付大量的费用，发行成本较高。

（2）债券发行价格的确定

债券发行价格受到债券票面利率和市场利率的直接影响，因此，债券发行价格就表现为与债券面额相同、高于债券面额或低于债券面额等情况。当市场利率水平和债券票面利率水平比较接近时，可以债券面额作为债券的发行价格；当债券的票面利率高于市场利率水平时，债券的发行价格就要高于面额，差额部分又称为溢价；当债券票面利率低于市场利率水平时，债券的发行价格就要低于面额，差额部分又称为折价。债券发行的溢价与折价的数额要通过多种债券的价格分析方法来确定。

（3）债券承销方式

在债券发行时，需要委托作为承销商的中介机构进行承销。充当债券承销商的主要有投资银行、证券公司、商业银行及其他金融机构。承销商承销债券的方式主要有三种，即代销方式、余额包销方式和全额包销方式，或者称为推销、助销和包销。

3. 债券流通市场

债券流通市场是指买卖已发行债券的市场，又称二级市场、次级市场、债券交易市场等。债券流通市场的构成要素主要包括交易主体、交易对象和交易机构，反映的是特定交易制度下的交易关系和交易条件。

从各国的债券流通市场的实践来看，债券交易既可以是有形市场，也可以是无形市场；既可以是证券交易所那样的集中交易场所，也可以是通过柜台或网络进行的场外交易。它们的共同特点和作用在于通过一定的交易制度、交易规则和交易中介机构，使得债券交易主体和债券交易对象发生交易联系，以保证债券交易安全、高效、迅捷地得以实现。

（1）证券交易所的交易

债券在证券交易所进行交易，是采用公开竞价的方式进行的，是双向拍卖，既有买者之间的竞争，也有卖者之间的竞争，还有买卖双方之间的竞争。买者竞相以尽可能低的价格买入，卖者竞相以尽可能高的价格卖出。在这种竞买竞卖的过程中，当某一价格为买卖双方所接受，或者说当买价与卖价达成一致时，就会立即成交。当然，在证券交易所内并不是买卖双方同时进场直接协议成交，而是通过各自的证券经纪人和交易商实现交易。交易时要遵循"价格优先"和"时间优先"的原则，以体现公开、公正、公平竞争的原则。

（2）场外交易市场

场外债券市场，是指在证券交易所外进行的，又称柜台市场。场外交易市场的交易分散在各地，规模不等，且交易对象众多，不仅包括所有非上市债券品种，还包括一部分上市债券。场外交易是证券经营机构与客户之间或者证券经营机构与证券经营机构之间的一对一交易，交易规则比较灵活，交易的债券种类、数量、价格以及交付条件都是由买卖双方协议确定的，交易手续简便，成本较低。场外市场具有以下几个特点：①交易方式灵活多样，可以通过特定的电子交易系统，也可以通过电话、传真达成交易；②交易场所无形化，并没有统一的交易场所；③交易品种多样性，不仅能够进行标准化产品交易，也可以进行非标准化产品交易；④交易的大宗性，因其以机构投资者为主，交易数额较大。

案例分析

资本市场承载梦想，股市上涨不再是降息障碍

从历史经验看，过去3轮降息多发生于股市下跌期，但在20世纪90年代后期，由于经济萧条，央行的持续降息对应的是股市持续上涨。由此可见，央行降息与股市涨跌与否并没有直接关联。

股市上涨非降息障碍。今年两会政府工作报告明确资本市场"承载着改革梦想"。而周小川在两会答记者问上表示股票融资直接地支持了实体经济的发展，而金融的大量活动都是在进行资源配置，为实体经济直接或间接进行服务。央行行长的明确表态意味着股市上涨将不会成为未来降息的障碍。

股市助经济去杠杆，股价大跌或触发央行行权。周小川3月22日亦表示，在新常态下将进一步加大资本市场发展的力度，同时也要考虑货币政策稳健的程度，助力实体经济去杠杆。近期各路资金跑步入市，参与主体越来越广泛和多元，使得央行必须更加注重以股市为代表的资产价格。当前实体经济和房市乏善可陈，使得实体经济债务负担加重。而股市上涨是去杠杆的最佳方式之一，加之股市与GDP的比值在持续上升，其重要性与日俱增，一旦股市大跌容易引发系统性金融风险，因而一旦金融资产价格出现大幅波动或会触发央行"行权"，股市大跌反而可能触发降息。

任务4 其他市场
Misson four

任务描述

通过本任务的学习，了解外汇市场、黄金市场等市场。

任务知识

一、外汇市场

外汇市场也是金融市场体系中的重要组成部分，是进行外币和以外币计价的票据及有价证券买卖的市场，也可以说是一切外汇交易业务的总和，包括外汇借贷、兑换、拆借及不同

种外币的买卖,可分为有形市场和无形市场。

1. 外汇市场的功能

外汇市场是适应国际贸易发展,国际经济往来扩大,国际资本流动增加对外汇买卖需求增大而产生的。外汇市场的形成,必然反过来大大促进国际贸易的发展和国际经济往来的扩大,促进国际间的资本流动和各国对外汇储备的经营管理。具体来讲,外汇市场具有以下几个方面的功能:(1)便于不同种货币的兑换,促进国际贸易的顺利实现;(2)提供资金融通,促进国际贸易规模的不断扩大和国际资本正常周转;(3)有利于保持外汇资金平衡,回避外汇风险及进行外汇投机。

2. 外汇市场的参与者

在外汇市场上,外汇交易的参与者主要有以下几类:外汇银行、外汇经纪人、中央银行、客户(客户包括交易性的外汇买卖者,如进出口商、国际投资者、旅游者等;保值性的外汇买卖者,如套期保值者;投机性的外汇买卖者,即外汇投机商)。

3. 外汇市场交易的三个层次

根据上述对外汇市场参与者的分类,外汇市场的交易可以分为三个层次,即银行与客户之间、银行同业之间、银行与中央银行之间的交易。在这些交易中,外汇经纪人往往起着中介作用。

(1)银行与客户之间的外汇交易。这一交易往往是在银行的柜台上进行。银行在与客户的交易中,对不同的客户分别买入或卖出不同种类的外汇,实际上是在外汇的最终供给者与最终需求者之间起中介作用,赚取买卖的差价。这一市场又被称为"零售市场"。

(2)银行同业间的外汇交易市场。银行在每个营业日,根据客户的需要与其进行外汇交易的结果,难免产生各种外汇头寸的多头或空头,统称敞口头寸。多头表示银行该种外汇的购入额大于出售额,空头表示银行该种外汇的出售额多于购入额。当银行外汇头寸处于敞口头寸状态时,银行就将承担外汇风险。若要避免外汇风险,就需通过银行间外汇市场的交"轧平"头寸,即将多头抛出,空头补进。此外,银行还出于投机、套利、套期保值等目的从事同业的外汇交易。外汇市场交易总额的90%以上是银行同业间的交易,这一市场交易的金额一般比较大,至少每笔100万美元,因此被称为"批发市场"。银行间的外汇交易市场是外汇市场的主体。

(3)银行与中央银行之间的交易。中央银行为了使外汇市场上自发形成的供求关系所决定的汇率能相对地稳定在某一期望的水平上,可通过其与外汇银行之间的交易对外汇市场进行干预。如果某种外币兑换本币的汇率低于期望值,中央银行就会向外汇银行购入该种外币,增加市场对该种外币的需求量,促使银行调高其汇率;反之,如果中央银行认为该种外币的汇率偏高,就向银行出售该种外汇储备,促使其汇率下降。

二、黄金市场

黄金市场是黄金生产者和供应者与需求者进行黄金买卖的场所。它提供即期和远期交易,允许交易商进行实物交易或者期权期货交易,以投机或套期保值,是各国完整的金融市场体系的重要组成部分。

1. 黄金市场的分类

黄金市场可以根据其性质、作用、交易类型、交易管制程度等作不同的分类。

(1) 按照黄金市场所起的作用和规模，可分为主导性市场和区域性市场。

主导性黄金市场是指国际性集中的黄金交易市场，其价格水平和交易对其他市场都有很大影响。最重要的有伦敦、苏黎世、纽约、芝加哥和中国香港的黄金市场。区域性市场是指交易规模有限且集中在某地区，对其他市场影响不大的市场，主要满足本国本地区或邻近国家的工业企业、首饰行、投资者及一般购买者对黄金交易的需要，其辐射力和影响力都相对有限，如东京、巴黎、法兰克福黄金市场等。

(2) 按照交易类型和交易方式的不同，可分为现货交易市场和期货交易市场。

黄金现货交易基本上是即期交易，在成交后即交割或者在两天内交割。交易标的主要是金条、金锭和金币，珠宝首饰等也在其中。黄金期货交易的主要目的是套期保值，是现货交易的补充，成交后不立即交割，而由交易双方先签订合同，交付押金，在预定的日期再进行交割。

(3) 按有无固定场所，可分为无形黄金市场和有形黄金市场。

无形的黄金交易市场，主要是指黄金交易没有专门的交易场所，如主要通过金商之间形成的联系网络形成的伦敦黄金市场；以银行为主买卖黄金的苏黎世黄金市场；以及中国香港本地的无形市场。有形黄金市场主要是指黄金交易是在某个固定的地方进行交易的市场。这其中又可以分为有专门独立的黄金交易场所的黄金市场和设在商品交易所之内的黄金市场，前者如中国香港金银业贸易场、新加坡黄金交易所等；后者如设在纽约商品交易所内的纽约黄金市场及设在加拿大温尼伯商品交易所内的温尼伯黄金市场。

(4) 按交易管制程度，可分为自由交易市场、限制交易市场和国内交易市场。

自由交易市场是指黄金可以自由输出/输入，且居民和非居民都可以自由买卖的黄金市场，如苏黎世黄金市场。限制交易市场是指黄金输出/输入受到管制，只允许非居民而不允许居民自由买卖黄金的市场，这主要是指实行外汇管制国家的黄金市场，如1979年10月英国撤销全部外汇管制之前的伦敦黄金市场。国内交易市场是指禁止黄金进出口，只允许居民而不允许非居民买卖黄金的市场，如巴黎黄金市场。

2. 黄金市场的构成要素

(1) 黄金市场买卖参与者

国际黄金市场的参与者，主要包括黄金的卖方、买方和黄金经纪人三部分，可分为国际金商、银行、对冲基金等金融机构、各法人机构、私人投资者以及在黄金期货交易中有很大作用的经纪公司。黄金市场上的交易活动，一般都通过黄金经纪人成交。国际黄金市场上的黄金供应有三个渠道：一是金矿开采者；二是各种金融机构、企业、公司和私人出售黄金；三是一些国家在黄金市场上出售金币或发行黄金证券。需要指出的是，各国商业银行在黄金市场上占有极其重要的地位。

(2) 黄金市场工具

黄金分为商品性黄金和金融性黄金。商品实物黄金交易额不足总交易额的3%，90%以上的市场份额是黄金金融衍生物，世界各国中央银行保留了高达3.4万吨的黄金储备，黄金仍是公认的金融资产。目前，在国际市场上比较常见的黄金投资工具主要有以下8种：①标金。它是标准金条的简称，是黄金市场为使场内的买卖交易行为规范化、计价结算国际化、清算交收标准化而要求进场的交易标的物。②金币，目前，在国际黄金市场上参与交易的金币主要分为四大类：流通金币、纯金币、纪念金币、贸易金币。③黄金账户。它是指商业银行为投资者提供的一种黄金投资方式，又被称为黄金请求账户。④纸黄金。又称为黄金凭证，就是在黄金市场上买卖双方交易的标的物是一张黄金所有权的凭证而不是实物黄金，常见的类型有黄金储蓄存单、黄金交收订单、黄金证券、黄金账户单据、黄金现货交易中当天尚未交收的成交单、国际货币基金组织的特别提款权等，均属纸黄金的范畴。⑤金饰品。金饰品的种类繁多，按其用途不同，一般可分为用于人体装饰的金首饰和用于表彰激励的金杯、金牌、金质奖章等。⑥黄金股票，就是金矿公司向社会公开发行的上市或不上市的股票，又称为金矿公司股票。⑦黄金基金。它是黄金投资共同基金的简称，就是由基金发起人组织成立基金管理公司，由没有时间或没有能力参与黄金买卖的投资人出资认购，由基金管理公司组成专家委员会来负责实施具体的投资操作，并专门以黄金或黄金衍生交易品种作为投资媒体，以获取投资收益的一种共同基金。⑧黄金理财账户。又称黄金管理账户，是投资者在商业银行开立一个黄金理财账户，将买入的黄金存放到商业银行的金库里，记载在黄金理财账户上，并交予商业银行全权管理处置，到了约定的投资收益分配期，由黄金理财账户的运作与管理者——商业银行来分配投资利润。

3. 为黄金交易提供服务的机构和场所

根据有无固定交易场所，将黄金市场分为有固定场所的有形市场和没有固定场所的无形市场。欧式黄金交易：这类黄金交易没有一个固定的场所。比如，伦敦黄金市场和苏黎世黄金市场。这种市场的买价和卖价都是较为保密的，交易量也都难以真实估计。美式黄金交易：这类黄金交易类似于在期货市场上进行的期货交易，期货交易所作为一个非营利机构本身不参加交易，只是提供场地、设备，同时制定有关法规，确保交易公平、公正地进行，对交易进行严格的监控。亚式黄金交易：这类黄金交易一般有专门的黄金交易场所，同时进行黄金的期货和现货交易，交易实行会员制。典型的如中国香港金银业贸易场。

4. 监督管理机构

随着黄金市场的不断发展，为保证市场的公正和公平，保护买卖双方利益，杜绝市场上操纵价格等非法交易行为，各地都建立了对黄金市场的监督体系，比如，美国的商品期货交易委员会、英国的金融服务局、中国香港的香港证券与期货管理委员会及新加坡金融管理局等。

5. 有关的行业自律组织

世界黄金协会：是一个由世界范围的黄金制造者联合组成的非营利性机构，其总部设在伦敦，在各大黄金市场都设有办事处。其主要功能是通过引导黄金市场上的结构性变化（例如，消除税收，减少壁垒，改善世界黄金市场的分销渠道等）来尽可能提高世界黄金的销量，对世界黄金生产形成稳定的支持，并在所有实际和潜在的黄金购买者之间树立起正面的形象。

伦敦黄金市场协会（LBMA）：成立于1987年，其主要职责就是提高伦敦黄金市场的运作效率及扩大伦敦黄金市场的影响，为伦敦招商，促进所有参与者（包括黄金生产者、精炼者、购买者等）的经营活动。同时与英国的有关管理部门，如英国金融管理局、关税与消费税局等共同合作，维持伦敦黄金市场稳定，促进其有序地发展。

三、期货市场

期货交易是在现货交易的基础上发展起来的、通过在期货交易所买卖标准化的期货合约而进行的一种有组织的交易方式。期货合约是指由期货交易所统一制定的，规定在将来某一特定的时间和地点交割一定数量和质量商品的标准化合约。在期货市场中，大部分交易者买卖的期货合约在到期前，又以对冲的形式了结。一般来说，期货交易中进行实物交割的只是很少的一部分。

1. 期货市场的功能

期货市场在稳定与促进市场经济发展方面有以下功能：（1）回避价格风险。期货市场最突出的功能就是为生产经营者提供回避价格风险的手段，即生产经营者通过在期货市场上进行套期保值业务来回避现货交易中价格波动带来的风险，锁定生产经营成本，实现预期利润。也就是说期货市场弥补了现货市场的不足。（2）发现价格。期货市场上来自四面八方的交易者带来了大量的供求信息，标准化合约的转让又增加了市场的流动性，期货市场中形成的价格能真实地反映供求状况，为现货市场提供了参考价格，起到了发现价格的功能。（3）有利于市场供求和价格的稳定。首先，期货市场上交易的是在未来一定时间履约的期货合约，它能在一个生产周期开始之前，就使商品的买卖双方根据期货价格预期商品未来的供求状况，指导商品的生产和需求，起到稳定供求的作用。其次，由于投机者的介入和期货合约的多次转让，使买卖双方应承担的价格风险平均分散到参与交易的众多交易者身上，减少了价格变动的幅度和每个交易者承担的风险。

2. 期货市场的构成

（1）期货市场监管部门：①政府监管：我国期货市场由中国证监会（中国证券监督管理委员会）作为主管部门进行集中、统一管理的基本模式已经形成，对地方监管部门实行由中国证监会垂直领导的管理体制。②自律监管：ⓐ期货交易所。它是为会员提供服务的非营利性、自律管理的机构；ⓑ期货业协会。协会主要宗旨体现为贯彻执行国家法律法规和国家有关期货市场的方针政策，在国家对期货市场集中统一监督管理的前提下，实行行业自律管理，发挥政府与会员之间的桥梁和纽带作用，维护会员的合法权益，维护期货市场的公开、公平、公正原则，加强对期货从业人员的职业道德教育和资格管理，促进中国期货市场的健康稳定发展。

（2）交易所会员：是指拥有期货交易所的会员资格、可以在期货交易所内直接进行期货交易的单位。国内期货交易所有两类会员：一类是为自己进行套期保值或投机交易的期货自营会员，另一类则是专门从事期货经纪代理业务的期货经纪公司。

（3）期货交易者：是指为了规避风险而参与期货交易的套期保值者，或为获得投机利润的期货投机者。他们通过期货经纪公司（或自身就是期货交易所的自营会员）在期货交易所进行期货交易。根据交易者交易目的的不同，将期货交易方式分为三类：套期保值、投机、套利。套期保值就是买入（卖出）与现货市场数量相当、但交易方向相反的期货合约，以期在未来某一时间通过卖出（买入）期货合约来补偿现货市场价格变动所带来的实际价格风险。投机是指根据对市场的判断，把握机会，利用市场出现的价差进行买卖，从中获得利润的交易行为。套利是指同时买进和卖出两张不同种类的期货合约。交易者买进自认为是"便宜"的合约，同时卖出那些"高价"的合约，从两个合约价格的变动中获利。在进行套利时，交易者注意的是合约之间的相互价格关系，而不是绝对价格水平。

（4）期货价格：期货价格的形成方式主要有公开喊价方式和电子交易方式两种。随着电子技术的发展，许多期货交易所开发了电子交易系统，用电子交易方式取代传统的公开喊价方式。目前,国际上期货交易绝大部分是通过电子交易方式进行。

3. 期货交易流程

期货交易的完成是通过期货交易所、结算所、经纪公司和期货交易者这四个组成部分的有机联系进行的。投资者首先选择一个期货经纪公司,在该经纪公司办理开户手续。当投资者与经纪公司的代理关系正式确立后,就可根据自己的要求向经纪公司发出交易指令。经纪公司接到投资者的交易订单后,下单进入交易所交易系统进行交易。结算所进行每日结算,并通知经纪公司。经纪公司同样向投资者提供结算清单。若投资者账面出现亏损,保证金不足时须追加保证金。若投资者到合约最后交易日没有平仓,则必须进行交割。因此,期货交易流程经历开户与下单、竞价交易、结算和交割四个阶段。

四、现货市场

现货市场(Cash Markets,Spot Markets)是指对与期货、期权和互换等衍生工具市场相对的市场的一个统称。现货市场交易的货币、债券或股票是衍生工具的标的资产。在外汇和债券市场,现货市场是指期限为12个月左右的债务工具(如票据、债券、银行承兑汇票)的交易。现货交易市场上市的交易品种在现货市场中较大的价格波动幅度,完善的交易机制有利于投机者灵活买卖,控制风险,充分博取价格波动中的差价,从而获得巨额的投资回报。

1. 现货与期货的不同

期货是相对于现货而言的。它们的交割方式不同。现货是现钱现货,期货是合同交易,也就是合同的相互转让。期货的交割是有期限的,在到期以前是合同交易,而到期日却是要兑现合同进行现货交割的。所以,期货的大户机构往往是现货和期货都做的,既可以套期保值也可以价格投机。普通投资人往往不能做到期的交割,只好是纯粹投机,而商品的投机价值往往和现货走势以及商品的期限等因素有关。

2. 现货市场交易的特点

现货交易进入市场运作的切入点为电子商务,参与经营大宗初级原料商品包括农产品、金属类、建材类等多种交易品种,开展专业纵深的B—to—B商业模式。现货市场交易的特点如下:(1) 现货交易为买卖双方提供资金在线结算服务,避免了企业的"三角债"问题。现货交易采用先进的交易结算智能网络体系,在网上开展集中竞价交易,由交易市场进行统一撮合,统一资金结算,保证现货交易的公开、公平、公正。交易成交后,市场为买卖双方进行资金结算,实物交收,先进即时入账,保证买卖双方的共同利益,从而避免了我国企业现存的较严重的"三角债"问题。(2) 现货仓单的标准化,现货仓单的所有条款包括商品的等级、质量、数量、色泽等都是预先规定好的,具有标准化的特点,杜绝了"假冒伪劣"商品。(3) 完善的物流配送体系,满足不同交易商的交割需求。(4) 现货交易行业的形成,对我国现货贸易流通的发展起到了不可替代的作用。(5) 双向交易和对冲机制的灵活交易方式。因为现货仓单的标准化,所以绝大部分交易可以通过反向对冲操作解除履约责任。交易者可以在价格低时买进现货仓单,等价格上涨后卖出对冲平仓;也可以在价格高时先卖出,价格下跌后买进对冲平仓,双向获利。

3. 盈利方式

现货交易简单来说就是通过价差来获利,比如炒外汇、炒现货黄金都是现货,这种方式比起购入实物银然后等待几年后的涨价再进行抛售赚钱而言,要方便很多,因为价差在一天之内会形成多次波动,加上双向交易机制,如果操作稳定的话,一个标准手一天就可以轻松获利 3 000 元以上。

4. 现货市场交易案例——白银

白银现货交易又称国际现货白银或者伦敦银,是一种利用资金杠杆原理进行的合约式买卖。白银一直是黄金的"影子",但与黄金又有所不同。

目前,国家批准的贵金属交易平台有 4 家:上海黄金交易所、上海期货交易所、天津贵金属交易所(2012 年国务院批准)、广东省贵金属交易中心。

省级政府批准的有:海西商品交易所、昆明贵重金属交易所、海南大宗商品交易中心、南方稀贵金属交易所等。

地方市级等政府批文的小平台就比较多了,如浙江之川、浙江顺川、浙江汇联、浙江圣荷西、云南瑞发豫光银、河南珍珑银、中能国投、金大源、青岛华银、广东汇金等。当然还有更小规模的平台也在大张旗鼓地进行白银现货交易。

案例分析

全球市场回顾(截至 2015 年 4 月 14 日)

1. 外汇市场:欧元走软。隔夜欧元兑其他货币出现下滑。宏观经济数据方面,昨日公布的报告显示 2 月份意大利工业生产指数增幅超预期,而 2 月份法国经常账赤字扩大。美元兑其他货币走强,因昨日没有什么主要的宏观经济数据左右市场。英镑盘中走强,因英国零售销售月率上扬。日元兑其他货币走软。欧元兑英镑下跌 0.3%,兑美元下跌 0.2%,兑日元下跌 0.1%。澳元兑美元下跌 1.5%,因中国贸易数据疲软打压澳元。

2. 英国股市:多数收低。昨日英国股市多数下挫收盘,主要因矿业类股疲软拖累大盘。富时 100 指数下跌 0.4%,收盘报 7 063.6 点,富时 250 指数下跌 0.2%,收盘报 17 830.4 点。

3. 美国股市:尽数收高。昨日美国股市多数上涨收盘,因航空类股大涨拉动大盘走势。道琼斯工业指数上涨 0.1%,收盘报 18 083.6 点,标普 500 指数上涨 0.1%,收盘报 2 105.1 点。

4. 欧洲股市:多数收高。昨日欧洲股市多数上涨收盘。德国 DAX 指数下跌 0.3%,收盘报 12 337.2 点,法国 CAC 指数上涨 0.3%,收盘报 5 254.1 点。

5. 亚洲股市:多数收高。昨日亚洲股市尽数上涨收盘。日经 225 指数微幅下挫,收盘报 19 905.5 点。

6. 商品市场:喜忧参半。黄金期货合约价格下跌 0.5%,录得每盎司 1 198.7 美元,从上一次的交易时段跌势中反弹,因中国贸易数据疲软影响投资者风险偏好情绪,避险情绪上升。布伦特原油一个月期货合约价格上涨 0.7%,录得每桶 58.3 美元,因报告指出在福克兰群岛附近的石油开采商搁置了准备在东南边再发展一口钻井的计划。

项目小结

任务	任务知识点	知识内容
金融市场	定义	金融市场是指资金需求者和资金供给者（企业、个人、各类金融机构及货币当局）进行资金融通的场所和行为，是多种金融关系交织而成的综合体
	构成要素	从现代金融市场的结构来看，主要包括五个要素：金融市场主体、金融市场客体、金融市场中介、金融市场价格和金融市场监管者
	分类	按期限，可分为短期金融市场（货币市场）和长期金融市场（资本市场）；按照金融市场的交易对象（或金融工具的属性），可分为原生市场（基础性金融产品市场）和衍生市场（金融衍生品市场）；按证券的交易方式和次数，可分为初级市场和次级市场；按交割方式，可分为现货市场、期货市场和期权市场；按照交易范围，可分为国内金融市场和国际金融市场
	功能	资本积累；资源配置；调节经济；反映经济
货币市场	同业拆借市场	同业拆借市场，是指金融机构（银行与非银行金融机构）之间以货币借贷方式进行短期资金融通活动的市场
	票据市场	票据市场也是货币市场的重要组成部分，是以各种票据为媒体进行资金融通的市场。按照票据的种类，票据市场可划分为商业票据市场、银行承兑汇票市场
	大额可转让定期存单	CD 市场上 CD 的发行主要由商业银行签发。从签发银行的角度看，CD 为它提供了和定期存款流行性一样的资金，即在到期前不能提取，而有利率较低的好处
	国库券市场	大部分国家中央政府和地方政府为满足当年预算赤字都采取发行国库券的方式融资
	回购市场	回购市场是货币市场中一种短期融资市场，它是证券投资商为了短期融资需要，以自己的证券作为抵押向其他机构（主要是金融机构）进行融资，同时明确购回所抵押的这部分债券的时间和价格，到期时按照事先约定的价格全额予以赎回的方式
资本市场	股票市场	股票市场是指以股票作为买卖交易对象而进行交易活动的场所。在实际的股票发行和交易过程中，股票市场既可以有固定的场所，也可以无固定场所；既可以是有形的，也可以是无形的；既可以是集中的，也可以是分散的。股票的发行出售、转让流通都是在股票市场上进行的
		股票的主板市场、中小板市场和创业板市场以及新三板市场
	债券市场	债券市场是一种直接融资的市场，即资金的需求者与资金的供给者，或者说资金短缺者与资金盈余者直接进行融资的市场
其他市场	黄金市场	黄金市场是黄金生产者和供应者与需求者进行黄金买卖的场所。它提供即期和远期交易，允许交易商进行实物交易或者期权期货交易，以投机或套期保值，是各国完整的金融市场体系的重要组成部分
	外汇市场	外汇市场也是金融市场体系中的重要组成部分，是进行外币和以外币计价的票据及有价证券买卖的市场，也可以说是一切外汇交易业务的总和，包括外汇借贷、兑换、拆借及不同种外币的买卖，可分为有形市场和无形市场
	期货市场	期货交易是在现货交易的基础上发展起来的、通过在期货交易所买卖标准化的期货合约而进行的一种有组织的交易方式
	现货市场	现货市场（Cash Markets，Spot Markets）是指对与期货、期权和互换等衍生工具市场相对的市场的一个统称

职业能力训练

一、单选题（每题只有一个正确答案）

1. 如果中国政府在英国伦敦发行一笔美元债券，则该笔债券发行属于（　　）的范畴。
   A. 外国债券市场 B. 英国猛犬债券市场
   C. 美国扬基债券市场 D. 欧洲债券市场

2. 在金融市场中，既是重要的资金需求者和供给者，又是金融衍生品市场上重要的套期保值主体的是（　　）。
   A. 家庭 B. 企业 C. 中央银行 D. 政府

3. 具有"准货币"特性的金融工具是（　　）。
   A. 货币市场工具 B. 资本市场工具 C. 金融衍生品 D. 外汇市场工具

4. 投资者完全绕过证券商，相互间直接进行证券交易而形成的市场，称为（　　）。
   A. 一级市场 B. 二级市场 C. 第三市场 D. 第四市场

二、多选题（每题至少有两个正确答案）

1. 与传统的定期存单相比，大额可转让定期存单的特点是（　　）。
   A. 不记名并可转让流通 B. 面额不固定且为大额
   C. 不可提前支取 D. 利率一般高于同期限的定期存款利率
   E. 利率是固定的

2. 在金融市场构成要素中，（　　）是最基本的构成要素，是形成金融市的基础。
   A. 金融市场主体 B. 金融市场客体
   C. 金融市场中介 D. 金融市场价格
   E. 金融监管机构

3. 下列属于货币市场的有（　　）。
   A. CD市场 B. 保险市场 C. 短期债券市场
   D. 票据市场 E. 拆借市场

4. 关于期货市场，下列说法正确的有（　　）。
   A. 期货市场是交易双方达成协议成交以后，不立即交割，而是在一定时间以后按照当时的价格进行清算和交割的市场
   B. 期货市场可以作为投机的市场
   C. 期货市场必须是有形市场
   D. 期货市场中因交割期限与成交日期的间隔较长，由于市场变化，金融商品的价格会有升有降
   E. 期货市场是指交易双方在成交后即时进行清算交割（钱货两清）的交易市场

三、案例分析题（不定项选择题）

以下资料选自2009年7月中国建筑股份有限公司首次公开发行A股的发行公告。中国建筑首次公开发行不超过120亿股人民币普通股（A股）的申请已获中国证券监督管理委员会证监许可2009627号文核准。本次发行的保荐人是中国国际金融有限公司。

本次发行采用网下向询价对象询价配售与网上资金申购发行相结合的方式进行，其中网下初始发行规模不超过48亿股，约占本次发行数量的40%；网上发行数量为本次发行总量减去网下最终发行量。

对网下发行采用询价制，分为初步询价和累计投标询价。发行人及保荐人通过向询价对象与配售对象进行预路演和初步询价确定发行价格区间，在发行价格区间内通过向配售对象累计投标询价确定发行价格。

网上申购对象是持有上交所股票账户卡的自然人、法人及其他机构。各地投资者可在指定的时间内通过与上交所联网的各证券交易网点，以发行价格区间上限和符合本公告规定的有效申购数量进行申购委托，并足额缴付申购款。

1. 股份有限公司首次公开发行股票时，通常由投资银行充当金融中介，因此，中国国际金融公司是此次股票发行的（   ）。
   A. 做市商　　　　B. 承销商　　　　C. 交易商　　　　D. 经纪商
2. 从公告中可知，我国目前对企业首次公开发行股票所采取的监管制度是（   ）。
   A. 审批制中的指标管理　　　　B. 核准制中的保荐制
   C. 注册制　　　　　　　　　　D. 备案制
3. 下列机构中属于我国新股发行的询价对象的有（   ）。
   A. 商业银行　　　　　　　　　B. 证券公司
   C. 财务公司　　　　　　　　　D. 证券投资基金管理公司
4. 竞价方式与累计投标咨询方式的共同之处是发行方式与投资者进行信息沟通，发行方由此了解投资者需求信息，但是，二者在发行价格的确定上存在区别，即（   ）。
   A. 在竞价方式中，发行价格最终由做市商确定
   B. 在竞价方式中，发行价格最终由投资方确定
   C. 在累计投标询价中，发行价格最终由发行方确定
   D. 在累计投标询价中，发行价格最终由承销商确定

项目综合实训

中国股票市场发展趋势分析实训

1. 任务目标

通过本任务，了解中国股票市场的发展情况，使学生清楚我国当前股票市场，深入理解股票市场对当代生活方式和社会经济发展的改变，能够把股票市场分析运用到实际操作中。

2. 任务描述

本项目实训以股票市场的分析为内容，通过查阅相关资料和最新资讯，获得中国股票市场的发展趋势，了解股票市场对人们生活的影响。

3. 任务准备

确定调查群体区域范围、调查工具、调查人员。

4. 任务步骤

(1) 学生以本班级为整体，把本班级按比例分成小组
(2) 探索内容为：股票市场发展的历史趋势；最近三年人们对股票的关注度。
(3) 得出定性分析结果：不同的年龄段群体使用支付宝人数占调查对象的比例。
(4) 确定项目完成时间1个月。

5. 任务成果

形成完整的项目实训书。

项目四
金融工具

 知识目标

1. 了解信用的含义、特征与分类。
2. 掌握利息、利息率、股票、债券、基金的相关内容。
3. 理解期货、期权等金融衍生工具的含义。

 能力目标

1. 能够理解信用在银行信贷中的功能和作用。
2. 能够掌握不同金融工具的特点。

 导入案例

国务院新规畅通中小企业融资渠道

为解决目前中小企业融资难、成本较高的问题，国务院再次提出十项措施，更加全面系统地针对企业融资中出现的问题，给予明确的政策措施支持。这是半年来，国务院第十次倡导降低中小企业融资成本，改善中小企业融资难的举措。

国务院新规的部分举措有：增加存贷比指标弹性；加快发展民营银行；支持担保和再担保机构发展，推广小额贷款保证保险试点；改进商业银行绩效考核机制，防止信贷投放喜新厌小；运用信贷资产证券化盘活存量资金，简化小微企业金融债发行程序；抓紧出台股票发行注册制改革方案，取消连续盈利条件，降低上市门槛；支持跨境融资；完善信用体系；加快利率市场化改革。

信贷是稳定当前经济的核心变量,目前国内普遍存在融资成本高的问题,难以在短期内解决,较高的融资成本也制约了中小企业融资的积极性,加大了企业负担,抑制金融机构筹资成本的不合理上升,能提高中小企业的融资效率,助推中小企业良性发展。

近年来,中小企业融资难、融资贵的问题一直在业内成为关注的焦点。

从 2014 年 10 月份的金融指标来看,社会融资规模大幅低于预期,主要原因在于人民币贷款增幅不理想,仅为 5 483 亿元,与 9 月新增人民币贷款 8 572 亿元相比,环比下降 36%。同时,受一系列治理同业业务新规影响,委托贷款、信托贷款和未贴现的银行承兑汇票这三类与影子银行相关的融资方式明显萎缩。

目前我国金融市场中金融工具的种类繁多,但是由于市场体系不完善,因而发展比较缓慢。这种现状阻碍了我国企业的融资、投资和社会经济发展的进程。

思考:中小企业融资难的原因是什么?

任务1 信 用
Misson one

任务描述

本任务介绍了信用的含义、产生及存在的基础、发展、作用等以及现代信用的主要形式。

任务知识

一、信用概述

(一)信用的含义

在经济学中,信用是借贷关系的总称。所谓借贷,就是商品或货币的所有者将商品赊销或将货币贷放出去,借方按约定时间偿付贷款或归还借贷本金并支付一定利息的行为。在借贷活动中,贷方都是债权人,借方都是债务人,借贷双方构成的债权债务关系就是一种信用关系。要把握信用的内涵,需要注意以下问题:

1. 信用是以偿还和付息为条件的借贷行为

信用作为一种借贷行为,贷方把一定数量的货币或商品贷给借方,借方被允许在一定时期内使用这些货币或商品,到期必须偿还,并以支付一定利息为代价。所以,偿还和付息是信用最基本的特征。它既区别于一般商品交换,又区别于财政分配。

2. 信用关系是债权债务关系

信用是商品货币经济中的借贷行为,商品所有者由于让渡商品和货币使用权而取得了债权人的地位,商品和货币需要者成为债务人,借贷双方有着各自对应的权利和义务。所以,从本质上说，信用关系就是债权债务关系，信用行为就是放债和承债的关系。

3. 信用是价值运动的特殊形式

在信用活动中，一定数量的商品或货币从贷方手中转移到借方手中，并没有价值对等转移，只是使用权的让渡，没有改变所有权。所以，信用是价值单方面的转移和让渡，是价值运动的特殊形式。

（二）信用的产生及其存在的基础

人类最早的信用活动，起始于原始社会末期。社会分工促进了商品生产和交换，加速了原始社会公有制的瓦解和私有制的产生。私有制的出现，造成了财富占有的不均匀和分化，从而出现了贫富分化。当贫困家庭在难以维持生产和生活时，就不得不向富裕家庭寻求帮助，借贷关系由此产生，这就是最早的信用。可见，私有制是信用产生的基础之一。

最早的信用是实物信用，它存在的基础是物物交换。由于作为主体的实物，在交换过程中不可避免地出现很多问题，如不易分割等，使得信用关系难以获得广泛的发展。货币的产生克服了物物交换的困难，并逐渐成为信用领域主要的借贷工具。随着货币支付手段的发展，实物借贷已局限在极其狭小的范围内。目前，几乎所有的信用关系都是以货币为对象建立的。所以，货币的产生是信用广泛存在的第二个基础。

商品流通和商品经济的发展是信用存在与发展的另一个基础。由于各种商品生产季节的差异，生产周期长短不一、商品购销地点距离远近不同等原因，商品的买卖与货币的支付常常无法同时进行。因此，只有通过赊销、延期支付等信用活动来进行调节，促进商品交换的实现。商品流通量越大，与商品相关联的信用活动就越多。

小 贴 士

什么是价值运动？

价值运动是指企业等经济主体以货币表现的经济活动，又称资金运动。

理论上，资金运动指的是资金的筹集、使用、耗费、回收和分配的循环与周转。资金运动的起点是资金来源，终点是资金运用形成的经营成果。资金只有在不断的运动中才能实现增值的目的。

二、信用的发展及地位、作用

（一）信用的发展

1. 高利贷信用

高利贷信用以贷款利息高为主要特征。高利贷信用产生于原始社会末期，在奴隶社会和封建社会得到广泛的发展，是与小生产者、自耕农和小手工业主占优势的自然经济相适应的。小生产者拥有少量的财产作担保，而同时他们的经济基础又十分薄弱，极不稳定，遇到天灾人祸就无法维持生计。为了获得货币以换取必需的生产和生活资料，他们不得不求助于高利贷。高利贷的需求者还包括一些奴隶主和封建主。奴隶主和封建主借贷是为了满足其穷奢极欲的生活需要或政治上的需要，如购买昂贵的装饰品、建造宫殿以及贿赂官吏等。

高利贷的年息率非常高，一般都在30%以上，100%～200%的年息率也是常见的。利息如此之高，其原因有两个：一是借款人借贷不是用于追加资本、获取利润，而是为了取得必需的生活资料和生产资料；二是在自然经济占统治地位、商品货币经济尚不发达的情况下，人们不容易获得货币，而小生产者和奴隶主、封建主对货币的需求又很大，这就为高利贷的形成创造了条件。

高利贷高昂的利息不仅侵吞了小生产者的剩余劳动，还吞噬了他们的部分必要劳动，甚至是生产资料，从而使生产难以为继。同时，借贷的奴隶主、封建主为了偿还高利贷，会更加残酷地压榨奴隶和农奴，使生产条件日益恶化，造成生产力的逐渐萎缩。所以，高利贷对生产力起阻碍和破坏作用。在资本主义大生产的方式下，高利贷信用已不再适应其发展需要，最终为资本主义信用所取代。

2. 资本主义信用

资本主义大生产方式需要投入大量的资本，单靠自有资本是难以满足的，必须求助于借贷资本，而高昂的利率使得资本的借贷难以进行。因此，新兴的资产阶级掀起了反高利贷的斗争。最重要的标志是1694年英国成立的英格兰银行一开始就把贴现率定为4.5%～6%，打破了高利贷者对信用的垄断，资本主义信用制度逐渐建立起来。

资本主义信用是借贷资本的运动形式。借贷资本的形成是与资本主义再生产过程紧密相连的。在整个社会再生产循环过程中，由于种种原因，必然会游离出一部分暂时闲置的货币资本，如折旧资金、销售与购买脱节而暂时闲置的货币等，这部分资本从产业资本游离出来之后就不能产生增值，这与资本的本性是相矛盾的。为此，它的所有者必然会为它寻找出路，寻求增值的途径。这就为借贷资本提供了来源。另外，在社会生产过程中又总有一些企业由于季节性、临时性原因或扩大经营规模的需要而产生对闲置资本的需求。这样，通过信用形式将这些闲置资本从货币所有者手里转移给需求者使用，是最好的解决方式。通过这一借一贷，闲置资本就变成了借贷资本。

马克思将拥有货币资本并从事资本借贷的资本家称为借贷资本家，从事经营生产的资本家称为职能资本家。职能资本家将借贷资本投入生产过程，通过生产经营活动产生利润，再将利润的一部分作为利息支付给借贷资本家，以作为使用借贷资本的代价。因此，利息是利润的一部分，来源于劳动者在生产过程中创造的剩余价值。

信用的发展过程说明，信用是随着生产力的发展而发展的。在现代高速发展的市场经济和商品经济下，必然要求有发达的信用制度为之服务。因此，信用形式的多样化、融资工具的创新化、融资规模的扩大化、融资活动的国际化已成为当今信用发展的趋势。

（二）信用的地位和作用

在现代经济社会中，信用的地位更加突出，这不仅因为建立在信用基础上的金融业已经成为现代产业的重要组成部分，而且因为信用关系已经像一张大网，覆盖了每一个经济组织和个人，在经济运行中起着不可替代的作用。这些作用具体体现在以下几个方面：

1. 资金集聚作用

信贷还本付息的特点，可以广泛动员社会闲置资金和个人暂时不用的货币收入，积少成多，续短为长，变消费资金为积累资金，投入生产经营活动，支持生产和流通的扩大。此外，企业运用各种信用工具，可以突破个别资本积累的限制，借助其他资本来增加资本总额，实现规模经济效益。

2. 资金配置作用

信用对资金的配置是通过对资金的占有权和使用权的分配来实现的。信用改变了货币资金原有的存在布局，对资源实现重新组合，以达到充分合理运用的目的。信用配置资金的作用可以通过两种途径：一是通过银行信用的存款业务完成，即银行吸纳盈余单位的闲置资金形成存款，再以贷款形式发放给短缺单位；二是资金短缺单位在金融市场上创造信用工具（如债券），卖给盈余单位而获得其闲置资金。

3. 宏观调控国民经济的作用

信用与国民经济各地区、各部门、各单位的经济获得息息相关，能够及时、准确、全面地反映宏观经济的运行和企业单位的生产经营状况。因此，对信用获得额调节和控制，能够对宏观经济活动起到一定的调控作用。信用的调控一般从规模和结构两方面进行。

三、现代信用的主要形式

（一）商业信用

商业信用是工商企业之间相互提供的与商品交易直接联系的信用形式，它是企业间以赊销、赊购等形式所提供的信用，直接与商品生产和流通相联系，以商品生产和流通为基础，有广泛的运用范围，因而成为现代信用制度的基础。

商业信用具有以下三个特点：

（1）商业信用主体是厂商，双方是由商品交易而引起的债权债务关系；

（2）商业信用的客体是商品资本，而非从生产过程中游离出来的、暂时闲置的货币资本；

（3）商业信用是企业之间提供的一种直接信用，无须信用中介结构的介入。

虽然商业信用在调节企业间资金余缺、提高资金使用效益、加速商品流通等方面发挥着巨大的作用，但受本身特点的影响，具有一定的局限性：

（1）商业信用的规模受到提供信用的企业所拥有的资金数额的限制，企业能赊销的商品只能是商品资本的一部分；

（2）商业信用有严格的方向性，它受到商品流向的限制，因此只能向需要该种商品的企业提供；

（3）商业信用的范围受到限制，由于是直接信用，所以借贷双方只有在相互了解对方的信誉和偿还能力的基础上才可能确立商业信用关系。

（二）银行信用

银行信用是银行及其他金融机构以货币形式提供的信用。银行信用是在商业信用发展到一定水平时产生的，克服了商业信用的局限性，在整个信用体系中占据核心地位，发挥着主导作用。

银行信用具有以下三个特点：

（1）银行信用的一方肯定是银行，因而信用资金来源广泛，信用规模远远超过商业信用；

(2) 银行信用的客体是单一形态的货币资本，其作为价值的独立形态，不受商品流向的限制，能向任何生产部门提供信用，克服了商业信用在提供信用方向上的局限性；

(3) 银行信用的期限比商业信用期限灵活，根据其资金来源即吸收存款期限长短，既可提供短期信用，也可提供长期信用。

随着现代银行制度的发展，越来越多的借贷资本集中到少数大银行手中，银行规模越来越大，贷款额度不断增长，银行资本与产业资本的结合日益紧密，银行信用提供的范围还将不断扩大。

（三）国家信用

国家信用是指中央或地方政府作为债务人，依据信用原则向本国公民、国外政府或银行举债的一种形式，实质是国家借债，其主要形式有：发行政府债券（包括中央政府债券和地方政府债券）及向银行透支等。

国家借债的最初目的是为了弥补政府财政赤字和筹措政府专项基金，随着政府对经济干预力度的增强，发行政府债券逐渐成为国家调控宏观经济的一项重要政策工具。比如实施"积极的财政政策"，就是通过增加国债发行，将社会闲置资金集中起来，用于公共项目投资，这对于拉动社会需求，促进国民经济增长起到了积极作用，并且还为中央银行调节货币政策提供了操作基础。中央银行在公开市场上买卖政府债券，调节金融市场上的资金供给量和流通中的货币数量，达到中央银行的货币政策目标。

利用国家信用必须注意以下几个方面：一是在一定时期内，国家信用与银行信用有着此消彼长的关系，因而国家信用的扩张和收缩应与宏观经济形势相协调；二是防止造成收入再分配的不公平，政府通过国家信用筹集到的资金主要用于基础设施建设和国计民生方面，尤其国计民生上的资金投入相当于进行了一次收入再分配，公平问题很重要；三是防止国债收入使用不当，造成财政更加困难。

（四）消费信用

消费信用是银行等金融机构及工商企业以货币、商品或劳务等形式向消费者个人提供的用于满足其消费的信用形式。20世纪60年代，消费信用开始快速发展，其实质是通过赊销或消费贷款等方式，为消费者提供超前消费的条件，促进商品销售和刺激人们消费。

消费信用的主要形式有以下几种：

(1) 信用卡透支：这是发卡银行向持卡人提供的短期消费信用，持卡人在一定限额内允许透支消费，并有一定的免息期，超过免息期后一般按日支付利息。

(2) 分期付款：主要用于购买耐用消费品，如汽车、房屋、家具等，并由商品经销商或制造商提供消费信用。

(3) 消费贷款：是由银行等金融机构对耐用消费品的个人或分期付款销售耐用品的工商企业发放的贷款。

消费信用是指商品在货币经济发展的基础上，为促进商品价值的实现而产生的一种信用形式，它在一定程度上可以缓和有限的购买力与现代生活需求之间的矛盾，缓和生产过剩的经济危机。我国目前的消费信贷主要用于购置住房、汽车、耐用消费品及教育等方面。

（五）国际信用

国际信用是指不同国家或地区之间发生的借贷行为。国际信用是国际经济关系的重要组成部分，直接影响国际经济贸易的发展，是各国扩大利用外资，加速国内建设的有效途径。

国际信用的主要形式有出口信贷、银行信贷、发行债券、补偿贸易、政府信贷等。

我国自进行经济体制改革以来，充分利用国际信用，积极引进外资，引进国外先进的技术、设备和先进的管理方法，缓解了国内资金的不足，加快了经济建设的速度，促进了社会生产力水平的提高，极大地促进了社会主义经济的发展。

知识拓展

个人信用

个人信用是整个社会信用的基础。市场主体是由个体组成的，市场交易中所有的经济活动，与个人信用息息相关。一旦个人行为失去约束，就会发生个人失信行为，进而出现集体失信。因此，个人信用体系建设具有极其重要的意义。

个人信用不仅是一个国家市场伦理和道德文化建设的基础，还是一个国家经济发展的巨大资源。开拓并利用这种资源，能有效推动消费，优化资源配置，促进经济发展。市场经济越发展，个人信用所发挥的功能越重要，个人信用体系的完善与否已成为市场经济是否成熟的显著标志之一。

2013 年 10 月，中国人民银行征信中心发布的公告显示，从 2013 年 10 月 28 日起，个人可通过互联网查询本人信用报告的试点范围进一步扩大，将由原先的江苏、四川、重庆 3 个试点扩大至北京、山东、辽宁、湖南、广西、广东等 9 个省市。

个人信用报告记录个人信用，它是一份个人信用信息的客观记录。记录了个人全部信用支付历史，包括：与金融机构发生信贷关系形成的履约记录；与其他机构或个人发生借贷关系形成的履约记录；与商业机构、公用事业单位发生赊购关系形成的履约记录；与住房公积金、社会保险等机构发生经济关系形成的履约记录；欠缴依法应交税费的记录；各种受表彰记录；以及其他有可能影响个人信用状况的刑事处罚、行政处罚、行政处分或民事赔偿记录。个人信用报告是授信人迅速、客观地决定是否给予受信人提供信用的重要参考。

任务 2 利息与利息率
Misson two

任务描述

本任务介绍了利息的起源、利息率的种类、影响利息率的因素、利息的计算，以及我国利率市场化进程。

一、利息的起源

利息的出现和信用是息息相关的，它最初产生于借贷关系。例如，某企业从银行获得一年期的 100 万元贷款，在一年后需要归还银行 110 万元，其中的 10 万元就是利息。这 10 万元的利息是企业为了获得 100 万元的货币使用权而付出的代价，或者说是银行让渡了 100 万元的资金使用权而得到的相应报酬。但是进一步分析我们就会发现，如果企业没有把这 100 万元资金投入到生产经营活动中，就无法产生资金的增值即无法支付利息。借款企业之所以愿意借款并支付利息，是因为借款企业可以将借款资金转化为生产经营资金，并可以在生产经营过程中产生超过利息额的利润，因而利息实际上是来源于利润，是劳动者劳动创造的剩余产品的价值表现形式。从理论上来讲，有两方面的理论可以阐述利息的起源和本质。

（一）马克思关于利息的本质和起源的观点

马克思剩余价值理论认为，在资本主义制度下，资本所有权和使用权分离，借贷资本家把货币资本贷放出去，职能资本家将其作为产业资本或商业资本，其结果都产生利润。当生产出商品的价值大于预付资本的价值时，这个增值额实质上就是剩余价值，职能资本家把利润的一部分（即剩余价值的一部分）支付给借贷资本家，就是利息。因此，可以说，利息是剩余价值的特殊转换形式。

（二）西方经济学者的观点

威廉·配第认为，利息是因暂时放弃货币的使用权而获得的报酬。约翰·洛克认为，利息是因为贷款人承担了风险而获得的报酬。庞巴维克的"时差利息论"认为，现在物品要比同类等量的未来物品具有更大的价值，二者之间存在着价值时差，利息是对价值时差的一种补偿。

二、利息率及其种类

利息率简称利率，是指在一定时期内利息额与借贷本金的比率。利率种类通常有年利率、月利率和日利率，也称年息、月息和日息。

从不同角度划分，利率有以下几种类型。

(1) 按照利率是否由中央银行制定，分为市场利率和管理利率。

市场利率是由在金融市场上由借贷双方通过竞争而形成的利率，随着借贷资金供求状况的变化而变化。管理利率又称公定利率或政策利率，是政府当今通过中央银行制定的利率。管理利率代表了政府货币政策的意向，在整个利率中居主导地位，影响和引导市场利率的变化。但是由于市场利率能及时、灵敏地反映借贷资金的供求状况，因此，市场利率又是政府制定管理利率的依据。

(2) 按照在整个借贷期间利率水平是否变化，分为固定利率和浮动利率。

固定利率是指在整个借贷期间固定不变、不随贷款资金供求关系的变化而波动的利率。

浮动利率是指在借贷期间，随市场利率的变化定期调整的利率，调整幅度和调整依据由借贷双方在签订借贷协议时商定。固定利率是指在整个贷款期间把利率水平固定，在市场利率不断上升的条件下，这种贷款利率比较有优势；而浮动利率会随着市场利率水平的改变不断进行调整，因此当市场利率处于下跌趋势时，这种利率比较有利。

（3）按照是否能真实反映贷款人的贷款利率水平，分为名义利率和实际利率。

名义利率是贷款合同和有价证券上载明的利率，是借款人需向贷款人或投资人支付的利率。实际利率是当发生货币贬值或贷款合同所列明的一些条款时，借款人实际所贷款的本金或支付的利息发生偏差，借款人所实际承担的利率。对于借款人来说，更重要的是实际利率的大小。

三、影响利息率的因素

（一）平均利润率

利息是利润的一部分，所以影响利息率的主要因素是利润率，但是约束利息率的不是单个企业的利润率，而是一定时期内一国的平均利润率。这是因为，在现代经济社会里，借款人借入货币资金投入生产经营的最终目的是为了追求更高的利润，因而他只能将借入的货币投入生产，将所取得利润的一部分以利息形式付给贷款人，作为让渡货币资金使用权的报酬。如果支付的利润高于平均利润，借款人就无利可图而不愿意借款，所以利息率只能低于平均利润率。同时，贷款人贷款的目的是充分利用暂时闲置的货币资金获取一定的收益，因此利率不可能为零，否则，货币资金的所有者也不会让渡货币资金的使用权。由此可见，利息率只能在大于零而小于平均利润率之间上下波动。

（二）货币资金供求状况

由于利息是借款人取得货币使用权所付出的代价，因而利息相当于是货币资金使用权的"价格"。货币资金作为一种特殊的商品，同普通商品一样受价值规律的作用，其价格受货币供求关系的影响。当资金供大于求时，利率下跌，借款人支付较低的利息；反之，则支付较高的利息。所以，资金供求状况是影响利息变动的一个重要因素，它决定着一定时期内利息率的高低。

（三）国家的经济政策

由于利率的变动不仅受经济社会中资金供求关系的影响，反过来还会反映和影响经济的发展变化，因而在世界各国政府中普遍推行国家调节利率从而干预经济发展的政策措施。具体的实施是各国政府根据一定时期内本国经济发展状况和货币政策目标，通过中央银行制定的利率影响市场利率，来调节资金供求、经济结构和经济发展速度。

（四）国际市场利率水平

随着经济全球化的全力推进，各国之间的联系日益密切，商品贸易、技术贸易、服务贸易的发展促进了资金在国际上的流动。国际市场利率对国内市场利率的影响是通过资金在国际上的流动实现的。在放松外汇管制、资本在各国间自由流动的条件下，国内利率高于国际市场利率时，会引起资本大量流入国内；反之，则会引起资本的大量流出。资本的流动影响一国国际收支平衡，进而影响本国货币的对外价值和本国的对外贸易。因此，一国政府在制定和调整本国利率时，不能不考虑国际市场利率的影响。

四、利息的计算

利息的计算方法有单利和复利两种方法。在计算利息时，需要考虑本金、利率、时期、还款方式和计算方法五大因素。

（一）单利计算法

单利计算法即上一期的利息收入不并入下一期的本金计算利息。以 I 代表利息额，P 代表本金，n 代表期限，i 代表利息率，则单利计算公式如下：

$$I = P + P \times i \times n = P \times (1 + i \times n)$$

（二）复利计算法

复利计算法是指上一期的利息计入下一期的本金中，计算下一期的利息，俗称"利滚利"。用 F 代表终值，采用复利计算公式如下：

$$F = P \times (1+i)^n \quad I = F - P = P \times (1+i)^n - P$$

复利考虑了资金的时间价值，因而比较合理。国外通常采用这种方法计息，国内越来越多的信贷业务也采用复利计算方法进行计算。

五、我国利率市场化进程

利率市场化就是将利率的决策权交给金融机构，由金融机构自己根据资金状况和对金融市场动向的判断来自主调节利率水平，最终形成以中央银行基准利率为基础，以货币市场利率为中介，由市场供求决定金融机构存、贷款利率的市场利率体系和利率形成机制。我国利率市场化的整体思路为：先放开货币市场利率和债券市场利率，再逐步推进存、贷款利率的市场化。其中存、贷款利率市场化的总体思路为"先外币，后本币；先贷款，后存款；先长期、大额，后短期、小额"。我国利率市场化的进程如下：

（一）市场化利率体系的建立

在国际货币市场上，比较典型的、有代表性的同业拆借利率有三种：伦敦银行同业拆借利率、新加坡银行同业拆借利率和中国香港银行同业拆借利率。其中，伦敦银行同业拆借利率是浮动利率融资工具的发行依据和参照。放开银行间同业拆借市场利率是整个金融市场利率市场化的基础，我国利率市场化改革以同业拆借利率为突破口。中国人民银行于1996年建立了全国银行间同业拆借市场，将同业拆借市场纳入全国统一的同业拆借网络进行监督管理。

基准利率是一国在整个金融市场和利率体系中处于关键地位并起主导作用的利率。2007年1月4日，上海银行间同业拆放利率（简称Shibor）开始正式运行，Shibor作为中国人民银行希望培育的基准利率体系，是由信用等级较高的银行组成报价团，自主报出的人民币同业拆出利率计算确定的算术平均利率，是单利、无担保、批发性利率。

（二）债券市场利率的市场化

1991 年，国债发行开始采用承购包销这种具有市场因素的发行方式。1996 年，财政部通过证券交易所市场平台实现了国债的市场化发行，既提高了市场化发行效率，又降低了国债发行成本，全年共发行市场化国债 1 952 亿元。发行采用利率招标、收益率招标、划款期招标等多种方式。同时根据市场供求状况和发行数量，采取了单一价格招标或多种价格招标。这是中国债券发行利率市场化的开端，为以后的债券利率市场化改革积累了经验。

放开银行间债券回购和现券交易利率。1997 年 6 月 5 日，人民银行下发了《关于银行间债券回购业务有关问题的通知》，决定利用全国统一的同业拆借市场开办银行间债券回购业务。借鉴拆借利率市场化的经验，银行间债券回购利率和现券交易价格同步放开，由交易双方协商确定。

放开银行间市场政策性金融债、国债发行利率。1998 年以前，政策性金融债的发行利率以行政方式确定，由于在定价方面难以同时满足发行人、投资人双方的利益要求，商业银行购买政策性金融债的积极性不高。1998 年，鉴于银行间拆借、债券回购利率和现券交易利率已实现市场化，政策性银行金融债券市场化发行的条件已经成熟，同年 9 月，国家开发银行首次通过人民银行债券发行系统以公开招标方式发行了金融债券，随后中国进出口银行也以市场化方式发行了金融债券。

（三）存、贷款利率的市场化

2004 年 11 月，中国人民银行在调整境内小额外币存款利率的同时，决定放开 1 年期以上小额外币存款利率，商业银行拥有了更大的外币利率决定权，外币存、贷款利率已完全放开。中国人民银行在分步骤放开外币存、贷款利率。

2003 年之前，银行定价权浮动范围只限在 30% 以内，2004 年贷款上浮范围扩大到基准利率的 1.7 倍。2004 年 10 月，贷款上浮取消封顶；下浮的幅度为基准利率的 0.9 倍，但还没有完全放开。与此同时，允许银行的存款利率都可以下浮，下不设底。逐渐扩大银行的贷款定价权和存款定价权。

随着各种票据、公司类债券的发展，特别是 OTC 市场（场外交易市场）和二级市场交易不断扩大使价格更为市场化，企业可以选择发行票据和企业债进行融资，其价格已经完全不受贷款基准利率的限制了。在企业债、金融债、商业票据方面以及货币市场交易中全部实行市场定价，对价格不再设任何限制。

2006 年 8 月，浮动范围扩大至基准利率的 0.85 倍；2008 年 10 月，进一步提升了金融机构住房抵押的自主定价权，将商业性个人住房贷款利率下限扩大到基准利率的 0.7 倍。同时，也在不断扩大商业性个人住房贷款的利率浮动范围。

（四）推动整个金融产品与服务价格体系的市场化

西方商业银行已经广泛运用的利率风险管理产品，如远期利率协议、利率期货和利率互换等，目前尚未在人民币市场广泛运用，限制了商业银行通过市场有效地管理人民币利率风险的能力。因此，管理利率风险的金融工具建设，也是利率市场化改革的重要内容。

2007 年 10 月，中国人民银行发布公告，推出远期利率协议业务。它是指交易双方约定在未来某一日期，交换协议期间内一定名义本金基础上分别以合同利率和参考利率计算的利息的金融合约。我国金融衍生产品市场发展时间不长，在远期利率协议业务推出之前，只有债券远期、利率远期两个品种。

经过20多年的改革，我国已于2013年7月20日起全面放开金融机构贷款利率管制，下一步将进一步完善存款利率市场化所需要的各项基础条件，稳妥有序地推进存款利率市场化。

利率市场化改革正处于有条不紊的推进当中，其意义和影响也是深远的，总体来说有以下几点：

1. 利率市场化改革有利于发挥市场在资源配置中的作用

在我国目前的构成经济主体中，中小企业是不可忽视的一支重要力量，无论是在国民生产值的贡献方面，还是在解决就业方面，中小企业都发挥着重要作用，它是我国国民经济的重要组成部分。但是我国现行的经济、金融政策以及银行业贷款规定主要依据所有制类型、规模大小和行业特征而制定，中小企业贷款难现象非常严重。利率市场化放开了贷款利率上限，有利于补偿银行对中小企业贷款的风险和成本，鼓励金融机构增大对中小企业的贷款支持力度，既解决了中小企业贷款难问题，又能够充分发挥市场的资源配置作用，促进经济的发展。

2. 利率市场化改革有利于保护储户利益

在我国的银行等金融机构中拥有上百万亿元的资金存款，这些存款大部分投向利润丰厚的领域，如房地产、能源等产业，受益的是银行和贷款企业，而不是资金的所有者——储户。在利率市场化下，资源得到有效配置，提供资金的储户就可以按照市场化的利率得到应得的存款利息。

3. 利率市场化引发银行业有序竞争和洗牌

从长远看，利率市场化有利于商业银行实现业务经营的自主权，有利于商业银行推出新的金融工具、产品和服务，促进银行业务的发展；有利于商业银行科学确定经营成本和制定价格，合理配置资源，提高效益，真正做到"效益性、安全性、流动性"的经营原则。当然利率市场化不可避免地会引发商业银行间的自由竞争程度，加剧了银行利率风险，因而，只有具有优秀定价能力和良好管理能力的商业银行才能够在竞争中处于不败之地，并形成更为完善的金融体系。

4. 利率市场化带来银行业传统经营模式的转变

商业银行的传统经营模式是建立在"资本垄断、法定利差、客户需求"三大天然优势基础上的。其中"法定利差"是核心，即存款和贷款之间的利差，这是银行主要的利润来源。只要能最大程度地吸收存款，银行就一定能有效益，因此银行从业人员的最大业务就是跑存款。在利率市场化下，面对更多的竞争，商业银行必须要积极改进经营模式，要依靠科学制定经营成本和制定价格；创新经营模式，推出新的金融工具、产品和服务，促进商业银行业务的发展。

目前，利率市场化已进入最后攻坚阶段，即将进入放开存款利率阶段。中央政府对利率市场化改革态度是坚决的，李克强总理在2013年的政府工作报告中就已经指出，继续推进利率市场化，扩大金融机构利率自主定价权。而作为利率市场化改革保障措施的存款保险制度已经在积极的筹划当中，预计在不长的时间内可以完善起来，利率市场化指日可待。

知识拓展

进一步推进利率市场化改革的条件

2013年7月20日起,中国人民银行决定取消金融及贷款利率0.7倍的下限,全面放开金融机构贷款利率管制,其中涉及的贷款利率下限、票据贴现利率限制、农村信用社贷款利率上限等限制一律取消。目前,中国人民银行仅对金融机构人民币存款利率实行上限管理,货币市场、债券市场利率和境内外币存款利率已实行市场化。

利率市场化改革和其他改革都有关联,为进一步推进利率市场化改革,需要培育以下条件:

第一,要有一个公平的市场竞争环境。与利率管制相比较,利率市场化以后,在利率决定中起主导作用的市场。利率市场化是在市场竞争中产生的,因此机构在正当的市场竞争条件下通过竞争来定价,有竞争和多样化的产品与服务,才会产生合理的均衡价格。

第二,要推动整个金融产品与服务价格体系的市场化。价格历来是一个体系,很多价格互相关联。如果某些价格体系是固定的,而有些价格是市场化的,企业就难以真正进行市场化定价。同样,如果利率名义上市场化了,而与中间业务相关的产品和服务定价却不放开,则会出现新的扭曲。可见,利率本身是由多种价格构成的整体,涉及很多相关金融产品和服务的价格,利率市场化需要事前对这个相互关联的定价体系进行改革。

第三,需要进一步完善货币政策传导机制。不管是在正常经济环境下,还是在危机时期,只有当中央银行货币政策得到充分有效的传导,政策意图作用于金融系统和实体经济的路径才会通畅,才能实现微观利益与宏观、整体利益的相互协调,社会效益才能最大化。

任务3 金融原生工具
Misson three

任务描述

本任务介绍了商业票据、银行票据、银行存单、信用证、股票和债券。

任务知识

一、商业票据

商业票据是在商品交易基础上产生的,用来证明交易双方债权债务关系的书面凭证。商业票据分为商业汇票和商业本票两种形式。

(一) 商业汇票

商业汇票是由债权人签发的要求债务人按照约定的期限向指定的收款人或持票人支付一定金额的无条件支付命令,往往由商品交易的卖方签发。由于商业汇票是由债权人签发的,因而必须经过承兑才具有法律效力。所谓承兑,是指在票据到期前,付款人承诺在票据到期日支付票据金额的行为。具体做法为:付款人在票据上注明"承兑"字样和承兑日期并签章。由债务人承兑的汇票称为商业承兑汇票;由银行受债务人委托承兑的汇票,称为银行承兑汇票。

(二) 商业本票

商业本票是债务人向债权人签发的,承诺在约定的期限内支付一定款项的债务凭证。商业本票是由债务人本人签发的,因此无须承兑,商业本票往往由实力雄厚、信誉卓著的大公司签发。

商业票据经过背书可以转让流通。背书是票据持有人在票据背面作转让签字的一种票据行为,背书人对票据的支付负连带责任,经过背书的票据可充当流通手段和支付手段。但商业票据的流通范围有限,尤其是商业本票,只能在彼此相互信任和了解的企业之间进行流通。未到期的经过承兑的商业票据可以向银行申请贴现,提前获得现款,扣除一定贴息后,可以获得剩余现款,但获得的现款要低于票面金额。

二、银行票据

银行票据是在银行信用的基础上,由银行承担付款义务的信用凭证。银行票据包括银行汇票、银行本票和银行支票。

(一) 银行汇票

银行汇票是银行开出的汇款凭证,由银行签发,交由汇款人自带或寄给异地收款人,凭以向指定银行兑取款项。银行汇票与商业汇票的不同点有:(1) 商业汇票由商品交易引起,而银行汇票因款项汇兑而签发,不一定与商品交易有关;(2) 商业汇票的出票人和受票人均为企业,而银行汇票的出票人和受票人都是银行;(3) 银行汇票的信誉较商业汇票的信誉高,商业汇票必须经过承兑才能生效。

(二) 银行本票

银行本票是由银行签发的,承诺自己在见票时无条件支付确定的金额给收款人或者持票人的票据。在实际操作中,一般由申请人将款项交存银行,由银行签发银行本票给申请人办理转账或支取现金。目前,我国的银行本票有定额银行本票和不定额银行本票。

(三) 银行支票

银行支票是活期存款户对其存款银行签发的,要求从其存款账户上支付一定金额给持票人或指定人的票据。支票的种类很多,常用的支票有:记载受款人姓名的记名支票和无受款人姓名的不记名支票;可付现金的现金支票和不支付现金的转账支票。存款人开出的票面金额超过其存款余额或透支限额的支票称为空头支票。

由于支票是在银行信用的基础上产生的，付款人为银行，比商业票据有更强的信用保证，且其付款金额和方式灵活，因而其流通范围比较广泛，常常作为流通手段和支付手段来使用，并可节约现金的流通。

三、银行存单

银行存单即存款单，是由银行发行，记载一定存款金额、存款期限和存款利率的信用凭证，是存款人的债权凭证。一般的存单，只代表银行与持有人的信用关系，不具有流通工具性质，即不可以作为支付手段转让。我国曾经发行过一种大额可转让定期存单，不记名，可转让，可作为流通工具使用。但随着存款实名制的实施，再加上金融工具日益多样化，支付的方式也变得多种多样，这种不记名的大额存单已逐渐退出。

四、信用证

信用证包括商业信用证和旅行信用证。商业信用证是商业银行受客户委托开出的证明客户有支付能力并保证支付的信用凭证。在国际贸易中，信用证被广泛用于货款的结算。信用证在签发时虽然银行实际上并没有给予贷款，但商业银行在承诺保证全额付款时已形成了潜在的债权债务，因而也被看作是一种商业银行授信。

旅行信用证又称货币信用证，是银行为便利旅行者出国时在国外支取款项所发行的信用凭证。旅行者在出国前，将款项交存银行，银行开给旅行者信用凭证，旅行者在旅途中就可凭信用证向指定银行领取款项。

五、股票

股票是股份有限公司发给股东证明其投资入股并拥有相应权利的凭证。股票是金融市场上的一种长期的投融资工具，其投资者即为公司的股东。股东在持有股票期间不能向公司要求退股，但可以在股票市场进行流通转让，从而收回其投资的股本和获取投资收益。

股票的种类有很多，常见的有以下几种：

（1）按照股东权益的不同，可以分为普通股和优先股。

普通股是股份有限公司发行的最基本、最重要且发行量最大的股票，也是风险最大的股票种类。在法律上有参与企业经营管理的权力、分享公司利益的权力、参加股东大会进行投票的权力等，同时也以其出资额承担公司有限的风险和责任。

优先股是相对于普通股而言的，在公司收益分配和剩余资产分配方面比普通股股票拥有某些优先权，但在参与经营管理权和投票权上受到限制的一类股票。

（2）按照有无记名，可以分为记名股票和无记名股票。

记名股票是指在股票票面以及在发行公司股东账册上登记有股东姓名、所持股份数等信息；无记名股票是指在股票票面和股东账册上都不登记股东信息。

记名股票的最大特点是在股票转让时需要变更股东信息，因此需要办理过户手续，缴纳过户费；无记名股票在转让时没有这些过程，所以手续简便，无须缴纳过户费，但丢失之后不能挂失。现今无纸化的股票交易条件下，一般都是记名股票，需要过户和缴纳过户费。

（3）按照股息是否可以积存下来，分为累积性股票和非累积性股票。

这两类股票主要是指优先股的。累积性股票是指当发行公司经营不善甚至发生亏损时，优先股股票的股息便不能满足，这时如果不能发放的股息可以累积到公司盈利足以完全付清为止；非累积性股票就是指当年所欠的优先股股利以后年度不能补给，而由股东自己承担损失。

六、债券

债券是发行者为筹措资金向投资者出具的承诺按一定利率支付利息并到期偿还本金的债权债务凭证。

债券的种类有以下几种：

（1）按照发行人不同，可以分为政府债券、公司债券和金融债券。

政府债券是政府为筹措资金而发行的债务凭证。政府债券的债务人是一国政府，其资信高，因而是比较安全、风险较小的投资工具，常被称作"金边债券"。

公司债券是企业依照法律程序发行的，约定在一定期限还本付息的有价证券，是企业向外部举债的一种债务凭证。

金融债券是银行或其他金融机构发行的债务凭证，通过发行债券增加信贷资金来源是各国银行普遍采用的一种筹资方式。

（2）按照债券发行时有无抵押担保，可以分为信用债券、抵押债券和担保债券。

信用债券是指发行人仅依靠自身的信用实力发行的债券，无须抵押品或担保人，一般金融债券和金融债券由于其发行主体信誉度较高，属于此类债券。

抵押债券是指发行人在发行债券时以其不动产或有价证券作为抵押物而发行的债券，抵押品的价值一般要超过抵押债券价值的25%～35%，且抵押品易于变现。

担保债券是指发行人在发行时由第三方（非发行方）承诺在发行人到期不能还本付息的前提下，愿意承担还本付息的债券。担保债券的担保方一般是由信用强于发行人的银行、非银行金融机构以及发行者的主管部门来担当，也有极个别的由政府做担保。

（3）债券的创新品种有可转换债券和分离交易可转债。

可转换债券是发行人依照法定程序发行，在一定期限内依据约定的条件可以转换成发行公司股票的债券。我国股份有限公司发行的可转债一般在发行六个月后可以选择转换成股票。可转债具有债权和期权的双重属性，其持有人可以选择持有债券到期，获得利息并到期收回本金；也可以选择在约定的时间内将债券转换成股票，享受股利分配或资本增值。

分离交易可转债的全称是"认股权和债券分离交易的可转换公司债券"，它是债券和股票的混合融资品种。这种债券包括两部分：一是可转换债券，二是股票权证。可转换债券是上市公司发行的一种特殊债券，债券在发行时规定了到期转换价格，债权人可以根据市场行情把债券转换成股票，也可以把债券持有到期归还本金并获得利息。股票权证是指在未来规定的期限内，按照规定的协议价格买卖股票的选择权证明。该债券也可以理解成"买债券送权证"的创新品种。

知识拓展

中国证券市场发展史

上海证券交易所、深圳证券交易所的成立标志着我国证券市场开始发展。1990年12月

19 日，上海证券交易所开业；1991 年 7 月 3 日，深圳证券交易所正式开业。

中国证券市场作为一个新兴的高速成长的证券市场，在短短十几年的时间里取得了举世瞩目的成就。上海证券交易所、深圳证券交易所的交易和结算网络覆盖了全国各地。证券市场交易技术手段处于世界先进水平，法规体系逐步完善。全国统一的证券监管体制也已经建立。证券市场在促进国有企业改革、推动我国经济结构调整和技术进步方面发挥了突出的作用。

中国证券市场是在"摸着石头过河"中起步的，经过多年努力，逐步走上了规范化和有序化的发展轨道，目前，我国发行上市的证券品种已涵盖了股票（A 股、B 股、H 股、N 股）及其存托凭证、证券投资基金（封闭式证券投资基金、上市开放式基金、交易型开放式指数基金、开放式证券投资基金）、债券（国债、公司债券、金融债券、可转换公司债券）、权证（认购权证、认沽权证）、资产支持证券（专项资产收益计划、收费资产支持受益凭证）等。资本市场为推进传统产业升级换代、促进生产力的迅速提高开辟了更为多样的直接融资渠道。

中国证券市场从 1870 年至今已有 120 多年的历史，经历了三个时期：1870—1949 年的香港、上海、天津、北平的证券市场，1950—1980 年的天津、北京、香港、台湾证券市场，1981 年至今的上海、深圳、香港、台湾证券市场，形成了中国证券市场发展的三个阶段。1882 年上海初步形成了证券市场，华商组织了上海"平准股票公司"，外商组织了"股票掮客公会"，这是中国出现的最早的专门从事股票交易的机构。

1870—1949 年的中国证券市场

中国历史上最早出现的股票是洋人发行的。1840 年鸦片战争后，外商开始在中国兴办工商企业并开始发行股票。最早在中国设立股份银行的是英国汇丰银行，1865 年 3 月 3 日在香港设立总行，4 月在上海设立分行，1870 年前后中国出现了买卖外商股票的经纪人。与此同时，在清朝洋务运动的推动下也出现了中国人自己开办的股份有限公司和中国人自己发行的股票，具有代表性的是李鸿章的轮船招商局发行的股票。

1949 年以前中国有香港、上海、天津、北平四个证券市场。香港是开业最早的证券市场，1891 年香港股票经纪协会成立，1914 年易名为香港证券交易所。1921 年建立了第二个证券交易所。1941 年香港被日军占领，这两个交易所停止活动。1947 年两个交易所合并，成立了香港证券交易所有限公司。实际上，香港从 1866 年开始股票买卖到 1947 年香港香港证券交易所成立这一阶段，市场规模很小。1949 年内地（特别是上海、广东）的企业人士移香港，带来较多的资金，才使香港证券市场有了暂短的起色。香港市场的发展是在 1960 年以后。

1950—1980 年的中国证券市场

1949 年 1 月天津解放，天津军管会接收和清理了原国民党时期的证券交易所，并在此基础上成立了天津证券交易所，该所于 1949 年 6 月正式营业，成为新中国的第一个证券交易所。1950 年 2 月 1 日北京证券交易所成立。这两家交易所在解放初期对融通社会资金、恢复生产起了积极作用。

香港证券市场是 1949 年以后一部分内地资金的转入才逐步发展起来的，但市场狭小，1967 年 8 月 31 日恒生指数曾降至 58.61 点，香港证券交易所曾两次停市 10 天。但是特殊的地理位置使香港发展为东南亚的金融中心，港英当局和中外财团的投资迅速增长。1972年香港四个证券交易所上市的股票190种，当年上市的就有98种，成交额达到43.397亿港元，是1969年的70多倍。随后香港股市又经历了1973年和1982年的两次暴跌。

1980—1997年的中国证券市场

20世纪80—90年代最引人注目的是深圳、上海证券市场的建立和发展。中国境内形成了深圳、上海、香港、台湾四个证券市场。1981年中国政府开始发行国库券，1984年7月北京天桥股份有限公司和上海飞乐音响股份有限公司经中国人民银行批准向社会公开发行股票。这是1979年改革开放以来证券市场发展的初级阶段。到1989年全国发行股票的企业达到6 000家，累计人民币35亿元。

1992年5月上海和深圳相继开放股价，同时在两个交易所进行规范化的场内交易，两地综合指数分别达到1 429点和312点，到11月又分别回落到386点和164点。到1995年年底在沪深证券市场上市的证券达到460个，全年累计成交额64 097亿元。1996年年初沪深股市指数在522点和104点徘徊，但是随着宏观经济的好转和1997年香港回归以及中国共产党第十五大次代表大会即将召开，两市指数迅速上升，到12月11日和12日分别达到1 258点（30指数3 064点）和476点（成分指数4 522点）。

1997年至今的中国证券市场

最近的几年，中国IPO市场一直占据全球首位。这导致在市场增量资金不足的背景下，A股市场面临着较大的供求压力。2012年以来，在市场环境不佳等因素的作用下，整个市场的融资节奏明显慢于2011年。同处变幻不定的国际经济形势，A股市场位居全球股市跌幅榜的前列，与中国股市自身发展中的先天不足不无关系。

我国资本市场结构不够合理，优化资源配置的功能没有充分发挥，市场约束机制不强，市场运行的体制和机制还存在"短板"，都需要资本市场自身作出相应的完善和调整。A股市场的持续低迷，可以视为这种调整和改革的"阵痛"。资本市场的成熟和完善必将经历一个艰难的过程。以6 124点为代表的2007年的高点实际上是过去20年以投资驱动增长模式宣告结束的一个标志，2008年年底至2009年8月初的小牛市是传统经济增长方式"回光返照"的体现，而2009年8月以来市场不断回落，则是传统经济增长方式继续挣扎与新的经济增长点模糊的集中体现，市场持续回落更多地体现了对中国经济增长的中长期变化趋势的忧虑。

任务4 金融衍生工具
Misson four

任务描述

本任务介绍了衍生金融工具的特点、种类以及交易方法。

一、金融衍生工具概述

金融衍生工具是指以原生金融工具为基础而创造出来的虚拟金融工具。20世纪80年代以来，西方国家的政府纷纷放松金融管制，出现了金融体系自由化的趋势，再加上计算机和电信技术的发展，金融衍生工具市场迅速发展起来。

金融衍生工具产生的另外一个条件是金融创新。金融创新的主要动力是风险转嫁和规避监管。经济活动日益复杂使其结果变得难以预料，商业银行、投资银行和大公司都需要某种新型的金融工具以便使其以很小的代价锁定自己的收益，各种金融衍生工具便应运而生。

金融衍生工具具有如下基本特征：

1. 跨期交易

首先是对价格因素变动趋势进行预测，然后约定在未来某一时间按照某一条件进行交易或选择是否交易的合约，涉及金融资产的跨期转移。

2. 杠杆效应

支付少量的保证金或权利金就可以签订大额远期合约或互换不同金融工具。例如，期货交易保证金为合约金额的5%，则可以控制20倍于所投资金额的合约资产，实现以小博大。

3. 不确定性和高风险

金融工具的不确定性、交易双方违约的信贷风险、因价格变动的市场风险、因缺乏交易对手而不能平仓或变现的流动性风险、因人为错误或系统故障或控制失灵的运作风险等，都反映出金融衍生工具具有高风险。

4. 套期保值和投机套利共存

套期保值是由于在现货市场上存在可预见的风险而在期货市场上作相反的操作，以期达到保值增值；投机套利则摒弃了现货市场的实际交易，只是单纯地利用相关市场或相关合约的价差变化，进行相反交易，以期价差发生有利变化而获利的交易行为。在金融衍生工具市场上，这两种行为"相互利用"，才使得金融衍生工具轻易得以生存和繁衍。

二、期权交易

金融期权交易又称选择权交易，实际上它是一种权利的买卖行为。即金融期权的买方向期权卖方支付一定费用（期权费）后，获得在合约的有效期内按合约规定的协定价格向期权卖方购买或出售合约规定数量的金融产品，或放弃合约履行的权利。

金融期权对买方来说是一种权利，而不是义务，如果在协议期内买方认为行使这种权利对自己不利，也可以放弃这种权利，买方损失期权费。如超过金融期权合约有效期，合约失效，买方的权利也随之作废。

（一）金融期权的类型

（1）按执行期权的时间，分为欧式期权和美式期权。

欧式期权是指期权的买方只能在期权合约到期日，向对方宣布决定执行或不执行期权合约，既不能提前，也不能推迟；美式期权是指期权的买方可在期权合约到期日之前的任何一个营业日，向对方宣布决定执行或不执行期权合约。美式期权较欧式期权更为灵活，故买方支付的期权费也较高。

（2）按期权交易的性质，分为看涨期权和看跌期权。

看涨期权又称买进期权或多头期权，指期权的买方预计某种金融产品价格未来将会上涨而向期权卖方支付一定的期权费后，在合约有效期内，如判断正确，则按协议价格买入该项资产并以市价出售，可赚取市价与协议价的差价，如果判断失误，则放弃合约执行的权利，损失期权费。

看跌期权又称卖出期权或空头期权，指期权的购买者预计某种金融产品价格未来将会下跌，如果判断正确，在未来可从市场上以较低的价格买进再按协议价格卖给期权的卖方，可赚取协议价与市价的差价；如果判断失误，则放弃合约执行的权利，损失期权费。

（3）按期权合约的标的资产，分为外汇期权、利率期权、股票期权和股票价格指数期权等。

外汇期权也称货币期权，是指期权合约的买方在向卖方支付一定的期权费后，获得在未来约定日期或一定时间内，按照合约规定的汇率买进或卖出一定外汇资产的选择权。

利率期权是指期权合约的买方向卖方支付一定的期权费后，获得在合约有效期内按照协议价格买入或卖出一定数量的债权债务凭证或利率期货合约的选择权。利率期权是一种与利率变化挂钩的期权，在合约有效期内，期权买方按照协议约定的利率，按一定的期限借入或贷出一定金额的货币，这样当市场利率向不利方向变化时，买方可固定其利率水平；当市场利率向有利方向变化时，买方可获得利率变化的好处。

股票期权是指期权合约的买方在向卖方支付了一定的期权费后，获得在规定的时间内按协议价格购买或出售一定数量股票的选择权。与其他期权一样，股票期权也分为看涨期权（买入期权）和看跌期权（卖出期权），可运用于套期保值或投机。

股票价格指数期权也称为股指期权，是指期权合约的买方向卖方支付一定的期权费后，获得在期权合约的有效期内按双方规定的协定价格买入或卖出一定数量股票价格指数合约的选择权。股票价格指数期货是以股票价格指数为标的物，买方在支付了期权费后即取得在合约有效期内或到期时以协议指数与市场实际指数进行盈亏结算的权利。由于股指期权没有实际可交割的股票，因此只能采取现金轧差的方式进行结算。

（二）金融期权交易的优越性

（1）投资少，利得收益大：期权交易方式不需投入大量的资金，只需要交付规定的期权费用。在投资过程中，只要对市场行情判断准确，即可获得丰厚的利得收入。

（2）风险损失小：在期权交易中，投资行为发生以后，如果市场行情的变化与预期判断相反，投资者的损失也只限于期权费，不会超过期权费造成别的损失。但这是对于期权合约的买方而言，对期权卖方来说，因为只有被动地接受期权的买方的执行或不执行，所以收益有限，而损失无限。

（3）交易时间的限制使风险程度降低：期权交易投资双方要受时间限制，协议期限到期时未发生交易的，过期作废，交易商收取期权费。同时由于交易时间的限制，避免了市场交易行情变化的延续，使市场交易风险程度降低。

三、期货交易

金融期货交易是指交易双方在期货交易所买卖期货合约的交易行为。期货交易合约是标准化合约，即每种期货交易合约对其所交易的品名、等级、交易额、交货期及交货地点都有统一的规定，只有交易价格由交易双方议定。这种交易方式由于实际交割要在以后进行（1个月、3个月、6个月等），对于购买方来说，在实际交割日期到来之前，可以卖出与原交割日期相同的远期证券；对于卖方来说，也可以在实际交割日期到来之前，买进与原交割日期相同的远期证券。但对于买卖双方来讲，都要承担相应的义务，即买方有到期买进的义务，卖方有到期卖出的义务，而不管交割时的价格高低，交易者是否存在实际的亏本或盈利。由于买卖双方在此之前都有可能存在相反交易的合约，因而实际交割只对买进和卖出的差价或卖出和买进的差价进行交割清算。

（一）期货交易的方法

多头交易和空头交易是期货交易中最常见的两种交易方法。证券的买卖双方在进行期货交易订立契约时，双方当事人手中均无须持有证券或现款，只需向证券交易所交纳与成交额一定比例计取的保证金即可。因此，在交易过程中，往往又称为买空和卖空。

1. 多头交易

多头交易是指交易者先买后卖，期盼在未来某期限内价格上涨，并从中获利的行为。可见，做多头买卖的交易者，往往是出于对未来某一期限到期时证券价格上涨的预测，通过价格上涨因素从中赚取价差收入。

2. 空头交易

空头交易是指交易者先卖后买，期盼在未来某期限内价格下跌，从中赚取价差的交易行为。这种交易是交易者对某种证券价格下跌趋势预测以后做出的。

多头买卖与空头买卖交易对未来市场的看法相反，但两者的目的是相同的，都是为了赚取价差而进行的交易。但是，其交易结果不能两全，有赚有赔是经常发生的事，对于多头和空头的交易者来说，只有对未来市场的变化做出合理的判断，才能立于不败之地。

（二）期货交易的参与者

1. 套期保值者

所谓套期保值，是指在买进或卖出证券的同时，在期货市场卖出或买进同等数量的期货合同。参与套期保值交易的行为人做套期保值交易的目的在于：在期货到期后，在现货市场上因证券价格的变动所造成的亏损可有在期货合同交易商所带来的盈利得到弥补。

2. 投机者

投机者对待风险的态度与套期保值者完全不同。套期保值者是利用期货交易，保障不因价格变动而蒙受损失；投机者则利用期货市场来牟取暴利，因而愿意承担价格变动的风险。如果投机者认为未来某时期内某种证券价格将下跌，那么他将卖出该种证券，等该种证券价格实际下跌时，再买进该种证券；如果投机者认为某种证券价格在未来某期内将上涨，那么他就要先买进该种证券，等到该证券实际交易价格上涨后再卖出，从中赚取差价。

(三)期货交易的类型

1. 外汇期货

外汇期货也称货币期货,是指在有形的交易市场,通过结算所的下属成员清算公司或经纪人,根据成交单位、交割时间标准化的原则,按固定价格购买与出卖远期外汇的一种交易。外汇合同到期时,外汇期货的交易者可以根据合同要求进行交割,也可做出一个与合同方向相反的合同来冲销原合同的权利和义务。

2. 利率期货

利率期货是指买卖双方按照事先约定的价格在期货交易所买进或卖出某种价格的有息资产,而在未来一定时期内进行交割的一种金融业务,它可以回避银行利率波动所引起的证券价格变动的风险。

3. 股票价格指数期货

股票价格指数期货简称股指期货,是指以股票指数为标的物的期货,双方交易的是一定期限后的股票价格指数水平,通过现金结算差价来进行交割。

四、互换业务

金融衍生工具中的互换业务主要是指利率互换和货币互换。

(一)利率互换

利率互换是指交易双方在一定时期内以一定的本金作为计算基础,按事先商定的方法交换各自的利息支付义务,以降低融资成本,规避利率风险或投机套利。

例如,A公司信用等级为AAA,B公司信用等级为BBB。A公司可在市场以固定利率14%或浮动利率12%的条件借到资金,B公司以固定利率17%或浮动利率13%的条件借到资金。现A公司筹借到以固定利率14%计息的贷款,B公司筹借到以浮动利率13%计息的贷款,为了优势互补,降低融资成本,减少利率风险。A公司与B公司商定:B公司除承担A公司贷款利息的3%外,还承担A公司固定利率的利息;A公司支付B公司浮动利率的利息。这样,利率互换的结果是:

A公司实际负担利率:14%-3%=11%(浮动利率)

B公司实际负担利率:13%+3%=16%(固定利率)

A公司与B公司均达到融资成本降低的目的。

(二)货币互换

货币互换是指交易双方按固定汇率在期初交换两种不同货币的本金,并按预约日期进行利息和本金的分期互换。双方可以议定本金的互换是名义上的互换,可不实际转手。

例如,某英国公司由于美元利率较低而发行一笔10年期的美元债券。为防范以美元还本付息的汇率风险,该公司通过银行互换中介,与另一需要将英镑债务调换成美元债务的美国某公司做货币互换交易,到期时换回本金。这笔英镑与美元互换的交易程序如下:

(1)英国公司按即期汇率以美元换取美国公司的英镑资金,两个公司各自获得本币资金，实际上等于各自结了一笔本币债务，可避免届时汇率变动遭受外汇风险。

（2）货币互换交易期间，英国公司向银行支付固定利率的英镑利息，同时从银行收取相应固定利率的美元利息；银行则向美国公司支付固定利率的英镑利息，同时收取固定利率的美元利息。

（3）在交易到期日，英国公司以英镑本金从银行换回美元本金，还给美国的美元债券投资者；美国公司则以美元从银行换回英镑本金。

在这种货币互换交易中，交易双方实际进行两次本金互换，一次是即期互换，另一次是远期互换。货币互换可以降低筹资成本，减少汇率与利率风险。

知识拓展

金融衍生工具的产生与发展

1865年，芝加哥谷物交易所推出了一种被称为"期货合约"的标准化协议，取代1851年以来沿用的远期合同，成为人类历史上最早开发出来的金融衍生品。期货市场早期的参与者，主要是以对冲远期风险为目的的套期保值者。事实上，以期货、期权、远期、互换等为代表的金融衍生品，已经成为能够有效管理和降低市场参与者风险的工具。

在金融衍生品150年的发展历程中，美国一直是"领头羊"，在这里有最广泛的市场和最尖端的技术。我国的金融业正处在蓬勃发展期，而金融衍生品市场的发展速度则明显滞后，主要表现在三个方面：金融衍生产品本身、金融衍生品市场监管、行业自律和规范。目前国内的金融衍生品产品种类虽然正在逐步增加，但是和欧美以及中国香港等发达国家或地区相比还是不可同日而语的。在成熟的金融市场体系中，衍生品的种类和数量往往应该远超过股票、债券等金融产品，而我国在这方面还有很长的路要走，不仅品种较少，而且产品同质化比较严重，这样就更限制了产品应用领域的拓展。而金融衍生品的本质是为了分散风险，为投资者服务，由此可见，只有对金融衍生品不断地深入研究与创新拓展，才能逐步满足广大投资者的投资需求。

案例分析

资产证券化与金融危机

资产证券化是指企业单位或金融机构将其能产生现金收益的资产加以组合，然后发行成证券，出售给有兴趣的投资人，企业单位或金融机构借此过程向投资人筹措资金。以美国住宅抵押贷款证券化的主要产品——转付证券——为例，这是一种固定收益证券，代表一个抵押贷款资产组合中的权益。抵押贷款服务商负责向贷款人每月收取还款，然后将款项转付给这种证券的持有人。共有五笔房屋贷款组合成一个贷款池，假设每一贷款面额皆为20万美元。将五笔贷款汇集起来，贷款组合总面额为100万美元，若重新包装后发行40个单位的证券，则每单位面额为2.5万美元，每期收取贷款组合总现金流量的1/40。如此将许多具有相似贷款条件的个别住宅抵押贷款包装成抵押贷款组合，并经由相关的信用增强程序后，以股份权益方式分售给投资人，即是资产证券化的典型程序。

资产证券化虽然可以在资产融通的同时带来大量利润，但是随之而来的各种风险却因此而被人忽视。再以住宅抵押贷款转付证券为例，面临的风险主要来自以下几个方面。

1. 借贷人违约

这是最大的问题。一方面导致了所有债权无法偿还，同时引发连锁效应，使得下游的金融衍生品一并受到影响。因此，应厘清是住宅抵押贷款出售人还是住宅抵押贷款证券投资人承担违约风险。

2. 现金流量不稳定的问题

有两种情况可能导致现金流量不稳定，在经济环境好的情况下，借贷人提前偿还本金；而在经济环境糟糕的情况下，借款人可能拖欠利息甚至本金。无论哪一种情况出现，都是投资者不愿意看见的，将导致其现金收入极不稳定，也违背了资产证券化的原意。

美国次级贷款危机于2007年春初露端倪，2007年夏开始爆发，2008年秋全面恶化。危机由次级贷款抵押产品开始，迅速蔓延到非抵押产品领域，并冲击整个金融市场，危机使发达国家最具创新力的投资银行等金融机构率先溃败。两个独立投资银行的巨人高盛和摩根斯坦利转变为银行控股公司。在金融全球化大背景下，危机引发了世界性的金融动荡。由于结构性交易和衍生产品的大量运用，人们几乎无法从根本上了解风险的真实状况，传统的资产负债表和风险计量、管控技术显得苍白无力，需要空前的救助力度和应对措施。此次金融危机产生的原因如下：

（1）盲目追求现金流。由于房地产市场的持续升温，越来越多的投资者参与进来，普通的贷款者已经不能满足资金的需求。于是，贷款机构提供大量低首付甚至零首付的贷款，以求更多的资金进入。

（2）将客户盲目扩大到低收入人群。这些人往往承受能力较差，难以提供稳定而长期的现金流，投资银行再将这些贷款购买，留下了大量的隐患和风险。

（3）在信用增强的过程中，并没有遵循降低风险的基本原则。在信用增强的过程中，并没有遵循降低风险的基本原则。其目的完全变成了增加资产价值，而忽视风险。优点在于，一方面，提升了次级债的信用等级，因为次级债如果控制在一定比例，对整个资产池的影响并不大；另一方面，将整个资产池的价值大大提升。但在这次危机中，一是次级债的比例过大，二是资产池被反复组合，引起一系列连锁反应。

（4）违反证券制作的原则。在证券销售的过程中，制作金融衍生品时层层包装，使得危机来临前毫无察觉，危机到来时又极度恐慌。为了回笼资金，进入下一个房贷循环，金融机构往往设计出令人眼花缭乱的金融产品。于是，次级债危机的演化，按照"住房贷款—MBS—CDO—CDS"的金融产品链条循环膨胀。投行在购买MBS抵押支持债券后，通过结构化处理从中发展出ABS资产支持证券，又从ABS中衍生出CDO担保债务凭证。为了对冲风险，设计出能够对冲低质量档次CDO风险的衍生工具CDS信用违约互换。然而，一旦大批贷款者无力偿还贷款，这些衍生工具就会失去资金来源，从而引发骨牌效应。

思考题：金融衍生工具有什么特点？金融危机与金融衍生工具有什么联系？

项目小结

任务	任务知识点	知识内容
信用	概述	信用的含义及其存在的基础
	信用的发展、地位及作用	信用随着经济社会的发展，日益突出地位和作用
	现代信用形式	商业信用、银行信用、国家信用、消费信用和国际信用
利息与利息率	利息的起源	利息的本质及理论支持
	利息率及其种类	利息率的定义；按不同角度划分的利息率种类
	影响利息率的因素	平均利润率；货币资金供求状况；国家经济政策；国际市场利率水平
	利息的计算	单利的计算；复利的计算
	我国利率市场化进程	进程描述；利率市场化改革的作用
原生金融工具	商业票据	商业汇票；商业本票 职能：信用中介、支付中介、信用创造、金融服务 组织形式——单一银行制、总分行制、银行持股公司制、连锁银行制、跨国银行制 经营原则：安全性、流动性、盈利性
	银行票据	银行汇票、银行本票、银行支票
	银行存单	定义、特点，举例
	信用证	定义、特点及其作用
	股票	定义及种类的划分
	债券	定义及种类的划分
衍生金融工具	概述	概念、特点；产生的条件；基本特征
	金融期权	特点；主要类型；优越性
	金融期货	交易的方法；交易的参与者；交易的类型
	互换业务	利率互换；货币互换

职业能力训练

一、单选题（每题只有一个正确答案）

1. 现代信用制度的基础是（ ）。
A. 高利贷信用   B. 国家信用   C. 商业信用   D. 银行信用

2. 利率按照是否为中央银行制定，划分为（ ）。
A. 固定利率与浮动利率   B. 名义利率与实际利率
C. 市场利率与管理利率   D. 市场利率与其他利率

3. "金边债券"是指（ ）。
A. 金融债券   B. 政府债券   C. 企业债券   D. 抵押债券

4. 下列哪一项不是金融期权交易的优越性？（ ）

A. 投资少、收益大　　　　　　　　B. 风险不可控性
C. 损失小　　　　　　　　　　　　D. 交易时间的限制使风险程度降低

5. 在交易双方的合约中规定，在未来某一确定时间以约定价格购买或出售一定数量的某种资产的衍生金融工具是（　　）。

A. 金融期货　　B. 互换业务　　C. 金融期权　　D. 远期合约

二、多选题（每题至少有两个正确答案）

1. 零存整取定期储蓄存款的存期分为（　　）。

A. 一年期　　B. 两年期　　C. 三年期　　D. 五年期

2. 关于名义利率和实际利率，下列说法中正确的是（　　）。

A. 名义利率包含了通货膨胀的因素
B. 名义利率扣除通货膨胀率即为实际利率
C. 通常在实际操作中可控制的是实际利率
D. 实际利率可以调节借贷双方的经济行为

3. 记名股票在转让时，需要（　　）。

A. 挂失　　　　　　　　　　　　　B. 办理过户手续
C. 缴纳过户费　　　　　　　　　　D. 上市公司支付股利

4. 金融衍生工具的特点有（　　）。

A. 跨期交易　　　　　　　　　　　B. 杠杆效应
C. 高风险性　　　　　　　　　　　D. 套期保值与投机套利共存

5. 信用是一种借贷行为，其特点有（　　）。

A. 信用是以还本付息为条件的借贷行为　B. 信用反映的是债权债务关系
C. 债权人仅为金融机构　　　　　　　　D. 信用提供形式仅为货币资金
E. 信用以相互信任为基础

三、案例分析题（不定项选择题）

20世纪80年代以来，国际金融市场最重要的创新便是金融衍生品市场的发展。最早出现的是简单的衍生品，如远期、期货、期权、互换等，随后出现了多种复杂产品。20世纪90年代信用衍生品的出现，将金融衍生品市场的发展推向新的阶段。在2007年爆发的美国次贷危机中，信用衍生品如信用违约互换（CDS）的无序发展对危机的蔓延和恶化起到了推波助澜的作用，其负面效应也开始被意识到。为此，各国政府正在探索更有力的监管措施，以促进金融衍生品市场更平稳、有效运行。

1. 金融衍生品区别于传统金融工具的特征是（　　）。

A. 杠杆比率高　　　　　　　　　　B. 主要用于套期保值
C. 高风险性　　　　　　　　　　　D. 全球化程度高

2. 与远期合约相比，期货合约的特点是（　　）。

A. 合约的规模更大　　　　　　　　B. 交易大多在有组织的交易所进行
C. 投机性更强　　　　　　　　　　D. 合约的内容标准化

3. 信用违约互换作为最常用的信用衍生品，当约定的信用事件发生时，导致的结果是（　　）。

A. 由卖方向买方赔偿，金额相当于合约中基础资产面值

B. 由买方向卖方赔偿，金额相当于合约中基础资产面值
C. 由卖方向买方赔偿因信用事件所导致的基础资产面值的损失部分
D. 由买方向卖方赔偿因信用事件所导致的基础资产面值的损失部分
4. 信用违约互换市场在美国次贷危机中暴露出来的缺陷有（　　）。
A. 同时在交易所和柜台进行交易　　　B. 缺乏监管
C. 市场操作不透明　　　　　　　　　D. 没有统一的清算报价系统

项目综合实训

我国金融工具的运用现状

1. 任务目标

掌握目前金融工具的运用情况和我国的金融工具。

2. 任务描述

（1）联系银行、证券公司等金融机构进行尽职调查。
（2）写一篇关于我国金融工具发展现状的文章，字数 3 000 字左右。

3. 任务准备

提前上网及查找最新金融杂志，获得最新金融工具的相关信息。

4. 任务步骤

（1）由任课老师布置任务，学生分组进行；
（2）学生运用图书馆资料及互联网查找相关信息；
（3）学生与银行等金融机构相关人员咨询调查；
（4）小组内分析讨论，形成文字。

5. 任务成果

使学生开阔视野，增长见识，达到任务目标。

项目五
经济政策

知识目标

1. 了解宏观经济运行情况和宏观经济政策的类型、我国财政政策和货币政策的使用情况。
2. 掌握财政政策和货币政策的基本概念,宏观经济政策的基本目标。
3. 理解货币政策与财政政策的配合。

能力目标

1. 能够运用经济政策理论对经济现象进行简单分析。
2. 能够分析货币政策三大工具对经济的影响效果。

导入案例

2015 年政府稳增长意愿日益强烈

过去 14 个月,解决企业融资难、融资贵的议题,9 次出现在国务院常务会上。2015 年全国两会,官方、企业,以及学院派代表、委员,亦携提案而来。会场内外,一系列政策渐显雏形。两个问题悬而未决:货币政策传导机制不畅,还是无效需求不断放大?金融创新工具异化,还是市场自然选择?

最近的两次降息、一次降准的力度、频率是超出市场预期的,表明定向调控难以达到稳增长的要求。因此,经济政策变化背后反映了中央政府对经济形势的基本判断。目前政府稳增长的意愿日益强烈,如果不采取这样的措施,那么经济可能会进一步下滑。

项目五 经济政策

2014年下半年以来的A股牛市，与流动性因素息息相关。流动性引导着货币政策的不时变动，也牵动着投资者的心——2014年11月以来几个月时间，央行已有两次降息、一次降准，超出市场原先的预期。

"国内生产总值增长7%左右"、"积极的财政政策要加力增效"、"稳健的货币政策要松紧适度"……政府工作报告相关描述简洁、直接，在目前宏观经济背景下，如何理解国家的货币政策变化？

第一创业证券首席经济学家、中国社会科学院金融研究所货币理论与货币政策研究室主任彭兴韵认为，在最新的政府工作报告中，将目标经济增长率从原来的7.5%左右下调到7%左右，反映了政府在经济增长目标上"适应新常态"政府下调目标增长率，既是因为有底气，又是经济新常态的客观要求。

从新一届政府成立以来对于货币政策或宏观调控的表述能看出变化端倪。最早国务院强调的是"不刺激"，后来是转向了"微刺激"，以及"滴灌"。

2014年9月份之前央行的货币政策侧重于定向调控，之后则采取了总量放松的政策取向，表明货币政策操作策略出现了从"滴灌"转向"小水漫灌"策略的转变。

思考：政府通过什么手段来调整经济？

任务1 财政政策
Misson one

任务描述

本节介绍了财政政策的含义、类型、目标、工具，以及财政政策的调控原理。

任务知识

一、财政政策的含义

财政政策是宏观调控的重要组成部分，是国家运用财政这一手段调节和控制国民经济，从而实现预期发展目标的措施的总称。在现代市场经济中，市场机制在资源配置中发挥基础性作用，政府宏观调控则在市场失灵的领域发挥作用，并为市场机制有效运行营造良好的环境。

财政政策的实施主要是由政府根据一定时期政治、经济、社会发展的任务而规定的财政工作的指导原则，通过财政支出与税收政策来调节总需求。增加财政支出可以刺激总需求，从而增加国民收入；反之，则压抑总需求，减少国民收入。税收对国民收入是一种收缩性力量，因此，增加政府税收，可以抑制总需求从而减少国民收入；反之，则刺激总需求增加国民收入。财政政策是政府整个经济政策的组成部分，与其他经济政策有

245

着密切的联系。财政政策的制定和执行，要有金融政策、产业政策、收入分配政策等其他经济政策的协调配合。

小 贴 士

1. 社会总需求

社会总需求是指一定时期内通过各种渠道形成的对产品和劳务的购买力，包括国内支付力和国外支付力（商品和劳务出口）。

2. 社会总供给

社会总供给是指一定时期内可以提供给社会的商品和劳务总量。它包括两部分：（1）国内生产部分，即国内生产总值；（2）进口的商品和劳务总值。

3. 两者之间的关系

总供给与总需求的关系是整个国民经济的生产、分配、流通、消费等方面各种比例关系变化及其相互关系的综合反映。通过对社会总供给和总需求的总量测算与分析，可以从总体上描述国民经济的运行状况及其主要联系，描述社会再生产条件下实现经济循环的过程和结果，为研究经济发展，制定和采取相应的调控措施提供基本依据。

二、财政政策的类型

1. 按照财政政策对经济的影响分类

按照财政政策对经济的影响，分为扩张性财政政策、紧缩性财政政策和中性财政政策。

扩张性财政政策是指通过减税或扩大财政支出，扩大赤字刺激需求，从而拉动经济增长；紧缩性财政政策是指通过增税或减少财政支出来抑制需求；中性财政政策是指保持财政收支平衡，促进经济稳中有升。

2. 按照财政政策手段分类

按照财政政策手段，财政政策可分为税收政策、公债政策、投资政策、补贴政策、公共支出政策、预算政策等。

3. 按照财政政策具有调节经济周期的作用分类

按照财政政策具有调节经济周期的作用，财政政策包括自动稳定的财政政策和相机抉择的财政政策。

（1）自动稳定的财政政策又称为内在稳定的财政政策，是指在国民经济中无须经常变动政府政策，随着经济的周期性的波动，税收和一些政府支出自动发生增减变化，从而起到稳定经济的作用的因素。如累进个人所得税、失业救济金、社会救助计划等，这些因素能自动发挥作用，调节经济，无须政府作出任何决策。例如，经济萧条时，个人的收入和公司利润都要减少，政府的所得税收入就会自动减少，从而消费和投资相对增加；同时，随着失业人数的增加，政府失业救济金的支出必然要增加，又将刺激个人消费和促进投资。

但是这种自动稳定的作用通常比较有限，只能减轻萧条或通胀的程度，并不能从根本上改变萧条和通胀的总趋势，只能对财政政策起到自动配合的作用，因而仍需要政府有意识地运用财政政策来调节经济。

（2）相机抉择的财政政策又称为补偿性财政政策、逆经济风向的财政政策，是相对于自动稳定的财政政策而言的，是指政府根据经济总需求和总供给的现实情况，灵活改变税收和财政支出，以实现总供求平衡、熨平经济波动的目标，是政府对经济运行的有意识干预。

三、财政政策工具

（一）财政政策工具及其作用方式

财政政策是政府宏观调控的重要手段，主要是通过预算、税收、补贴、投资、公债、转移支付等工具，发挥优化资源配置、调节收入分配、稳定经济等方面的功能。

财政政策工具也称财政政策手段，是指国家为实现一定财政政策目标而采取的措施。具体措施如下：

1. 国家预算

国家预算是国家通过预算形式加以运用的财政政策工具。运用国家预算实现财政政策目标是通过以下几个方面进行的：一是确定预算收支规模和收支差额；二是调整和变动预算支出结构；三是预算本身的设计与编制方式。如复式预算较单式预算更能明确反映和贯彻财政政策目标，更具有政策工具的特征。

2. 税收

税收调节具有广泛性、整体性等特点。其调节可以通过调整税种、征税范围、税率、税收优惠措施等，从而影响生产者或消费者改变生产或消费行为。

3. 公债

公债作为组织财政收入的一种辅助手段，其信誉高、安全性高的特点使得其在调节经济活动、实现政策目标方面起着其他手段不能替代的作用，可以调节国民收入使用结构及流通中的货币。

4. 财政投资

国家安排的财政预算内投资具有针对性强、作用直接、政策性强等特点。财政投资在国民收入分配格局中已发生重大变化，投资主体多元化、投资决策分散化，对协调全社会的资金使用、提高资金的总体使用效益具有特别重要的意义，将直接增加社会总需求，影响产业结构。

5. 财政补贴

财政补贴是与价格、工资等分配手段相配合发生作用的，具有调节灵活的特点。

6. 公共支出

公共支出是国家在预算中安排的行政、国防、社会事业等支出的总称。公共支出对国民经济和社会发展有着长期的、潜在的重要作用，且支出刚性较强，可以调节生产和消费、产业结构、收入分配等，对经济和社会全局构成重大影响。

以上这些财政政策工具的作用如图2-5-1所示。

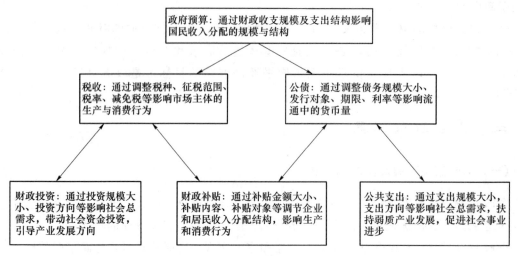

图 2-5-1

(二) 财政政策的调控原理

财政政策在实际的运用中综合运用各种财政工具，发挥稳定经济、优化资源配置、调节收入分配等方面的职能作用。财政政策的运用并不是直接干预经济发展的，政府实施宏观调控必须尊重市场经济的原则和规律，充分发挥市场机制配置资源的基础性作用，调控的目的主要是弥补市场机制的不足或失灵。在实践中，我国逐步由采用行政手段干预经济转向通过产业政策、财政政策、货币政策等经济手段进行间接调节，改变了直接干预的方式。从调控工具看，每一种财政工具都有不同的特点和不同的作用方式，它们之间不同的政策组合具有不同的效果。具体表现如图 2-5-2 所示。

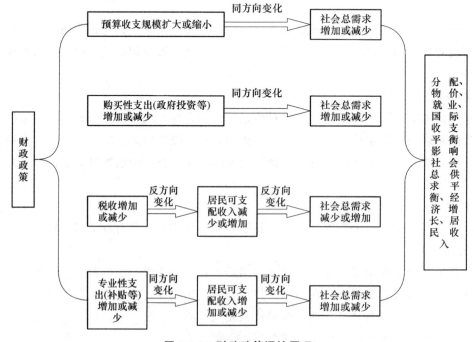

图 2-5-2 财政政策调控原理

针对不同的经济环境、不同时期财政政策目标，可以采用不同的政策类型，如表 2-5-1 所示，形象地表现了财政政策类型及相应的政策工具和目标。

表 2-5-1　财政政策类型及相应工具、目标

经济环境	财政政策类型	财政政策工具	中间目标	最终目标
经济下滑	扩张性财政政策	减税增支扩大投资 赤字财政发行公债	增加社会总需求	经济增长 充分就业
经济过热	紧缩性财政政策	增税减支缩小投资减少公债	压缩社会总需求	物价稳定
经济平衡	中性财政政策	稳定现有政府预算规模	稳定社会总需求	国际收支平衡

四、财政政策目标

宏观调控是市场经济条件下政府弥补市场失灵的方式，也是政府为达到自身设定的经济社会发展目标而主动运用计划、财政、金融等手段调控经济的活动。不论是宏观调控还是整个财政政策，其目标都包括了下面四个方面：经济增长、充分就业、物价稳定和国际收支平衡。

经济增长是每个国家都追求的发展目标，也是增加全社会物资供给、满足人类发展需要的基础。只有经济总量不断增长，物质财富不断增加，才能解决现存的穷困、贫富不均、不公平等问题。经济增长有着自身的规律，追求过高的增长率会导致经济发展的大起大落，而过低的增长率则难以满足不断增加的就业需求和人民对物质生活的更高追求。经济增长率通常用国内生产总值（即 GDP）增长率来衡量。由于增加供给是生产的一般目的和政府的首要目标，因而保持总供给和总需求动态平衡的根本手段在于提高总供给能力，即保持经济适度稳定的增长。通常认为，发展中国家年 GDP 增长率在 3% 以内为低速增长，4%～6% 为中速增长，大于 6% 为高速增长。

充分就业一方面是指有劳动能力并愿意工作的社会成员，都能获得就业机会；另一方面是指在岗的劳动者在法定工作时间内能够得到充分有效的利用。因此，充分就业意味着人力资源的有效利用和合理配置，意味着劳动效率的提高。劳动者充分就业的衡量标准是失业率。失业率的高低是判断总供给和总需求是否平衡的主要标志之一。一般情况下，失业率在 4% 以下，就被认为经济体系已达到充分就业水准。

物价稳定是所有国家的政府调节宏观经济的一个重要目标。其衡量标志是物价上涨率或通货膨胀率。物价基本稳定是一个总体的、长期的和动态的概念，并不是冻结物价，它并不排斥单个商品价格的变动和物价总水平在一定时间内以一定的幅度变动。政府调控所要达到的稳定物价的目标，主要是防止和克服物价在短期内的大幅度波动和严重的通货膨胀。在价格形成机制和价格体系合理的条件下，物价总水平的基本稳定就表明总供求的平衡。通行的标准是，物价年上涨率在 2% 以下为稳定，3%～5% 为平和，一旦超过 5% 则预示着经济总量和经济结构可能失调，需要采取措施加以控制，而达到两位数时，治理通货膨胀就要成为压倒一切的重中之重。

国际收支平衡是指一国对其他国家的全部货币收入和货币支出相抵后，略有顺差或略有逆差。一般来说，顺差意味着该国的外汇收入超过支出，外汇收入增加，意味着国内市场的

货币供应量增加。同时顺差意味着商品量的输出大于输入,相对地减少了国内市场的商品量供给。因此,在国内市场货币偏多、物价不稳、商品供给不足的情况下,国际收支的顺差过大将不利于促进国民经济的稳定发展和国内市场上金融和物价的稳定,还会加剧国内市场上商品供求的矛盾和通货膨胀。相反,如果国内市场货币供给不足、外资缺乏、失业严重、商品供大于求,则顺差是有利的。国际收支逆差的影响正好与上一种情况相反。正是由于国际收支状况与市场货币供给和商品供求密切相关,所以调节国际收支并促其平衡,就成为政府制定宏观经济调控政策的重要目标之一。目前,在国际收支方面,我国连续多年实现贸易顺差,利用外资稳居全球前列,外汇储备额和出口贸易大大超过外债余额,收支保持良好记录,人民币汇率相对稳定。

知识拓展

中国各历史阶段的财政政策

我国政府根据各个历史阶段的特点,依次采取了"促进国民经济调整的财政政策"、"紧缩的财政政策"、"适度从紧的财政政策"、"积极的财政政策"、以及"稳健的财政政策"。

1. 促进国民经济调整的财政政策

【时间】1979 年

【背景】经济出现过热现象及引发的财政赤字严重、投资需求和消费需求双膨胀、物价持续上涨、外贸逆差增加等问题。

【内容】中央提出对国民经济进行"调整、改革、整顿、提高"的八字方针。

一是改革财政体制,实行"分灶吃饭",促进各级财政实现收支平衡。

二是压缩基建规模,控制投资需求。

三是控制消费需求,压缩各项开支。

四是增加农业、轻工业投资,提高消费品供给能力。

五是稳定市场,平抑物价。

六是调整进出口商品结构,平衡国际收支。

【效果】通过宏观调控,基本实现了财政收支平衡、物价稳定和信贷平衡的预期目标。但由于经济调整中紧缩的政策力度过大,经济增长率从 1980 年的 7.8％下降到 1981 年的 5.2％。

2. 紧缩的财政政策

【时间】1988 年 9 月

【背景】从 1984 年下半年开始,国民经济过热的迹象又逐步显现,社会总需求与总供给的差额不断扩大,投资消费高速增长,价格总水平大幅攀升。为满足社会固定资产投资增长的要求和解决企业流动资金短缺的问题,国家不断扩大财政赤字,而为弥补赤字,银行超量发行货币,又加剧了物价指数上升。

【内容】十三届三中全会提出"治理经济环境、整顿经济秩序、全面深化改革"的方针,实行了紧缩财政、紧缩信贷的"双紧"政策。

一是大力压缩固定资产投资规模。

二是控制社会消费需求。

三是紧缩中央财政开支。

四是进行税利分流试点和税制改革。

【效果】"双紧"的财政货币政策实施后，经济过快增长得到了控制，物价迅速回落到正常水平，需求膨胀得到化解，固定资产投资的结构有所调整，产业结构不合理状态有所改变。但是，由于"双紧"的财政货币政策，使企业在流动资金严重短缺的情况下，生产难以正常运转，经济效益明显下降。随着经济增长速度的快速回落，居民收入的增幅也有一定的下降，市场不同程度地出现了疲软，财政困难也日益加剧。

3. 适度从紧的财政政策

【时间】1993年

【背景】1992年，在邓小平南巡讲话和党的十四大精神鼓舞下，全国排除干扰，解放思想，又掀起了新一轮的经济建设高潮。到1993年上半年，经济运行的各项指标继续攀升，投资增长过猛，基础产业和基础设施的"瓶颈"制约进一步加剧，市场物价水平迅速上升，经济形势十分严峻。

【内容】为了保持国民经济的平稳发展，党中央果断做出深化改革、加强和改善宏观调控的重大决策，1993年提出了加强调控的16条措施，其中财政政策发挥了重要作用。

一是改革财政体制，调整中央与地方的财政分配关系。

二是实行税利分流，规范政府与企业的分配关系。

三是进行大规模的税制改革。

【效果】实践证明，适度从紧的财政与货币政策取得了良好的效果。1996年，国民经济较为平稳地回落到适度增长的区间，成功地实现了"软着陆"，既有效地抑制了通货膨胀，挤压了过热经济的泡沫成分，又保持了经济的快速增长，形成了"高增长、低通胀"的良好局面，成为我国宏观调控的成功典范。

4. 积极的财政政策

【时间】1998年

【背景】1997年7月2日，亚洲金融风暴在泰国爆发，迅速席卷东南亚诸国，我国对外贸易受到了严重冲击。同时，产业结构不合理、低水平的产品过剩与高新技术产品不足并存、城乡结构不合理、区域经济发展不协调等经济结构问题对亚洲金融危机的冲击产生了放大效应。面对国内外经济和市场形势，在货币政策效应呈递减之势和坚持人民币汇率稳定政策的情况下，财政政策成为宏观调控的重要工具。

【内容】为了扩大需求，从1998年7月开始，国家实施了积极财政政策。

一是增发国债，加强基础设施投资。

二是调整税收政策，支持出口、吸引外资和减轻企业负担。

三是增加社会保障、科教等重点领域的支出。

四是充分发挥调节收入分配的作用，提高城市居民个人消费能力。

五是支持经济结构调整，促进国有企业改革。

【效果】1998—2002年的财政宏观调控，以实施积极的财政政策为主，在扩大投资、刺激消费、鼓励出口、拉动经济增长、优化经济结构等方面取得了显著的成效，成功地抵御了亚洲金融危机的冲击和影响，宏观经济运行得到根本性的改善。通货紧缩的趋势得到了有效遏制，社会需求全面回升，经济结构调整稳步推进，经济持续快速增长。

5. 稳健的财政政策

【时间】2004年

【背景】扩大内需取得显著效果后，经济运行中又出现了投资需求进一步膨胀，贷款规模偏大，电力、煤炭和运输紧张状况加剧，通货膨胀压力加大，农业、交通、能源等薄弱环节以及中小企业、服务业投入严重不足等新问题，结构问题依然是我国国民经济中的深层次矛盾与问题。

【内容】党和国家提出进一步加强宏观调控。财政作为重要的调控手段，顺应宏观经济形势的要求，适时实施稳健的财政政策。

一是国债投资规模调减调向。

二是推后预算内建设性支出的时间。

三是有保有控，在总量适度控制下进行结构性调整。

四是深化税制改革，发挥税收调节作用。

【效果】稳健财政政策的实施，使我国经济运行呈现出"增长速度较快、经济效益较好、群众受惠较多"的良好格局。

任务2 货币政策
Misson two

任务描述

本节介绍了制定和执行货币政策的中央银行的职能、作用和业务，以及货币政策的目标和工具。

任务知识

一、中央银行

（一）中央银行概述

中央银行是指在一国金融体系中居于主导地位，负责制定执行国家的金融货币政策，调节货币流通和信用活动，代表国家实施宏观经济调控并参与国际金融活动的国家机关。作为一个金融管理机构，中央银行比商业银行的出现晚一些，它是适应经济金融活动管理的内在需要而产生的。

知识拓展

欧洲中央银行

欧洲中央银行，简称欧洲央行，是根据1992年《马斯特里赫条约》的规定于1998年7

月1日正式成立的,是为了适应欧元发行流通而设立的金融机构,同时也是欧洲经济一体化的产物。欧洲中央银行其前身是设立在法兰克福的欧洲货币局。欧洲央行的职能是"维护货币稳定",管理主导利率、货币的储备和发行以及制定欧洲货币政策;其职责和结构以德国联邦银行为模式,独立于欧盟机构和各国政府之外。总部设在德国金融中心法兰克福。

欧洲中央银行是世界上第一个管理超国家货币的中央银行。独立性是它的一个显著特点,它接受欧盟领导机构的指令,不受各国政府的监督。它是唯一有资格允许在欧盟内部发行欧元的机构,1999年1月1日欧元正式启动后,11个欧元国政府将失去制定货币政策的权力,而必须实行欧洲中央银行制定的货币政策。

欧洲中央银行的组织机构主要包括执行董事会、欧洲央行委员会和扩大委员会。执行董事会由行长、副行长和4名董事组成,负责欧洲央行的日常工作;由执行董事会和12个欧元国的央行行长共同组成的欧洲央行委员会,是负责确定货币政策和保持欧元区内货币稳定的决定性机构;欧洲央行扩大委员会由央行行长、副行长及欧盟所有15国的央行行长组成,其任务是保持欧盟中欧元国家与非欧元国家接触。

欧洲央行委员会的决策采取简单多数表决制,每个委员只有一票。货币政策的权利虽然集中了,但是具体执行仍由各欧元国央行负责。各欧元国央行仍保留自己的外汇储备。欧洲央行只拥有500亿欧元的储备金,由各成员国央行根据本国在欧元区内的人口比例和国内生产总值的比例来提供。

(二)中央银行的职能

1. 服务职能

服务职能是指中央银行为政府和商业银行及其他金融机构提供服务。中央银行向政府提供服务的内容包括:经理国库、临时的财政垫支、作为政府的国际金融活动代表以及作为政府的金融顾问和参谋等。

(1)经理国库

经理国库是指由中央银行对国家财政收支统一进行管理,而不再设立单独国库机构。中央银行要专设机构,为政府开立各种账户,经办政府的财政收支划拨与清算业务,执行国库出纳职能,为政府代办国债券的发行、还本付息事宜。

临时性的财政垫支是指当国家财政收支出现暂时收不抵支的情况时,中央银行应为财政进行垫支。原则上来说,中央银行不能为财政垫支,但出现暂时困难时,也不能坐视危难,拒绝支持。中央银行为政府进行临时性垫支的方式一般有两种:一是提供无息或低息短期信贷;二是从证券市场购买国债或以贴现的方式间接购买政府有价证券。

作为政府的国际金融活动代表是指在处理国际金融活动时,中央银行代表国家出席一些国际性的金融会议并提出建议和意见。

作为政府的金融顾问和参谋是指中央银行帮助政府制定及决定金融政策,主要是指为政府制定金融政策提供资料和可供选择的方案及建议。

中央银行对银行及非银行金融机构提供服务有主持全国的清算事宜和成为银行的最后贷款者。前者是指为全国各个金融机构相互间应收应付票据的交换、清算提供服务;后者是指当商业银行等金融机构发生资金短缺、周转不灵时,中央银行为其提供融通资金的服务,该服务的方式主要是票据再贴现和再抵押放款等。

(2) 调节职能

调节职能是中央银行运用自己所拥有的金融手段，对货币与信用进行调节和控制，进而影响和干预整个社会经济进程，实现预期的货币政策目标。主要有以下三种方式：

① 调节货币供应量：中央银行垄断了货币发行权，其发行的货币则成为基础货币。中央银行通过改变基础货币的供应量，起到收缩和扩张社会货币量的目的。可以说，调节控制货币供应量是中央银行实施货币政策的核心。

② 调整存款准备金率与贴现率：根据经济与金融情况，随时变动存款准备金率与再贴现率，是中央银行调控的重要手段，具有控制信贷规模及银行信贷成本的作用。中央银行调整存款准备金率与再贴现率，可以迅速起到控制全国商业银行信用规模的效果。

③ 公开市场操作：中央银行根据货币政策的要求，通过购进和抛售有价证券的方式，控制货币供应量，从而保持国民经济的正常发展。

(3) 管理职能

管理职能是中央银行作为一国金融管理的最高机构，以维护金融体系的健全与稳定，防止金融紊乱给社会经济发展造成困难。因此，必须对银行等金融机构的设置、业务活动及经营情况进行检查督导，对金融市场实施管理控制。主要实施的措施有制定有关金融政策、法令，以及根据政策和法令对在本国境内设置、撤并、迁移的金融机构，进行审查批准，注册登记和预防性管理等。

(4) 我国中央银行的职能

根据 2003 年 12 月 27 日第十届全国人民代表大会常务委员会第六次会议的决定，中国人民银行履行下列职责：

① 发布于履行期职责有关的命令和规章；

② 依法制定和执行货币政策；

③ 发行人民币，管理人民币流通；

④ 监督管理银行间同业拆借市场和银行间债券市场；

⑤ 实施外汇管理，监督管理银行间外汇市场；

⑥ 监督管理黄金市场；

⑦ 持有、管理、经营国家外汇储备、黄金储备；

⑧ 经理国库；

⑨ 维持支付、清算系统的正常运行；

⑩ 中国人民银行法中其他的职责等。

2. 中央银行的作用

中央银行的作用是由它的职能决定的，是中央银行在实际经济生活中执行各项职能所产生的结果，概括起来有以下几种职能：

(1) 稳定货币，稳定金融

一国货币的稳定和金融的稳定，主要取决于三个因素：货币供应量、金融机构和金融市场。中央银行如何发行货币、发行多少、信用规模有多大，对国内货币流通有直接的影响。这种影响会波及社会经济生活的各个方面，影响各个主体的经济利益。中央银行可根据国内外经济金融的动态和货币政策的要求，在国家法律规定的额度内，通过对资产与负债的调查，实现对全国货币供应量的控制，抑制过度的信用规模，使全社会的总供给与总需求达到基本平衡。

(2) 调节国民经济,促进经济正常发展

中央银行的这一作用是通过对社会经济活动从价值形式上进行总量调控得以实现的。一般情况下,中央银行适当扩张信用,经济趋于繁荣;相反地,中央银行收缩信用,经济发展受到抑制。因此,在正常情况下,控制住货币和信贷资金的供应量也就控制住了包括派生存款在内的整体社会资金,从而国民经济各部门的发展规模、速度在价值总量上就有了控制。

中央银行对国民经济的调节,不仅从价值总量上进行,还从价值结构上进行。中央银行可以通过自身的业务活动,分析国民经济各部门的比例关系是否合理,研究生产结构、收入结构、就业结构、消费结构等之间的内部联系和发展趋势,提出调整方案,采取有效的信贷措施,引导专业银行资金的流向、投放量,对需要发展的部门、产业和地区可以在信贷上优先提供,利率上优惠照顾,促使经济结构与产品结构的优化。

(3) 集中清算,加速资金周转

中央银行作为金融机构票据集中清算中心是在货币发行与集中保管存款准备金的基础上发展起来的。各家银行在中央银行开立往来存款账户,它们每日营业结束后,将各自票据交换的差额通过在中央银行开立的账户,相互划转,及时结清。通过中央银行集中清算,手续简化,方便易行,结算迅速及时,可缩短票据在途时间,节约现金使用和流通费用,起到推动资金加速周转的作用。

(4) 推动国际金融合作

当今世界经济越来越成为一个相互依存的整体,不同国家和地区经济发展的不平衡性要求资源突破国界,在国际范围内重新组合配置。这必然会推动国际贸易的发展,技术交流的频繁和资金融通的国际化。中央银行是政府的银行和执行金融政策的银行,有较高地位和威信。在涉及国际重大关系的金融谈判、国际金融机构重要业务活动以及国家外汇储备等方面,它可代表国家参与决定有关国际金融的重大问题,推动国际金融活动的开展,加强国际金融合作。

(三) 中央银行业务

中央银行的业务可分为负债业务、资产业务和其他业务,下面就从这三个方面分别介绍。

1. 中央银行的负债业务

中央银行的负债是指社会各经济主体持有对中央银行的债权,其业务主要包括资本业务、货币发行业务、存款业务及其他业务。

资本业务实际上就是中央银行筹集、维持和补充自有资本的业务。中央银行与其他银行一样,为了保证正常的业务活动必须拥有一定数量的资本。中央银行自有资本的形成途径有三种:一是政府出资形成中央银行的自有资本,这是中央银行资本形成的主要方式,目前世界上绝大多数国家的中央银行都有政府出资;二是地方政府或国有机构出资,这种出资方式相当于中央政府不直接持有中央银行股本,而转由地方政府、国有银行或公共部门出资;三是私人银行或部门出资,这种情况不多见,主要有美国和意大利,但股东无权参与中央银行管理,也不能转让所持有的股份。

货币发行业务是中央银行作为"发行的银行",垄断货币发行权所形成的一项特有负债。

通过这项业务，中央银行既为商品流通和交换提供流通手段与支付手段，也相应筹集了社会资金，满足中央银行履行其各项职能的需要。

中央银行存款业务完全不同于商业银行和其他金融机构的存款业务，它的存款主要来源于两个方面：金融机构、政府及公共部门。

商业银行的准备金存款是中央银行作为"银行的银行"，集中商业银行存款准备金形成的一项负债，是保证其清偿能力和中央银行调节信用规模的一种中央工具，一般不支付利息，形成了中央银行低成本、稳定的资金来源。

政府存款是中央银行存款的另一个重要构成，是由于中央银行代理国库，在各级财政预算执行过程中因先收后付或收大于支而是财政资金暂时停留在中央银行账面上所形成的一种存款。

中央银行的其他负债业务主要是指中央银行债券等。

2. 中央银行的资产业务

中央银行的资产业务主要包括贷款业务、再贴现业务、证券买卖和黄金外汇储备。

贷款业务是中央银行主要资产业务之一，它充分体现了中央银行作为"最后贷款人"的职能。这种贷款业务主要是为了解决银行及其他金融机构临时性资金不足，弥补头寸的临时性短缺，防止出现金融恐慌，维护金融体系的安全。一般贷款利率比较优惠，贷款期限较短。

再贴现业务是商业银行及其他金融机构持有已贴现的商业汇票，向中央银行进行票据再贴现转让的一种行为，主要是为了解决一般金融机构由于办理贴现业务所引起的暂时的资金困难。

中央银行经营证券买卖是指在金融市场买卖各种有价证券（主要是政府债券）的活动，其目的不在于盈利，而是为了进行货币资金量的调整，因此是中央银行的调控手段之一，也是一项经常性的资产业务。

黄金外汇储备是各国进行国际支付和稳定国内货币币值的重要保证。为了实现这一目标，中央银行要统一掌握和负责管理国家的黄金外汇储备。中央银行将其资产的一部分运用于黄金、外汇，因此形成了这项特殊的资产业务。

3. 中央银行的其他业务

除了中央银行的资产、负债业务之外，中央银行还涉及一些其他的业务，比如清算业务、代理国库业务和代理发行、兑付国债业务等。

二、货币政策目标

货币政策是指中央银行为了实现既定的经济目标而采用的各种调节和控制货币供应量的方法与措施的总称。实施货币政策的根本目的，在于通过对社会货币供应量的控制来左右社会总需求水平，以达到社会总供给和总需求之间的协调平衡。

（一）货币政策的最终目标

货币政策的最终目标有四个：稳定物价、充分就业、经济增长和国际收支平衡。

1. 稳定物价

通货膨胀和物价上涨是目前世界各国经济生活中最严重的问题，因而稳定物价已成为中央银行货币政策的首要目标。所谓稳定物价就是要保持物价总体水平基本稳定，在短期内没有明显或急剧的波动。当然，稳定物价并非冻结物价，不是使物价长期停留在一个水平上，而是有一个限度。一般认为，如果一年之内物价上涨率低于3%，即实现了物价稳定的目标。

2. 充分就业

所谓充分就业是指凡有能力并自愿参加工作的劳动者都能找到较适当的工作。就业的标准一般用失业率来衡量，失业率高低代表社会充分就业程度的高低。当然，充分就业并不意味着消除失业，任何国家即使在某些时候就业机会和愿意就业人数相等，也会出现由于工作的转换造成的一部分人的暂时失业。因此，失业率一般低于某一数值就表示充分就业，许多国家是以3%~4%为界限。

3. 经济增长

经济增长是指使一国国民生产总值的年增长率保持在一定的水平上。各国经济增长的具体目标各不相同，发达国家由于本身经济发展水平比较高，所以大多把经济年增长率定在4%左右，发展中国家定的标准就比较高，比如我国经常把年经济增长率定在7%~9%。

4. 国际收支平衡

国际收支平衡一般是指在一定的经济时期内，一国对其他国家或地区，因政治、经济、文化等往来所引起的全部货币收支大体平衡。为避免国际收支失衡给国内经济造成不良影响，各国都把国际收支平衡作为货币政策的主要目标。

以上四种货币政策目标在实施的过程中，由于它们之间的关系比较复杂，因而各目标之间都存在一定的矛盾。

(1) 稳定物价与充分就业之间存在矛盾。如果要减少失业或实现充分就业，就必须要增加货币供应量刺激社会总需求的增长，而这又会引起物价总水平的上涨；如果要抑制物价上涨，则要求减少货币供应量以控制社会总需求的增加，而总需求减少又会导致失业率上升。因而，这两者通常不能兼顾，作为货币政策目标只能根据当时的社会经济条件相机抉择，寻求物价上涨率和失业率之间的某种适当组合。

(2) 稳定物价与经济增长之间存在矛盾。在现代市场经济条件下，经济的增长大多伴随着物价的上涨。因为经济增长必然伴随着货币供应量和社会总需求的增长，这又会引起物价水平上涨，这是很多国家在发展经济中常常遇到的一个突出问题。

(3) 经济增长与国际收支平衡之间也是矛盾的。经济的增长通常会增加对进口商品的需求，同时由于国民收入增加带来的支付能力的增强，又可能增加一部分本来用于出口商品的需求。两方面的作用结果会使出口增长慢于进口增长，这就可能导致贸易收支恶化，出现贸易逆差。在资本项目方面，为了促进经济增长，就要增加投资，在国内资金来源不足的情况下，必须借助外资的流入，可能会使国际收支中的资本项目出现顺差。

(4) 物价稳定与国际收支平衡也具有矛盾。例如，一国国际收支产生逆差时，中央银行通常通过货币贬值来进行调节。虽然在一定程度上可以通过刺激出口、抑制进口来平衡国际收支，但稳定币值的目标只能放弃。

由此可见，货币政策的四大最终目标之间大都具有矛盾性，不能同时实现。中央银行只能根据特定时期、特定经济条件，选择一两个目标作为主要的目标来制定货币政策。

案例分析

量化宽松的货币政策

2001—2006年间,在通货紧缩的长期困扰下,日本中央银行曾将政策利率降至零并定量购买中长期国债的政策就是一种典型方式。这些政策的最终意图是通过扩大中央银行自身的资产负债表,进一步增加货币供给,降低中长期市场利率,避免通货紧缩预期加剧,以促进信贷市场恢复,防止经济持续恶化。

美国在次贷危机发生之后,第一次采用量化宽松是在雷曼兄弟于2008年9月倒闭后,美联储就赶忙推出了量化宽松政策。在随后的三个月中,美联储创造了超过一万亿美元的储备,主要是通过将储备贷给它们的附属机构,然后通过直接购买抵押贷款支持证券。自2010年4月美国的经济数据开始令人失望,进入步履蹒跚的复苏以来,美联储一直受压于需要推出另一次的量化宽松——第二次量化宽松(QE2)。伯南克在2013年8月在杰克逊霍尔的联储官员聚会中为第二次量化宽松打开了大门。但他同时谨慎地指出,量化宽松不是一个成熟的补救办法。而且,也不是所有的人都支持量化宽松政策。美国联邦储备委员会2010年11月3日宣布推出第二轮定量宽松货币政策,到2011年6月底以前购买6 000亿美元的美国长期国债,以进一步刺激美国经济复苏。至于第二次量化宽松的影响,基本上可以理解为美联储为了美国经济复苏所作的努力,但最终的效果只有时间来证明。也预示美元将再次泛滥,将会对其他国家带来汇率波动、资产泡沫等冲击。

思考题: 美国的第二轮量化宽松的货币政策将会对全球经济产生什么影响?

(二)货币政策的中间目标

货币政策的中间目标又称中介目标,是实现货币政策最终目标的中间性和传导性金融变量。

中央银行不能直接控制和实现货币政策的最终目标。这是因为,一方面中央银行所能控制的只是货币供应量,而不是宏观经济目标本身;另一方面货币政策最终目标是一个长期的非数量化的指标。所以中央银行必须借助短期的、数量性的、可控可测的、用于日常操作的中间目标来实现最终目标。目前,各国选择的中间目标一般有利率、货币供应量、基础货币和超额储备等。

1. 利率

利率作为中介指标的主要理由是:第一,利率与经济活动水平高度相关。当经济繁荣时,信贷需求增加,利率会上升;当经济衰退时,信贷需求也会缩减,利率则下降。因而利率是经济周期波动的指示器;第二,利率是把货币供应量的变动传导到生产和投资领域的重要渠道。货币当局可通过利率影响投资需求和消费需求,以调节总供求;第三,利率水平可以由中央银行加以控制。中央银行通过变动贴现率和在公开市场买卖有价证券就可以影响整个金融市场的利率水平。

2. 货币供应量

在传统的定义里,货币供应量包括现金和商业银行活期存款。从现代意义上讲,货币供应量就是一个国家在某一时点上中央银行和金融机构所持有的货币与执行货币职能的金融资产的总和。

选择货币供应量作为货币政策的中间目标是因为：第一，货币供应量可测性强。根据货币流动性和货币功能强弱划分的各层次的货币供应量，都可以从中央银行和商业银行及其他金融机构的资产负债表中整理和测算出来；第二，货币供应量具有可控性。中央银行可以通过各种货币政策工具调控基础货币，进而调控货币供应量；第三，货币供应量与货币政策最终目标的相关性强，根据其提供的信号来调整的可靠性强；第四，货币供应量的抗干扰性强，容易判断货币政策作用效果。

3. 基础货币

基础货币又称高能货币，是指流通中的现金与商业银行的存款准备金之和。将基础货币作为货币政策的中间目标的理由是：第一，对中央银行来说，基础货币比货币供应量更容易控制，因为流通中的现金是由中央银行发行的；第二，基础货币的变化在一定程度上反映货币政策目标的变化。比如当实行扩张性货币政策时，就要放松银根，增加货币供应，通过乘数效应，整个货币供应量就会成倍增长，从而达到经济增长的目标。反之，当实行紧缩性货币政策时，就会抽紧银根，收缩基础货币的供应，通过乘数效应，整个货币供应量就会成倍缩减，从而达到抑制需求，冷却过热的经济，稳定物价的目标。

4. 超额准备金

差额准备金又称为剩余储备，是指商业银行超过中央银行规定交存的超过法定存款准备金的部分。超额准备金对商业银行的资产业务规模有着直接的决定作用。存款准备金、公开市场业务和再贴现率是三大货币政策工具，它们都是通过影响超额准备金的水平而发挥作用的。当提供法定存款准备金或在公开市场出售有价证券时，就会使商业银行的超额准备金减少，反之，就会使商业银行的超额准备金增加。此外，通过超额准备金这个指标也可以观察经济活动的变化情况，当经济繁荣时，商业银行利用超额准备金来扩张信用；当经济衰退时，贷款需求减少，商业银行的超额准备金就会增加。

这四种的主要货币政策中间目标也有其自身的局限性。由于在实际操作中利率易受到非政策性因素的影响，因而抗干扰性较弱；在货币供应量的预测中，由于社会公众持有的现金量易发生改变，因而中央银行难以精确控制；基础货币中介目标在实施过程中，受到乘数效应的影响，因而效果过于猛烈，中央银行业不易控制；超额准备金取决于商业银行的意愿和财务状况，因而不易为中央银行测度、控制。所以在选择中间目标时，也要根据一国实际情况来进行选择，目前我国的中间目标主要有信贷规模、货币供应量、现金发行量、信用总量等。

三、货币政策工具

中央银行为了调控宏观经济，采取一系列调节货币信用的措施，这些措施统称为货币政策工具。它主要包括存款准备金率、再贴现政策、公开市场业务和选择性货币政策工具等，其中前三项统称为一般性货币政策工具。

（一）存款准备金率

存款准备金是指金融机构为保证客户提取存款和资金清算需要而准备的在中央银行的存款，中央银行要求的存款准备金占其存款总额的比例即是存款准备金率。

存款准备金最初是商业银行为确保存款支付而自愿保留的部分存款准备。由于它能限制商业银行的货币创造,就为货币当局所利用,演变成货币政策工具。法定存款准备金率通常被认为是货币政策的最猛烈的工具之一。它的政策效果体现在三个方面:第一,由于法定存款准备金率是通过货币乘数来影响货币供给的,因此即使准备金率调整的幅度很小,也会引起货币供应量的巨大波动;第二,法定存款准备金率的大小也会影响到超额准备金。当降低法定存款准备金率时,即使基础货币和准备金总额不发生变化,也等于解冻了一部分存款准备金,转化为超额准备金,超额准备金的增加使商业银行信用扩张能力增强,反之,则信用扩张能力减弱;第三,有宣示的效果。存款准备金率上升,说明信用即将收缩,利率会随之上升,公众会自动紧缩对信用的需求,反之,则利率会下降,公众放松对信用的需求。

存款准备金率作为货币政策工具也有其缺点,主要表现为:第一,作用猛烈,缺乏弹性,不宜作为中央银行日常调控货币供给的工具来使用;第二,易受到商业银行等金融机构的反对。由于法定存款准备金一般不付利息,并且占用了信贷资金,所以影响了商业银行等金融机构盈利。另外,准备金比率的频繁变动也会带来许多不确定性,增加了它们对资金流动性的管理难度;第三,受到中央银行维持银行体系目的的制约。如果中央银行提高法定存款准备金率,由于它的作用范围的普遍性,在短期内会造成银行体系的流动性不足,危及银行体系资金的正常清算和稳定,中央银行便处于控制信贷膨胀和维持银行体系稳定的两难之中。这表现在降低法定存款准备金率容易,而提高法定存款准备金率困难的趋势中。

(二) 再贴现政策

再贴现率是商业银行将其贴现的未到期的票据向中央银行申请再贴现时的预扣利率。再贴现意味着商业银行从中央银行贷款,从而增加了货币投放,直接增加了货币供应量。所以中央银行通过制定或调整再贴现率来干预市场货币的供应量。

再贴现率的政策效果表现在三个方面:一是借款成本效果。即中央银行提高或降低再贴现率来影响金融机构向中央银行借款的成本,从而影响基础货币的投放量,进而影响货币供应量和其他经济变量。如中央银行认为货币供应量过多时可提高再贴现率,借款利息提高,首先影响商业银行减少向中央银行借款,中央银行的基础货币投放减少,若货币乘数不变,则货币供应量相应减少;二是结构调节效果。中央银行不仅可用再贴现影响货币总量,还可用区别对待的再贴现政策影响信贷结构,贯彻产业政策。如规定再贴现票据的种类,以支持或限制不同用途的信贷。还可以按国家产业政策对不同类的再贴现票据制定差别再贴现率,以影响各类再贴现的数额,使货币供给结构符合中央银行的政策意图;三是宣示效果。中央银行提高再贴现率,表示货币供应量将趋于减少,市场利率将会提高,人们为了避免因利率上升所造成的收益减少,可能会自动紧缩所需信用,减少投资消费需求,反之,则相反。

再贴现政策也有一些不足之处:一是再贴现政策具有顺周期特征,即当经济扩张时,贷款的需求量增大,市场利率上升,会拉大市场利率与再贴现率的差额,如果中央银行不能及时调整再贴现率,商业银行的再贴现套利行为会进一步扩大基础货币和货币供应量,经济会进一步扩张。相反,如果经济处在萧条期,再贴现数量也呈现下降趋势,经济又会进一步萎缩;二是再贴现政策的主动权在商业银行,而不在中央银行。中央银行规定再贴现政策,但究竟执行与否,则取决于商业银行自身,中央银行无法强迫商业银行贴现。

(三) 公开市场业务

公开市场业务是中央银行在公开市场上买进或卖出有价证券的业务。公开市场业务并不是在所有国家都能开展的，它只能在具有完善的金融市场和以政府债务为主的大量有价证券买卖的经济发达国家中开展。

中央银行通过公开市场上的证券买卖行为，可以达到扩张和收缩信用，调节货币供应量的目的。当金融市场中资金缺乏时，中央银行就通过公开市场业务买进有价证券，向社会投放一笔基础货币。这些基础货币如果流入社会大众中，则会直接引起信用的扩张和货币供应量的成倍增加。相反，如果金融市场货币过多，中央银行就可以通过公开市场业务卖出有价证券，无论这些有价证券是由商业银行购买，还是由其他部门购买，总会有相应数量的货币回笼，从而引起信用总规模的收缩和货币供应量的减少。

相比较前两种货币政策工具，公开市场业务的优点有：直接影响银行系统的准备金，从而影响货币供应量；使中央银行能够进行经常性、连续性操作；使中央银行能够主动出击；可以进行货币供应量的微调等。

公开市场业务同样具有一些局限性，它需要一个发达的金融市场，尤其是发达的国债市场，同时还需要一个和国债市场相连的全国统一的拆借市场。这两个条件缺一不可，因而对于发展中国家来说，想要充分发挥公开市场业务的功能，还不太现实。

以上三种货币政策工具属于一般性工具，也是传统政策工具。中央银行在实施时要根据经济发展态势和货币政策的需要，根据各项政策工具的特点，协调配合地使用各项货币政策工具，使货币政策收到更为显著的效果。

（四）选择性货币政策工具

选择性货币政策工具是一般性货币政策工具的补充，主要是针对某些特殊领域的信用加以调节的。

1. 证券市场信用控制

证券市场信用控制是指中央银行控制商业银行或证券交易所对交易者信用贷款或抵押贷款占证券交易额的比例，以控制流向证券市场的资金，抑制过度投机。主要内容有：规定以信用或抵押贷款方式购买股票或证券时，第一次付款的最低额度；根据市场状况，随时调高或调低法定保证金比率；控制对证券市场贷款的最高额度。

2. 消费者信用控制

消费者信用控制是指中央银行通过对各种耐用消费品规定分期付款的最低付现额和分期付款的最长偿还期限，对消费者购买耐用消费品的能力施加影响的管理措施。它是中央银行为控制耐用消费品的有效需求而设置的。其主要内容有：规定用分期付款购买耐用消费品第一次付款的最低比率；规定用消费信贷购买耐用消费品借款的最长期限；规定用消费信贷购买消费品借款的最长期限；规定用消费信贷购买耐用消费品的种类及规定不同的信贷条件。

3. 不动产消费信用控制

不动产信用控制是指中央银行对金融机构在房地产方面放款的限制措施。其主要内容有：规定金融机构的不动产贷款的最高限额和最长期限；规定分期付款购买不动产第一次付款的最低金额和分期付款每次还贷的最低金额。

四、货币政策的传导机制

货币政策的传导机制是指中央银行运用货币政策工具影响中介指标，进而最终实现既定政策目标的传导途径与作用机理。货币政策的传导机制如图 2-5-3 所示。

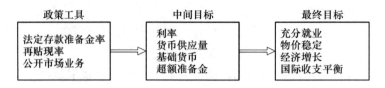

图 2-5-3　货币政策传导机制

货币政策的传导途径一般有三个基本环节，其顺序如下：

（1）从中央银行到商业银行等金融机构和金融市场。中央银行的货币政策工具操作，首先影响的是商业银行等金融机构的准备金、融资成本、信用能力及行为，以及金融市场上的货币供给与需求的状况。

（2）从商业银行等金融机构和金融市场到企业、居民等非金融部门的各类经济行为主体。商业银行等金融机构根据中央银行的政策操作调整自己的行为，从而对各类经济行为主体的消费、储蓄、投资等经济活动产生影响。

（3）从非金融部门经济行为主体到社会各经济变量，包括总支出、总产出、物价、就业等。

金融市场在整个货币的传导过程中发挥着极其重要的作用。首先，中央银行主要通过市场实施货币政策工具，商业银行等金融机构通过市场了解中央银行货币政策的调控意向；其次，企业、居民等非金融部门经济行为主体通过市场利率的变化，接受金融机构对资金供应的调节，进而影响投资与消费行为；最后，社会各经济变量的变化也通过市场反馈信息，影响中央银行、各金融机构的行为。

知识拓展

从中国货币政策的演变看特点

改革开放以来，中国货币政策的宏观调控方式大体经历了两个阶段，从开始的行政命令的直接调控，转变到使用货币政策工具的间接调控。

（1）行政手段的直接调控（1979—1997 年）

革开放初期，由于没有完善的市场体系，因此依靠市场的间接调节也就无从谈起，这个阶段货币政策主要是行政命令，通过制订指令性计划、下达行政命令来实现政府的货币政策，通过对指标、贷款规模和现金发行量的控制来达到调节经济的目的。这个阶段货币政策带有浓厚计划经济的影子。货币政策的主要方法是：当经济过热时，政府压缩信贷规模和货币投放，当经济萧条时，扩大信贷规模和货币投放。这种调控方式完全是直接对于信贷和货币投放的控制。

（2）货币政策工具的间接调控（1998 年至今）

随着市场经济体制的确立，以及金融市场开放程度的扩大，直接融资在市场中所占比例逐年上升，单纯依靠行政手段管理信贷规模来直接对货币供应量控制已经不能满足市场的需要。于是，中央银行对金融的宏观调控由以信贷规模为中介目标和操作目标，改为调控货币供应量和基础货币。中国人民银行从过去依靠贷款规模指令性计划控制，转变为根据国家确定的经济增长、物价控制目标和影响货币流通的各种因素，综合运用利率、公开市场业务、存款准备金、再贷款、再贴现等货币政策工具，间接调控货币供应量，以保持币值稳定，促进经济发展。货币政策方式的转变充分发挥了市场经济的优势，提升了货币政策调控经济的灵活性。

1998—2002年，中国经济受东南亚金融危机的影响，出口增长猛烈下滑，总需求不足突显出来。1998年CPI首次出现负值，即−0.8%。经济出现了通货紧缩，针对这一问题，配合国家的积极财政政策，中国人民银行采取了稳健的货币政策。取消商业银行贷款限额控制，给商业银行充分的贷款自主权，两次下调存款准备金率，同时改革存款准备金制度，灵活运用利率手段，连续多次降息，在推进货币市场发展的基础上，努力扩大公开市场操作，调整信贷政策，加大信贷支持。

2003—2006年，受固定资产投资高速增长和经济高增长的拉动，各类物价指数上涨较快，能源、交通供求矛盾突出，通货膨胀压力加大。面对通货膨胀问题，中国人民银行继续执行稳健的货币政策，货币政策工具运用更加灵活，通过中央银行的"预调"和"微调"，为国民经济持续快速健康发展提供稳定的金融环境。2003年8月起，五次上调人民币存款准备金率，两次上调外汇存款准备金率，并实行差额存款准备金制度，灵活运用利率手段，扩大金融机构贷款利率浮动区间，下调超额存款准备金利率。积极调整住房信贷政策，加强了对房地产信贷的管理和引导等。人民银行通过在全国银行间债券市场吞吐中央银行票据，加大了对基础货币的调节和控制。

由于财政和货币政策的单独使用与松紧搭配都是对总需求产生影响，因而所有这些政策措施被称之为需求管理的政策。

中国的宏观调控政策组合趋于中性，从2004年开始实行稳健的财政政策和稳健的货币政策。这种中性的宏观调控政策组合反映出现实经济的复杂性，政策制定者需要对具体行业、具体阶段进行适当调整。考虑到宏观经济政策的时滞问题，无论是内部时滞还是外部时滞，对于宏观经济政策发挥正常效果都是至关重要的。因此，单一的财政和货币政策组合不能实现对于经济的微调，也会由于时滞的影响给经济带来一定的不确定性。而混合的财政和货币政策组合对于经济的调控更加灵活，可以根据具体经济结构和经济走势，实行稳健趋紧或稳健趋松的宏观经济政策，实现对经济行业、经济走势的微调，实现经济的平稳发展，防止经济出现大起大落。

任务3 财政政策与货币政策的配合
Misson three

 任务描述

本任务介绍了财政政策与货币政策协调使用的必要性以及两者协调使用的类型。

一、财政政策与货币政策协调使用的必要性

财政政策和货币政策是政府进行宏观调控的两大政策,总的来说,财政政策和货币政策的调控目标是一致的,但是财政政策和货币政策各自使用的政策工具与作用却不尽相同,各有其局限性。因此,为了达到理想的调控效果,通常需要将财政政策和货币政策配合使用。

(一)财政政策的局限性

1. 挤出效应

挤出效应是指扩张性财政政策导致利率上升,从而挤出私人投资,进而对国民收入的增加产生一定程度的抵消作用,这就是挤出效应。具体说就是政府和企业都在投资,在投资项目一定的条件下,政府投入得多就把企业挤出去了,这就是挤出效应。

对于挤出效应的发生机制,有两种解释,一是财政支出扩张引起利率上升,利率上升抑制民间支出,特别是抑制民间投资;二是政府向公民借款引起政府和民间部门在借贷资金需求上的竞争,减少了对民间部门的资金供应。

2. 财政赤字与公债

按照相机抉择的思想,一国政府在理论上应该逆经济风向而动,即在经济衰退或萧条时,采取扩张性的财政政策,而在经济繁荣时采取紧缩性财政政策。但事实上,第二次世界大战之后许多国家,尤其是西方国家多数实施扩张性财政政策,结果导致财政赤字上升和国家债务积累。

为了弥补财政赤字,政府可以采取的途径主要包括两类:一类是向中央银行借债;另一类是向本国公民和外国举债。第一类措施本质上是中央银行增发货币或者说是增加高能货币,容易引发通货膨胀,发达国家大多较少采用,因而借债就成为政府取得收入的一种常见形式。

在扩张性财政政策条件下,年复一年的财政赤字和公债本息的不断累积,对一国经济会造成一定的压力。因为无论是内债还是外债,与税收一样,都是政府加在公民身上的一种负担,必须用征税或者多发行货币的方法来解决。公债不仅是加在当代人身上的负担,而且会造成子孙后代的负担,因为旧债往往需要发行新债来偿还,因而公债会一代一代地传下去。

(二)货币政策的局限性

(1)在通货膨胀时期实施紧缩的货币政策效果比较显著,但在衰退期实施扩张性货币政策效果往往不太明显。当经济处于衰退期时,厂商通常对经济发展前景比较悲观,即便中央银行松动银根,降低利率,投资者也不愿意增加贷款从事投资活动。而银行业会从安全角度出发,不会轻易发放贷款,因此,货币政策作为反衰退的政策,效果有限。

(2)货币政策的效果受到货币流通速度的影响。通常情况下,在经济繁荣时期和经济衰退时期,货币流通速度是不同的。经济繁荣时期,中央银行为抑制通货膨胀而采取紧缩性的货币政策,但此时公民一般不愿意持有货币,而是希望尽快将货币投资或花费掉,从而导致流通速度加快。在这种情况下,即便中央银行将货币供给减少也可能无法使通货膨胀降下来;反之,当经济处于衰退期时,货币流通速度降低,进而使中央银行扩张性货币政策的作用大打折扣。

（3）货币政策往往存在一定的时滞性，进而会影响到政策效果。通常从中央银行货币政策的出台到实际发挥作用，需要经过相当长的一段时间。在此过程中，实际经济的情况可能发生与初始预期相反的变化。比如，经济衰退时，中央银行扩大货币供给，但未到该政策效果完全发挥出来时，经济就已经转入繁荣期，物价已经开始较快上涨，则原来的扩张性货币政策不仅没能起到反衰退作用，反而为通货膨胀推波助澜。

（4）在开放经济条件下，货币政策还会受到国际市场上资本流动的影响。比如，当一国实施紧缩性货币政策时，利率将会上升，此时会导致国际资本流入。在实际浮动汇率制度条件下，本币升值，出口受到抑制，进口增加，使得本国总需求下降幅度增加；在实行固定汇率下，为保持汇率的稳定，中央银行需要在国际市场上增加本币供给，于是国际市场上本国货币供给增加，将影响紧缩性货币政策的效果。

二、财政政策与货币政策协调使用的类型

财政政策和货币政策在实际运用中，政府总是根据两者的特点和不同功能配合使用，如期达到最佳调控效果。通常，在具体使用中，两种政策的配合主要有以下几种类型。

1. "双松"型

即同时采用扩张性财政政策和货币政策。这种组合的积极效应是可以强烈地刺激投资，促进经济增长；消极效应往往会产生财政赤字、信用膨胀并诱发通货膨胀。

2. "双紧"型

即同时采用紧缩性财政政策和货币政策。这种组合的积极效应是可以强烈地抑制总需求、控制通货膨胀；消极效应是容易造成经济萎缩。

3. "松紧搭配"型

这种组合是在经济调控中最常用的调节方式，又可以具体分为扩张性财政政策与紧缩性货币政策搭配型和紧缩性财政政策与扩张性货币政策搭配型。

上面几种不同的政策组合对经济的影响可以用表 1-5-2 描述。

表 1-5-2 不同的政策组合对经济的影响

类　型	政　策　配　合	产　出	利　率
"双松"型	扩张性财政政策和扩张性货币政策	增加	不确定
"松紧搭配"型	扩张性财政政策和紧缩性货币政策	不确定	上升
"松紧搭配"型	紧缩性财政政策和扩张性货币政策	不确定	下降
"双紧"型	紧缩性财政政策和紧缩性货币政策	减少	不确定

政府和中央银行可以根据具体情况和政策目标，选择不同的政策组合。当经济出现严重萧条时，可以采用"双松"型政策组合，采用扩张性财政政策刺激总需求，同时扩张性货币政策克服财政政策的挤出效应；当经济中出现严重通货膨胀，可以考虑采用"双紧"型政策组合，通过紧缩性货币政策来提高利率，降低总需求，同时紧缩财政，防止利率上升幅度过高；当经济中出现通货膨胀但不太严重时，为了经济的稳定发展，不应急于收紧银根、回笼

货币，而应采取增加财政收入、紧缩财政支出的对策，即选择扩张性货币政策与紧缩性财政政策的搭配；当通货膨胀成为经济发展中的主要矛盾时，就应该采取紧缩银根、回笼货币的紧缩性货币政策与扩大支出、减少收入的扩张性财政政策，以压缩需求，增加供给。

知识拓展

改革开放以来财政货币政策协调配合的历史回顾

第一阶段：1979—1992年。该阶段是我国从计划经济过渡到市场经济的重要时期。由于政策调控取向多着眼于影响总供给，故两大政策是以"松"为主的扩张性搭配。

第二阶段：1993—1996年。该阶段我国经济过热，出现严重的通货膨胀，两大政策从"双松"到"双紧"，通过压缩开支、减少发债，控制赤字和基础货币投放，对于实现经济的"软着陆"起到了较大作用。

第三阶段：1997—2004年。该阶段我国受亚洲金融危机的影响，经济形势严峻，出现通货紧缩，我国开始采取积极的财政政策和稳健的货币政策。财政政策方面，通过增发国债，筹集资金用于社会基础设施的建设；货币政策方面，中前期为解决通货紧缩，增加货币供应量，到后期通胀压力加大开始紧缩银根。

第四阶段：2005—2007年。该阶段我国为防止经济过热，抑制可能出现的通货膨胀，实施了双稳健的财政政策和货币政策。

第五阶段：2008—2010年。该阶段从2008年9月起，受美国次贷危机的影响，为防止经济严重下滑，在当年的中央经济工作会议上，我国实行积极的财政政策和适度宽松的货币政策，通过增加投资、增发国债、下调利率和存款准备金率等方式刺激经济的增长。

第六阶段：从2011年至今。该阶段我国经济发展总体上呈现"高增长、低通胀"的良好态势，2013年中央经济工作会议提出，2014年将坚持稳中求进的经济总基调，保持宏观政策连续性和稳定性，继续实施积极财政政策和稳健货币政策。其中，财政政策继存期间，政策扩张的力度会有一定的收缩；货币政策的稳健，在保持货币信贷和社会融资规模平稳适度增长的基础上，审时度势、灵活调整政策。

改革开放以来，综合财政货币政策协调配合的历史回顾，我们可以得到以下启示：第一，随着国家从计划经济过渡到市场经济，两大政策协调配合的基础性条件发生变化；第二，由于我国是社会主义市场经济的宏观调控，从改革开放之初的财政政策为主、货币政策为辅，逐渐到财政货币政策并重的局面；第三，随着宏观经济形势的变化，两大政策在运行一段时间以后，选择作用相反的另一种政策取而代之，从而抵消政策带来的负面效应。

案例分析

积极财政政策和稳健货币政策是应对目前形势合适的组合

2015年3月12日下午，十二届全国人大三次会议在梅地亚中心举行记者会，中国人民银行行长周小川，中国人民银行副行长、国家外汇管理局局长易纲，中国人民银行副行长潘功胜，丝路基金有限责任公司董事长金琦就金融改革与发展的相关问题回答中外记者的提问。

新华社和新华网的记者在会上提问：PPI连续37个月负增长之后，是否意味着我国经济面临通缩的风险？为什么在两次降息和一次降准之后，央行仍然强调货币政策保持中性立场不变,请问怎么理解"中性"?

周小川说:我们说物价确实是观察经济的一个重要指标。物价这个指标也有好几种指标,大家也知道有CPI、PPI,就是消费者物价指数、生产者物价指数、GDP平减指数等。其中PPI的指数与投资活动关系也是比较大的,因此我们说在经济结构转变进入新常态的过程中,PPI的变化比较大一点。

另外,大家需要注意,最近一段时间以来,国际市场大宗商品价格变化比较大。因此,我们可能对于物价的变化,既要给予足够的关注,同时也要把观察的时间段放长一些,趋势性放长一点来估计,同时要慎重。在这种情况下,我们说货币政策的一些工具已经经过几次调整,总体上保持了金融市场上流动性适度,没有超出你所说的仍旧是稳健的、中性的范畴。

易纲说:虽然有很多指数来衡量通货膨胀,但是一般来说CPI是最主要的指数。最近这些年,我国有的年份CPI为负,比如1998—1999年连续两年CPI为负,2002年和2009年CPI也是略微的为负。

大家知道,去年我们的CPI是2%,今年2月份的CPI同比是1.4%,所以我们还是在密切地关注CPI包括你所说的PPI的走势。

PPI是生产价格指数,它是连续37个月为负,这个压力可以说是全球性的压力,特别是最近一轮的油价、大宗商品、铁矿石价格的下降,对PPI的影响会比较大。我们在密切关注价格走势的同时,也会以稳健的货币政策来调控好流动性。实际上积极的财政政策和稳健的货币政策恰恰是应对目前这种形势的一个合适的组合,也是政策的应有之义。

思考分析:周小川行长所说CPI和PPI的数据所反映的经济现状是怎样的?如何理解现行的经济政策对目前经济的影响?

项目小结

任务	任务知识点	知识内容
财政政策	财政政策的含义	定义、作用及实施
	财政政策的类型	扩张性、紧缩性、中性等财政政策
	财政政策工具	国家预算、税收、补贴、投资、公债、转移支付及其调控原理
	财政政策目标	经济增长、充分就业、物价稳定、国际收支平衡
货币政策	中央银行	中央银行概述、职能、作用、业务
	货币政策目标	最终目标;中间目标
	货币政策工具	存款准备金;再贴现;公开市场业务;选择性货币政策工具
	货币政策传导机制	从中央银行到商业银行;从商业银行到企业、居民;从非金融部门到各经济变量
财政政策与货币政策的配合工具	二者协调使用的必要性	财政政策的局限性;货币政策的局限性
	二者协调使用的类型	"双松"型;"双紧"型;"松紧搭配"型

职业能力训练

一、单选题（每题只有一个正确答案）

1. 中央银行作为一国金融体系的核心，致力于货币政策的制定实施，对整个银行业的运行进行调控监管。这体现了中央银行（　　）的职能。
   A. 发行的银行　　　　　　　　B. 政府的银行
   C. 银行的银行　　　　　　　　D. 管理金融的银行

2. 下列哪一个不是财政政策的工具？（　　）
   A. 公开市场工具　　　　　　　B. 税收
   C. 财政补贴　　　　　　　　　D. 转移支付

3. "双松型"经济政策是指（　　）。
   A. 紧缩性财政政策和扩张性货币政策
   B. 紧缩性财政政策和紧缩性货币政策
   C. 扩张性财政政策和扩张性货币政策
   D. 扩张性财政政策和紧缩性货币政策

4. 我国的公开市场操作中，中国人民银行向一级交易商卖出有价证券，并约定在未来特定日期买回有价证券，这种交易行为称为（　　）。
   A. 现券买断　　B. 现券卖断　　C. 正回购　　D. 逆回购

5. 政府发行公债后，其"挤出效应"使民间部门的投资（　　）。
   A. 规模扩大　　B. 规模缩小　　C. 效益提高　　D. 效益降低

二、多选题（每题至少有两个正确答案）

1. 中央银行的资产业务包括（　　）。
   A. 再贴现　　B. 证券买卖　　C. 代理国库　　D. 集中存款准备金

2. 货币政策的目标是解决宏观问题，一般将货币政策的最终目标确定为（　　）。
   A. 物价稳定　　　　　　　　　B. 充分就业
   C. 经济增长　　　　　　　　　D. 国际收支平衡

3. 按照财政政策具有调节经济周期的作用，可以划分为（　　）。
   A. 紧缩性财政政策　　　　　　B. 扩张性财政政策
   C. 自动稳定的财政政策　　　　D. 相机抉择的财政政策

4. 作为货币政策工具的公开市场业务，其主要优点是（　　）。
   A. 中央银行具有主动权　　　　B. 富有弹性
   C. 对货币供应量的调整迅速　　D. 容易逆向修正货币政策
   E. 干扰其实施效果的因素比其他货币政策工具少

5. 在中央银行的货币政策工具中，存款准备金政策的主要内容包括（　　）。
   A. 规定存款准备金计提的基础　　B. 规定存款准备金率
   C. 规定存款准备金运用的方式　　D. 规定存款准备金提取的时间
   E. 规定存款准备金的构成

三、案例分析题（不定项选择题）

从2003年以来，我国经济快速发展的同时，也出现了投资增长加速，尤其是一些地区房地产投资过热，造成信贷增长过快，形成能源供应紧张、物价增长加快的趋势。对此，中国人民银行实行了一系列货币政策措施进行调控,并取得的良好效果。

根据以上材料回答下列问题:

1. 针对上述实际情况,中国人民银行可采取的政策措施有( )。

A. 下调存款准备金率 B. 抑制不动产信用量
C. 窗口指导 D. 上调存款准备金率

2. 中国人民银行发行央行票据,此举目的是为了( )基础货币。

A. 发行 B. 投放 C. 平衡 D. 回笼

3. 针对投资过热所实施的货币政策,是属于( )。

A. 紧缩的货币政策 B. 宽松的货币政策
C. 稳健的货币政策 D. 松紧结合的货币政策、

4. 2014年某些数据表明经济有下滑的趋势,针对此类情况,可以采用的货币政策是( )。

A. 下调利率 B. 调整存款准备金制度
C. 取消商业银行贷款限额控制 D. 大力采取措施,弥补财政赤字

项目综合实训

现行经济政策分析

1. 任务目标

通过对当年或前一年经济政策的分析,把握目前经济现状和运行规律。

2. 任务描述

学生分小组进行分析讨论,汇总统计结果。

3. 任务准备

指导教师对学生先进行相关知识培训,要求学生借助互联网等现代信息工具并参考当年的经济杂志进行实训。

4. 任务步骤

(1) 由任课老师对学生进行培训并布置任务,学生分组进行;
(2) 学生运用互联网、图书馆资料查找相关信息;
(3) 学生分组讨论,得出小组意见;
(4) 把各小组意见汇总,得出分析报告。

5. 任务成果

使学生能够熟练运用课本知识对经济现象进行研究分析,并一步预测未来经济政策走势。

项目六
国际金融

 知识目标

1. 了解国际的主要金融机构与货币体系。
2. 理解国际收支失衡的原因及调节政策,影响汇率变动的主要因素。
3. 掌握外汇与汇率的基本概念和种类、汇率的标价方法。

 能力目标

1. 能够运用所学知识分析国际金融对经济发展的影响。
2. 能够运用所学知识进行实际国际金融业务的操作。

 导入案例

如何兑换外汇

你想出国留学吗?你想出国旅游吗?你想出国……

最近几年,随着人们生活水平不断提高,出国留学、出国旅游的人越来越多。而出国就要兑换外汇。在国内换外汇有几种情况:(1)可以直接去中国银行兑换。目前每人每年换汇额度是20 000美元或者等值的其他货币。如果是境外汇款进来的,全年结汇金额是5万美元或等值的其他货币。换汇通常需要身份证或护照。关键是看结汇还是购汇。一般结汇只用提供身份证就可以了,有些银行还需要外汇来源申报,这点关键是看对方是公司账号还是个人,如果是个人就没这个问题。(2)留学或移民购汇,一般都是提供相关证明材料给银行,然后可以直接购汇。移民购汇可能会有一定出入,有些早就把USD汇到境外银行之类的。(3)旅游也是同理的,提供相关证明和护照就可以直接在银行购汇。出境旅游每次可按当日牌价换取2 000美元/次或等价币。

思考：假如你去美国旅游时所换的美元在回国时没用完，再兑换人民币时价格还一样吗？

任务 1 外汇与汇率
Misson one

任务描述

本任务主要讲述外汇及汇率。

任务知识

一、外汇

1. 外汇的概念

外汇有动态和静态之分，动态的外汇是指把一个国家的货币兑换成另一个国家的货币，通过一定的金融机构和信用工具，进行国际间债权债务清偿的专门性的活动。静态的外汇是把外汇看作是一种工具，而不是一项活动。狭义的外汇，是指以外国货币表示的用于进行国际债权债务清偿的工具或手段。我国外汇管理条例规定，外汇是以外币表示的可以用作国际清偿的支付手段和资产，主要内容有：①外国货币，包括纸币、铸币；②外币支付凭证，包括票据、银行存款凭证、邮政储蓄凭证等；③外币有价证券，包括政府债券、公司债券、股票等；④特别提款权、欧洲货币单位；⑤其他外汇资产。

广义外汇，是指在国际经济交往过程中，用于国际债权债务清偿的所有对外债权。国际货币基金组织把外汇定义为：外汇是货币行政当局（中央银行、货币机构、外汇平准基金组织及财政部）以银行存款、财政部库券、长短期政府债券等形式所保存的，在国际收支逆差时可以使用的债权。通常意义上的外汇概念是指外汇的静态含义，而运用最广泛的外汇概念是指外汇的狭义概念。

小 贴 士

银行结售汇是指外汇指定银行为客户及其自身办理的结汇和售汇业务，包括远期结售汇履约数据，不包括银行间外汇市场交易数据。银行结售汇统计时点为人民币与外汇兑换行为发生时。其中，结汇是指外汇所有者将外汇卖给外汇指定银行，售汇是指外汇指定银行将外汇卖给外汇使用者。结售汇差额是结汇与售汇的轧差数。银行结售汇形成的差额将通过银行在银行间外汇市场买卖平盘，是引起我国外汇储备变化的主要来源之一，但其不等于同期外汇储备的增减额。

远期结售汇签约是指银行与客户协商签订远期结汇（售汇）合同，约定将来办理结汇（售汇）的外汇币种、金额、汇率和期限；到期外汇收入（支出）发生时，即按照远期结汇（售汇）合同订明的币种、金额、汇率办理结汇（售汇）。远期结售汇业务使得企业可提前锁定未来结汇或售汇的汇率，从而有效规避人民币汇率变动的风险。银行一般会通过银行间外汇市场来对冲远期结售汇业务形成的风险敞口。比如，当银行签订的远期结汇大于远期售汇时，银行一般会将同等金额的外汇提前在银行间外汇市场卖出，反之亦然。因而远期结售汇也是影响我国外汇储备变化的一个因素。

2. 外汇的特点

在现实中，一种货币要被世界各国广泛接受成为通用的外汇，必须要具备几个特点。包括：①外币性。外汇必须是外国货币及其所表示的各种资产，本国货币及其表示的各种资产，即使可以自由兑换成外国货币及其表示的资产，也不是外汇的构成。②可自由兑换性。除了两国政府协定的记账外汇以外，一般意义上的外汇必须具备可以自由兑换成其他国家货币及其表示的支付手段的特征。③国际性和普遍接受性。一种货币要成为外汇，必须是在国际上能被普遍接受和运用，作为国际储备、国际支付及国际结算等手段。如果不能被其他国家政府、工商界或居民、非居民普遍接受，无法承担国际支付的责任，就不称其为外汇。

3. 外汇的种类

从对外汇的管制程度及自由兑换性来划分，可分为自由外汇和记账外汇。自由外汇是指在国际结算和国际金融市场上，不需要货币发行当局批准，就可以自由兑换成其他国家货币，或可以向第三国办理支付的外汇，如美元、英镑、欧元、日元等；记账外汇也称协定外汇或双边外汇。

从外汇的来源与用途来划分，可以分为贸易外汇和非贸易外汇。贸易外汇是指由商品输出/输入引起收付的外汇，出口贸易可以赚取外汇，进口贸易则要支出外汇；非贸易外汇是指由非商品输出入的其他往来而引起收付的外汇，包括劳务、旅游、侨汇、捐赠及援助外汇以及属于资本流动性质的外汇等。

从外汇买卖的交割期限来划分，外汇可分为即期外汇和远期外汇。即期外汇是指外汇买卖成交后在两个营业日内交割完毕的外汇；远期外汇是指外汇买卖合约签订时，预约在将来某一天办理交割手续的外汇。

二、汇率

1. 汇率的概念

外汇汇率又称外汇汇价或外汇行情，是一种货币折算为另一种货币的比率或比价，也可以说是以一种货币表示另一种货币的价格。汇率是一切外汇交易的基础。部分货币对美元折算率如表 2-6-1 所示。

表 2-6-1　部分货币对美元折算率（2015 年 1 月 30 日）

	货币名称	货币单位	对美元折算率		货币名称	货币单位	对美元折算率
AUD	澳元	1 元	0.780 121	MUR	毛里求斯卢比	1 卢比	0.030 628
BAM	波黑马克	1 马克	0.576 037	MVR	马尔代夫卢非亚	1 卢非亚	0.064 767
BHD	巴林第纳尔	1 第纳尔	2.652 203	MXN	墨西哥比索	1 比索	0.067 670
CAD	加元	1 元	0.792 896	OMR	阿曼里亚尔	1 里亚尔	2.597 133
CHF	瑞士法郎	1 法郎	1.084 658	PEN	秘鲁索尔	1 索尔	0.328 515
CLP	智利比索	1 比索	0.001 593	PHP	菲律宾比索	1 比索	0.022 686
CNY	人民币元	1 元	0.162 946	PKR	巴基斯坦卢比	1 卢比	0.009 891
EUR	欧元	1 欧元	1.135 376	RUB	俄罗斯卢布	1 卢布	0.014 744

续 表

货币名称		货币单位	对美元折算率		货币名称	货币单位	对美元折算率
GBP	英镑	1英镑	1.511 374	SAR	沙特里亚尔	1里亚尔	0.266 117
HKD	港元	1元	0.128 996	SEK	瑞典克朗	1克朗	0.120 990
HRK	克罗地亚库纳	1库纳	0.147 217	SGD	新加坡元	1元	0.742 122
IQD	伊拉克第纳尔	1第纳尔	0.000 858	THB	泰铢	1铢	0.030 699
JOD	约旦第纳尔	1第纳尔	1.410 736	TWD	台湾元	1元	0.031 711
JPY	日元	1元	0.008 489	TZS	坦桑尼亚先令	1先令	0.000 560
KRW	韩元	1元	0.000 911	UGX	乌干达先令	1先令	0.000 350
LBP	黎巴嫩镑	1镑	0.000 662	VND	越南盾	1盾	0.000 047
LKR	斯里兰卡卢比	1卢比	0.007 563	XAF	刚果中非共同体法郎	1法郎	0.001 716

2. 汇率的标价方法

折算两国货币的比率，首先要确定以哪一国货币作为标准，这就是汇率的标价方法。国际市场上有两种标价方法：直接标价法和间接标价法。

直接标价法，又称应付标价法。是指用一定单位（1、100、100 000 等）的外国货币作为标准来计算折合若干单位的本国货币的标价法，即以本国货币来表示外国货币的价格。在直接标价法下，如果一定单位的外币折合的本币数额比以前增多了，说明外币的币值在提高，本币的币值在下降，称为外汇汇率上升；反之，称为汇率下降。世界上大多数国家采用直接标价法，我国采用这种标价法。

间接标价法，又称应收标价法。是指以一定单位（1、100、100 000 等）的本国货币作为标准，来计算折合若干单位的外国货币的标价法，即以外国货币来表示本国货币的价格。在间接标价法中，如果一定单位的本币折合的外币数额比以前增多了，说明本币的币值在提高，外币的币值在下降，本币汇率上升；反之，称为汇率下降。英镑和美元采用间接标价法，但美元对英镑及新问世的欧元采用直接标价法。

美元标价法。美元标价法是一种外汇市场上交易的习惯做法，是以美元作为标准，折算成若干单位的其他国家货币的标价法，即以其他国家的货币来表示美元的价格。在美元标价法下，银行只报出美元与其他国家货币之间的比价，而其他国家货币之间的汇率不直接报出，它们只能通过各自与美元的比价套算出来。

3. 汇率的种类

（1）根据汇率制度不同，可将汇率分为固定汇率和浮动汇率。固定汇率是指两国货币的汇率受平价制约基本固定，只能围绕平价在很小范围内上下波动的汇率。浮动汇率是指一国货币的对外汇率不予固定，也不规定上下限的波动幅度，而是根据外汇市场的供求状况变动而波动的汇率。外国货币供过于求，则外币贬值而本币升值，称为外汇汇率下浮。如果政府对汇率的波动不加干预，完全听任供求关系决定汇率，称为自由浮动或清洁浮动；反之，称为管理浮动。固定汇率制瓦解后，各国普遍实行的就是这种有管理的浮动汇率制。

（2）从银行买卖外汇的角度，可将汇率分为买入汇率、卖出汇率、中间汇率和现钞汇率。买入汇率，又称买入价，是指银行购买外汇时所使用的汇率。卖出汇率，又称卖出价，是指银行出售外汇时所使用的汇率。中间汇率，又称中间价，是指买入价与卖出价的平均数。中间汇率一般适用于新闻媒体报道外汇消息。一般而言，银行现钞买入价要稍低于外汇买入价，通常低 2%～3%；而现钞卖出价与外汇卖出价相同。

（3）根据汇率制定的方法不同，汇率分为基本汇率和套算汇率。基本汇率是本国货币对某一关键货币的汇率。由于国外货币种类繁多，一国货币难以同时与众多外币制定出汇率，为了简化起见，各国一般都选定一种在本国对外经济交往中最为常用的重要货币作为关键货币，制定本国货币与该关键货币的汇率，这一汇率即为基本汇率。由于美元在国际货币体系中的特殊地位，各国一般将本国货币对美元的汇率作为基本汇率。套算汇率，又称交叉汇率，是指根据基本汇率套算得出的对其他国家的汇率。

（4）按照外汇买卖的交割期限不同，汇率分为即期汇率和远期汇率。即期汇率是指外汇买卖双方在成交后的当天或两个营业日以内办理交割所使用的汇率。即期汇率是确定远期汇率的基础。远期汇率是指买卖双方成交后，在约定的日期办理交割所使用的汇率。由于利率及外汇市场供求状况的变化，会引起远期汇率的变动，远期汇率与即期汇率经常不一致，其差额称为远期差价。其中，远期汇率高于即期汇率称为升水；远期汇率低于即期汇率称为贴水；远期汇率等于即期汇率称为平价。在直接标价法下，远期差价若为升水，远期汇率等于即期汇率加升水率；若为贴水，远期汇率等于即期汇率减贴水率。而在间接标价法下，其计算方法则正好相反。

（5）按照银行外汇汇付方式不同，汇率分为电汇汇率、信汇汇率和票汇汇率。电汇汇率是指经营外汇业务的银行卖出外汇后，以电报方式通知国外分支行或代理行付款时所使用的汇率。电汇汇率通常高于其他汇率。目前，电汇汇率是外汇市场的基准汇率，是计算其他汇率的基础。各国公布的外汇牌价，除另有注明外，一般均指银行的电汇汇率。信汇汇率是指经营外汇业务的银行卖出外汇后，以信函方式通知国外分支行或代理行付款时所使用的汇率。由于这种支付方式所需邮程时间较长，银行在邮程时间内可利用汇款头寸，因此信汇汇率通常比电汇汇率要低一些，其差额与邮程期间的利息大致相当。票汇汇率是指银行买卖外汇汇票时所使用的汇率。由于票汇从出售到支付外汇也有一段时间间隔，银行也可在这段时间利用客户的资金头寸，票汇汇率自然也比电汇汇率低。

（6）按汇率形成的方式不同，汇率分为官方汇率和市场汇率。官方汇率，也称法定汇率，是一国货币金融管理机构如中央银行或外汇管理局规定并予以公布的汇率。市场汇率是指在外汇市场上买卖外汇的实际汇率，它随外汇市场的供求关系变化而自由浮动。在外汇管制较松的国家，官方公布的汇率往往只起中心汇率的作用，实际外汇交易则按市场汇率进行。

4. 汇率决定与变动

（1）汇率决定的基础

汇率是两国货币之间的比价。两国货币之所以具有这样的可比性，根本原因就在于都具有或代表一定的价值。从本质上说，货币所具有或代表的价值是决定汇率的基础。在不同的货币制度下，货币所具有或代表的价值量的测定不同，或者说价值量的具体表现形式不同，因此，决定汇率的基础也有所不同。

金本位制是以黄金作为本位货币的货币制度。包括金币本位制、金汇兑本位制和金块本位制。金币本位制是金本位制最典型的形式，其主要特征是：金币可以自由铸造，黄金可以自由输出/输入，货币储备全部是黄金。在这种货币本位制下，金币由一定重量和成色的黄金铸成，每一金币单位所包含的黄金重量与成色，即含金量就是金币所代表的价值。所以两国货币单位的含金量之比，即铸币平价，是决定其汇率的基础。

纸币流通条件下，纸币不再代表或代替黄金流通，纸币与黄金彻底脱钩。各国纸币间的汇率不再以其含金量来确定，而取决于它们各自在国内所代表的实际价值，也就是说货币对内价值决定货币对外价值。而货币的对内价值又是用其购买力来衡量的。因此，两种货币实际购买能力的对比，即购买力平价就成为纸币流通体制下汇率决定的基础。

（2）影响汇率变动的主要因素

除了上述决定汇率的因素之外，汇率还受以下因素影响。

① 国际收支差额。一国的国际收支状况特别是经常账户的收支状况是影响汇率变动的基本因素。如果一国国际收支处于顺差状态，说明该国对外债权增加，会引起对该国货币需求增加，货币汇率上升；相反，如果一国国际收支处于逆差状态，说明该国对外债务增加，会引起该国对外汇需求增加，从而可能导致外汇汇率上升和本币汇率下降。

② 通货膨胀率的差异。在纸币制度下，两国货币的汇率取决于它们各自代表的价值量的大小。物价水平是一国货币价值在商品上的体现，物价趋于上升，意味着单位货币代表的价值减少。所以，一般认为一国通货膨胀率超过另一个国家通货膨胀率，则该国货币的价值就要下降，本币汇率下跌；相反，则本币汇率上升。

③ 经济增长率的差异。经济增长率的差异对汇率的影响是多方面的。一方面，一国经济增长率较高意味着该国收入较高，社会需求增加，进口增多，使外汇供给紧张；另一方面，一国经济增长率较高也意味着该国劳动生产率提高较快，产品成本降低较快，可以改变本国出口商品在国际市场竞争中的地位，有利于出口，增加外汇供给。

④ 利率水平的差异。利率是影响国际资本流动的主要因素，如果一国利率水平高于周边国家，将吸引国际资本内流套利，使本币需求上升，可能会拉动本币汇率上扬。相反，则本币汇率下降。

⑤ 政府对外汇市场的干预。各国货币当局为了实现一定的经济发展目标，避免汇率变动对国内经济产生不良影响，都把汇率稳定在一个对本国经济发展有利的水平上。在本国货币汇率出现剧烈波动时，采用各种措施进行干预。

此外，影响汇率波动的因素还有如政治因素、预期心理、金融投机等。

（3）汇率变动对经济的影响

汇率变动对一国的国际收支、资本流动、国际储备及物价等都会产生影响。

① 对贸易和国际收支的影响。当外汇汇率上升、本币汇率下跌时，意味着出口所得的同等数额的外汇所兑换的本币比以前增加，而进口所需同等数额的外汇需要更多的本币兑换，就增加了出口的盈利能力，加大了进口成本，有利于刺激出口。本币汇率上涨时情况恰好相反。

② 对资本流动的影响。当外汇汇率上升本币汇率下跌时，本国或外国资本特别是短期资本为避免货币贬值的损失会流向国外。本币汇率上升时，情况刚好相反。

③ 汇率变动对国际储备的影响。汇率变动对一国国际储备的影响可以表现在两个方面：一是影响一国的外汇储备实际价值；二是影响一国的外汇储备数额的增减。如果本币贬值在不考虑其他因素的情况下，将刺激出口，使外汇收入增加，使外汇储备增加。反之则相反。

④ 对国内物价的影响。在不考虑其他因素的情况下，本币汇率下跌会刺激出口，限制进口，使国内市场商品供应减少，供求紧张，可能引起物价上涨。出口增加引起外汇收入增加，使国内的有效需求增加，会加大供求矛盾，引起国内物价上涨。本币汇率上升时情况相反。

⑤ 汇率变动对国际债务的影响。对一国来说如果债务货币汇率上升，将使国际债务实际价值增加，从而加重该国的债务负担。反之将可能会减轻该国的债务负担。

三、汇率制度

汇率制度又称汇率安排，是指一国货币当局对其货币汇率的变动所作的一系列安排或规定。一种汇率制度应该包括以下几个方面的内容：第一，规定确定汇率的依据；第二，规定汇率波动的界限；第三，规定维持汇率应采取的措施；第四，规定汇率应怎样调整。

1. 固定汇率制

固定汇率制是指汇率的确定受平价制约，现实汇率只能围绕平价在很小的范围内上下波动。包括金本位制下的固定汇率制和纸币本位制下的固定汇率制。

在金本位制下，金币可以自由铸造和流通，银行券可以自由兑换成金币，金银可以自由输出和输入国境。金本位制下的汇率以铸币平价为基础，汇率的波动幅度受黄金输送点的限制，由于波动幅度小，所以汇率相对比较固定。

2. 浮动汇率制

浮动汇率制是指一国不再规定其货币的金平价及现实汇率波动幅度，货币当局也不再承担维持汇率波动界限的义务，而是听任外汇市场的供求变化来决定货币汇率水平的汇率制度。1976 年以来实行的牙买加体系下，各国货币的汇率基本上都采用浮动汇率制。

案例分析

国家外汇管理局统计数据显示，2015 年 1 月，银行结汇 9 923 亿元人民币（等值 1 620 亿美元），售汇 10 427 亿元人民币（等值 1 702 亿美元），结售汇逆差 504 亿元人民币（等值 82 亿美元）。其中，银行代客结汇 9 145 亿元人民币，售汇 9 859 亿元人民币，结售汇逆差 714 亿元人民币；银行自身结汇 778 亿元人民币，售汇 568 亿元人民币，结售汇顺差 210 亿元人民币。同期，银行代客远期结汇签约 1 215 亿元人民币，远期售汇签约 1 575 亿元人民币，远期净售汇 359 亿元人民币。截至本月末，远期累计未到期结汇 8 356 亿元人民币，未到期售汇 7 870 亿元人民币，未到期净结汇 486 亿元人民币。

2015 年 1 月，境内银行代客涉外收入 18 415 亿元人民币（等值 3 006 亿美元），对外付款 16 165 亿元人民币（等值 2 683 亿美元），涉外收付款顺差 2 250 亿元人民币（等值 367 亿美元）。

任务 2 国际收支
Misson two

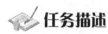

通过本任务的学习,了解国际收支情况及我国国际收支情况。

一、国际收支

1. 国际收支的概念

国际货币基金组织对国际收支的定义是:国际收支是指一定时期内,一国居民对其他国家的居民所进行的全部经济交易的系统记录。包括:①一国与其他国家之间的商品、劳务、收入的交易;②该国货币黄金、特别提款权以及对其他国家债权债务的变化;③无偿转移和从会计意义上必须用来平衡的尚未抵消的交易以及不易抵消的交易。目前各国都采用广义的国际收支概念。

2. 国际收支平衡表

一国的国际收支状况是通过国际收支平衡表来反映的。国际货币基金组织出版的《国际收支手册》对国际收支平衡表的定义是:国际收支平衡表是一种系统地记载特定时期内一经济体(通常指一国)与世界其他经济体之间各项经济交易的统计报表。

国际收支平衡表按照复式簿记原理采用借贷记账法编制,一切收入项目或对外负债增加、资产持有额减少都记入贷方,以正号表示;一切支出项目或对外负债减少、资产持有额增加都记入借方,以负号表示。具体在国际收支平衡表中,商品、劳务的出口、资本流入及来自外国的单方面转移,记入贷方;商品、劳务的进口、资本流出及对外国的单方面转让,记入借方。其中,资本流入是指本国对外的金融资产减少,或本国对外的负债增加;资本流出是指本国对外的金融资产增加,或本国对外的负债减少。

国际收支平衡表记录的是一国在一定时期内对外经济交易的发生额而不是某个时点的交易余额,并按"权责发生制"原则,即采用与所有权变更相一致的原则来确定交易的记载时间,包括以下项目:经常项目、资本与金融项目、储备与相关项目、净误差与遗漏项目。

(1) 经常项目

经常项目也称往来项目,是一国对外经济交易中经常发生的项目,也是国际收支平衡表中最重要、最基本的项目。它包括货物、服务、收入以及经常转移。①货物:该项目记录一国的商品进口和出口。按照国际货币基金组织的规定,进出口商品价格统一按离岸价格(FOB)计算。出口记入贷方,进口记入借方,其差额称为贸易差额。②服务:记录服务的输出和输入。服务项目包括运输、旅游、通信、建筑、保险、金融、计算机和信息服务、专有权利使用费和特许费、其他商业服务、文化及娱乐服务以及有关的政府服务等。其中,服务输出记入贷方,服务输入记入借方。③收入:记录因生产要素在国际上流动引起的要素报酬收支。包括雇员报酬和投资收益。其中雇员报酬是指一国居民个人在非居民国家工作而得到的现金或实物形式的工资、薪金和福利；投资收益是指居民因拥有国外金融资产或承担对非居民负债而造成的收入或支出，它包括直接投资、证券投资及其他投资的收入和支出。其中，雇员报酬收入和投资收益收入记入贷方；反之，则记入借方。④经常转移：记录单方面的、无对等偿付的收支。包括政府的无偿转移和私人的无偿转移。政府的无偿转移主要包括政府间的经济援助、军事援助、战争赔款、捐赠等，私人的无偿转移包括侨汇、赠与、赡养费、年金、退休金、抚恤金和资助性汇款等。本国从国外取得的无偿转移记入贷方；本国向国外提供的无偿转移记入借方。

(2) 资本与金融项目

资本与金融项目是对资产所有权在国际上的流动行为进行记录的项目，它包括资本项目和金融项目两大部分。①资本项目：包括资本转移和非生产、非金融资产的收买或放弃。资本转移是指一国居民向另一国居民无偿提供了金融产品或服务（如投资捐赠、债务减免等）；非生产、非金融资产的收买或放弃是指各种无形资产如专利、版权、商标、经销权等的转让。与经常项目的服务项下记录不同，资本项下记录的是专利、版权、商标、经销权等无形资产的所有权的买卖所引起的收支，而经常项目的服务项下记录的是专利、版权、商标、经销权等无形资产的使用费所引起的收支。②金融项目：是指一国对外资产和负债所有权变更的所有权交易，包括直接投资、证券投资和其他投资。直接投资是指一国的居民单位（直接投资者）对另一国的居民单位（直接投资企业）的经营管理拥有有效的控制权。包括直接在国外投资建立新企业、购买国外居民企业一定比例股票、以投资利润进行再投资等；证券投资是指一国的居民单位购买另一国的居民单位发行的有价证券而进行的投资，包括股本证券和债务证券；其他投资是指所有直接投资、证券投资未包括的金融交易（例如长短期的贸易信贷、预付款、货币和存款、其他类型的应收款项和应付款项等）。

与经常项目记账不同，资本与金融项目是按与上期相比的增减额来记账的，凡是对外负债净增加、债权或资产净减少记入贷方；而对外负债净减少、债权或资产净增加记入借方。

(3) 储备与相关项目

储备与相关项目是指某一国的货币当局为了平衡国际收支或满足其他需要而进行各种交易的资产，它包括：货币黄金、特别提款权、在基金组织的储备头寸、外汇储备和其他债权等官方对外资产。货币黄金是指一国的货币当局为了维持货币信用，满足国际支付所持有的黄金资产；特别提款权是国际货币基金组织分配给成员国用于支付国际收支逆差的一种国际储备资产；在基金组织的储备头寸是指成员国在基金组织的普通提款权（成员国在基金组织缴纳的基金份额中25%以黄金和可自由兑换外汇缴纳的部分）和基金组织为满足其他成员国资金需要而使用掉的本国货币（成员国在基金组织缴纳的基金份额中75%以本币缴纳的被基金组织动用的部分）；外汇储备是指一国货币当局所持有的准备用于稳定汇率、结算国际收支差额的外汇资产。储备资产的增加额记入借方，储备资产的减少额记入贷方。

(4) 净误差与遗漏项目

由于国际收支平衡表采用的是复式簿记的原理编制，因此从原则上讲，经常项目和资本与金融项目的净差额，与储备和相关项目的净差额相抵之后余额应该为零。然而，由于编制国际收支平衡表时各种因素的影响（例如原始资料来源不一、资料失真、统计口径不一致、记录时间不一致或一些人为因素等），造成其余额不为零，因此就需设立一个数额与借贷余额相等而方向相反的抵消账户来使国际收支平衡表达到平衡。具体来说，当经常项目、资本与金融项目及储备与相关项目三个账户的贷方出现余额，就在净误差与遗漏项目的借方列出与余额相等的数字，以负号记录；当经常项目、资本与金融项目及储备与相关项目三个账户的借方出现余额，就在净误差与遗漏项目的贷方列出与余额相等的数字，以正号记录。

小 贴 士

2014 年，我国国际收支经常项目顺差 13 148 亿元人民币，资本和金融项目（含净误差与遗漏）逆差 5 939 亿元人民币，国际储备资产增加 7 209 亿元人民币，如表 2-6-2 所示。

表 2-6-2　中国国际收支平衡表（初步数）　　　　　单位：亿元人民币

项目	行次	2014 年四季度	2014 年
一、经常项目	1	3 751	13 148
A. 货物和服务	2	5 888	16 834
a. 货物	3	10 386	29 004
贷方	4	39 787	144 619
借方	5	29 401	115 615
b. 服务	6	−4 499	−12 170
贷方	7	2 108	11 369
借方	8	6 607	23 539
1. 运输	9	−840	−3 557
贷方	10	642	2 349
借方	11	1 481	5 907
2. 旅游	12	−2 231	−6 978
贷方	13	820	3 149
借方	14	3 051	10 127
3. 通信服务	15	−19	−29
贷方	16	36	111
借方	17	55	140
4. 建筑服务	18	263	644
贷方	19	383	943
借方	20	120	299
5. 保险服务	21	−263	−1 098
贷方	22	107	281
借方	23	370	1 379
6. 金融服务	24	−35	−55
贷方	25	96	266
借方	26	132	321
7. 计算机和信息服务	27	193	608
贷方	28	326	1 128
借方	29	133	520
8. 专有权利使用费和特许费	30	−338	−1 347
贷方	31	10	42
借方	32	348	1 389

续表

项目	行次	2014年四季度	2014年
9. 咨询	33	265	1 009
贷方	34	699	2 636
借方	35	434	1 627
10. 广告、宣传	36	17	71
贷方	37	73	305
借方	38	56	234
11. 电影、音像	39	−12	−43
贷方	40	3	11
借方	41	15	54
12. 其他商业服务	42	−1 485	−1 335
贷方	43	−1 103	84
借方	44	383	1 418
13. 别处未提及的政府服务	45	−15	−60
贷方	46	16	65
借方	47	31	125
B. 收益	48	−1 498	−1 828
C. 经常转移	49	−638	−1 858
二、资本和金融项目	50	−5 595	−5 939
其中：直接投资	51	3 743	12 190
三、储备资产	52	1 844	−7 209
3.1 货币黄金	53	0	0
3.2 特别提款权	54	1	4
3.3 在基金组织的储备头寸	55	43	60
3.4 外汇	56	1 800	−7 273
3.5 其他债权	57	0	0

按美元计价，2014年，我国国际收支经常项目顺差2 138亿美元，其中，货物贸易顺差4 719亿美元，服务贸易逆差1 981亿美元，收益逆差298亿美元，经常转移逆差302亿美元。资本和金融项目逆差960亿美元，其中，直接投资净流入1 985亿美元。国际储备资产增加1 178亿美元，其中，外汇储备资产增加1 188亿美元，特别提款权及在基金组织的储备头寸减少11亿美元。

二、国际收支失衡的原因

国际收支平衡表是按照复式簿记原理编制的，原则上国际收支平衡表全部项目的借方总额与贷方总额是相等的，其净差额为零。实际上，国际收支平衡表中每一具体项目的借方金额与贷方金额是不平衡的，经常会出现一些差额，如服务差额、贸易差额等。

1. 经济周期变化的影响

经济发展存在着周期性，经济周期的不同阶段，对国际收支有不同的影响。经济处于繁荣时期，经济增长一方面会刺激出口增加，贸易收支会出现顺差；另一方面经济增长也会刺激投资和提高消费需求，引起进口需求增加，贸易收支可能会出现逆差。另外，经济景气又意味着该国投资回报率较高，可以吸引外资流入，资本与金融项目又会出现顺差。这种由经济周期变化所引起的国际收支失衡称为周期性失衡。

2. 经济结构变化的影响

各国由于地理环境、资源分布、技术水平及劳动生产率等条件的不同，形成了各国不同的经济布局和产业结构，即经济结构。经济结构对国际收支的影响主要是通过进出口结构的变化来实现的。当商品、服务等国际市场供求发生变化时，会使国际经济结构也发生变化，如果本国商品的供需结构不能跟上国际市场供需结构的变化，如不考虑资本与金融项目，本国的国际收支将出现长期的结构性失衡。当国际市场对本国具有比较优势的产品需求减少，本国无法开发出新的具有比较优势的产品去替代，或者国际市场上本国需进口的商品价格上涨，本国不能开发出替代产品以减少进口，这都会导致国际收支长期逆差的出现。这种由经济结构所引起的国际收支失衡称为结构性失衡。

3. 国民收入变化的影响

国民收入变化对国际收支的影响，主要是通过对外需求的增减来实现的。一般来说，一国国民收入增加，其商品及服务的进口和捐赠、对外投资等贸易和非贸易支出会增加，从而会造成国际收支顺差减少或逆差增加；国民收入减少，国内需求会削减，对进口的需求及非贸易支出也会减少，往往会减少逆差或增加顺差。这种由国民收入的变化所导致的国际收支失衡被称为收入性失衡。

4. 货币币值变化的影响

货币币值变化对国际收支的影响，主要是通过单位货币购买力变化对进出口商品价格的影响来实现的。在一定的汇率水平下，一国货币单位购买力下降，商品价格会上升，不利于出口而有利于进口，使出口减少和进口增加，从而使贸易收支和国际收支出现逆差；相反，一国货币单位购买力上升，商品价格会下降，有利于出口而不利于进口，使出口增加和进口减少，从而使贸易收支和国际收支出现顺差。这种由货币币值变化所引起的国际收支失衡称为货币性失衡。

5. 资本流动变化影响

资本在国际上的流动，对国际收支也会产生影响。当一个国家国际收支经常项目基本平衡或略有顺差时，如果有大量资本流入国内，会引起国际收支顺差或使顺差扩大；相反，当一个国家国际收支经常项目基本平衡或略有逆差时，如果有大量资本流出国内，会引起国际收支逆差或使逆差扩大。引起资本在国际上流动的原因有利率、汇率、国际投资环境等因素的变化。这种由资本流动变化所引起的国际收支失衡称为资本性失衡（Capital Disequilibrium）。

6. 偶发性因素

除了上述各种因素外，一国政局的动荡、严重的自然灾害、战争等偶发性因素，也会对国内经济、汇率、利率、投资环境等造成影响，从而导致贸易收支失衡和巨额资本的国际移动，造成国际收支失衡。这种由偶发性因素所引起的国际收支失衡称为偶发性失衡。

案例分析

国家外汇管理局公布 2014 年 12 月我国国际服务贸易数据

2014 年 12 月，我国国际收支口径的国际服务贸易收入 1 085 亿元人民币，服务贸易支出 2 524 亿元人民币，逆差 1 439 亿元人民币。2014 年 1—12 月，我国国际收支口径的国际服务贸易收入累计 11 380 亿元人民币，服务贸易支出累计 23 543 亿元人民币，逆差累计 12 163 亿元人民币。

按美元计价，2014 年 12 月，我国国际收支口径的国际服务贸易收入 177 亿美元，服务贸易支出 412 亿美元，逆差 235 亿美元。2014 年 1—12 月，我国国际收支口径的国际服务贸易收入累计 1 853 亿美元，服务贸易支出累计 3 833 亿美元，逆差累计 1 980 亿美元。

任务 3 国际金融机构
Misson three

任务描述

通过本任务的学习，了解国际金融机构与货币体系。

任务知识

一、世界银行

世界银行（World Bank）是国际复兴开发银行（International Bank for Reconstruction and Development，IBRD）的简称。世界银行与国际开发协会（International Development Association，IDA）、国际金融公司（International Finance Corporation，IFC）、多边投资担保机构（Multilateral Investment Guarantee Agency，MIGA）、国际投资争端解决中心（International Center for Settlement of Investment Disputes，ICSID）共同组成了世界银行集团。

1. 世界银行建立的背景

第二次世界大战结束前，为了在战后尽快恢复经济，以美国为代表的许多国家认为有必要创办一个国际性金融组织，为生产性项目提供贷款或投资。为此，美国于 1943 年提出了"联合国复兴开发银行计划"。1944 年 7 月，参加布雷顿森林会议的各国代表就美国提出的计划进行了研究，最终通过了《国际复兴开发银行协定》。据此协定，国际复兴开发银行成立于 1945 年 12 月 27 日，1946 年 6 月 25 日营业。世界银行总部设在华盛顿，在纽约、巴黎、日内瓦、东京等地设立了办事处，在东非、西非地区和 26 个发展中国家设立常驻代表。凡参加世界银行的国家必须是国际货币基金组织的成员国。世界银行在成立之初只有 33 个成员国，发展至今已增加到 185 个。我国于 1980 年 5 月恢复了在世界银行的合法席位。

2. 世界银行的宗旨和作用

根据《国际复兴开发银行协定》规定，世界银行的宗旨是：对用于生产目的的投资提供便利，以协助会员国的复兴与开发，鼓励较不发达国家生产与资源的开发；利用担保或参与私人贷款和私人投资的方式,促进会员国的私人对外投资;通过鼓励国际投资,开发成员国的生产资源,促进国际贸易的长期均衡发展,维持国际收支平衡;在提供贷款保证时,应与其他方面的国际贷款配合。世界银行虽然是盈利性组织,但不是以利润最大化作为经营目标。世界银行的主要任务是向会员国提供长期贷款,促进战后经济的复兴,协助发展中国家发展生产,开发资源。世界银行主要着眼于帮助最贫困的人民和最贫穷的国家。

3. 世界银行的组织机构

世界银行属于企业,按股份公司原则组织建立,设有理事会、执行董事会、行长和办事机构。

理事会是世界银行的最高权力机构。世界银行的成员国就是世界银行的股东,拥有最终决策权。每个成员国委任一名理事和一名副理事来行使其职责。理事通常由财政部长或中央银行行长担任,任期5年,可以连任。理事会每年9月与国际货币基金组织一起举行一次年会,必要时可召开特别会议。理事会年会必须有代表投票全总数2/3以上的理事出席,才具有合法性,副理事只有在理事缺席时才有投票权。

执行董事会是负责办理日常事务的机构,行使理事会授予的职权。世界银行有24名常驻华盛顿特区的执行董事,其中5名常任执行董事由持有股份最多的美国、日本、英国、德国和法国委派,另外19人由其他会员国的理事按地区分别选举。中国、俄罗斯和沙特阿拉伯3个国家各单独选派一人,其他国家联合成多国选区,每个人都由一个或一组国家通过两年一度的选举产生。这24名执行董事通常每周开两次例会来监督管理世界银行的业务,包括批准贷款和担保项目、新的方针政策、行政预算、国别援助战略以及借款和财政决策。

执行董事会选举一人为行长,行长无投票权,只有在董事会表决中双方票数相当时,才能投决定性的一票。行长是世界银行办事机构的首脑,在执行董事会决定的方针指导下负责领导银行和办事机构的日常工作,负责任免银行的高级职员和工作人员。行长下设副行长,协助行长工作。

世界银行的办事机构很庞大。目前,在总部内,按地区和专业设有约50个相当于局的机构,分别由18位副行长领导。世界银行的工作人员来自世界100多个国家,随着银行业务的迅速发展,工作人员迅速增加,目前已超过6 000人。世界银行的组织机构如图2-6-1所示。

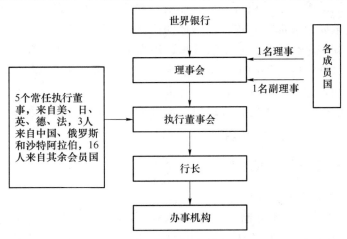

图 2-6-1 世界银行的组织机构

4. 世界银行的资金来源

(1) 成员国缴纳的股金

世界银行是采用由成员国入股方式组成的企业性金融机构，凡世界银行的成员国都要认缴一定数额的股金。每个成员国缴纳的股金数量以该国的经济、财政力量为根据，并参照在国际货币基金组织认缴的份额，与世界银行协商，并经理事会批准。

(2) 借入资金

借入资金是世界银行最主要的资金来源，主要通过在国际金融市场上发行债券。直接向成员国政府、机构或中央银行发行中短期债券，通过投资银行、商业银行等中间包销商，向私人投资银行发行债券是世界银行在各国和国际金融市场发行债券筹集资金所采用的主要方式。

(3) 转让债权

世界银行通过将贷出款项的债权转让给以商业银行为主的私人投资者，可以收回一部分资金，加速贷款资金的周转能力。

(4) 业务净收益

从贷款的利息收入和投资收益中扣除业务支出即为净收益。世界银行历年收益不分配，都留作准备金（赠予国际开发协会和撒哈拉以南非洲地区特别基金的款项除外），作为世界银行的资金来源。

5. 世界银行的主要业务

(1) 贷款业务

世界银行主要的业务活动是提供贷款。世界银行成立之初，贷款主要集中于欧洲国家，帮助恢复受到战争破坏的经济。1948年以后，欧洲各国开始主要依赖美国"马歇尔计划"（Marshall Plan）复兴战后经济，世界银行便主要转向亚、非、拉发展中国家提供中长期贷款，帮助经济发展。

世界银行对发展中国家贷款的资金主要来自于世界银行向投资者发行的债券以及在国际信贷市场的贷款，资金成本相对较高，因此，条件要求非常严格。

(2) 技术援助

在社会经济发展政策、建设项目、投资计划等方面对成员国提供技术方面的援助也是世界银行业务活动的重要组成部分。这种技术援助往往是与贷款结合在一起的，世界银行派出人员、专家帮助借款国进行项目的组织和管理，提高项目资金使用效益。世界银行还设立经济发展学院，为成员国中的发展中国家培训中高级管理干部。世界银行也经常帮助成员国制定社会经济发展计划，为某些特殊问题提供咨询意见和解决方案。我国是世界银行的创始成员国之一，直到1980年5月15日，世界银行执行董事会才通过恢复我国在世界银行代表权的决定，向世界银行派出了理事与副理事。

二、国际货币基金组织

1. 国际货币基金组织建立的背景

"二战"后，鉴于战前金本位制崩溃之后，国际货币体系长期混乱及其所产生的严重后果，进行新的国际货币制度安排成为日益突出的问题。美英两国政府都从本国的利益出发设计新的国际货币秩序，并于1943年4月7日分别发表了各自的方案，即美国的"怀特计划"

和英国的"凯恩斯计划"。两个计划反映了美英两国经济地位的变化和两国争夺世界金融霸权的斗争。1945年12月27日，代表该基金初始份额80%的29国政府，在华盛顿签署了《国际货币基金组织协定》，自此，"国际货币基金组织"（International Monetary Fund，IMF）正式宣告成立。

1946年3月，国际货币基金组织在美国佐治亚州萨凡纳召开首次理事会创立大会，选举了首届执行董事，并决定总部设在华盛顿。同年5月，国际货币基金组织召开第一届执行董事会，会上选出比利时人戈特（G.Gutt）为总裁兼执行董事会主席。国际货币基金组织成立之初有创始国39个，目前拥有180多个成员国，遍布世界各地。

2. 国际货币基金组织的宗旨和职能

《国际货币基金组织协定》对国际货币基金组织的宗旨做如下阐述：

第一，建立一个永久性的国际货币机构，就国际货币问题进行磋商和协作，以促进国际货币合作。第二，促进国际贸易的扩大和平衡发展，借此提高就业和实际收入水平，并开发成员国的生产资源。第三，促进汇率的稳定，维持各国有秩序的外汇安排和正常的汇兑关系，避免竞争性的货币贬值。第四，协助成员国建立经常性交易的多边支付和汇兑制度，并设法消除对国际贸易发展形成障碍的外汇管制。第五，在临时性基础上和具有充分保障的条件下，向成员国提供临时性的资金融通，使之无须采取有损于本国及国际经济繁荣的措施，达到纠正该国国际收支不平衡的目的。第六，根据上述宗旨，缩短成员国国际收支不平衡的持续时间，并减轻不平衡的程度，促进国际贸易的均衡发展，实现就业和实际收入水平的提高及生产的扩大。

3. 国际货币基金组织的组织机构

国际货币基金组织的机构设置和管理方法与股份公司相似，其组织机构由理事会、执行董事会、临时委员会、发展委员会、总裁和常设职能部门等组成，如图2-6-2所示。

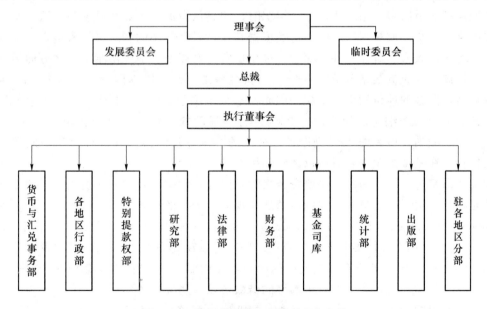

图2-6-2　国际货币基金组织的组织机构

理事会是国际货币基金组织的最高决策机构，由各成员国选派一名理事和一名副理事组成,任期为5年。理事通常由该成员国的财政部长或中央银行行长担任,有投票表决权。副理事一般为各国外汇管理机构的负责人,只有在理事缺席时才有投票权。

执行董事会是国际货币基金组织负责处理日常业务工作的常设机构,由执行董事和总裁组成,总裁出任主席。目前,执行董事会由24人组成,其中,出资最多的美国、英国、法国、日本、德国、沙特阿拉伯各选派1人;中国和俄罗斯为单独选区,可各自选派1人;其余16人由包括若干国家和地区的16个选区各选派1名。执行董事不能兼任理事,每两年改选一次。

临时委员会,即国际货币基金组织理事会关于国际货币制度的临时委员会,成立于1974年10月,是国际货币基金组织的一个重要决策机构,由22名执行董事相对应的成员国选派基金组织的理事或同等级别的人员组成。

发展委员会,即世界银行和国际货币基金组织理事会关于实际资源向发展中国家转移的联合部长级委员会。其目的是对发展中国家转移实际资源的问题进行研究,并就促进措施提出建议,尤其关注最不发达国家的问题。它由基金组织理事、世界银行理事、部长级人士及职位与此相当的人士组成。发展委员会一般与临时委员会同时、同地举行会议。

总裁是国际货币基金组织的最高行政长官,由执行董事会选举产生,并兼任执行董事会主席,任期5年。总裁负责管理基金组织的日常事务,可以参加理事会和执行董事会会议,但平时没有投票权,只有在会议表决中双方票数相等时,才可以投决定性的一票。总裁下设副总裁1人,辅助总裁工作。

国际货币基金组织设有16个职能部门,负责经营业务活动。此外,基金组织还有两个永久性的海外机构,即欧洲办事处(设在巴黎)和日内瓦办事处,并向纽约联合国总部派出一位特别代表。

4. 国际货币基金组织的资金来源

份额是指成员国参加国际货币基金组织时,向其认缴的一定数额的款项,这是基金组织最主要的资金来源。成员国所缴纳的份额根据其在世界经济中的相对规模来确定,即综合考虑成员国的国民收入、黄金和外汇储备、进出口贸易额以及其他经济指标等多方面因素。基金组织最初规定:成员国基金份额的25%以黄金缴纳,75%以本国货币缴纳。1976年牙买加会议以后,黄金的地位发生了变化。因此,基金组织于1978年4月1日正式通过修改协定,取消了黄金的缴纳,改为份额的25%以特别提款权或可自由兑换货币(美元、日元、欧元、英镑)缴纳,份额的75%仍以各成员国的本国货币缴纳,并且可存放于成员国本国的中央银行,在基金组织需要时可以随时动用。

国际货币基金组织的另一个主要资金来源是国际货币基金组织向成员国借入的款项。这种借款是在基金组织与成员国协议的前提下实现的。借款的主要形式有四种:(1)借款总安排(General Arrangement to Borrow,GAB),例如,1962年10月基金组织向"十国集团"借入60亿美元,用以维持美元汇率的稳定;1974—1976年间向石油输出国和发达国家借入69亿特别提款权,用以解决石油消费国的国际收支困难。(2)补充资金贷款借款安排,例如基金组织于1979年与13个成员国签订的借款协议就属于这种形式。(3)扩大资金贷款安排,例如基金组织于1981年5月与一些官方机构协商签订的借款协议。(4)新借款安排(New Arrangement to Borrow,NAB),1997年建立,25个成员国向基金组织提供了340亿特别提款权(约合450亿美元),以满足当基金组织用份额向成员国提供金融援助在数量上受到限制，或国际金融体系稳定性受到潜在威胁，需要动用大量资金时使用。

1976年1月，国际货币基金组织将其持有的黄金的1/6（约合2 500万盎司），按市价（每盎司42.22美元）分4年出售，用所得利润建立信托基金，用于向成员国发放贷款。这是国际货币基金组织的一项新的资金来源。

国际货币基金组织还可以根据实际情况，寻求其他资金来源，如创设特别提款权储备资产。

三、亚洲开发银行

亚洲开发银行（Asian Development Bank，ADB），简称亚行，是仅次于世界银行的第二大开发性国际金融机构，也是亚太地区最大的政府间金融机构。成员国不仅有亚洲国家，还包括部分西方国家。

1. 亚洲开发银行的建立

第二次世界大战后获得民族独立的殖民地国家面临着迅速发展本国经济的艰巨任务。但由于缺乏资金、技术等条件，这些国家和地区的经济发展十分缓慢。面对这一现状，亚洲国家和地区的政府意识到必须在本地区建立一个开发性的金融组织，通过该组织进行本地区之间以及本地区与国际之间的金融合作，为地区的经济发展提供资金。1963年3月，日本提出了设立"亚洲开发银行"的建议，同年12月，联合国亚洲及远东经济委员会（简称亚经会）在马尼拉召开第一次亚洲经济合作部长级会议讨论日本的建议，各国代表原则上同意建立亚洲开发银行。1965年11月至12月，在马尼拉召开的第二次亚洲经济合作部长级会议，通过了《亚洲开发银行章程》。1966年11月24日，亚洲开发银行正式成立，同年12月开始营业，总部设在菲律宾首都马尼拉。亚洲开发银行成立之初有31个成员国，截至2005年，共有64个成员国，其中亚洲地区以外的成员国18个。

2. 亚洲开发银行的宗旨与任务

亚洲开发银行的宗旨是：通过向成员国提供贷款、发展项目和计划方案的技术援助，协助本地区的发展中成员加速经济发展，同时，促进亚洲和太平洋地区经济增长与合作。

亚洲开发银行的主要任务是：促进公、私资本对本地区的投资；为本地区发展中成员的发展筹集和提供资金，优先考虑最有利于整个地区经济协调发展的项目和规划。还应特别考虑本地区较小的或较不发达的成员的需要。

3. 亚洲开发银行的组织机构

亚洲开发银行以成员国入股方式组成，设有理事会、董事会、行长以及总部。

理事会是亚洲开发银行的最高权力机构，由各成员国任命1名理事和1名副理事组成，理事大多由成员国的财政部长或中央银行行长担任，理事和副理事的任期由各任命国决定。

董事会是亚行日常业务的领导机构，行使由亚行章程和理事会赋予的权力。董事会成员由理事会按不同选区选举产生，任期两年，可以连任。董事会现由12名董事组成，其中8名来自本地区，4名来自非本地区成员国。亚洲开发银行成员国共分为12个选区，其中，中国、日本、美国和印度单独构成选区，各选举1名董事，其余8个选区由成员国自愿结合而成，董事可以任命1名副董事。董事会的最高领导是董事会主席，由亚行行长担任。董事会主席可以根据银行业务的需要召开董事会议，当出席会议的董事投票权合计不少于总投票权的2/3时，即构成法定人数。

行长是亚洲开发银行的合法代表和最高行政长官,在董事会的领导下处理亚洲开发银行的日常业务并负责亚行官员和工作人员的任命与辞退。行长由理事会选举产生,任期5年,可以连任。行长下设副行长协助工作。亚洲开发银行自成立以来,历届行长均由日本人担任。行长可以参加理事会,但无表决权。行长任董事会主席时,一般不参加投票,只有在表决中出现赞成与反对票数相等的情况,才可以投决定性的一票。

总部是亚洲开发银行的执行机构,负责亚行的业务经营。总部设的主要职能部门有:农村和乡村发展部、基本建设部、工业和开发银行部、预算部、人事管理部等。亚洲开发银行除总部外,还在借款多的国家和地区设有常驻代表处。

四、其他国际金融机构

(一)欧洲投资银行

欧洲投资银行(European Investment Bank,EIB),是欧洲经济共同体各国政府间的一个金融机构。成立于1958年1月,总行设在卢森堡。该行的宗旨是利用国际资本市场和共同体内部资金,促进共同体的平衡和稳定发展。

欧洲投资银行的组织机构主要由董事会、理事会、管理委员会以及审计委员会等构成。董事会是欧洲投资银行的最高权力机构,由成员国财政部长组成,负责制定银行总的方针政策,董事长由各国成员轮流担任。董事会下设理事会,负责主要业务的决策工作,如批准贷款、确定利率等。管理委员会负责银行的日常业务活动。

欧洲投资银行的资金来源主要包括股本和借款两部分。成员国在加入欧洲投资银行时须认缴一定的股本金,构成该行的基本资金来源。欧洲投资银行还通过发行债券的方式在国际金融市场上筹集资金。

(二)非洲开发银行

1963年7月,非洲高级官员及专家会议和非洲国家部长级会议在喀土穆召开,通过了建立非洲开发银行的协议。1964年9月,非洲开发银行(African Development Bank,ADB)正式成立。1966年7月1日开业。总部设在科特迪瓦的经济中心阿比让,2002年,因科政局不稳,搬迁至突尼斯至今。截至2007年5月,非洲开发银行有77个成员国,非洲53个国家全部为成员,此外还有包括中国在内的区外成员24个。中国于1985年5月加入非洲开发银行。

非洲开发银行是非洲最大的地区性政府间开发金融机构,宗旨是促进非洲地区成员的经济发展与社会进步。组织机构与亚洲开发银行类似,理事会为最高决策机构,由各成员国委派一名理事组成,一般为成员国的财政和经济部长,通常每年举行一次会议,必要时可举行特别理事会,讨论制定银行的业务方针和政策,决定银行重大事项,并负责处理银行的组织和日常业务。

非洲开发银行经营的业务主要有普通业务和特别业务。前者是指用该行的普通资金提供贷款和担保贷款类业务,后者则是用该行规定的专门用途的特别基金开展的贷款业务,在贷款条件上也较为宽松。

(三) 泛美开发银行

泛美开发银行 (Inter-American Development Bank) 是由美洲及美洲以外国家联合建立的向拉丁美洲国家提供贷款的区域性金融机构。成立于1959年4月，1960年10月开始营业，行址设在华盛顿。该行创办时有成员国21个，到1987年10月增加到45个。宗旨是集中美洲内外的资金，向成员国政府及公私团体的经济、社会发展项目提供贷款，或对成员国提供技术援助，以促进拉丁美洲国家的经济发展与合作。

泛美开发银行的组织机构包括：①理事会，是银行最高权力机构，由所有成员国各委派1名理事和候补理事组成，任期5年。理事会讨论决定银行的重大方针政策问题，每年召开一次会议。②执行董事会，由11名执行董事组成（其中拉美国家7名，美洲以外国家2名，美国和加拿大各1名），负责银行日常业务活动。③行长和行政副行长，主持银行的业务工作。

泛美开发银行的资金来源主要是成员国认缴的股本和银行借款。该行最初法定资本为10亿美元，包括普通资本8.5亿美元和特种业务基金1.5亿美元。

泛美开发银行的主要业务是向成员国提供贷款，包括普通业务贷款和特种业务基金贷款。银行在美洲各国均设有办事机构，代表银行同当地官方和借款者处理有关事务，并对银行资助的建设项目进行监督。此外，该行还在巴黎和伦敦设立办事机构，以与区外成员国和金融市场保持经常联系。

(四) 国际清算银行

国际清算银行 (Bank for International Settlements, BIS) 是在第一次世界大战结束后，为了处理德国的战争赔款和协约国之间债务的清算及清偿事项，美国摩根、纽约和芝加哥花旗银行组成的银行团，与英国、法国、德国、意大利、比利时、日本六国的中央银行发起成立的一家办理中央银行业务的金融机构。成立于1930年2月，同年5月开业，行址在瑞士巴塞尔，是最早的国际金融组织。

国际清算银行现有成员49个，主要是工业化国家和一些东欧国家。1996年9月9日，中国人民银行正式成为国际清算银行成员，并于1996年11月认缴了3 000股的股本，实缴金额为3 879万美元。中国香港金融管理局与中国人民银行同时加入国际清算银行。

该行宗旨是促进各国中央银行之间的合作；为国际金融活动提供更多的便利；在国际金融清算中充当受托人或代理人，是各国"中央银行的银行"，向各国中央银行并通过中央银行向整个国际金融体系提供一系列高度专业化的服务，办理多种国际清算业务。国际清算银行的主要任务是"促进各国中央银行之间的合作并为国际金融业务提供新的便利"。因为扩大各国中央银行之间的合作始终是促进国际金融稳定的重要因素之一，所以，随着国际金融市场一体化的迅速推进，这类合作的重要性显得更为突出。因此，国际清算银行便成了各国央行进行合作的理想场所和中央银行家的会晤场所。

国际清算银行最高权力机构为股东大会；董事会为实际权力机构，现有席位21个；秘书处处理日常事宜。

国际清算银行的资金来源主要是股本金、央行存款及借款。法定股本为15亿金法郎，共分为面值相等的60万股，每股面值2 500金法郎。14%的私人持股，但无权参加股东大会，也没有投票权，章程规定，股票权和代表权始终属于中央银行。到2001年1月，国际清算银行通过会议决定回购全部的私人股份，使国际清算银行完全为中央银行所有。此外，国际清算银行还可以向成员国的中央银行借款，或通过吸纳存款获得资金。

作为"中央银行的银行"，国际清算银行的主要业务是为各国中央银行提供金融服务，以帮助各国中央银行有效管理和充分利用其国际储备，包括为各国中央银行存放其外汇储备和黄金储备、转换外汇币种、获得抵押贷款等。第二次世界大战后，它已经成了很多国际组织的收付代理人，如欧洲经济合作组织、黄金总库、欧洲货币体系等；还充当了一些国际机构的金融代理，包括万国邮联、国际红十字会等；还担任了欧洲货币基金董事及其分委员会和专家组等机构的永久秘书。此外，国际清算银行还积极参与国际金融市场活动，是国际黄金市场和欧洲货币市场的重要参与者。

项目小结

任务	任务知识点	知识内容
外汇与汇率	外汇	外汇的种类；外汇的特点
	汇率	汇率的种类
	汇率的影响	主要受一国经济状况、国际收支、通货膨胀、利率水平及政府对外汇市场的干预等影响，而汇率变动对一国经济产生多重影响
	汇率制度	人民币汇率制度改革是我国金融体制改革的重要组成部分，自2005年7月21日，中国政府决定实行以市场供求为基础、参考一揽子货币进行调节、有管理的浮动汇率制度
国际收支	国际收支的定义	国际收支是一国对外交往中产生的全部经济关系的缩影
	国际资本流动	短期资本流动；长期资本流动
国际金融机构	世界银行	主要任务是向会员国提供长期贷款，促进战后经济的复兴，协助发展中国家发展生产，开发资源。世界银行按股份公司原则组织建立，设有理事会、执行董事会、行长和办事机构
	国际货币基金组织	宗旨是就国际货币问题进行磋商和协作，以促进国际货币合作
	亚洲开发银行	是仅次于世界银行的第二大开发性国际金融机构，也是亚太地区最大的政府间金融机构
	其他	欧洲投资银行、非洲开发银行、泛美开发银行以及国际清算银行等也是重要的国际金融机构

职业能力训练

一、单选题（每题只有一个正确答案）

1. 根据汇率制度性质，可以将汇率划分为（   ）。
   A. 买入汇率与卖出汇率　　　　　　B. 基本汇率与套算汇率
   C. 官方汇率与市场汇率　　　　　　D. 固定汇率与浮动汇率

2. 如果一国出现国际收支逆差，该国外汇供不应求，则该国本币兑外汇的汇率的变动将表现为（　　）。

　　A. 外汇汇率下跌　　　　　　　　　B. 外汇汇率上涨

　　C. 本币汇率上涨　　　　　　　　　D. 本币法定升值

3. 美元等同于黄金，实行可调整的固定汇率制度，是（　　）的特征。

　　A. 布雷顿森林体系　　　　　　　　B. 国际金本位制

　　C. 牙买加体系　　　　　　　　　　D. 国际金块—金汇兑本位制

4. 目前，我国和世界上绝大多数国家与地区采用的外汇标价方法是（　　）。

　　A. 直接标价法　　B. 间接标价法　　C. 应收标价法　　D. 单式标价法

5. 2005年7月21日，我国启动了人民币汇率形成机制改革，开始实行以市场供求为基础、参考（　　）。

　　A. 美元和欧元进行调节、自由浮动的汇率制度

　　B. 美元进行调节、可调整的盯住汇率制

　　C. 欧元进行调节、可调整的盯住汇率制

　　D. 一揽子货币进行调节、有管理的浮动汇率制度

二、多选题（每题至少有两个选项）

1. 外汇的种类按外汇的来源不同可分为（　　）。

　　A. 自由外汇　　　B. 贸易外汇　　　C. 即期外汇　　　D. 记账外汇

　　E. 非贸易外汇

2. 汇率变动的决定因素包括（　　）。

　　A. 物价的相对变动　　　　　　　　B. 国际收支差额的变化

　　C. 国际储备余额的变化　　　　　　D. 市场预期的变化

　　E. 政府干预汇率

3. 下列（　　）属于外汇。

　　A. 外币钞票　　　B. 外国公司债　　C. 外国银行存款凭证

　　D. 外国政府公债　　E. 外币邮政储蓄凭证

4. 如果一国出现国际收支逆差，该国外汇供不应求，则该国本币兑外汇的汇率的变动的表现说法错误的是（　　）。

　　A. 外汇汇率下跌　　B. 外汇汇率上涨　　C. 本币汇率上涨　　D. 本币法定升值

5. 美元等同于黄金，实行可调整的固定汇率制度，不是（　　）的特征。

　　A. 布雷顿森林体系　　　　　　　　B. 国际金本位制

　　C. 牙买加体系　　　　　　　　　　D. 国际金块—金汇兑本位制

三、案例分析题（不定项选择题）

在金本位制下，1美元含金量为23.22格令，1英镑含金量为113.0016格令（格令是重量单位），当时在英美两国之间运送一英镑黄金的各项费用（运输、包装、保险）要花费3美分。那么：

1. 金本位制时期，各国汇率的决定基础是（　　）。

　　A. 铸币平价　　　B. 利率差异　　　C. 购买力平价　　　D. 通货膨胀率差异

2. 金本位制时期，汇率变动的上下限是（　　）。
   A. 黄金价格　　　B. 官定浮动范围　　C. ±1‰　　　D. 黄金输送点
3. 根据购买力平价理论，决定汇率长期变动的根本因素是（　　）。
   A. 两国国际收支状况　　　　　　B. 两国物价水平变动
   C. 市场预期的变化　　　　　　　D. 外汇市场货币供求状况
4. 汇率有直接标价法和间接标价法两种标价方法，其中采用间接标价法的国家有（　　）。
   A. 中国　　　　B. 德国　　　　C. 日本　　　　D. 美国
5. 在采用直接标价的前提下，如果需要比原来更少的本币就能兑换一定数量的外国货币，这表明（　　）。
   A. 本币币值上升，外币币值下降，通常称为外汇汇率上升
   B. 本币币值上升，外币币值下降，通常称为外汇汇率下降
   C. 本币币值下降，外币币值上升，通常称为外汇汇率下降
   D. 本币币值下降，外币币值上升，通常称为外汇汇率上升

项目综合实训

外汇与汇率综合实训

1. 任务目标
通过本任务，了解外汇及汇率的换算，关注汇率变动对社会经济和人们生活的影响。

2. 任务描述
通过项目实训，使学生了解有关外汇和汇率的基本内容，理解现行人民币汇率制度的制定背景及人民币汇率制度的主要内容；熟练掌握汇率的标价方法和买卖价格的运用；能够根据汇率决定与变动原理，初步分析现行人民币汇率变动对我国经济发展的影响。

3. 任务步骤
（1）学生以本班级为整体，把本班级按比例分成小组。
（2）探索内容为：
① 在中国银行网站查阅实时汇率报价；
② 根据查阅到的人民币与美元、港币的汇率报价，套算出港币与美元、欧元、日元、英镑、新加坡元等货币的汇率；
③ 请查阅近5年来人民币汇率的走势变化情况，简要说明人民币汇率的基本走势特点；
④ 请查阅相关资料，分析影响人民币汇率波动的主要因素有哪些？
⑤ 请查阅相关资料，分析人民币汇率波动对我国经济的影响主要有哪些？
（3）得出定性分析结果。
（4）确定项目完成时间1个月。

4. 任务成果
形成完整的项目实训书。

参 考 文 献

[1] 吴军梅,谢晓娟. 财政与金融[M]. 北京:北京工业大学出版社,2012.
[2] 方晓雄,周阳. 财政与金融基础知识[M]. 北京:北京师范大学出版社,2011.
[3] 王国星. 财政与金融[M]. 北京:中国财政经济出版社,2010.
[4] 周叶芹. 财政与金融[M]. 北京:机械工业出版社,2011.
[5] 李淑娟. 新编财政与金融[M]. 北京:清华大学出版社,2011.
[6] 单祖明,龚静. 财政与金融[M]. 北京:科学技术出版社,2013.
[7] 张士军,葛春凤. 金融学基础[M]. 北京:教育科学出版社,2013.
[8] 苏艳丽,余谦. 新编财政与金融[M]. 大连:大连理工大学出版社,2014.
[9] 蒙丽珍,李星华. 财政与金融[M]. 大连:东北财经大学出版社,2014.
[10] 路兴中,孙俊东. 财政与金融基础[M]. 北京:中国物资出版社,2011.
[11] 李晓君. 财政与金融[M]. 北京:科学出版社,2009.
[12] 顾秀英,单秀娟. 财政与金融[M]. 北京:对外经济贸易大学出版社,2010.
[13] 刘松鹤,王伟. 金融学概论[M]. 北京:北京理工大学出版社,2009.
[14] 郭晖. 金融学概论[M]. 北京:人民邮电出版社,2012.
[15] 赵振然,梁建民. 财政与金融[M]. 西安:西北工业大学出版社,2014.